KB252456

오늘의 신문을 말한다

일본신문협회 연구소 지음 | 김 욱 옮김

한 언 HANEON.COM

오늘의 신문을 말한다

펴 냄   2004년 12월 25일 1판 1쇄 박음 / 2005년 1월 1일 1판 1쇄 펴냄
지은이   일본신문협회 연구소
옮긴이   김 욱
펴낸이   김철종
펴낸곳   (주)한언
         등록번호 제1-128호 / 등록일자 1983. 9. 30
주 소   서울시 마포구 신수동 63-14 구 프라자 6층(우 121-854)
         TEL. 02-701-6616(대) / FAX. 02-701-4449
책임편집   김지혜 jhkim@haneon.com
디자인   백주영, 이정아
홈페이지   www.haneon.com
e-mail   haneon@haneon.com

오늘의 신문을 말한다

변화의 한가운데에 있는 오늘의 신문.
이 책을 통해 그 돌파구를 찾으시기 바랍니다.

To

From

신문의 자기변혁을 위하여

신문이 읽히기 위해서는 무엇보다 먼저 독자들의 신뢰를 얻어야 한다. 만일 신문이 독자들에게 읽히지 않는다면 어떻게 되겠는가? 두말할 나위 없이 위기를 맞게 될 것이다. 그렇다면 현재 신문의 문제점은 무엇이며 신문이 영원히 존속하기 위해 거듭나려면 어떻게 해야 하는가? 바로 이러한 문제들을 뉴스보도 측면에서 재검토해 보려는 것이 이 책의 기본적인 목적이다.

신문이 '활기가 없어졌다', '재미가 없어졌다' 는 지적은 오래 전부터 있어 왔다. 물론 신문이 그동안 이런 지적을 외면한 채 팔짱만 끼고 있었던 것은 결코 아니다. 신문사마다 각기 안고 있는 문제를 직시하고 개선책을 마련하기 위한 노력을 여러모로 해왔으며, 그 중에서도 '지면 개혁' 을 위한 각 신문사의 노력은 두드러지게 나타났다. 그 예로 시각적 효과를 높이기 위해 글자를 크게 키우는 한편, 컬러 사진과 도표를 되도록 많이 사용하는 것이 이제는 흔한 일이 되었다.

이처럼 신문지면의 변화를 시도하게 된 배경에는 텔레비전의 영향이 크다. 그러나 시각적 효과를 높이려는 시도는 지면에 수용하는 기사의 양을 제약할 수밖에 없어, 전보다 기사를 짧게 줄여야 하는 결과를 초래하기도 했다. 따라서 이는 오히려 신문 고유의 장점 중 하나를 잃게 하는 것이 아닌가 하는 생각이 들게도 한다.

지면 개혁은 편집에도 나타났다. 논평이나 해설란을 새로 상설하고 독자투고란을 비중 있게 마련하는 신문이 늘어난 것이다. 신문에서 논평이나 해설 기사를 중시하게 된 것은 텔레비전으로서는 기대하기 어려운 언론 기능을 신문들이 재확인시켜 준 것이라고 할 수 있다.

캠페인보도에서도 새로운 경향을 볼 수 있다. 행정개혁의 추진처럼 정치적인 입장을 명확히 내세우는 신문이 나타난 것이다. 1994년 11월 〈요미우리讀賣신문〉이 새로운 헌법시안을 보도했는데, 이 또한 지금까지 예가 없는 캠페인보도로서 주목받았다.

1980년대부터 뉴스보도에서의 인권 문제가 중요한 문제로 대두되었다. 기존의 신문에서 범죄 용의자와 피해자, 그리고 사고로 인한 희생자 등의 인권과 사생활이 충분히 지켜지지 않았다는 비판이 곳곳에서 쏟아졌던 것이다. 그 결과 신문은 용의자에게도 존칭을 붙이게 되었고 사진 게재에도 신중을 기하게 되었다. 피해자와 희생자의 입장을 고려하여 익명을 사용하는 경우도 늘어났다. 이들 조처가 비록 완전한 것은 아니었지만 그동안의 신문보도 태도에 비하면 커다란 변화를 의미하는 것이었다.

그러나 이 같은 노력에도 불구하고 신문은 여전히 독자들의 관심을 끌지 못하고 있다. 물론 젊은 세대가 점차 신문과 멀어져 가고 있는 현실을 반드시 신문만의 책임이라고는 할 수 없다. 그러나 이 같은 경향을 알고 있으면서도 그에 대한 대응책을 강구하지 않는다면, 이는 신문의 책무를 다하지 않는 것과 같다.

신문을 향한 독자들의 요구와 기대는 시대의 추이와 사회의 변동에 따라 변한다. 또한 현대의 독자들은 잔재주나 부리려는 개혁만으로는 대응할 수 없는 존재라는 사실을 깨달아야 한다.

독자들은 좀더 근본적인 신문의 변화를 요구하고 있다. 게다가 국제정세는 물론 정치판도 상상할 수 없을 만큼 빠른 속도로 움직이고 있다. 그만큼 신문이 전달해야 할 대상도 폭넓게 변화되어 가고 있다. 그럼에도 불구하고 신문의 정치 · 경제 · 국제관계 보도 등은 여전히 구시대의 시각에서 벗어나지 못하고 있으며, 낡은 보도방식도 그대로 유지되고 있다. 기자나 편집자의 의식역시 여전히 낡은 틀 속에 갇혀 있음을 부정할 수 없다.

이 같은 현실을 감안할 때 신문이 사회나 독자 또는 취재원의 변화에 대해단순히 현상유지 식으로만 대응하려는 태도는 더 이상 용납되지 않을 것이다. 따라서 신문은 전체적인 안목에서 신문 미디어를 둘러싼 내적 · 외적 환경 변화를 정확히 파악하여 그 곳에 잠재하고 있는 문제를 축출하고 정리하며 검토해야 한다. 이는 신문계뿐만 아니라 자국의 민주주의 발전을 위해서도 매우의미 있는 일이다.

이 책은 바로 이와 같은 문제의식을 바탕으로 씌어졌다. 첫째는 신문을 둘러싸고 있는 내외 환경이 어떻게 변화했는지 살펴보자는 것이고, 둘째는 환경변화를 가져오게 하는 문제들을 정리, 검토하는 가운데 저널리즘 시각에 의한신문의 21세기를 생각하는 실마리를 찾아보자는 것이다. 이때 간과해서는 안될 점이 있다. 그것은 사회 각 분야에 진행된 정보화를 확인하는 일이다. 우선신문에서만 보면 다음과 같은 문제점들을 꼽을 수 있다.

(1) 사회의 전체적인 정보화에 의해 신문 미디어는 어떤 영향을 받고 있는가?

(2) 정보화에 의해 재편성되어 가고 있는 사회가 신문 저널리즘의 기능과 가치를 어떻게 수용하고 있는가?

먼저 (1)에 대해서는 정보화가 신문 제작의 컴퓨터화를 촉구했으며, 이를 바탕으로 신문 정보의 다목적 이용이 촉진되어 왔음을 지적할 수 있다. (2)에 대해서는 고도의 정보화 사회에서 신문의 사회적 영위와 가치가 상대적으로 취약해지고 있는 현실을 직시해야 할 것이다.

이 같은 인식을 전제로 신문이 직면하고 있는 환경을 살펴보면 신문 미디어의 조직에 내재하고 있는 낡고도 새로운 문제를 깨닫게 된다. 다시 말해서 종합정보 산업화된 미디어 환경에서 저널리즘이 그 기능을 확보하려면 시스템을 어떻게 구축할 것이냐 하는 것이다. 이러한 문제의 배경에는 시스템 구축 과정이 자칫하면 저널리즘의 조직 자체를 변질시킬 수도 있다는 위험이 깔려 있다. 이 같은 위험에 대해서는 1980년대에 논의된 바가 있었으나 해답은 아직 내려지지 않았다. 따라서 이 책의 목적 중 하나는 1980년대 이후에 있었던 바로 이 같은 논의를 재연시켜 보자는 데 있다.

신문기자의 직업의식에 대해서도 전부터 많은 문제가 제기되어 왔다. 기자의 의식 변화에 대해 '샐러리맨화' 라는 말이 널리 퍼졌었는데, 사실 이러한 표현이 모든 기자들의 실상을 정확히 말한 것이라고는 할 수 없다. 그러나 일본신문협회 연구소의 조사에 의하면, 저널리스트라는 전문직에 대한 기자들의 자각이 점차 결여되어 가고 있는 것이 사실이다. 한마디로 말해서 신문기자로서의 '의지와 기개' 가 상실되어 가는 것이다. 이 같은 현상이 반드시 사회 전체의 정보화 경향으로 인한 것은 아닐 수도 있다. 그러나 미디어의 변화에 뒤따르지 못하는 저널리스트들이 자신들의 직무에 환멸을 느끼고 있는 것은 사실이다. 그러므로 현대의 신문을 생각할 때, 이와 같은 경향에 적절하게 대응하는 작업이 가장 시급하다.

또 하나의 문제는 저널리즘 활동 시스템에서 찾아볼 수 있다. 신문의 전통적인 취재·보도 체제가 사회 각 분야의 정보화 진전으로 더 이상 효과적으로 기능하지 못하게 된 것이다. 현재의 정보 수집 체제는 기자클럽 제도에서 볼 수 있듯이 공공기관을 중심으로 한 공적인 정보원情報源에 주로 의존하고 있다. 그러나 바로 이 때문에 정보원과는 관계가 없는 곳에서 발생하는, 어쩌면 보다 현실적이고도 일상적이라고 할 수 있는 사건이나 정보를 신문지면에 반영하기 어렵게 되었다는 지적도 있다.

저널리즘은 실제적이고도 현실적인 비판활동을 함과 동시에 인간의 일상생활 등에서 일어나는 문제들도 외면해서는 안 된다. 만일 이러한 기능이 제대로 이루어지지 않고 있다면, 현재의 취재 및 보도 시스템을 재검토해서 개선책을 강구해야 한다. 이는 신문 본래의 가치를 높이기 위해서도 필수적인 작업이라 하겠다.

이상과 같은 점으로 미루어 볼 때, 우리는 오늘날의 신문 미디어를 조직과 저널리스트 의식, 그리고 시스템 측면에서 다각적으로 재검토해야 하는 필요성을 느끼게 된다. 또한 저널리즘 활동의 구체적인 문제와 관련하여 1980년대 이후 들리는 '신문의 위기', '저널리즘의 위기'도 정치·경제·문화 등 객관적 정세에 대한 저널리즘의 반응에 독자들이 불만과 불신을 나타낸 것으로 생각해야 될 것이다.

특히 1980년대 말과 90년대의 국내외 역사적 대변동에 관련해 시대 상황과 상응하는 역사적 인식이 매스 미디어에게 요구되었으나, 유감스럽게도 당시의 신문을 비롯한 일본의 저널리즘에는 이 같은 기대에 충분히 부응할 만한 역량이 없었다. 이를테면 냉전구조의 소멸 또는 '쇼와昭和'에서 '헤이세이平成'로 시대가 바뀌었을 때, 걸프 전쟁 등 일련의 굵직굵직한 사건들을 전달한 보도는 정보량의 측면에서만 보면 아주 충분한 것이었다. 그러나 역사적 맥락에서의 의미 부여와 국제적 시야에서의 통찰력 측면에서는 미디어가 당연히 행했어야 할 중요한 감시 역할을 제대로 수행해 냈다고 말하기가 어려운 것이다.

신문 저널리즘의 기본자세는 과거에서 현재, 미래에 걸친 일상적인 사건에 대해 역사적인 위상을 부여하면서 폭넓게 전망하는 데 있다. 그렇다면 과연 일본의 신문이 이와 같은 저널리즘 기능을 제대로 수행하고 있는 것일까? 이러한 의문은 앞에서 예시한 역사적 사건을 둘러싼 정보제공 문제보다 일상적으로 변화하고 있는 상황을 보도할 때 오히려 더욱 심각하게 제시된다. 이를테면 55년 체제(일본 전후사戰後事의 중심적 좌표축으로서, 오늘날 일본의 정당제 원형이다. 1955년, 공산당을 제외한 나머지 사회주의 정당을 합당한 일본 사회당이 결성되자 이에 위협을 느낀 보수 정당도 합당으로 자유 민주당을 결성함으로써 일본의 의회 정치는 2대 정당 대립 시대로 돌입했다. 이 두 통일 합당에 의한 양대 정당제의 발족을 ‘55년 체제’라고 한다. 그러나 역사적으로 말해서 55년 체제란, 고도성장 하에 탄생한 자민당의 일당 지배체제라고 할 수 있다.)가 붕괴된 후, 정치 저널리즘은 이 같은 역사적인 의의가 마땅히 밝혀져야 할 보도 분야임에도 불구하고 독자들을 만족시킬 수 있는 보도를 제대로 하지 못한 것이다. 거품 경제시대와 그것이 붕괴되기까지의 경제 저널리즘 동향에 관해서도 역시 마찬가지다. 그렇다면 문제는 어디에 있는 것인가.

이와 같은 정치·경제 저널리즘 과정을 검증하는 것은 시대의 요청이기도 하다. 물론 1980년대 이후 신문 저널리즘에 제기된 문제는 이것만이 아니다. 사회적 사건·사고, 범죄에 관한 취재·보도 활동 등에서 드러난 결여된 인권의식이 당사자들의 이의신청 등으로 마침내 보도기법상의 변화까지 가져왔다는 것은 앞서 지적한 바 있다. 이러한 과정에서 저널리즘 윤리에 관한 다양한 논의가 전개된 것이다.

두말할 나위 없이 인권의 존중은 저널리즘 윤리상 반드시 기본적으로 지켜져야 할 문제이다. 따라서 이 문제는 단순한 취재·보도상의 방법 변화만으로는 해결할 수 없는 뿌리 깊은 테마이다. 게다가 인권 존중 문제는 사건·사고·범죄에 관한 정보에 국한되는 것이 아니다. 이는 모든 사회 정보를 상품화·뉴스화하는 과정에서 신문기자가 진지하게 생각하지 않으면 안 될 휴머니즘의 문제로서, 계속해서 자문해 보아야 할 과제이기도 하다. 만일 신문에서 이러한 정신을 엿볼 수 없게 된다면 신문에 대한 독자들의 신뢰는 크게 저하될 것이다.

다른 한편으로는 신문지면에서 현실 사회의 양상이 활기차게 다루어지기를 바라는 독자층이 늘고 있다는 것도 알아야 한다. 신문기자들 중에서도 이 점을 지적하는 사람들이 많다. 이처럼 현실 사회의 양상이 활기차게 그려지기를 바라는 독자들은, 앞서 언급한 신문의 조직이나 시스템의 제약 또는 신문기자의 직업의식 속에 신문지면의 '활력' 내지는 '재미'를 손상케 하는 요소가 있는지 여부를 가려내고자 하는 것인지도 모른다. 물론 신문을 활기나 재미와 멀어지게 하는 요인이 있다면, 그 요인을 캐내는 작업도 철저히 해야 할 것이다. 이러한 작업을 하는 방법은 단순 명쾌하다. 취재하는 기자가 설명한 바와 같은 현실 인식을 바탕으로, 현재 진행하고 있는 상황을 소재로 사용하여 자신의 보도활동을 연구대상으로 삼는 것이다. 따라서 앞으로 각 장에서 설명될 내용은 모든 가치관의 재검토와 함께 정보화로 개편되고 있는 사회에서 신문 저널리즘이 성립될 수 있는가 없는가와 만일 성립될 수 있다면 어떤 점이 신문과 신문기자들에게 요구되는 것인가의 명제들을 염두에 두고 기술한 것임을 밝혀둔다. '신문의 자기변혁' 이야말로 이 책에서 다루려는 일관된 정신이기 때문이다.

지금으로부터 약 반세기 전인 1949년, 영국의 '언론관련 왕립위원회'는 보고서에서 다음과 같이 기술했다.

'우리가 직면하고 있는 문제를 해결하기 위해 모든 임무를 일간 신문에 맡긴다는 것은 합리적인 처사가 아니라고 생각한다. (중략) 그러나 신문이 당연히 해야 할 일을 완벽하게 수행하고 있다고도 생각되지 않는다. 즉 왕립위원회에서 증언한 신문인 중에는 자기만족에 급급한 나머지 자기 비판이 결여되어 있는 사람들도 있다. 이제 신문은 공동으로 행동해야 할 때가 왔으며 또한 그런 기회를 무시해서는 안 될 의무가 있다고 우리는 생각한다. 또한 신문이 그 기능을 자각해야 하는 공적인 책임을 왕립위원회에서의 증인으로 밝히고 있으며, 그 같은 증언은 민주주의를 발전시키기 위해 신문이 수행해야 할 역할을 제대로 자각하고 실천하는지의 질문에 충분히 부응하는 것이다.'

신문이 갖는 기능과 역할은 앞으로도 미디어 상황이 어떻게 변하든, 또는 전자·영상 미디어가 어떻게 보급되든 간에 새로운 변화나 새로운 미디어로 대체되는 일이 없을 것으로 생각된다. 따라서 현재 신문의 존속과 신생을 위해서 무엇이 필요한 것인가를 생각할 때 위 보고서는 55년 후인 오늘에도 다시 음미해 볼 만한 의미를 지니고 있다고 하겠다.

Contents

PART THREE

보도기법을 생각한다

흔들리는 보도현장

Chapter 01

'55년 체제'의 붕괴와 정치보도

55년 체제의 붕괴는 예상을 뛰어넘는 훨씬 큰 충격을 가져왔다. 55년 체제 하에서 상식으로 여겨져 온 시스템과 메커니즘이 무너지고 뒤집히는 모습은 역사의 전환기에 어울리는 시대 상황을 제대로 보여 주었고, 이러한 가운데 신문의 정치보도 역시 갖가지 비판을 면치 못했다.

그 첫째는 신문 또한 55년 체제 하의 발상과 취재 태도에서 벗어나지 못한 채 정치 혼란 속에서 방향을 잡지 못했을 뿐만 아니라, 신문의 정치보도가 전혀 자기비판이 없었다는 점으로 미루어 보아 55년 체제와 함께 권력의 일익을 담당해 온 것은 아닌가 하는 의혹을 배제할 수 없었던 것이다.

둘째는 빠르게 진행되는 변화를 뒤따라가는 것이 고작이었던 현실이며, 우후죽순으로 생긴 신당과 중견이나 신건 의원 그룹의 대두로 취재 대상이 한계를 넘어 광범위해지자 취재 계획을 제대로 짤 수 없게 된 점을 지적할 수 있다. 중요한 고비를 맞았을 때 정치적인 문제들이 판단 정지와 비판 정지 상태에 빠지는 등 현상추인現狀追認에 그치는 경우가 생기게 된 것이다. 그 결과 냉정하게 방향성을 제시하고 정확한 분석을 하는 작업이 소홀해졌다.

셋째는 가장 중요한 문제로서 '신문의 정치보도는 누구를 위한 것인가' 이다. 이에 대해서는 때때로 "기관지 같기만 하다. 국민이나 독자들은 안중에도 없는 보도태도다."라는 엄한 비판이 있기도 했다. 이 같은 비판에는 정치인 또는 관료와 기자 간의 '유착' 비판과 기자클럽 제도의 폐단 등이 포함되어 있다.

그러나 정치적 혼란의 와중에서 신문의 정치보도가 언제까지나 농락당하고만 있을 수는 없다. 55년 체제의 굴레에서 탈피하여 신문의 참된 모습을 되찾기 위해서도 철저한 자기검증이 필요하다.

기능이 정지된 '나가다초의 논리'

현장의 혼란

1994년 1월 1일, 동경 요요기代代木에 있는 공산당 본부 신년회. 그동안 몸이 불편해 공식석상에 모습을 보이지 않았던 미야모토宮本顯治 의장이 축사를 하기 위해 단상에 오르자 모처럼 화기애애한 분위기 속에서 신년회가 진행되었다. 그러나 어딘지 모르게 어색한 공기가 감돌았는데, 그 이유는 이 날 초대된 매스 미디어 각사 기자들이 야당 담당이 아닌 호소카와細川 내각, 즉 여당 담당들이었기 때문이었다.

바로 전 해, 1993년 7월의 중의원衆議員 해산 총선거에서 자민당은 과반수에 크게 못 미쳐 38년간 계속 누려온 정권의 자리에서 물러나게 되었다. 따라서 55년 체제에 종지부가 찍히고 정계 개편이 본격적으로 시작되었다. 이로써 비非자민의 호소카와 연립정권이 탄생했으며 공산당에게 야당 '동료' 격이었던 사회, 공명公明, 민사民社, 사민련社民連, 각 당은 신생당인 신당과 함께 모두 여당이 되었다.

55년 체제는 자민당과 사회당의 대립과 협조의 역사이며, 그것은 미·소 두 강대국의 대립과 협조를 축으로 하는 동서 냉전구조의 반영이라고도 할 수 있는 일본 정치의 기본적인 틀이었다. 그리고 55년 체제의 전반인 1970년대 후반까지는 자·사自·社 대립의 '사社'의 실태가 '사·공社·共 공동투쟁 노선'이었다. 그런데 80년대 들어 사회당이 공산당과 결별하자, 정치적인 대립과 협조의 주축이 '자·공민' 또는 '사·공민'의 중도 세력을 둘러싼 줄다리기로 옮겨졌다. 따라서 공산당은 고루孤壘를 사수하게 되었고, 이 문제가 정치보도의 기조가 되기도 했다.

그렇더라도 '공민'에서 '사'로의 변화는 안보·방위, 대륙과 한반도에 대한 기본정책의 전환과 함께 '공'과의 거리가 문제였다. 그들은 '사·공 공투노선'을 고집할 것인가, 아니면 '공'으로부터의 비판을 항상 두려워한 사회당 좌파와 결별할 것인가를 강요당해 왔다.

이런 역사를 알고 있고 또 오랫동안 야당을 담당해 온 베테랑 기자들로서는 공산당 신년회에 여당 담당기자들이 모였다는 사실이 지금까지 일관해 온 자신들의 취재폭을 밑바닥부터 무너뜨리는 것과 같은 충격이었던 것이다. 그들은 거대한 자민당 지배 권력에 대해 '반反권력'이라고까지는 할 수 없더라도 권력을 냉엄하게 감시해야 할 저널리스트로서 사회당에 동정심을 보여 왔었다. 그런 사회당에 대해 '공민'은 현실 노선으로의 전환이라는 대의명분 아래 변질을 강요당하는 것 같은 위화감을 느끼면서 공산당과의 취재선을 유지해 왔었다.

신년회가 끝난 후 각 신문사는 같은 야당이라는 이유로 자민당 담당인 '히라가와平河 기자클럽'에게 공산당을 담당하도록 했다. 이 때 어느 공산당 간부가 베테랑인 구舊 야당 담당기자를 나무랐다.

"아무리 뭐라 해도 공산당과 자민당을 같은 기자가 담당한다는 건 너무한 일 아니오? 이런 식이라면 '명예로운 고립' 운운하면서 매스컴이 우릴 야유하는 말을 계속 듣고 지내는 게 훨씬 낫겠군."

"할 수 없는 일이죠. 지금은 손도 모자라고, 또 취재에도 혼란을 빚고 있습니다. 이것도 시대의 흐름이라는 것이겠죠."

그러나 불과 반 년 후에 사회당이 자민당과 연립하여 기본정책을 일대 전환시키리라고는 야당 담당 베테랑 기자였던 그도 상상하지 못한 일이었다.

1994년, 임시국회에서 소비세 인상 등 세제개혁의 중의원 통과를 둘러싸고 여야 공방이 절정을 이룬 11월 초순이었다. 야당인 개혁 간부는 노기 띤 표정을 짓고 있었다.

"왜 사회당 출입 기자클럽에서 회견해야 된다는 거요? 이건 모욕이요. 이는 기자클럽과의 신뢰관계에도 문제가 되는 것 아니겠소? 적 진영에서 어떻게 중요한 얘길 할 수 있겠소?"

국회 내 복도를 걸어가던 개혁 간부는 뒤따라온 개혁 담당기자들에게 앙칼지게 말했다. 당시 이런 혼란은 일상적인 것이었다. 회견 장소를 둘러싼 충돌의 원인은 간단했다. 어쨌든 사회당이 자민당, 신당과 연립하게 됨으로써 지금까지 국회 내의 2대 취재 거점이었던 자민당 담당의 '히라가와 기자클럽'과 사회당 담당의 '사회당 기자클럽'이 똑같이 여당 담당이 된 것이다. 이들 두 클럽은 55년 체제 하에서 국회 중앙부에 자리 잡고 있었으며, 많은 취재진과 설비를 수용할 수 있는 취재 거점이었다. 이와는 달리 구 연립여당인 개혁은 사회당 의석을 크게 웃도는 자민당의 다음 가는 통일회파統一會派를 결성하긴 했지만 기자회견을 할 만큼 넓은 공간을 갖고 있지는 않았다.

국회의 관례에 의하면 각 당 회파에 할당되는 공간은 선거 후 당별黨別 의석수 또는 국회 내 회파의 세력 비율에 따라 결정된다. 이러한 가운데서 각 당 회파는 기자클럽용 공간을 별도로 마련하게 된다. 이 관례에 따르면 '사회당 출입 기자클럽' 은 '개혁 출입 기자클럽' 에 방을 내주어야 한다는 얘기가 되는 것이다. 그러나 현실적으로 '개혁 출입 기자클럽' 은 구성되어 있지도 않았고, 매스 미디어측만 해도 정국이 어지럽게 변동할 때마다 옮긴다는 것이 결코 쉬운 일은 아니라는 문제가 있었다. 뿐만 아니라 사회당이 그런 굴욕을 순순히 받아들일 리가 없었고, 자칫 잘못하면 사태가 돌이킬 수 없는 여·야당 대결로 발전할지도 모르는 국회 내의 '집안 사정' 도 있었다.

호소카와 내각의 구 연립여당 때에는 문제가 없었다. 사회당은 선거에서의 참패로 공간 축소를 강요당했으나 사회당 출입 기자클럽만은 비非자민 연립적 취재 거점으로 그대로 확보될 수 있었다. 게다가 공명당과 민사당 등이 이 클럽을 회견장으로 사용한 적이 있었기 때문에 위화감도 없었다. 하네다羽田 내각 당시까지는 '사회당 출입 기자클럽' 을 사용하는데 대해 자민당을 이탈한 신생당, 신당, 개혁회, 자유당 등의 의원들은 약간의 저항감을 가졌다. 그러나 자민당에 대항할 취재 거점은 필요했고, 클럽의 사회당이란 이름은 단순한 간판에 지나지 않았었다.

그런데 무라야마村山 내각의 성립으로 사정이 일변한 것이다. 야당 '개혁'의 취재 거점이 온데간데없어 지게 되었고, '사회당 출입 가자클럽'은 정부, 여당과 야당 담당이 오월동주吳越同舟 식으로 혼재하는 전대미문의 취재 거점이 되었다. 개혁 간부가 말한 바와 같이 적 진영의 여부는 고사하고, 야당이 분노한 데는 이런 배경이 있었던 것이다. 이 때문에 매스 미디어 측의 대응도 제각기 다를 수밖에 없었다. 신문사에 따라서는 사회당 담당을 자민당 담당인 '히라가와 기자클럽'에 배치하거나 '사회당 출입 기자클럽'에 사회당 담당과 야당 '개혁' 담당을 함께 배치하기도 했다.

어쨌든 2대 취재 거점은 해마다 협소해지기만 했다. 각 사의 박스는 기자 대신 전화, 팩시밀리, 워드 프로세스, 컴퓨터, 복사기 같은 기자재로 점거되었고 취재 기능을 간단히 바꿀 수 없는 물리적인 제약도 커져가고 있었다. 본사 데스크도 각 담당기자를 호출할 때 클럽의 전화번호를 착각하는가 하면, 어지럽게 변하는 여·야당 연립에 휘둘리느라 누가 여당 담당이고, 누가 야당 담당인지를 분간하지 못하게 된 때도 있었다.

어쨌거나 사회당 담당기자들로서는 정당들이 불과 일 년 사이에 '야당―여당―야당―여당' 하는 식으로 뒤바뀌는데다가 신당 결성에도 쫓아다녀야 되는 상태가 계속되는 바람에 심리적으로도 여·야당을 구분하기 어려운 상황에 직면하지 않을 수 없었다. 불과 일 년 사이에 미야자와 기이치宮澤喜一, 호소카와 모리히로細川護熙, 하네다 츠토무羽田牧, 무라야마 도미이치村山富市 등 4명의 수상이 교체된 것은 비정상적인 사태가 아닐 수 없었다. 수상의 소속 정당도 자민당, 일본신당, 신생당, 사회당으로 옮겨지는 전대미문의 혼란 정치가 계속되었다. 동서 냉전구조와 55년 체제 붕괴로 정계 개편이라는 거센 파도 속에 휩쓸리며 여전히 혼란에서 벗어나지 못한 것이다. 그런데 매스 미디어 역시 눈앞에서 전개되는 현실에 쫓기는 나머지, 이에 대한 역사적 위치 부여, 배경 설명을 제대로 하지 못하고 있다.

그뿐만이 아니다. 55년 체제 하의 낡은 발상과 방침 및 취재 태도가 더 이상 통용되지 않는다는 사실을 깨닫고 있으면서도 이를 타개할 수 있는 효과적인 방법을 발견해 내지 못하고 있었다.

야당 7 · 자민당 3의 기본 방침

정치보도를 비판할 때 흔히 언급되는 이른바 '나가다초永田町(일본의 의회가 위치한 곳으로, 우리나라의 '여의도'가 이에 해당한다 – 옮긴이 주)의 논리'란 도대체 무엇을 말하는 것일까?

정치부 기자들도 정치를 비판하거나 논평할 때면 곧잘 "나가다초의 논리에 지나지 않는다."라고 말하는가 하면, 그런 정치보도에 대해 "나가다초의 논리 범주에서 벗어나지 못하고 있다."라는 비판을 받기도 한다. 어쨌든 55년 체제 하의 취재 방침, 자세 등과 나가다초의 논리 사이에는 불가분의 관계가 있으며, 따라서 이에 관한 검증 또한 필연적인 것이라 하겠다.

이에 앞서 우선적으로 알아야 할 것은 '수數의 논리'와 '합合의 논리'이다. 서로 모순이 되는 이들 두 논리가 교묘하게 섞여 만들어진 것이 55년 체제 하의 일본 정치이기 때문이다. 다수결의 원리를 배경으로 대립하고 타협점을 찾기 위해 협조하는 것은 동서고금의 정치 역사의 공통점이기는 하지만 55년 체제 하에서는 그것이 이상한 형태로 전개되었다.

의회제 민주주의에서 '수의 논리'는 궁극적으로 다수결의 원리여서 국회에서의 수상 지명선거, 예산, 법률안건 등은 과반수를 획득해야만 성립된다. 정권 역시 중의원과 참의원參議員 양원에서 과반수를 얻지 못하면 인정될 수 없다. 그렇다면 모든 것을 다수결로 당당하게 결정하면 되는 일이다. 그러나 전후戰後의 일본 정치에서는 '다수의 횡포를 허용하지 않는다.'에 비중을 두면서 '합의 논리'가 우선되어 왔다.

7년 8개월의 장기간에 걸친 사토佐藤 내각 말기에 자민당의 고노河野謙三가 야당의 지지와 자민당 내의 반란으로 참의원 의장에 취임했다. 이 때 그는 이런 명언을 남겼다.

"국회 운영은 야당에 7, 자민당에 3의 비중을 두는 7 : 3 구도로 하겠다. 그래야만 다수권력의 횡포를 억제할 수 있으며 결과적으로 공평·공정한 운영이 가능하게 된다."

야당은 물론이거니와 여론들도 이를 환영했다. 매스 미디어의 입장에서도 6 : 4, 7 : 3, 8 : 2 등 조금씩의 차이는 있었으나, 여야를 균등하게 다루는 일은 드물었다. '반反권력'은 아니더라도 권력, 특히 다수를 자랑하는 자민당에 대한 감시와 검토 기능을 다해야 할 저널리즘으로서 이는 상식이 되어 있었던 것이다.

이 때문에 정치보도에서는 각 안건에 대한 시비가 무시되는 일이 많았다. 자민당은 '실익'을 얻고 사회당을 비롯한 야당은 '명망'을 얻는다. 즉 야당의 얼굴을 내세우는 일은 여·야당 절충에 있어 핵심이 되는 부분이었다. 또한 자민당과 야당을 납득시키는 동시에 쌍방의 지지자도 최종적으로 납득시키기 위해서 먼저 격심한 대립 구도를 만든 다음, 어떻게도 할 수 없는 상황에 도달한 시점에서 극적으로 타협하게 하거나 또는 자민당이 다수의 힘으로 '강행 체결'을 연출하는 경우도 있었다.

국회 대책을 취재하는 대부분의 여·야당 취재기자들은 극적으로 타결된 내용과 '강행 체결'이 야당의 강요에 의한 시나리오라는 점을 알고 있으면서도, 보도할 때는 그동안의 대립 양상을 계속해서 써야 하는 경우가 많았다. 그리고 결론적으로는 여·야당 대립 경위에 대한 해설 기사를 싣곤 했는데, 이 해설은 "결국 '여당이 실익을 얻고 야당은 명성을 얻는다.'

는 '나가다초의 논리' 에 의한 결말이었다." 라는 것이 골자인 안이한 논평이 되기 일쑤였다.

담당기자들은 국회 대책의 결말을 이미 알고 있으면서도 여·야당 국회 대책 관계자들로부터 "여·야당 모두 민감한 불확정 요소를 갖고 있으므로 사전 표기에 나타나면 성사될 일도 성사되지 않으니 보도하지 않기를 바란다." 는 다짐을 받았다. 사실 '민감한 불확정 요소' 도 정보 수집을 하는 과정에서 그 정보가 뒷받침된다면 보도하지 않을 수 없는 측면이 있다. 게다가 어느 정도 전망이 보여 확신을 가지고 있으면서도 대립 구도만을 보도하는 것은 떳떳치 못하다는 생각을 가질 수밖에 없다. 이를 납득시켜 주는 것이 "정계는 한치 앞이 어둠이다. 결과는 신발을 신을 때까지 알 수 없다." 라는 정계의 격언과, 야당의 체면을 세워 주는 이른바 '7 : 3 구도' 의 기본 방침이었다.

이 때문에 야당이 주장하는 '다수의 횡포를 억제하기 위한 저항권' 으로서의 심의 거부(예산을 인질로 다루는 전술 포함), 소걸음 전술, 강행 체결에 대한 물리적 저항 등에는 기본적으로 관용을 보였다. 이는 55년 체제 하에서 '만년 여당과 만년 야당' 의 도식이 상식처럼 되어 있는, 말하자면 정권 교체가 없는 기이한 체제에서만 볼 수 있는 현상일 것이다. 그런데 55년 체제의 붕괴로 이런 상식도, 방침도, 취재 자세도 무너져 버리고 말았다. 제1당인 자민당과 제2당인 사회당이 연합하여 압도적으로 다수인 권력이 출현하게 됨으로써, 여·야당의 기본적인 틀에 가장 중요한 부분이 되었던 국회 대책이라는 이름의 '나가다초의 논리' 가 더 이상 통용되지 않게 되었던 것이다.

다나카 지배의 신화 현상

한편 자민당에서의 '수의 논리'와 '합의 논리'는 55년 체제 하의 정치 보도에서 그야말로 주류가 되다시피 했다. 이러한 정치보도에서 기본적으로 가장 중요한 부분은 '파벌정치'였다. 파벌은 영수를 총재로 밀어 올려 권력의 중추를 장악하려는 집단으로서, 세력을 유지·확대시키기 위해 지위와 금력으로 구심력을 유지해 왔다.

사회당을 비롯한 야당 측이 권력을 장악하기는커녕 능력조차 없는 단순한 저항세력으로만 보일 때, 자민당은 마치 파벌에 의해 구성된 연립정권처럼 보였다. 또한 권력 투쟁에 의한 수상 교체가 의사疑似 정권 교체 역할을 수행해 온 것처럼 다루어지기도 했다.

파벌정치의 기본도 '수의 논리'이다. 최대 파벌을 기축으로 당내에 다수를 형성하지 않으면 총리나 총재를 결정할 수 없기 때문이다. 이에 비해 '합의 논리'는 개각시의 파벌 균형 인사이며, 파벌 내의 연공서열에 따른 인사로도 상징된다. 또한 총리·총재 파벌은 각료와 자민당 3역 인사에서 수, 또는 직무로 양보한다는 관행이 어느 시기까지는 상식으로 정착되고 있었다. 이를 무너뜨리고 새로운 상식을 정계에 불어넣은 것이 바로 다나카 정치였다. '수의 논리'와 '합의 논리'가 기본적으로 바뀌지는 않았지만, 양쪽 모두 이상할 정도로 비대화되어 특이한 '나가다초의 논리'를 탄생시킨 것이다.

다나카 가쿠에이田中角榮는 '정치는 힘, 힘은 수, 수는 돈(정치＝힘＝수＝돈)'이라는 논리를 끝까지 관철시키려 했다. 특히 그는 금맥 사건으로 정권의 자리에서 물러나고 연이어 록히드 사건으로 구속·기소되자 파벌을 확대시켰다. 그리고 물밑에서 정국의 주도권을 장악하며 표면에 나서지 않은 채 복권의 날을 꿈꾸었다. 즉 '수의 논리'에서 그는 타 파벌과 크게 차이를 짓는 것으로 주축이 되었으며, '합의 논리'에서는 본인이 정치 표면에 나서지 않는 것을 역수로 잡아 타 파벌 영수를 총리 · 총재 자리에 앉게 함으로써 이중 권력구조의 길을 텄다. 최대 파벌의 의사나 모든 결정권을 장악하고, 다나카 군단으로 불리는 결속력이 이를 받들었던 것이다.

또 다나카는 "다나카 파는 종합병원이다. 각 분야의 명의와 명간호사가 있다. 사전 검진은 물론, 에프터 케어(After Care ; 회복한 환자의 몸조리 - 옮긴이 주)까지도 철저하다."라고 호언했다. 그는 말 그대로 같은 파 간부를 '동아리 의원'의 보스로 배치하고, 중견 및 젊은 의원을 그 예비군으로 철저하게 육성함으로써 다나카 파의 관료지배를 한층 견고한 것으로 만들었다.

다나카 군단의 강점은 각 야당 사이에 굵은 선을 대놓고 있다는 점이었다. 아무도 보지 않는 곳에서 땀을 흘리는 것이 다나카 파 의원의 미덕으로 꼽혔고, 이 같은 숨은 노력은 중견 의원과 젊은 의원들에게까지 미덕으로 간주되었다. 야당을 상대로 한 국회 대책이 그 대표적인 예다. 국회 대책을 둘러싼 돈에 대해서는 여러 가지 소문이 있었고, 때로는 의원의 증언이 있기도 했지만 진상은 밝혀지지 않았다. 어쨌든 다나카 파는 '국회 대책은 다나카 파'라고 불릴 만한 실력을 발휘하며 타 파벌의 추종을 불허했다. 야당 측도 실질적인 정권의 중추가 다나카 파임을 인정했다. 특히 그 중에서도 공명당과 다나카 파의 관계는 인상적일 정도로 깊었다.

지난날 창가학회創價學會 출판 방해사건이 사토 내각에서 자민당 간사장이었던 다나카의 활동으로 수습된 적이 있었다. 공명당과 창가학회는 이런 은혜를 잊지 않았고 따라서 선거 때 공명당이 나오지 않는 선거구에서는 다나카 파 의원을 지속적으로 지원했다. 사실 예산과 법안의 생사여탈권을 쥐고 있다는 의미에서 이와 같은 국회 대책은 같은 파 의원을 육성하고 관료 지배를 강화하려는 목적도 갖는다고 볼 수 있었다.

그 결과 타 파벌, 야당, 관료들의 관심이 '다나카 파가 무엇을 생각하고 있으며 무엇을 하려는 것인가'에 집중되었으며, 취재 역시 다나카 파에 편중되지 않을 수 없게 되었다. 타 파벌과 취재진의 비판이나 불만도 정치의 의사결정 및 정책결정이라는 현실 앞에서는 침묵하지 않을 수 없었던 것이다. 이렇게 해서 정계에서의 자민당 일당 지배가 다나카 파 일파 지배로 이행되었으며, 보도의 상승효과까지 겹치자 하나의 신화로 형성되기에 이르렀다.

다나카 지배의 전반기에는 다나카 가쿠에이와 후쿠다 야스오福田康夫의 이른바 각복전쟁角福戰爭이, 후쿠다와 오히라 마사요시大平正芳의 대복전쟁大福戰爭으로 불리는 원념怨念정치와 권력투쟁의 전개가 모든 정치적 측면에 영향을 끼쳤다. 이 때문에 취재와 보도도 물밑의 격렬한 항쟁을 집중적으로 파고들게 됨으로써 상대적으로 정치 윤리와 정책 논리는 소홀히 다루게 되었다. '권력투쟁이야말로 정치의 본질'이라는 격언이 정계뿐 아니라 매스 미디어에도 침투했다. 그러나 후쿠다·오히라의 '40일 항쟁' 후, 1970년 7월에 실시된 중·참衆·參 양원의 동시 선거에서 총리 겸 총재인 오히라가 선거 중에 급사하고 자민당이 압승하자 상황은 일변했다. 원념정치와 권력투쟁에 종지부를 찍는다는 대의명분 아래 합의 정치를 내세운 스즈키鈴木 내각이 성립되었으며, 다나카 파의 일파 지배와 권력의 이중구조가 '총주류파 체제'라는 이름 아래 확립되었다. 이것은 스즈키, 나카소네中曾 내각이 명맥을 유지한 7년간 지속되었다. 그동안에 다나카가 호언한 종합병원 체제도 확립되었으며 정·관·경政·官·經과의 유착 및 일체화 체제도 흔들리지 않게 정착되었다. 그것은 나가다초의 수의 논리와 합의 논리가 이상한 형태로 합쳐져 완성된 모습이기도 했다.

부패한 구조가 백일하에

다케시다 내각의 등장은 55년 체제의 붕괴의 시작을 알렸다. 다케시다 노보루竹下登는 다나카 가쿠에이의 후계자가 되기 위해서 다나카 파 내에서 다수를 제압하고 세대 전쟁에서 승리해야만 했다. 다나카가 병으로 쓰러진 적도 있어, 다케시다는 나카소네 야스히로中曾根康弘의 후계자 지명을 쟁취했다. 후견인 역은 가네마루 신金丸信 전 자민당 부총재였다. 그리하여 다나카 지배는 다케시다·가네마루 지배로 옮겨졌다. 또한 다케시다·가네마루의 비장의 수제자로서 급속도로 두각을 나타낸 오자와 이치로小澤一郎 전 자민당 간사장 등 3명의 트로이카 체제의 등장은 새로운 신화를 낳는 결과가 되었지만 오래 가지는 않았다.

그러나 리크루트 독직 사건의 의혹이 정계 전체로 번지고, 게다가 소비세와 농산물 자유화에 대한 반대운동이 심해지자 다케시다 내각은 1989년에 퇴진하지 않을 수 없게 되었다. 이 때 상식적으로 보면 '다나카 파 – 다케시다 파'로 이어진 이중 권력구조가 붕괴되었어야만 했다. 그러나 다행인지 불행인지 리크루트 독직 사건의 의혹은 자민당 각파 영수와 간부에게 집중되었고, 이 과정에서 상처 없이 살아남은 자는 다케시다를 제외한 다케시다 파 간부뿐이었다.

이 해의 참의원선거에서는 사회당이 도이土井 위원장의 붐을 타고 처음으로 정계에 진출한 노조 연합의 후보와 함께 크게 약진했다. 그럼에도 불구하고 나가다초에서는 자민당의 야당에 대한 물밑공작이 크게 주효하여 일파 지배가 자리 잡게 되었을 뿐 아니라 가네마루, 오자와의 '가네마루·오자와 지배'가 여·야당 전체에 돌출되는 형태로 나타났다. 특히 가네마루와 다나베田邊誠 사회당 위원장의 깊은 관계는 국회 대책을 직접 조종하기에 이르렀다.

이후 무슨 일이든 가네마루와 오자와가 최종적으로 결정하는 묘한 정치 형태가 이루어졌는데, 이는 우노宇野, 가이부海部, 그리고 미야자와宮澤 내각이 발족될 때까지 계속되었다. 이 무렵부터 자민당 내에서 묵살되어온 '다나카 · 다케시다 파 지배'에 대한 비판의 소리가 터져 나오기 시작했고, 여론과 매스 미디어도 비판적인 시선을 보내게 되었다. 이에 재차 타격을 준 것이 도쿄사가와 급편東京佐川急便 사건과 제너콘(General Contractor ; 종합건설업자의 약칭 – 옮긴이 주) 독직 사건이었다. 이 같은 사건들은 권력중추인 '다케시다 · 가네마루 · 오자와'에게 치명상을 주었다. 금권부패 구조와 권력의 추악한 실태가 백일하에 드러나는 동시에 55년 체제의 붕괴가 시작되고 있음이 널리 알려지게 된 것이다.

또한 선거제도를 중심으로 한 정치 개혁과 정계개편의 파도가 권력투쟁과 밀접하게 얽히면서 55년 체제붕괴가 앞당겨졌다. 도쿄사가와 급편 사건과 독직 의혹으로 가네마루가 부총재직과 다케시다 파 회장직을 사임하는 한편, 의원직에서도 물러났다. 권력의 정점에 있던 '수령'의 은퇴로 권력중추의 다케시다 파는 분열되었으며, 그 여파로 정계 전체가 크게 뒤흔들렸다. 또한 제너콘 독직 의혹 사건에서도 가네마루가 구속, 기소됨으로써 정치 개혁을 둘러싼 당내 대립과 권력투쟁은 당 분열을 가져왔다.

한편 거품경제가 붕괴되어 정계에 대한 정치 자금도 급속도로 줄어들었다. 그 결과 자민당 내의 파벌은 그 지위를 잃게 되었다. 이 일은 곧 매스 미디어 측의 정치 취재 현장을 혼란시키는 등, 정치보도의 발판을 무너뜨렸다. 55년 체제 하의 정치보도가 자민당 일당 지배를 전제로 구성되어 있었기 때문이다. 즉 그만큼 자민당의 의사 결정과 정책 결정의 취재 · 보도를 파벌역학과 '수령'의 존재에 의존해 왔었던 것이다.

그러나 수상 관저의 관방 장관과 2명의 관방 부장관, 자민당 부총재와 간사장, 총무 회장, 정조政調 회장, 그리고 파벌의 영수와 간부를 거점으로 종합 취재하는 보도방식이 결코 취재 방향 자체를 잘못 잡은 것은 아니었다. 관방 장관과 간사장, 그리고 파벌영수를 대상으로 취재하는 보도방식은 현재까지도 정치 관련 취재의 원형으로 여겨지고 있는 것을 보면 알 수 있다.

돈(Don ; 수령 – 옮긴이 주)의 존재, 파벌연합이나 파벌지배와 같은 정권 정당의 지배구조와 의사 결정, 그리고 정책 결정 시스템의 붕괴는 결국 매스 미디어의 취재 원점과 골격을 무너뜨리는 결과를 가져오게 했다. 파벌 영수는 순식간에 존재이유를 잃어 거의 평론가적인 주석을 다는 것에 급급할 뿐, 여태까지와는 반대로 기자들에게서 정보를 수집하는 형편이어서 감히 취재원이라고도 할 수 없는 존재였다. 수령도 실각하고 당 집행부도 사실상 기능정지 상태에 빠진 미야자와 내각 말기는 자민당 일당 지배 붕괴 전야를 나타냈다.

또 하나 55년 체제의 기축이었던 자민·사회 양당의 대립과 협조, 그리고 '7:3 구조'라는 매스 미디어의 위치도 무너졌다. 최대의 취재 현장이었던 국회대책위원회의 절충도 '국대國對 정치 비판' 여론의 포위를 받아 공식 무대에서 사라졌다. 이 같은 혼란 속에서 매스 미디어는 많은 교훈을 받는 동시에 55년 체제형의 발상과 방침, 취재 등 모든 면에서 반성을 촉구하지 않을 수 없게 되었다.

해답을 제시하지 못하는 매스 미디어

55년 체제의 붕괴로 55년 체제가 동서 냉전구조의 산물임이 확인되었다. 즉 이데올로기의 대립이 실제 의미를 잃게 됨으로써, 그동안의 여·야당 대결구도가 많은 부분에서 성과 없는 논의로 이루어져 왔다는 실태가 재인식된 것이다. 또한 정권 교체가 없는 55년 체제 하의 자민당 일당 지배를 시인하고 있으면서도, 한편으로는 여·야당의 대결을 지나치게 보도해 온 점도 지적되었다. 이는 사회당 등 야당에 정권담당 의사가 없고, 또한 국민들이 그런 야당에 정권을 맡기려 하지 않을 것이라고 판단한 데 기인한 것이기도 했다. 그러나 무엇보다도 그 같은 체제가 비뚤어진 정치 형태라는 데 그동안 둔감했었기 때문이라고 할 수 있다.

그 결과 자민당 일당 지배가 더욱 이상한 형태인 다나카 파 지배, 다케시다 파 지배라는 이중의 권력구조를 가져왔으며, 마침내는 '가네마루·오자와 지배'를 비대화시켰다. 그러나 매스 미디어는 이에 제동을 걸지 못했을 뿐 아니라 오히려 취재가 권력을 집중하게 만드는 상승작용을 해 신화를 정착시키기까지 했다. 이는 타 파벌과 야당이 그 같은 구조에 추종한 결과이기도 하지만, 무조건 현실로 수용했던 무비판적인 매스 미디어 측의 보도책임도 지적하지 않을 수 없다.

또한 55년 체제 하의 정치 구조가 기본적으로 '담합談合' 사회였다는 사실이 부각된 것도 의미가 크다. 물론 이것을 일본 사회가 기본적으로 지니고 있는 성격으로, 특히 정치는 이런 점이 응축된 세계인 것이라고 볼 수도 있다. 그러나 '합'이 비대화되는 폐단은 정치 개혁과 55년 체제 붕괴 과정에서 뚜렷이 드러났다. '합'은 목표가 명확하고 뜻이 높으면 집단적인 힘을 발휘함으로써 공고한 의사결정을 이루지만, 목표를 잃고 뜻이 낮아지면 비참한 결과를 가져온다는 사실이 증명되었던 것이다. 이해관계가 복잡하고 중요한 과제일수록 결정이 늦어지기 마련이다. 그런데도 무조건 '합'을 위해 "뭉쳐지는 것만으로 합의한다."와 같은 문제의 축소화가 끝없이 이루어지면 국민의 정치 불신은 한없이 깊어질 수밖에 없다. 이것은 끝내 국제적으로도 신뢰를 잃게 되는 '위기'를 조성하게 된다. 정치의 이러한 본질적인 문제에 대해 매스 미디어도 깨닫기 시작한 것이다.

1993년 7월의 총선거에서 '반·비자민'의 연립정권이자 정치 개혁만이 유일한 구심력인 호소카와細川 내각이 성립되었다. 이는 역사적으로 자민당 일당 지배를 무너뜨렸다는 데에 큰 의의가 있었다. 게다가 시대의 변화를 민감하게 감지한 국민들도 높은 내각 지지율을 보였다. 그러나 내실은 취약했다. 7당 1회파會派의 '8두 마차'는 정국 운영과 정책 결정 시스템을 처음부터 구축하려 했으나 성공하지 못했다. 노하우를 갖고 있었던 것은 자민당에서 떨어져 나와 독립한 신생당과 신당뿐이었다. 특히 정권 중추에 있었던 것은 구 다케시다 파의 신생당이었으며 그 중에서도 자민당 간사장을 경험한 오자와가 중심이 되었다.

결국 모든 일이 신생당 대표간사인 오자와가 주도하는 대표 간사회에서 결정되는 형태로 진행되었고, 이것은 이중권력구조를 새롭게 비판하는 결과가 되었다. 뿐만 아니라 구 다케시다 파의 분열과 자민당 집행부의 원념이 권력투쟁에 박차를 가하게 되었으며, 정권 내부에서도 오자와의 정치 수법에 대한 다케무라武村正義 관방 장관이 이끄는 신당의 반발이 표면화되었다. 여기에 호소카와 수상과 관련된 NTT(일본 전신전화 주식회사) 주식에 관한 의혹도 치명상이 되어 정권붕괴를 앞당기게 된 것이다.

그런데 여기서 지적해야 할 것은 정권교체에도 불구하고 취재 중심이 권력중추의 오자와에게 계속 집중됐다는 점이다. 특히 호소카와 정권도 취재원이 될 수 있는 상황에서 신생당, 그 중에서도 오자와에게만 집중했을 정도로 비뚤어진 형태였던 것이다. 사회·공명·민사·일본신당 및 참의원의 연합은 모두 정권 경험이 없는 '풋내기 집단'으로 간주되었다. 게다가 전후 일본이 처음으로 경험하는 본격적인 연립정권 시대를 맞은 매스 미디어도 갈피를 잡지 못했다. 그리고 새로운 취재 시스템을 구축한

지 얼마 안 돼 호소카와 내각은 붕괴되었으며 혼란이 계속됐다.

이 같은 상태는 하네다 내각의 사회당 이탈과 자민·사회·신당 등 3당 연립에 의한 무라야마村山 내각의 탄생으로 정점에 이르렀다. 그동안 자민당의 파벌영수이자 차기 총재후보이기도 했던 와타나베 미치오渡邊美智雄의 탈당 소동이 있었으며, 가이부 전 수상은 구 연립세력의 수상후보로 떠올랐으나 결국 무라야마 도미이치村山富市에게 패배했다.

또한 자민당 내의 분열이 계속되자 개혁의 모임, 자유당 등 신당이 속속 탄생했다. 자민당과 사회당 내에서도 파벌이나 좌우 양파에 소속되지 않으려는 중견 의원 집단이 우후죽순 생겼다. 이처럼 집단의 발언력이 강화되면서부터 정계 재편성의 새로운 싹이 트기 시작했다. 때문에 취재 대상이 늘어났으며 그만큼 초점도 확산되어 갔다. 이는 역사적인 정계 재편성이 더 이상 후퇴할 수 없는 지경에 이르렀음을 말해 주는 증거이기도 했다.

그러나 매스 미디어는 여전히 어느 곳에 착지해야 좋을지 모른 채 무작정 정계의 움직임만 뒤쫓고 있었다. 특히 55년 체제의 주역이었던 자민, 사회 양당의 합당이 지금까지의 발상과 방침 및 취재를 뿌리째 뒤집어놓은 역사적 사건이었는데도 불구하고, 이에 대한 매스 미디어의 역사적인 의미부여는 거의 없었다. 사회당이 종래의 기본정책을 전환시킨 데 대해서도 마찬가지였다. 이는 매스 미디어가 확고한 역사관이나 시국관을 가지고 있지 못했다는 사실을 단도직입적으로 말해 주는 것이었다. 또 매스 미디어측에서 무라야마 연립정권이 수적으로는 압도적인 다수이지만 그 내실이 취약하기 때문에 장기적이고 안정적인 정권은 되지 못할 거라고 판단한 것도 사실이다. 거기에는 총선거 및 참의원선거를 하게 되면 사회당이 패배를 하게 될 것이며 결국에는 무라야마 내각을 유지하지 못하게 되리라는 예측도 바탕에 깔려 있었다.

한편 3당 연립측은 1994년 12월 10일 신당을 '신진당新進黨'으로 결성했다. 그러나 이것이 자민당 다음 가는 대정당의 탄생이며 앞으로 2대 정당제의 길을 열게 하는 중요한 단계가 되는 것임에도 불구하고, 정계는 물론 국민들도 전혀 관심을 보이지 않았다. 왜냐하면 신진당도 결국에는 기성정당과 다름없는 집단으로서, 신 연립과 구별될 수 있는 기본정책을 명확히 제시하지 못했기 때문이다. 매스 미디어측도 역시 '대립축이 불투명하다'고 지적하는 데 그칠 뿐 앞으로의 전망을 제시하지 못했다. 또한 기본이념, 기본정책, 정책의 우선순위 등 국민들이 가장 알고 싶어 하는 것에 대해서도 명확한 회답을 제시하지 못했다.

취재 시스템의 현상과 과제

정치부 기자의 출발점

"힘들어 죽겠다는 소릴 하려면 신문기자가 되려고 하지도 말아라! 그런 사람에게 신문기자는 맞지 않다."

정치부 기자 1년생에게 데스크가 버럭 소리를 지른다. 이런 데스크의 발언은 정치부 기자를 교육시키기 위한 첫걸음이다.

"이 세상에서 신문사 정치부 기자만큼 어려운 직업은 없다. 소변에 피가 섞여 나오지 않는 기자는 아직도 멀었다."

"체력이 승부다. 머리는 필요 없다."

이렇게 되면 지국에서 경찰 출입은 물론 시정市政, 현경縣警 본부, 현정縣政 등을 취재하면서 이젠 제법 기자 행세를 하게 되었노라고 우쭐거렸던 기자의 자부심이 여지없이 짓밟혀버리고 마는 것이다.

동경에 있는 본사 기자를 예로 들어 보자. 정치부 초년생은 우선 1~2개월간 데스크 곁에 앉아 전화송고를 받는다든가, 국회의원의 이름이나 자민당과 사회당의 조직 또는 파벌, 관료기구의 ABC 등을 머릿속에 넣는 일로 정치부 기자 생활을 시작한다. 그 뒤 외근을 하게 되는데, 처음에 배치되는 곳이 수상 관저가 있는 '나가다 永田 클럽'이다. 이른바 수상을 전담하는 수상 담당기자가 된 것이다.

지국은 관할 경찰, 사회부는 경시청 클럽에 배치되는 것과 마찬가지로 수상 관저는 정치부 초년생의 교육을 위한 기관인 셈이다. 수상 담당기자는 수상을 따라다니면서 새로운 뉴스나 이야깃거리를 수상에게 던져 코멘트를 얻어낸다. 이것이 수상 담당기자에게 주어지는 첫번째 역할이다. 권력의 톱이 무슨 생각을 하고 있는가를 항상 감지하는 동시에, 수상의 심경 변화와 몸의 컨디션 등 정치 변동에 직결되는 것을 탐지해야 하는 것이다.

또한 수상과 수상 관저에 출입하는 정치인, 재계인, 관료 등이 주고받은 대화내용 등을 체크하여 테마에 따라 경제부, 사회부, 외신부 기자에게 연락해 각 부서에서 필요한 정보를 소화하도록 한다. 또 수상이나 관방 장관의 일정 및 관저에서 열릴 회의, 회합 등을 사전에 체크하여 사진을 수배하고 담당기자에게 연락한다. 이처럼 수상을 지키는 수상 담당기자는 권력중추에 장치된 첨단 안테나의 역할을 한다. 그러나 일이 여기서 끝나는 것은 아니다. 수상을 전담해야 할 수상 담당기자의 시련은 여기서부터 시작된다.

나가다 클럽은 물론, 관방 장관, 2명(정무와 사무)의 관방 부장관, 정책·인사를 담당한 참사관실(총무과), 내각 법제국 외에 내정 심의실, 외정 심의실, 내각 조사실, 안정 보장실, 내각 홍보관실의 이른바 '내각 5실'을 담당해야 하며 행정개혁, 행정감찰 및 서훈敍勳, 청소년문제, 여성문제 등 폭넓은 취재 대상을 가진 총무청도 담당범위 안에 넣어야 된다. 신문사에 따라서는 환경청 또는 공정거래 위원회도 담당해야 하며, 출입 기자가 없는 타 성청省廳 기자클럽을 겸하거나 지원하는 경우도 많다. 그 외에도 국회예산위원회심의, 외교위원회심의 등의 큰 위원회와 그때그때 큰 테마를 다루는 특별위원회의 동정도 담당 선배 기자의 보좌로 취재를 맡게 되고, 중요한 인물을 인터뷰하거나 좌담회의 필기요원으로 동원되기도 한다. 이런 일을 동시에 진행해야 하기 때문에 수상을 전담해야 하는 수상 담당기자는 몸이 몇 개 있어도 모자랄 정도로 고되기만 하다.

그러나 이것으로 끝나지 않는다. 때로는 밤샘취재를 해야 하고 취재거리가 있는 곳이면 새벽에도 쳐들어가야 한다. 관방 장관은 흔히 우두머리로 불리는 중견 기자가 담당하는 경우가 많지만 2명(정무, 사무)의 관방 부장관과 내각관방 5실의 실장, 수상비서관(정무, 재무, 외무, 통산, 경찰 등 5명) 등은 수상을 담당하는 기자의 몫이다. 적어도 새벽 다섯 시에 일어나 다섯 시 반쯤에는 신문사에서 보내온 차를 타고 담당한 인물 자택으로 직행하여 현관 바로 앞에서 기다려야 한다. 이처럼 밤샘취재를 했다가 귀가하는 시간은 그 다음날 새벽 두 시가 되므로 평균 수면시간이 세 시간밖에 되지 않는다. 이래서 데스크의 "체력이 승부다."라는 말이 생겨난 것이다. 최근 들어 부쩍 늘어난 여기자도 예외는 아니다. 신혼인 경우 신혼 생활이 엉망이 돼 이혼 사태를 맞게 될지도 모른다. 요즘의 젊은 기자들은 배우자와 맞벌이를 하는 경우가 많고 더구나 이와 같은 '비인간적인 근무'를 허용하지 않는 경향까지 있다. 그러나 담당기자의 밤샘취재나 새벽취재 활동은 단지 정치부 기자 개인만의 문제가 아니라, 정치보도에 있어서 매우 중요한 의미를 지닌다. 그것은 단순한 취재로 그치는 것이 아니라, 취재하는 가운데 쌓아 올린 인간관계가 언젠가 중요한 국면에서 뜻밖의 효력을 발휘하게 될 수도 있다는 장기 전략의 측면을 지니고 있는 것이다.

관방 부장관은 정계에서 '총리·총재의 등용문'으로 불리는 만큼 정무의 장래가 기대되는 중견 의원이 취임된다. 이들은 수상의 측근 중에서도 최측근이거나 정권 담당 중견간부이다. 그리고 이들은 수상의 눈과 귀가 되는 '정보 수집'의 역할 외에도, 때에 따라서는 수상의 '특별' 또는 '대리'로서 내밀히 '사람'을 만나기도 한다. 수상 담당기자는 이런 관방 부장관을 통해 인맥을 넓히는 한편, 물밑에서 전개되는 정계의 동정도 파악하게 된다. 그리하여 때로는 정치적인 표면의 움직임과는 전혀 다른 세계가 거기 있음을 알게 되고, 동시에 '정치' 내지는 '정책'이 결정되는 참된 과정을 처음으로 지켜보게 되기도 하는 것이다.

미야자와 전 수상이 새로운 리더로 부각되었을 때, 그는 "정치는 이념과 정책은 논리로 결정되는 줄 알고 있었다. 그러나 이제는 모든 것이 인간관계와 힘의 관계로 결정된다는 것을 깨달았다."라고 말했다. 당시 이성적이며 관료적인 합리주의자로 알려진 미야자와는 '이론이 많고 쌀쌀맞은 사람'이라는 이유로 자민당 내에서 인기가 없었다. 어쨌든 이런 물밑 정보를 얼마나 많이 알고 있는가로 정치부 기자로서의 능력을 평가받을 뿐 아니라, 동시에 사내 라이벌이라든가 타 미디어와의 정보전에서 유리한 입지에 설 수 있게 되는 것이다. 그런 의미에서 관방 부장관 담당기자는 정치부 기자에게 하나의 등용문이 되었다.

따라서 기자는 언제까지나 인간관계를 유지해야 할 필요성이 있다. 비단 관방 부장관과의 관계만이 아니다. 10년, 20년에 걸쳐서라도 인간관계를 소중히 키울 수 있는 방법을 항상 모색하는 것이 정치보도의 철칙이다. 머지않아 관방 부장관은 국회상임위원회 위원장을 거쳐 각료가 될 것이다. 또한 파벌영수로서 총리·총재와 같은 톱자리에 앉게 되는 경우도 있다. 그동안에 담당기자도 성청담당, 파벌담당, 정당담당 등을 거쳐 서브캡 틴, 캡틴, 그리고 데스크가 되는 것이다. 따라서 지난날 취재 대상이었던 인물과 언제, 어디서, 어떻게 만나게 될지 아무도 모르는 일이므로 인간관 계를 유지해 둘 필요가 있다. 각료와 성청담당의 관계로, 파벌간부와 파벌 담당으로, 때로는 수상과 정치부 부장의 관계로 만나게 되는 경우도 있는 것이다.

또, 내각관방 5실 실장은 모두들 출신 성청의 사무차관급 간부이므로, 실장을 취재함으로써 성청의 역학관계라든가 인사, 정책결정 과정의 포 인트를 알 수 있게 된다. 수상비서관은 정계의 관방 부장관과 마찬가지로 출신 성청의 엘리트 관료이므로 언젠가는 국장, 관방장관, 사무차관으로 출세하게 되는 경우가 대부분이다. 취재에는 이런 인간관계의 유지도 필 요하다. 그래서 담당기자는 데스크로부터 혼이 나거나 자존심이 상하더 라도, 또 특종을 다른 신문에 빼앗겨 절망상태에 빠지더라도 정치권력의 중추에 접근하고 있다는 만족감과 중책에 대한 사명감으로 이를 견뎌내 는 것이다. 그러나 이런 만족감과 사명감이 자칫 엘리트의식으로 발전하 면 독선적이 되거나, 취재원과 유착관계에 빠질 가능성이 높아지게 된다. 또 단순한 애드벌룬용 발언에 넘어가거나, 전략적인 신경전, 심리전을 위 한 정보를 온전히 믿고 그에 따라 좌우되는 수도 있다.

수상이나 장관을 전담했던 담당기자 시절에 '얼마나 큰 코를 다쳤는 가'에 따라 그 뒤에 취재원과의 거리가 변하게 된다. 이 시기는 정치부 기 자로서의 윤리관 및 사명감의 출발점이 되는 것인 만큼 특별히 강화된 기 자교육이 요구된다고 하겠다.

젊은 기자들에게는 "기자는 어디까지나 독자인 국민을 대신해서 취재 하고 있는 것이며, 필요한 정보와 감추어진 정보를 국민의 '알 권리'를 위해 보도하고 있다"는, 저널리스트로서의 기개와 사명감을 꾸준히 주입시켜야 한다. 또한 정치부 기자에게는 매스 미디어의 기능이 권력의 횡포와 부패를 냉엄하게 감시하는 데 있다는 저널리즘의 원점을 항상 되새기면서 모든 횡포에 과감히 도전하는 투지를 갖도록 해야 한다. 이런 의미에서도 나가다 클럽은 정치부 기자의 출발점이 되는 교육기관으로서 중요한 위치를 차지하고 있다.

담당기자의 다양한 실태

'○○담당기자'라는 호칭은 보통 비아냥 어린 어조로 사용되며, 정치가와 기자의 유착관계를 상징하기도 한다. 특히 파벌담당의 '○○파 담당'과 정치인 개인의 이름을 딴 '○○담당'은 그 정도가 심하다. 그러나 이 '담당'이란 호칭이 정치보도 현장에만 따라다니는 것은 아니다. 이것은 어느 취재현장에도 있기 마련인 취재·보도상의 불가결한 시스템이다. 다만 내용도 다양하고 오해에 의한 비판도 많은 만큼, 정치관계 보도와 좀더 밀접한 관계를 갖고 있다. 이러한 담당기자 시스템에 대해, 먼저 그 원형인 나가다 클럽의 수상 담당기자와 관방 장관 담당기자를 예로 들어 검증해 보자.

초년병 기자의 수상 담당은 '수상 담당' 또는 수상의 성을 따라 '○○담당'으로 불린다. 관방 장관 담당도 '장관 담당'으로 불리거나 그의 성을 따라 '○○담당'으로 불리는 등, 일정한 호칭이 있는 것은 아니다. 그러나 직위가 아닌 개인명이 붙은 쪽은 아무래도 취재기자와 취재원과의 관계가 깊다는 뉘앙스를 풍기게 된다.

수상을 전담하는 초년병 기자는 '다케시다 담당(다케시다는 장기 정권을 자랑한 사토 내각 초기에 관방 부장관을 지낸 사람이다)'으로도 불리는데, 정치부 내에서 다케시다 담당이라고 불리는 기자는 대부분 정치부의 대大 선배 또는 데스크 등 베테랑 기자를 가리키는 것이다.

다케시다 내각이 발족하기 23년 전의 일이다. 당시는 하시모토 도미사 부로橋本登美三郎 관방 장관 담당기자가 관방 부장관까지 담당했다. 하시모토 담당은 자민당의 사토 파 담당을 경험한 중견기자였는데 다케시다 가 수상이 되었을 때도 개인적인 관계를 유지하고 있었으며, 당시 수상 담 당기자들과 다케시다와의 회합도 계속되고 있었다. 이들은 다케시다 또 는 그의 주변 인물들이 서로 털어놓고 얘기할 수 있는 상대였고 조언을 받 는 경우도 많았다. 회합내용이 간접적으로 새나가는 경우도 많았지만 직 접 정치부에 전달되는 일은 없었다.

수상을 전담하는 수상 담당기자로서 정국 동향이나 정책결정 과정의 ABC를 읽을 줄 알고 나름대로 취재 인맥을 넓히면 드디어 성청 출입기자 가 된다. 그렇게 되면 주로 정책중심의 취재를 하게 되는데, 각료와 정무 차관을 통해 국회대책 정무, 국회관계위원회 위원장과 여 · 야당 이사 등 을 취재하면서 친교를 맺는 것으로 정당담당 예비군으로서의 실력을 쌓 기도 한다. 이처럼 수상과 관청을 담당하는 동안에 정치부 기자로서의 기 초를 다지는 동시에, 정치부 기자에게는 최대의 자산이 되는 인맥과 인간 관계를 얻게 되는 것이다.

정치부 기자라면 하루속히 정당담당 베테랑 기자가 되어 가능하면 수 상 관저라든가 권력파벌을 맡고 싶어질 것이다. 그렇게만 되면 영향력이 있는 특종을 얻을 수 있는 기회가 많아질 뿐만 아니라 사내에서는 물론 타 사에서도 정치부 기자로서 평가를 받을 수 있기 때문이다. 자민당 일당 지 배시대나 파벌정치 전성시대에는 구 다나카 파와 다케시다 파를 담당하 는 것이 정치부 중에서도 가장 바쁘고 또 책임이 막중한 일로 여겨졌다.

그만큼 중요한 정보를 접하게 되는 기회가 많았기 때문이었다.

이와는 달리 야당과 노동 담당기자는 주눅이 드는 경우가 많았다. 자칫 잘못하면 야당의 움직임마저 자민당 담당기자가 먼저 접하기 일쑤기 때문이다. 당연한 일이지만 자민당과 야당의 정보는 대립되는 경우가 많았다.

자민당 담당기자가 야당 담당기자에게 냉랭하게 말한다.

"야당이 겉으로만 내뱉는 말을 언제까지 곧이들을 건가? 야당의 진짜 정보는 우리가 갖고 있다고."

그러나 이런 말이 새어나가면 야당 측에서 갑자기 태도를 바꾸는 등 시나리오가 뒤틀어지기 십상이다. 이래서 야당 또는 노동 담당을 오래하게 되면 욕구불만이 생기게 되고, 너무 야당에 기울면 야당의 논리에 빠지게 되는 것이다.

그렇다면 취재를 받는 쪽에서 본 유망한 기자의 기준은 어떤 것일까? 물론 명확한 기준이 있는 것은 아니지만 그동안의 취재경험을 통해서 얻은 결론은 '신뢰할 수 있는 기자'로 행동하는 것이다. 이는 비단 정치부 기자에만 국한된 것이 아니라 신문기자 공통의 원칙일 것이다. 신뢰는 인간적인 부분도 포함되지만 여기서는 일단 정치관계 취재, 보도에만 한정시키기로 한다.

우선 '오프 더 레코드(Off the Record ; 기록에 남기지 않는 비공식 발언 - 옮긴이 주)'의 약속을 지켜야 하며, 정보를 함부로 흘려서도 안 되는 등 입이 무거워야 한다. 어쩔 수 없이 정보를 흘렸거나 보도가 불가피하다고 판단되었을 때는 반드시 그 사유를 취재원에게 통고해 주어야 한다. 그렇게 되면 관계가 극도로 악화되는 경우도 있겠으나, 대개의 경우 다시 신뢰관계를 회복할 수 있다. 그러나 정보에 따라서는 취재원의 신분이 밝혀짐으로써 정치가도, 관료도 입장이 난처해지고 때로는 실각되는 경우도 있다. 그만큼 정치보도에서 취재원의 비밀은 절대적으로 지켜져야 할 중요한 철칙이다. 그러나 국민들은 오프 더 레코드의 원칙 아래 기자만이 정보를 독점한 채 공개하지 않는 데 대해 강한 의문을 갖게 될 것이다. 그래서 그것이 국민의 '알 권리'를 침범하고 동시에 정치인이나 관료와의 유착 또는 정보조작에 적극적으로 가담하는 행위가 아닌가 하는 비판을 받기도 하는 것이다.

'오프 더 레코드'의 일본적 성격

이번에는 정치보도에서의 오프 더 레코드의 문제에 대해 생각해 보기로 한다. 우선 오프 더 레코드란 '기록에 남기지 않는다.'라는 말인데, 무엇을 어디까지 감추느냐의 기준은 솔직히 애매모호하다. 하지만 무엇보다 실명 또는 그 직함, 지위를 밝히지 않는다는 것은 반드시 첫번째로 지켜져야 할 원칙이다.

가령 일본의 '정부수뇌'는 수상 또는 관방 장관을 가리키는데 통상적으로는 관방 장관 한 사람을 말한다. '정부소식통'을 운운할 때는 수상이나 관방 장관의 주변(비서관을 가리키는 경우도 있다), 또는 정무, 관방 부장관의 발언을 가리키는 말이 되기도 한다. '자민당 수뇌'는 총재나 간사장, '사회당 수뇌'는 위원장이나 서기장이 되며, '대장성 수뇌'는 각료 또는 사무차관을 말한다. '소식통'을 운운할 때는 그 주변을 말하는데, 가장 애매모호한 것이 바로 '간부' 운운하는 표현이다. 특히 박스기사나 해설 뒤에 '자민당 간부', '대장성 간부', '미야자와파 간부' 하는 형태로 보도될 때는 특정 인물의 발언이 아니라 그 당 또는 성청, 파벌의 일반적인 견해를 대변하고 있는 경우가 많다. 그렇기 때문에 이를 남용하는 것에 대해서는 엄중한 경고가 있어야 될 것이다.

뉴스원의 비밀 엄수는 국제적으로도 정착돼 있다. 이를 어기면 취재가 어려워질 뿐 아니라 무엇보다 일반적으로 상대가 이야기하지 않게 될 우려가 있기 때문이다.

그러나 가장 근본적인 문제는 일본론, 일본인론을 거론하지 않을 수 없게 만드는 일본 사회의 상식이나 습관, 또는 일본어의 특수성에 기인하는 경우가 많다. 일본인은 대부분 자기 의견을 명확히 말하지 않으려는 경향이 있다. 게다가 주어가 모호하기 때문에 얼마든지 일반론이나 객관적인 배경설명 또는 사실관계의 나열을 자기 의견처럼 꾸며댈 수 있다. 이는 책임 소재를 모호하게 하려는 의도 외에도 흑백을 명확히 가리키는 데 따른 대립이나 분쟁을 회피하려는 의식이 강하게 작용하는 것이라고 할 수 있다.

또한 자신이 놓여진 입장과 권한에 구애받는 동시에 관계자에 대한 배려가 지나치게 중시되고 있다. 때문에 공식적인 회견을 무척 싫어하는 경향이 나타나는 것이다. 그 결과 공식회견이 이미 결정된 기정사실의 추인에 불과하거나 원칙론을 한결같이 시종하는 것으로 흐르기 십상이다. 따라서 현재 진행중이거나 장래문제 또는 전망 등에 관한 질문이 있으면 "노코멘트", "모르는 일이다", "뭐라고 말할 수 없다"는 등의 대답 외에는 들을 수 없는 것이다. 이 때문에 정치부 기자는 최근까지 회견이라는 형식을 거의 무시해 왔다 해도 과언이 아니다. 때문에 회견이 시간을 낭비하는 일밖에 되지 않는다는 분위기가 지배적이어서 역대 데스크들은 "회견 때 질문하는 기자는 못난 기자다"라고 젊은 기자들에게 교육시켜 왔다.

또 '임금의 말은 취소할 수 없다' 는 격언과 마찬가지로 취재원들은 고위직에 있는 인물이 공적으로 한 발언은 손쉽게 변경할 수 없다는 의식을 가지고 있다. 발언을 정정하거나 수정하는 것은 책임문제로 발전하는 경우가 많으며, 결과적으로는 매스 미디어 자체의 신뢰를 잃게 되기 때문이다. 특히 국회에서의 여야 공방은 대부분 각료나 성청 간부의 발언을 트집 잡는 일로 일관되어 왔는데, 이러한 경향은 실언을 한 각료를 경질하는 것이 야당의 전과戰果라고 알고 있던 ‘55년 체제’ 의 잘못된 역사에서 비롯된 것이나 다름없었다.

“발언은 명료하게, 의미는 불명료하게”라는 식의 독특한 말들을 만들어낸 것으로 유명한 다케시다 전 수상은 “오랫동안 말꼬리를 잡혀 각료가 사임하게 되거나 내각이 궁지에 몰리게 되는 사태를 보아왔기 때문에 어느 사이엔가 나도 모르게 몸에 밴 말주변인 것 같다. 나의 스승이기도 한 사토 전 수상은 입버릇처럼 ‘발언할 때는 특별히 조심하도록 하라. 잘못 말하면 목숨을 빼앗길 수도 있다’ 라고 말했었다”라고 술회한 적이 있다. 사토 전 수상은 오프 더 레코드 회견에서도, 또 간담회에서도 언질을 잡혀 기사화되게 한 적이 단 한 번도 없었다.

한편 “일본의 정치 기사에는 뉴스 소스가 정확하게 명시돼 있지 않은 기사가 많다”는 비판의 소리가 있다. 즉 “정부와 자민당은 ○일까지 XX방침을 굳혔다”는 식의 기사가 많지만, ‘어느 누가 어디서 결정했고 또한 어느 누가 이를 밝혔다’ 하는 부분에 대해서는 전혀 언급이 없는 것이다. 기사 본문 중에서 “이는 정부 수뇌가 밝힌 것으로서”라든가, “○일에 있는 ××회합에서 합의된 내용을 ○일에 수상이 최종적으로 결정, ○일에 관계자(여당 수뇌)에게 전달했다”라는 식으로 사실관계를 명기했다면 별 문제가 없을 것이다. 그러나 이 같은 구체적인 사실에 대한 언급은 거의 없고, 뉴스 소스가 의도적으로 얼버무려지고 있다는 인상을 주는 기사가 많은 것이 현실이다.

이것은 일본의 정치면 보도를 둘러싼 특이성 때문일 것이다. 소위 회견이라는 것이 이미 결정된 사안이라든가, 기성사실을 추인하는 것에 불과하다는 점에 대해서는 앞에 설명한 바 있다. 그러나 취재의 본질은 정책이 결정되는 과정을 추적해서 그것이 결정되기 전에 '결정하기로 굳혀졌다'라는 정도까지 기사화할 수 있어야 된다는 것이다. 또 기정사실이 될 물밑 사실관계를 얼마나 많이 포착했으며, 이를 보도화 단계에서 무게 있는 해설기사나 특집으로 연재할 수 있는지 여부로 승부를 가리게 된다. 이를 위해서는 오프 더 레코드 회견과 간담회 등이 중요한 취재 현장이 되는데 여기서도 취재원을 분명히 언명하는 일은 거의 없다. 때문에 기껏해야 "… 임을 시사했다"는 정도로 써야만 한다. 직설적으로 기사화하는 것은 되도록 피해야 하는 것이다.

암중모색의 취재 태세

종합 취재·판단이야말로 정치보도의 기본이므로, 기자 한 명이 단 한 군데의 취재원으로부터 취재한 정보만으로는 기사화하기 곤란하다. 따라서 뚜렷한 정보원이 없는 "정부는…", "자민당은…" 하는 식의 기사가 많아진 원인이 여기에도 있는 것이다. 정치관계 보도에서 복수의 명칭은 여러 기자가 복수의 취재원에서 수집한 정보를 뒤섞은 것이라고 보면 된다.

더욱 성가신 것은 여·야당이 격돌했을 때, 파벌항쟁이 격화됐을 때, 권력투쟁이 정점에 도달했을 때 등으로, 파란·격동 등으로 보도되는 정치 상황이다. 이런 상황에서는 취재원의 발언을 우선 의심해 봐야 한다. 상대를 위협하기 위한 허세나 거짓정보, 상황 전환을 위한 유도정보 등이 난무하기 때문이다. 정보전쟁, 심리전쟁이 정치부 기자들을 매개로 마치 '공중전'처럼 전개된다. 공적인 회견이라도 취재원이 입에 담지도 않았을 내용들뿐이다. 그런 내용이 그대로 보도되는 일은 좀처럼 없지만, 현실적으로는 이 같은 '언더그라운드*underground* 정보'에 따라 상황이 형성되어 가는 사례도 많다. 이렇게 되면 참된 정보와 거짓 정보의 홍수 속에서 '진짜' 정보를 걸러낼 줄 아는 보도능력이 대두되는 것이다.

권력투쟁을 하다 보면 정치인은 '죽느냐, 사느냐' 정도까지 강력하게 정보를 구사해야 하는 경우가 많다. 특히 상대방의 약점이나 스캔들에 대해 무척 잘 알고 있다는 듯이 말하는 경우도 있다. 거기에는 대부분이 상대방 가족의 사생활이라든가 공개할 수 없는 뒷사정, 그리고 야당이라면 국회 대책에 관련된 금전거래 정보 등으로, 사실상 이러한 정보의 뒷받침이 될 만한 자료는 구하기 아주 어려운 것들이다. 취재원 측은 상대방 기자가 이러한 내막을 듣고 진짜 폭로할지를 속으로 신중하게 계산하고 있다. 물론 상호간에 그런 정보의 진위를 미리 알고 있는 경우도 많다. 그러나 취재하는 기자 측에 그만한 예비지식이 없다면 그릇된 정보에 농락당하기 십상이고, 그런 정보를 뒷받침할 수 있는 취재를 하느라 피로만 쌓이게 되는 것이다.

더욱 골치 아픈 일은 매일 접하는 취재원의 정보는 진실에 가까운 것으로 느끼기 쉬운 반면, 대립된 상대방 정보는 악선전으로 받아들이기 쉽다는 것이다. 그런 경우에는 기자들 간의 관계까지 험악해지면서 내심 상대를 믿을 수 없게 만들기도 한다. 그러므로 데스크와 캡 차원에서의 정보관리와, 그러한 정보를 뒷받침할 수 있는 취재를 위한 세심한 배려가 필요하다.

그러나 담당기자가 단 한 번이라도 특정 캡이나 데스크에게 불신감을 갖게 되면 그 뒤 그 캡과 데스크에게는 정보를 알리지 않으려는 사태까지 일어나게 된다. 게다가 그와 같은 사례는 십중팔구 권력중추와 관련된 오프 더 레코드 정보가 많을 것이므로, 종합 취재·종합 판단을 필요로 하는 정치관계 보도에는 치명상이 될 수도 있다. 이 문제는 정보관리에서 항상 어렵게 여겨지는 부분으로, 정치보도를 둘러싼 조직의 체질이나 숙명처럼 여겨지고 있다. 때문에 적절하고도 효과적인 방법을 찾지 못하고 있다.

그런데 여기서 파생되는 기묘한 현상이 하나 있다. 그것은 같은 회사 동료로서 라이벌 관계에 있는 기자보다도 원래 라이벌이 되어야 할, 같은 부처담당 타 사 기자와 더 밀접한 관계를 가지게 되는 것이다. 늘 언론을 마주 대하다 보면 같은 정보를 공유하고 있다는 특수한 공감대가 어느 사이엔가 형성된다. 같은 맥락으로 같은 사내에서도 동일 인물을 담당하거나 동일 파벌을 담당한 선후배의 종적인 관계가 두터워지는 경향이 있다. 그러나 다나카 금맥 사건과 록히드 사건 이후부터는 한 기자에게 같은 파벌이나 인물을 장기간 담당시키지 않기로 하는 방침이 세워졌다. 또 최근처럼 정국이 눈부시게 움직이는 바람에 취재대상이 확산되고 조합 취재를 해야 하는 상황이 되면, 기자를 장기 전략에 입각해서 육성할 여유가 없어진다. 게다가 취재원의 이합집산이 심한데다 정국전망을 장기적으로 보여줄 정치가도 거의 없어졌다.

이는 새로운 문제를 가져 왔다. 사실 물리적으로도 기자 한 명이 특정 인물과 정당, 파벌, 세력 등을 장기간에 걸쳐 밀착 취재하기란 어려운 일이다. 그렇다고 해서 담당기자를 단기간 내에 자주 교체해도 깊이 있는 취재를 하지 못하게 되는 등, 정치부 기자로서의 취재력이 크게 저하되었다. 뿐만 아니라 현장기자의 심신 소모는 55년 체제 하와 비교가 되지 않을 만큼 가혹해, 건강관리가 매우 심각한 문제로 대두되었다.

이런 문제를 타개할 수 있는 방법 중의 하나는 55년 체제 하의 취재 방식에 구애받지 않고 버릴 것은 과감히 버리는 개선책이다. 이를 위해 사실 관계의 취재기자와 해설전문기자로 분리하는 등 인적 자원의 효과적인 배분문제를 고려할 수 있다. 그러나 이 같은 혼돈의 시기에는 무엇이 본질인지 예상하기가 매우 어렵다. 중요하지 않은 것으로 생각했던 일이 결정적인 움직임에 이어지는 사례도 적지 않기 때문이다. 또 사실관계에 대한 정밀한 취재 없이 정확한 분석과 해설을 할 수 있느냐의 문제도 남아 있다. 하지만 이들을 종합적으로 판단하면서 새로운 취재, 보도의 개념을 수립한다면 종래와는 다른 뉴스 가치를 발견하게 될 것이다.

지방 권력과의 관계

일본의 니이가다 현新潟縣지사의 사가와佐川急便 의혹 사건과 시장구속으로까지 발전한 제너콘 독직 사건 등은 지방지와 전국지 지방주재 기자들에게 "왜 일찌감치 터뜨리지 못했는가."라는 무거운 과제를 안겨 주었다.

당연한 얘기지만, 이것은 지사가 구속당한 그 지역만의 문제를 말하는 것은 아니다. 사가와 의혹 사건 수사와 가네마루 자민당 부총재의 경우, 공교롭게도 혐의사실을 수사하기 위해 압수한 자료가 바로 단서가 되어 각 현의 사건으로 비화된 것으로, 이런 독직구조는 지방자치에 늘 도사리고 있다 해도 그다지 이상한 일이 아니다. 그렇다면 지방에서는 저널리즘의 본질이라고 할 수 있는 권력을 체크하는 기능이 없는 것일까? 지사 구속이 잇달았을 때, 지방지와 지방 기자클럽에 대해서 지방 권력과 유착했기 때문에 독직을 놓친 것이라는 비판이 있었다. 과연 그런 것일까? 유착으로 모든 것을 설명한다는 것은 문제를 너무 단순화시킨 것이 아닐까?

지방의 장과 보도기관에는 여러 단계로 긴밀한 관계가 맺어져 있다. 현청(縣廳 ; 우리나라의 도청에 해당 – 옮긴이 주)의 일반 직원이 보더라도 유착으로 짐작되는 관계가 있으며, 뒷구멍으로 관청과 결탁한 신문이라는 소리를 듣고 있는 것도 사실이다.

이런 점은 일상적인 기사만으로도 추측이 가능하다. 지사가 현의 시설 완공식에서 테이프를 끊는 장면이라든가, 행사에 참석해 인사하고 있는 장면, 현내 시찰에서 장화를 신고 논에 들어가는 장면 등 이런 퍼포먼스들이 언제나 지면을 가득 장식하고 있는 것이다. 그 결과 '기자는 지사의 편을 드는 사람'이라는 말을 듣게 되었다. 또 지방 언론계를 대표하는 형태로 각종 심의회에 대표를 보내는 것 자체가 권력에 흡입되고 있기 때문이라는 지적도 있었다.

일본적 민주주의

실제로 각 신문사 간의 보도경쟁이 격심한 일본의 현실을 감안한다면, 그 지방 자치단체장의 부정을 폭로할 수 있는 정보가 충분히 있으면서도 기사화하지 않는다는 것은 생각할 수 없는 일이다. 상식적으로 보아도 취재 과정에서 다른 신문이 어디까지 알고 있을지 마음에 걸릴 것이고, 기사화할 수 있는 정보가 입수되었을 때는 다른 신문이 언제 먼저 터뜨릴지 모른다는 점을 염려하지 않을 수 없는 것이다.

현지 기자에게는 그 지방 자치단체장과 친밀한 관계를 갖는 것이 그 자치단체장의 담화나 그 밖의 여면 취재와 주변 취재를 할 때 여러 가지로 도움이 된다. 그러므로 충분한 증거가 있는 정보를 입수했는데도 기사화하지 못하는 경우가 있다면, 상층부의 개입 여부를 생각하지 않을 수 없다. 지방지의 경우는 신문사의 최고 간부가 그 지방의 정치·경제계에 크게 영향을 끼치는 경우가 많기 때문이다. 그러나 이 같은 유착으로 기사화하지 못하게 됐다면 ‘특종기사’를 놓치게 되는 것이므로 큰 소동이 일어날 것이다.

E현의 경우, 구속된 전 지사는 기자와 만나는 것을 극도로 회피하는 타입이었다. 기자클럽과 자치단체장도 만나고 싶을 때 제대로 만날 수조차 없는 상태였다. 그렇다면 왜 지방에서는 독직을 알아차리지 못했을까? 그것은 밀실에서 이루어지는 금품수수와 그러한 금품수수의 의도를 충분히 뒷받침하는 정보를 얻는 것이 간단한 일이 아니기 때문이다. 사가와를 수사하게 된 것과 가네마루를 구속하면서 압수한 자료가 없었다면, 지방의 자치단체장을 둘러싼 독직도 결코 밝혀지지 않았을 것이다. 아무리 강제력을 가진 수사라 해도 뇌물수뢰 증거는 쉽사리 입수될 수 있는 것이 아니기 때문이다.

물론 소문은 있었다. 예컨대 제너콘 독직 적발 후에도 잇따르는 담합 정보가 바로 그것이다. 이런 종류의 정보를 조사해보면 대부분 정적政敵 아니면 반反지사파 건설업자, 또는 그 주변에서 흘러나온 경우가 많은데, 이는 대개 입증이 불가능하며 정치색이 짙은 정보이다. 취재 행위 역시 자칫 잘못하면 지엽적인 정쟁에 이용되는 것으로 그치는 경우가 많다. 그렇다고 해서 소문을 없는 것으로 여길 수도 없는 일이다. 그리하여 결국에는 결정적인 증거 없이 기사화시킬 수밖에 없는 사태가 벌어지게 되는 것이다.

이 같은 배경에는 ‘지극히 일본적인 민주주의’가 있다. 사이타마(埼玉 ; 관동지방에 있는 현의 하나 – 옮긴이 주) 토요회의 담합의혹에서 나카무라中村 전 건설상이 구속되었을 때 일본의 지방 정치가들은 대부분 “말을 잘하고 조종을 잘 하는 것이 범죄가 된다면 과연 무엇이 정치인가?”의 반응을 보였다. 업자에게 이권을 주고, 사례를 받고, 다시 그 사례금을 정치 자금으로 쓴다. 그래서 지방이 윤택해진다면 무엇이 나쁘다는 것인가? 이러한 생각은 지방, 중앙을 불문한 정치가의 상식이었다.

그래서 독직으로 적발된 정치가나 지사가 지방에서는 오히려 '일꾼' 으로 평가되는 경우가 많다. 선거인도 공공사업을 따낼 수 있는 정치가를 "아무개는 쓸만한 녀석이다"라면서 지지한다. 전체적으로 이런 정치인이 국정, 지방정치, 의원, 그 지방 자치단체장을 불문하고 실력자로서 인정받는 풍토였다고 할 수 있다. 그리하여 지방의 자치단체장을 뽑는 선거가 공공사업을 따내려는 업자들의 싸움으로 변했다. 다시 말해서 추대하던 후보가 낙선되면 일자리를 얻지 못해 타 지역으로 가는 수밖에 없으므로, 선거가 업자들의 치열한 싸움터가 되는 것이다. 그리고 이러한 양상은 지금도 변함이 없다.

'일반론' 으로 추구하는 취약함

이 같은 일본 정치의 실태는 독직의 토양이 되는 동시에, 기자에게는 독직의 확실한 증거를 잡기 어렵게 만드는 원인이 되었다. 그렇다고 해서 신문이 이를 알고도 그냥 지나쳐 버린 것은 결코 아니었다. 제너콘 독직이 표면화되기 전에도 전국지는 물론 지방지에서 공공사업을 둘러싼 정관업政官業의 유착구조와 이익유도형의 정치를 고발하는 기획 또는 캠페인을 여러 차례 벌인 적이 있었다.

이 캠페인에서는 "지방에 공공사업예산을 따서 가지고 온 의원에게는 사업비 중 2~3%가 주어진다." 같은, 믿을 수 있는 구체적인 정보를 내세우고 있었다. "아무개 지사가 아무개 업자로부터 뇌물을 받고 ○○사업을 맡게 했다."라고 구체적으로 보도하기에는 개별적인 증거를 잡기 어렵기 때문에 일반적인 수법으로 고발한 것이다.

그런데 문제는 '일반론'으로밖에 기사를 쓸 수 없었던 점에 있다. 부정을 구체적으로 고발한 것이 아니기 때문에 "신문은 원칙적으로 윤리를 운운하지만 현실 정치는 그런 것이 아니다"라는, 현실론을 타파할 만한 힘이 없었다. 따라서 제너콘 독직은 이 부분에 대한 신문의 취약성을 보여준 실 사례라고 할 수 있다.

한편 지사가 구속된 것을 경험한 지방 기자들 중에는 자신들의 능력부족을 반성하는 경우도 있었다. 그러나 소문에 따라 취재하다가, 입찰형식 등의 법률적 전문용어를 마구 섞어가면서 "전국 어디에서나 똑같이 하고 있는 제도입니다."라고 말하는 관공서의 설명을 듣다 보면 계속 추궁하고 싶은 의욕을 잃게 된다. 일반론으로밖에 쓸 수 없는 이유도 바로 여기에 있다. 만약 지방자치 전반에 관하여 관공서 총무부와 논쟁할 수 있는 지식이 있다면 문제가 없지만, 그렇지 않은 경우가 많고 이 때문이라도 관공서의 설명을 제3자에 의해 검증할 줄 아는 정도의 기자교육이 필요하다.

그러나 현지 기자가 공부하지 않는 점만 지적하는 것으로는 충분하지 않다. 독자적으로 유력한 정보가 없다면, 수사당국도 움직이지 않고 있는데 누가 먼저 취재하려 들겠는가? 현지 기자는 물론 편집국만 하더라도 "경찰도 움직이지 않고, 또 기사거리가 될지 안 될지도 모르는 그런 소문을 구태여 캐볼 필요가 있겠는가?"라고 판단하는 것은 상례이기 때문이다. 그저 이 다음에 기획기사로 이용할 수 있게 될지도 모르니 우선 자료라도 수집해 두자고 생각하는 정도가 대다수인 것이다.

그런데 리크루트 사건을 터뜨리게 한 〈아사히朝日신문〉의 가와시키川崎 지국의 고발보도는 수사당국을 훨씬 앞지른 것이었다. 이것은 수사당국이 입건을 체념한 후에도 '아무래도 수상하다'는 생각으로 계속 취재한 기자가 있었고, 또 이런 취재를 뒷받침하는 지국체제가 있었기에 가능한 일이었다. 흔히 국정을 뒤흔드는 대사건으로의 발단을 행운이라고들 말하는데, 사실 기자에게 진짜 행운은 취재를 계속할 수 있도록 밀어주는 환경이다.

문제는 신문사가 유력한 정보를 입수할 수 있는 구조로 되어 있는가와 수사당국이 움직이지 않더라도 독자적으로 취재할 수 있는 체제를 갖추고 있는가이다. 물론 취재 대상과의 밀접한 관계로 인해 현지 기자의 문제의식이 약해지는 경우도 있을 것이다. 또한 부정을 숨기는 입장에 있는 기관을 미리 파악하지 못하는 기자의 자질 역시 문제이다. 유착으로 보이는 자치단체장과의 밀접한 관계 때문에 고발 정보가 들어가지 않게 되는 것도 쉽게 추측할 수 있다. 그러나 기본적으로 가장 큰 문제는 편집국 전체의 뉴스 감각이 정치 뒷거래의 상식에 익숙해져 있다는 점이다.

지금 신문에 요구되고 있는 것은 '독직과 관련된 소문은 기획기사의 자료다' 라는 전형적인 지면처리가 아니라, 민주주의 원리에 따라 수상한 점이 있으면 이를 철저히 캐내려는 감각과 그런 취재에 인력과 시간을 투입하는 자세일 것이다.

Chapter 02

경제보도의 문제점

자민단독정권 시대가 종식된 후 파벌밀착의 정치보도는 가시밭길을 걷게 되었으며, 경제보도 역시 예외가 아니었다. 아니, 경제는 냉전종결로 정치구조의 변동이 격심해지기 훨씬 전부터 국제화와 시장화에 의해 움직이고 있었다. 어쩌면 패러다임(Paradigm ; 어떤 한 시대 사람들의 견해나 사고를 지배하고 있는 이론적 틀이나 개념의 집합체 – 옮긴이 주)의 전환에 뒤떨어져 시대에 낙후될지도 모른다는 두려움은 경제 저널리즘 쪽에 먼저 찾아들었는지도 모른다.

일단 그런 소동은 경제라는 전문성의 베일에 싸여져 잘 보이지 않았다. 그러나 사실은 골든 에이티(Golden 80's ; 황금의 80년대 – 옮긴이 주)로 불리는 시대에 이미 불안감이 확산되고 있었다. 그 예로 주식이나 부동산 등

자산가격이 급등하는 가운데 거의 방향을 잃고 있었던 보도를 들 수 있다. 그것을 거품이라는 말로 부정할 수만도 없는 것은, 경제의 모순이 그처럼 여실하게 드러난 예가 없었기 때문이다. 그런 경제의 모순 앞에서 저널리즘은 침소봉대하면서 소란만 피울 뿐이었다. 이것은 권력이나 부에 꼬리를 흔드는 것과는 다른 차원의 문제로서, 저널리즘 자체가 위기에 직면하고 있었던 것이라고 생각된다.

부유浮遊하는 경제 저널리즘

'이론 없는 보도' 속에서

1985년 8월 21일, 대장大藏 대신 다케시다 노보루竹下登가 자취를 감추었다. 동경 국제공항 근처 골프장에서 홀연히 행방불명된 채 자택에 돌아가지 않았던 것이다. (이 무렵부터 80년대의 경제보도가 흔들리기 시작했던 것 같다. 물론 이 때 가장 당황한 사람들은 대장성의 기자클럽인 '재정연구회' 소속 기자들일 것이다.) 좋지 않은 예감이 번지고 있었다. 그런데 탐문중 놀라운 사실이 밝혀졌다. 일본은행 총재와 재무관의 행방도 묘연해진 것이다. 뒤늦게 알아낸 것은 그들의 미국 방문에 대한 가능성뿐이었다.

이튿날 22일, 다케시다 대신 등은 뉴욕에 있었다. 센트럴 파크 동남쪽에 있는 플라자 호텔에서 제임스 베이커James baker 미 재무장관 등과 5개국 중앙총재회의에 참석하여, 달러고 시정을 위한 정책을 단행하는 데에 합의했던 것이다. 이것이 이른바 '플라자 합의' 다. 그러나 그것만으로 끝나는 것은 아니다. 경제 저널리즘은 여기서부터 더치 롤(Dutch Roll ; 비행기의 옆 미끄럼 안정성이 방향 안정성에 비하여 과대할 때 일어나는 가로방향의 주기적인 비감쇠非減衰 비행운동 – 옮긴이 주)의 길을 걷게 되었다. 여기에 레이거노믹스(Reagano-mics ; 미국 제40 · 41대 레이건 대통령에 의하여 추진된 경제정책으로, '레이건' 과 '이코노믹스' 의 복합어. 경제의 재활성화를 통해 '힘에 의한 위대한 미국' 의 재건을 위한 국가정책 – 옮긴이 주)의 역사적인 파탄 앞에 입회를 생각할 겨를이 없었다.

어쨌든 경제부 기자들은 골프장에서 옷을 갈아입고 나리타成田발 여객기에 몰래 몸을 실은 다케시다 대장대신의 밀행에 발을 동동 구를 뿐이었다. 이로써 결국 일본의 저널리즘은 '엔고円高 히스테리' 를 거든 셈이 되었다. 레이거노믹스는 이렇게 외치고 있었다.

"소득세 감면으로 저축과 투자를 늘리면 미국 경제는 활성화된다. 그래서 규제완화에 의해 '작은 정부' 를 지향하고, 국외의 고금리로 '달러 강세' 를 연출해 해외자금을 끌어들인다."

그러나 이 시나리오는 실패로 돌아갔다. 결국 저축도, 투자도 늘리지 못한 채 재정적자를 가져왔을 뿐, 달러 강세는 유지할 수 없게 된 것이다. 그리고 케인즈Keynes의 총수요 정책과는 반대되는 경제정책을 채용했음에도 불구하고 예상이 빗나간 재정적자 팽창으로 미국의 유효수요가 확대되었으며, 공전空前의 투기가 벌어지기 시작했다. 이를 역설이라고 부르지 않는다면 도대체 무엇을 역설이라고 하겠는가?

여기서 레이거노믹스의 오류를 지적하기란 쉽다. 그러나 동시대의 저널리스트들은 레이건 정권 시대의 국민들이 무조건 들뜬 기분에 사로잡힌 데 대해 도대체 어느 정도로 의문을 가졌던 것일까? 이 때 레이거노믹스의 역설을 팩시밀리로 추적하는 보도 등은 거의 없었다. 바로 그것이 80년대 경제 저널리즘의 현실이었던 것이다.

일본의 경제 저널리즘에는 본래 이론이 없었다. 고작해야 대학에서 듣고 익힌 합리적 기대형성가설이니, 신고전파 학설이니, 케인즈 일반이론 등을 현학적으로 말할 수 있을 정도의 지식뿐이었다. 대부분이 사무엘슨 *Samuelsen*의 교과서를 읽고 경제학을 알고 있는 것으로 생각하고 있었던 것이다. 또한 낡은 마르크스 경제학을 교육받은 기자도 있었다. 게다가 '논어를 읽되 논어를 모른다' 는 식으로 자본론은 읽었으나 자본론을 모르고 있기 십상이었으며, 대부분 평범한 샐러리맨처럼 피터 드러커 *Peter Drucker*나 다니엘 벨 *Daniel Bell* 등의 책을 대충 읽었을 정도일 뿐 경제에는 잡다한 지식밖에 없었다. 이것은 일본의 아카데미즘이 단순한 학설소개를 경제학으로 잘못 인식하고 학생에게 나열식 지식을 주입하기 때문이었다. 따라서 기자는 경제학을 경세제민의 학문으로서 교육받지 못한 채 현장에 투입되고 있었던 것이다.

그러나 기업재무를 알고, 증권시장을 알고, 경영전략을 알고, 산업정책이라든가 금융정책 또는 재정정책을 알게 되었을 때는 현실이 아카데미즘이 주창하고 있는 이론과는 별개로 움직이고 있음을 깨닫게 된다. 그리하여 대부분의 기자들이 사고정지 상태에 빠지게 되는 것이다. 그들은 현실과 이론 사이를 오가야 할 입장이면서도 일상의 틀에 매몰되어 아무런 논란 없이 부화뇌동하는 것으로 날들을 보내고 있었다. 프라자 합의와 같은 역사의 분수령에 섰을 때 보도가 혼란을 보인 것도 이런 이유 때문이었다.

기자들은 일단 문제가 발생하면 세상에 널리 알려진 경제학자들의 담화를 실어 그 위기를 적당히 넘기려고 했다. 그러나 그런 경제학자들은 대부분 아카데미즘 출신이므로 전공한 학설을 그대로 인용해서 문제를 판단하기 십상이었다. 때문에 신문지면이 현실과는 더욱 거리가 먼 보도들로 메워진 것이다. 따라서 담화는 저널리즘이 눈앞의 현실을 토대로 스스로 논리를 구축하고자 하지 않았기 때문에 나타난 형식에 불과했다.

신문은 그때까지 관공서든, 은행과 증권 계통이든 간에 경제학자의 예측이 빗나가더라도 그 편집에 대한 책임을 진지하게 반성하려 들지 않았다. 어쩌다가 엔고 예측을 맞춘 금융 계통 경제학자들을 마치 점쟁이가 무엇인가를 맞추었을 때처럼 칭찬한 적은 있었다. 그러나 그 논리의 모호함에 대해서는 중요하게 검증하려 하지 않았다. 레이거노믹스에 경제 저널리즘이 현혹되어 버린 것도, 이론 없는 일본 보도의 패배였던 것이다.

사대주의 확대

엔고는 일본을 해일처럼 물러났다가는 다시 덮치곤 했다. 이렇게 상황이 갈팡질팡되는 사이에 환율이 1달러에 200엔을 돌파하자, 달러 표시 수출을 위해 외환차손을 받는 수출업계로부터 비명소리가 터져 나오기 시작했고, 매스컴도 침착하지 못했다. 100엔 선을 돌파할 때마다 신문은 제1면부터 야단법석을 떨었던 것이다. 지금 생각하면 거의 '히스테리'에 가까울 정도로 당시의 엔고 대책은 모든 일에 우선되는 과제였다.

위기의식을 갖게 된 것은 정부도 예외가 아니었다. 1986년 당시 나카소네中曾根 정권은 미국의 대일압력에 대비해 6조 엔이나 되는 경제대책을 내세웠다. 그 큰 규모의 대책을 신문은 박수치면서 보도했다. 그러나 타이밍에 대한 시비라든가 '엔고円高 메리트merit'를 제대로 검증하고자 하는 시도는 없었다.

검증을 게을리 한 대표적인 전형은 서방7개국 정상회담, 즉 선진국 수뇌회의Summit의 보도였을 것이다. 당시의 신문은 지금 봐도 놀랄 정도로 사대주의에 젖어 있었다. 물론 프라자 합의에 대한 충격이 아직 잊혀지지 않았을 때이기도 했다. 어쨌든 G7은 '있는 일 없는 일'을 마구 써대는 보도접전의 현장이 되었으며, 셀파 회합으로 불리는 실무차원의 준비회합

(G7D ; 서방7개국 재무장관 대리회의 – 옮긴이 주)이 열리자마자 여러 합의안과 제안이 마구 공개되었다. 사실 이는 대부분이 대장성의 사전 강의 등을 토대로 쓴 것이었다. 게다가 G7의 본회의가 본래 비공개이며, 코뮈니케(Communique ; 각국 정부간의 수뇌회담이나 국제회의 등에서 그 경과 및 결과를 요약하여 문서로 발표하는 공식 성명 – 옮긴이 주)도 내부의 대립이 반영되지 않게 신중한 글귀로 쓰여 있다는 점을 감안한다면 일부 기사가 과장된 것임을 부인할 수 없을 것이다.

결국 프라자 합의 후 G7의 성과라고 한다면 1987년 2월의 루블 합의 정도일 것이다. 그러나 G7은 그 뒤에도 계속 일본신문에서 크게 보도되었다. 실제로는 1988년 이후의 G7이 각국 경제의 감시를 둘러싸고 대립됐으며, 회의도 서서히 형해화形骸化 되어 가고 있었는데도 불구하고 보도의 타성은 쉽게 고쳐지지 않았다.

보도의 타성으로 말하자면 서밋보도도 예외가 아니다. 지스카르 데스탱 *Giscard Destaing* 전 프랑스 대통령이 제창한 70년대 당시처럼 알맹이 있는 협의는 없어지고, 매년 모이는 선진국 수뇌들이 서로 얼굴을 대하는 정도의 의례적인 성격의 협의가 된 것이다. 서밋보도라 하더라도 실제로는 복도를 서성대며 취재하는 길밖에 없었다. 그 외에는 공동 기자회견을 기다리는 수밖에 없었으며, 그나마 코뮈니케 안을 사전에 입수하면 행운이나 다름없었다.

시장을 모르는 저널리즘

도무지 멈추려 하지 않는 엔고에 초조해진 저널리즘은 "정부는 도대체 무엇을 하고 있는가."라는 식의 성토기사로 일관하기 시작했다. 이에 신문도 시장의 외국환 개입을 격려하는 어조를 띠게 되었다. '철저한 개입'

이라는 말이 지면을 커다랗게 장식하고 이것이 여론의 지지를 받게 되자, 일본은행은 10억 달러를 넘는 대규모적인 개입을 하게 되었다.

개입에 으뜸패를 기대하는 것은 무리한 일이었는데도, 저널리즘은 물론 산업계도 통화당국에게 불퇴전의 '수호신' 역할을 요구했다. 그러나 사실 그렇게 되면 시장에 발목을 잡히는 것이다. 실제로 일본은행의 개입이 엔을 되사려던 투자가들에게는 도움이 되었지만, 결국에는 사수하고자 했던 방위선을 스스로 무너뜨린 것이 되었다. 이렇게 일본은행의 퇴로를 끊음으로써 개입 전술을 경직시킨 책임은 저널리즘도 결코 피해갈 수 없었다. 특히 당시의 경제 저널리즘은 경제 관청과 산업계 등을 취재하는 것이 보통이었으며, 시장과 같은 요령부득의 대상에 대해서는 대부분 익숙하지 못했다.

또한 시장구조를 분석해서, 그 곳에 잠재해 있는 경제 모순을 파악해 내는 일은 단순한 속인적屬人的 취재로만 가능할 수 없었다. 그런데도 일관된 논리가 없는 경제 저널리즘은 요인의 발언에만 급급했다. 사실 그들에게는 '얼굴'로서 불가해한 시장에 대항할 수 있는 챔피언이 필요했다. 따라서 당연히 중앙은행이나 정부가 '시장의 실패'를 시정해야 한다고 믿고 있었던 것이다.

예를 들어 시장에서 투기는 거의 죄악시 되는 항목이었다. 시장의 불가해한 움직임은 모두 투기가 원인인 것으로 인식되었기 때문이다. 외환 시장에서 실수요 원칙이 철폐된 후, 외환은행은 무역거래 등 고객의 주문이 있을 경우 그 주문을 뒷받침할 수 없더라도 우선 매매는 가능하게 되었다. 환평형조작(換平衡操作, exchange equalization operation ; 환시세의 안정 또는 급격한 변동의 조정을 꾀하기 위해 정부 또는 중앙은행이 직접 또는 간접으로 외환시장에 개입하여 환의 매매를 하는 것 - 옮긴이 주)에서는 외환은행이 선물

포장을 늦추거나 빠르게 하는 이른바 '리즈 앤드 래그스(Leads and Lags ; 외환거래를 앞당기고 미루는 현상. 즉 환율이 오를 전망이면 외환의 매도를 미루고 매입과 결제를 앞당기는 현상이 일어남 – 옮긴이 주)'가 불가결한 업무이다. 이를 위해서는 무엇보다 시장의 시세를 예측하는 스페큘레이션(speculation ; 사변, 사색 – 옮긴이 주)이 필요하다. 그런데 스페큘레이션은 동시에 투기로도 번역된다. 시세의 움직임을 예측하는 '사색=투기'는 시장에서 불가결한 일이었다. 그렇다면 문제는 헤지(hedge ; 위험 회피 – 옮긴이 주)와 스페큘레이션 사이에 확실한 선을 긋는 것이다. 과연 이런 점을 저널리즘은 어디까지 이해하고 있었던 것일까?

심지어 업자나 펀드매니저가 죄인 취급 받는 경우도 있었다. 딜링룸 dealing room을 배경으로 텔레비전의 화면에 엔고가 예상된다고 말하는 업자가 나타난다. 이 때 그 화면을 보고 있던 정치가나 대장성이 불쾌한 듯 한 마디 내뱉는 것이다.

"딜러가 뭐가 좋다고 저따위 소리를 하고 있는 거야!"

그러면 이튿날, 은행의 자금 외환부문 간부에게 전화가 걸려오고, 그 간부는 상부로부터 호되게 야단을 맞게 된다. 그 뒤부터 딜러의 입이 한층 무거워지는 것이다.

이처럼 대장성이 달러를 팔지 못하도록 기관 투자가에게 압력을 줄 수 있었던 풍조에 저널리즘은 끝까지 단 한 마디도 못했다. 이러한 풍조는 현재까지도 저널리즘의 폐악으로 여겨지고 있는 소위 '마녀 사냥'과 흡사했다.

그런데 문제는 딜러를 선망하게끔 부추긴 것 역시 저널리즘이라는 사실이다. 고정 공거래 시대에는 외환딜러가 은행 관련직에서도 매우 특수한 전문직이었다. 특히 변동시세제가 되자 각 은행은 서둘러 딜러를 런던이나 뉴욕으로 연수를 보내는 등 육성에 힘썼다.

딜링 데스크에서 24시간 내내 시세에 신경을 곤두세우고 앉아, 원 쇼트로 수십만 달러 어치를 주문하고 눈 깜짝할 사이에 거액을 벌어들이는 '신사복 차림의 투기꾼'의 존재는 샐러리맨 사회에서는 경이적 존재였다. 게다가 외국 은행의 높은 자리에 스카우트되기라도 하면, 연봉에 억 단위가 붙게 될 뿐만 아니라 그 뒤로도 실적 여하에 따라 엄청난 소득을 올리게 된다. 그런 직종에게 매스컴은 아낌없는 갈채를 보냈다.

그러나 이것도 시세로 승패를 가르는 것이기에 명암은 항상 엇갈리게 마련이다. 변동하는 시세에 미처 대처하지 못한 딜러는 회복 불능의 손해를 보게 되는 것이다. 이처럼 시장에서는 지극히 상식인 이치를 당시의 언론은 제대로 알지 못하고 있었다. 따라서 거품 섞인 신화화神話化와 죄인으로의 매도는 시장을 모르는 저널리즘이 형성한 픽션이라고도 할 수 있었다.

신문의 분석력

시장 기능을 거스르는 부자연스러운 '철저한 개입'이 계속되면 어딘가에 뒤틀림이 생기기 마련이다. 닉슨 쇼크(Nixon Shock ; 1971년 8월 15일 닉슨 미국 대통령이 발표한 달러방위정책으로 인해 발생한 사태 - 옮긴이 주) 때 변동시세에 저항한 경우는, 일본은행이 철저하게 개입하면서 시세를 유지했기 때문에 일본에 과잉 유동성이 발생할 수밖에 없었던 것으로 널리 알려져 있다. 대규모로 엔을 팔고 달러를 사는 게임을 계속하면 언젠가는 과잉 유동성이 발생하는 게 당연하다.

물론 일본은행은 공개 시장조작을 통해 시장으로 흘러 들어간 엔을 회수하고자 했다. 그러나 철저한 개입에 의한 과잉 유동성을 피하려면 최종적으로는 금리를 올림으로써 금융을 긴축시키는 수밖에 없다. 당시에는 이것이 본래 의도한 것과는 다른 엔고 요인이 되거나, 엔고 불황에서 탈출하려는 국내경기에 악영향을 끼칠 것이라는 우려를 불러일으켰다. 레이건 경기가 더 이상 고개를 들지 못하게 된 미국도 일본이나 독일이 긴축으로 전환해 경기를 하향시키는 것은 바라지 않고 있었다. 더구나 일본은 G7 협조를 최우선시하고 있었기 때문에 긴축이 금지되어 있었다.

하지만 일본은행은 1987년 9월, 당시의 부총재가 "장작은 말라 있다."고 표현한 것처럼 금융정책 전환에 의욕을 보였다. 일본은 이미 같은 해 2월의 루블 합의 당시 더 이상의 달러급락을 두려워하는 미국을 배려해서 공정비율을 사상 최저인 2.5%로 과감하게 인하했었다. 하루속히 이 같은 초저금리를 시정하지 않으면 안 된다고 생각하고 있었던 것이다. 그런데도 저널리즘은 그 배후에 있는 갈등이 얼마나 심각한 것인가를 깨닫지 못하고 같은 반응을 보일 뿐이었다.

결국, 시장에서 금융정책을 둘러싼 미국, 독일의 대립이 폭발했다. 그것이 바로 같은 해 10월 19일에 벌어진 뉴욕 주 폭락사건이다. 이를 발단으로 동경을 비롯한 세계의 주식시장에서 주가가 일제히 급락하기 시작했다. 그러나 대부분의 저널리즘은 허를 찔리고도 어떻게 해야 할지 몰랐다. 신격화된 레이거노믹스, 그리고 루블 합의…. 이런 것들이 복합된 정책 실패*Policy Error*가 시장에 복수당한 것이라고 냉정하게 분석하는 여유 따위는 전혀 없었던 것이다.

이러한 상황에서 언론인은 으레 고인의 지혜 같은 도학적인 것에 의지하게 된다. 따라서 지면에는 여러 가지 격언과 훈계가 실렸다. 보도에서도 독자에게 "당황하지 말라"며 자제할 것을 주문했다. 그러나 사실은 그렇게 말한 기자 자신이 가장 당황하고 있었던 것인지는 알 바 없다.

어쨌든 미·일·독은 유동성의 공급에 열심이었다. 1929년 대공황의 교훈으로 보아, 자금을 충분히 공급하지 않으면 주가폭락이 공황으로 돌입될 우려가 있기 때문이었다. 그러나 그것은 어디까지나 긴급피난조치이므로 언제라도 주가가 안정되면 과잉 유동을 회피하기 위해 즉각 유동성을 회수해야만 했다.

그러나 일본은 철회가 늦었다. 미국과 유럽보다 동경 시장의 주가가 재빨리 회복했던 것이다. 말하자면 동경에서 세계공황을 제지한 셈이며, 그것이 오히려 긴축전환을 더디게 한 요인으로 작용한 것이다. 그 중에서도 이듬해 1988년 1월에 내세운 주가대책은 3월 기말결산을 명백히 하기 위한 것이었다고 해도, 분명히 '추가금' 이었다. 어떻게 보면 특정금전신탁, 지정금 외 신탁의 결산대책이라는 기술적인 것이었다. 따라서 저널리스트로서 그 본질을 파악할 수 있는 기자는 매우 적었다.

이 주가대책은 은행이나 기관투자가, 사업법인 등의 주요 투자가에게는 주식을 팔지 않는 것으로서 1989년의 주가 급상승 출발선이 되었다. 대장성은 1989년 말 증권회사가 취급하고 있던 영업 특금의 축소를 지도했으며, 주가는 90년 초부터 급락하기 시작했다. 그리고 그 사태를 누구나 알 수 있게 되기까지, 또 1991년 증권 불상사가 일어날 때까지 가만히 기다려야만 했다. 유감스럽게도 경제 저널리즘은 이 문제에 메스를 예리하게 대지 못했다.

마찬가지로 이익보증 등이 상대방 거래의 베일에 싸여 표면화되기 어렵더라도 강세로 전환한 주식시장에 반증을 드는 보도 역시 거의 없었다. 오히려 방관할 뿐만 아니라 이를 부추기는 보도가 있을 정도였다.

미국에서는 대통령 직속 작업반이라는 조직이 '검은 월요일' 의 원인을 분석했으며 이를 1988년에 플레이디 보고로 발표했다. 그에 따르면 대표적 원인으로 PI(Portfolio Insurance)로 불리는 금융 수법이 꼽히고 있다. 즉 자산의 가치하락을 방지하려던 투자가의 행동이 오히려 주가하락을 가속시켰다는 분석이다.

당시는 PI에 6백억에서 9백억 달러에 달하는 자산이 있었던 것으로 추정되고 있다. 그렇다면 적어도 검은 월요일 전 주 주말에는 120억 달러의 주식현물이나 지수선물을 팔아야 했는데도 실제로는 40억 달러밖에 없었기 때문에, 이것이 다음 주초의 매도 압력으로 된 것이다. 또 당일에는 PI를 운영하는 3업자의 팔자 주문이 뉴욕 증권거래소의 거래총액 10%를 차지하고, 지수선물에서는 PI 관련 매도가 21%에 이르렀다고 한다. 보고 결과, 뉴욕에서는 PI가 급속하게 한고비 지나갔다. 그러나 동경 시장에서는 이런 분석이 전혀 없었다. 공연히 저널리즘이 과잉의 주가대책을 가져오게 부채질한 셈이 된 것이다. 그리고 그 경향은 주가급락 후에도 변하지 않고 있다.

'거품 파열' 이라는 말은 신문에서 그것 보라는 식으로 여러 번 되풀이해서 쓴 말이다. 신문들은 그런 표현만으로도 모든 상황을 포괄적으로 말했다고 생각하는 것 같다. 이 말은 원래 주식이나 부동산 등의 자산가격 급상승을 가리키는 용어였는데, 어느 사이엔가 윤리적인 색채를 띠며 풍선처럼 부풀어 올라, 일본인이 좋아하는 인과응보의 숙명 같은 냄새까지 풍기게 되었다.

경제 지면의 가치판단

재테크를 부채질한 신문의 책임

신문에 보도되는 '경기' 기사에는 의식적이든 무의식적이든 간에 어떤 톤이 있기 마련이다. 특히 경기 실태는 하나의 생물처럼 정확한 리얼 타임 *real time*을 포착하기가 어렵기 때문에 일정 시간이 경과한 후 통계 지표로만 증명될 수 있다. 따라서 경기 상황은 방향성을 감안하면서 보도되어야 한다. 신문사도 기업인만큼 경기 전망이 밝기를 바란다. 이것은 신문의 수익원인 광고 수입이나 구독료 수입이 경기에 민감하기 때문이기도 하다.

저널리즘의 경영자는 기자 출신이 많은데, 그들은 경영의 프로가 아니다. 이런 편집 출신 신문경영자 중 재무제표를 제대로 읽을 줄 아는 인재가 얼마나 있겠는가? 물론 당사자들은, "경영이라는 세세한 일에 구애 받을 필요가 없다"고 말할지도 모른다. 어쩌면 이런 생각들을 갖고 있으니까 80년대 후반에 일어난 거품경제, 즉 운용과 조달 양쪽의 신용팽창에 경계심을 갖지 않았던 것이다.

여러 업계의 대표와 관료, 정치가들은 신문사를 경영하는 간부들과 접촉하는 기회가 많다. 그 때마다 그들은 신문사 간부들의 말을 자연스럽게 새겨듣는 경우가 많을 것이다. 신문사 간부들이 심의회나 연회석 상에서 그들과 얼굴을 마주할 때마다 밝은 경기관을 갖도록 넌지시 유도한다고 생각해 보자. 자칫 잘못하면 업계나, 관료, 정치가들이 밝은 경기 전망설에 맞장구를 치게 되는 것이다. 이처럼 경기에 심리적인 측면이 있다는 것은 거의 확실하지만 그 심리만으로 경기를 모두 말할 수는 없다. 대개의 경우 지면이 이 같은 논리성 없는 정서에 치우치게 되면, 이에 연합하는 경제학자가 반드시 나타난다. 그러면 기자는 아무런 악의가 없더라도 그런 경제학자들의 견해에 맞춰 보도하기 십상이다. 특히 1988년 이후에는 지난날의 경기 순환론을 고집하는 정통파 경제학자가 더 이상 인플레이션은 없다고 단언했었다. 이렇게 권위를 내세우는 경제학자들의 발언에 대해 저널리즘은 제대로 비판하지 못했다.

제일 먼저 지면에 정서가 반영된 것으로는 머니*money* 란의 기사가 있다. 이 무렵 여러 매체에서 가정의 재테크를 크게 다루었고, 이윽고 이 같은 재테크를 전문으로 하는 새로운 지면이 탄생하기에 이르렀다.

새로운 지면이 탄생하게 된 가장 큰 이유는 독자의 니즈다. 물론 그 배경에는 채권대국 일본의 국민금융자산이 1천조 엔에 도달한 것이 있다. 80년대 후반부터 금융 자유화가 단계적으로 추진되자 가계의 금리선호가 두드러지기 시작했다. 개인용 금융상품이 다양해지고, 신규 상장되는 NTT 주 등으로 주식투자에 참여하는 국민들도 생겨났다. 이런 공기가 가계를 맡은 주부에게도 전염되어 주식시세 등에 관심을 갖는 독자가 늘어나기 시작한 것이다.

종래의 가계 기사는 가정란에서 수수하게 다루어졌었다. 가계부를 쓰는 방법이라든가, 직거래 또는 소비자운동 등을 다룬 지면은 현명한 소비자상과 같은 내용으로 짜여졌을 뿐이었다. 또 주식투자는 일부 부유층이나 투자 애호가들에게 한정되어 있었을 뿐 일반 서민들에게는 아직 거리가 먼 일이었다. 그런데 이 시기에 각 신문사가 앞 다퉈 머니 란을 신설 또는 확충시킨 것이다. 그 배후에는 저널리즘의 편집과 영업 문제가 있었다. 본래 편집은 영업과 선을 긋는 것이 원칙이다. 그러나 사내에서는 영업의 위치가 한 단계 아래에 놓이는 경우가 많았다. 때문에 편집은 영업확대를 위해 지면으로 도움을 주고자 했다. 경제면을 확충함으로써 일반 독자에게 부드러운 해설 기사나 신상품 소개, 경제인의 사업 등의 기사를 제공하고자 여러 가지 면이 연구되었다. 바로 머니 란은 그런 경계를 모호하게 하는 측면을 지니고 있었다.

그런데 기사 자체가 또 하나의 모순이 되었다. 문제는 머니 란의 본질이라고도 할 수 있는 투자 상담 코너였다. 이것이야말로 숨은 가시였다. 주식의 개별 종목을 살 것이냐, 팔 것이냐. 투자 상담 독자가 최종적으로 알고 싶은 점은 바로 이것이다. 물론 자력으로 유가증권 보고서를 분석해서 회사의 장래 수익성과 시장동향 등을 전망할 줄 아는 기관 투자가라면 이런 기사가 필요하지 않을 것이다. 대개의 경우 증권회사 영업사원의 권유로 주식을 사게 된 초보자가 참고하기 위해 읽게 될 것이다. 문제는 투자 상담을 알기 쉽게 쓰면 쓸수록 결국 마지막엔 사느냐 파느냐로 귀착된다는 것이다. 이는 저널리즘이 개인의 투자 자문가가 되는 것과도 같다. 자기책임 원칙이 정착되어 있지 않은 일본에서 신문이 증권회사나 투자 고문 사이에 끼어들어 추천종목을 내세워야만 되는 것이다.

현재 이런 주식 전문지가 따로 있기는 있다. 거의 경마 전문지와도 같은 것이라고 할 수 있다. 그러나 일반 종합지가 전문지와 비슷한 지면구성을 해도 괜찮은 것일까. 이런 구성은 결국 공정성과 중립성을 지켜야 할 신문 지면에 구멍을 내는 것이고 최종적으로는 저널리즘을 변질시키는 것과 같다. 게다가 기자에게 투자 자문가로서의 소양이 있을 리 없다. 그렇기 때문에 기자도 종목 동향에 호재료와 악재료를 병렬시켜 쓰는 수밖에 없는 것이다.

때문에 모처럼 생겨난 머니 란은 모두 흐지부지되어 사라졌다. 그리고 보면 거품을 부채질했다는 비난은 신문의 머니 란 역할을 과도하게 평가한 셈이다. 어쩌면 경제보도에 영향을 받아 주가가 움직이거나 엔이 뛰어

오르는 일이 일어날 수도 있다. 하지만 그런 일은 어디까지나 결과적인 것이지 저널리즘의 객관성을 벗어난 것이라고는 할 수 없다. 그리고 시세에의 관여가 자기 목적화가 되면 그것은 이미 저널리즘이 아니다.

보도현장이 갈팡질팡하고 있는 사이에 이른바 밴드웨곤(bandwagon ; 이른바 승자승 원칙, 즉 우세한 쪽으로 영문 모르는 사람들이 몰려드는 현상을 가리킴 - 옮긴이 주) 경제는 암전되었다. 게다가 엉거주춤한 지면이 독자의 니즈에 부응하지 못하는 점도 있어서 90년대 들어 머니 란은 퇴조기에 들어섰다. 때문에 지면을 축소시키거나 쇄신하지 않으면 안 되었던 것이다. 그렇다면 이런 시도의 실패를 단순히 경제 저널리즘의 잘못된 예측에서 빚어진 희비극으로만 보아도 되는 것일까. 이처럼 저널리즘이 국민의 금융자산 운용을 위해 기사를 어떻게 다루어야 하는지에 대한 문제는 아직도 해결되지 않은 상태이다.

신문의 신상품 소개역할에 대한 문제제기

80년대에는 일본의 경제구성이 한눈에 파악되지 않았다. 그러다가 서서히 질 드뢰즈*Gilles Deleuze*가 말한, 연속되는 사건이 계열화하면서 그 실체를 드러내듯이 취약한 경제구조가 확대되기 시작했다. 이런 프로세스는 일본형 자본주의의 핵심인 기업 내부에서 일어난 분열과 같은 것이었다. 즉 일본기업이 세계 최강으로 불리고 있던 시기에 사실은, 사람과 상품과 돈의 복합체 개념인 기업이 서서히 침식되고 있었던 것이다. 이 때 기업은 접대비와 호화로운 숙소, 사원의 해외여행을 위해 돈을 낭비했는데, 그런 자선慈善이야말로 기업 자원의 분열된 상태를 보여주는 것이었다.

그 발단은 70년대 석유파동이었다. 일본기업은 차입금 의존에서 탈출하기 위해 주주자본을 확대하고 외부부채를 축소하려고 노력했으나 오히려 그로 인해 투자효율이 저하되었다. 이것이 오늘날 말하는 ROE(Return On Equity ; 자기자본 이익률 – 옮긴이 주)를 뜻하는 것이었다. 투자효율이 저하되면 투자자본에 비해 이익이 낮아지므로, 이 손실은 어딘가에서 대신해 주어야 한다. 그 해결책으로 나온 것이 매출경쟁과 같은 양적 확대를 꾀하는 것이고, 또 하나는 고부가가치화와 같은 질적 고도화였다.

고부가가치화에 경제 저널리즘은 앞뒤 없이 달려들었다. 그리고 요즘 말하는 고급품과 고급 서비스를 선전했다. 고부가가치화는 질을 위한 전환이므로, 양으로 돌진하는 점유율 지상주의에 대한 도전이나 다름없었다. 그러나 고액 상품의 매출을 통해 전체 매출을 늘리는 것에만 전념하게 되자, 고부가가치화는 단순히 고액가격대의 점유율경쟁으로 전도되었다. 따라서 양의 차이와 질의 차이가 경계를 잃고 말았다. 그리하여 결과적으로는 상품이나 서비스가 차이를 위한 차이, 즉 자기 목적화된 차이를 갖게 되기 시작한 것이다.

그 결과 어느 VTR이나 오디오에도 전투기의 조종실에 설치된 것과 같은 복잡한 스위치가 가득하고, 무엇을 표시하고 있는지도 모를 램프가 명멸하게 되었다. 순간의 착상으로 별의별 기능을 갖춘 상품이 무수하게 태어나고 사라저 버렸다. 이런 쓸데없는 장식기능이 무성한 상품은 복잡하고 화려한 17세기 유럽의 바로크 미술품과 같았기 때문에 바로크 상품으로도 불렸다. 이렇게 기능 차이의 미로에 들어선 상품에 대해 경제 저널리즘이 무슨 말을 할 수 있었겠는가. 그저 신기한 상품이니 새로운 상품이니 하는 말로 지면을 도배한 것은 아니었나. 물론 뉴스의 매력이 호기심을 자아내게 하는 데 있다고 할 수도 있다. 그러나 특종을 다룸으로써 다른 신문과의 차이를 가져와야 할 저널리즘이 일제히 바로크화된 지면을 만들고 있었던 것에 대해서는 변명의 여지가 없을 것이다. 그처럼 대부분이 동질화된 지면을 보이고 있는 것이다. 한 마디로 지면에서 본래의 신문을 찾을 수가 없게 되었다.

만약 경제 저널리즘이 경제의 바로크화에 대해서 아무런 의구심이나 비판도 없이 신상품이나 서비스를 소개하는 것만으로 만족하고 있다면, 존재의 목적 자체에 대해 의심하지 않을 수 없다.

계속해서 새로운 주제가 생겨났다. 청빈淸貧, 그 다음으로는 사업재구축, 리엔지니어링, 그리고 멀티미디어…. 이처럼 본질 없는 변화의 반복은 결코 멈추지 않는다. 이미 제도에 편입된 상품경제에서 반복은 불가피한 것이다.

공정비율 보도의 불모

일본은행은 1987년의 검은 월요일 발생 때문에 공정비율을 인상시킬 수 있는 기회를 놓쳐버렸다. 그런데 통화 공급량이 두 자릿수의 높은 성장을 계속하고 있음에도 불구하고 도매물가와 소비자물가가 평형을 유지하는 이례적인 사태가 발생했다. 그러자 지금 생각하면 어리석기 짝이 없을 정도로, 과잉 유동성 발생을 부정하는 의견이 횡행하기 시작했다.

당시의 정책당국은 물가가 안정되고 있으므로 긴축정책을 쓸 필요가 없다고 믿고 초저금리를 그대로 방치했다. 그러자 여기서도 경제 저널리즘은 지주가 되는 이론에 자신감이 없었기 때문에 당국의 오류를 지적하지 못했다. 사실 이 때 할 수 있는 질문은 단 하나면 충분했다. '그렇다면 돈은 어디로 갔는가?'

물론 그 대답을 짐작할 수 있었다. 그것은 바로 가격이 급등하고 있던 부동산과 주식이었다. 그러나 그것들은 스톡(stock ; 자산 - 옮긴이 주)이므로 플로우(flow ; 어느 일정 기간에 생긴 재산의 총량 - 옮긴이 주)에 대한 논란과 혼동시키지 말라는 말로 언급이 금해져 있었다. 그래서 모두들 스톡이 플로에 미치는 영향을 경시하고 있었던 것이다. 그것은 일본 경제의 구조적인 변용이 저류에서 일어나는 일에 대해 둔감했기 때문에 빚어진 생각이라고 할 수 있다.

1989년 봄에는 이미 5년이나 계속되고 있는 금리하락 때문에, 일본은행 기자클럽에 소속된 기자들은 대부분 금리인하는 알아도 금리인상은 모르겠다는 판국이었다. 이래서야 데스크나 캡도 취재에 불안감을 느끼지 않을 수 없게 된다. 공정비율 조작은 일본은행의 전관專管 사항으로 불리고 있었지만, 대개 금리인하는 정치와 대장성 주도로 추진되는 경우가 많기 때문에 일본은행은 저절로 수동적인 처지가 된다. 그러나 금리인상이라면 일본은행이 주도하는 사례가 많았기 때문에 취재처의 역점도 자연히 달라지기 마련인 것이다.

일본은행이 보내는 신호는 경기 판단에 미묘한 변화를 가져다준다. 즉 그것은 단기 기업경제 관측조사의 판단이나 기획청 및 총무청 등이 발표하는 여러 가지 경기지표에, 해외 중앙은행과의 호흡에, 그리고 그날그날의 자금수급을 조절하는 장인 단기금융시장에서의 조절폭 등 여러 면에 걸쳐 영향을 끼치고 있다. 따라서 경기를 판단할 때는 일본은행과 대장성을 잇는 핫 라인, 그리고 총재가 장성이나 수상 관저에 금리인상을 전달하는 타이밍, 국내정치와 여론의 동향, 나아가서는 일본은행의 움직임을 읽는 채권, 주식시장, 또한 외환시장 등 여러 가지 요소를 감안해야 한다.

어차피 공정비율 보도라면, 그 결론은 시기와 폭에 관한 것밖에 없다. 인사에 관한 보도처럼 맞느냐 안 맞느냐하는 양자택일이며 결과도 승자와 패자가 분명히 명암을 가리게 된다. 수많은 요소를 쌓아올려 단순한 결론을 도출하는, 신문에겐 안성맞춤 테마인 셈이다.

1989년 봄, 어느 누구에게나 지가와 주가의 지나친 등귀는 분명한 것으로 보였다. 따라서 금리인상은 시간문제라고 생각되었고 공정비율에 대한 취재전도 열을 띠기 시작했다. 그러나 갑자기 취재선이 많아질 수는 없다. 기껏해야 총재, 정책담당 이사, 기획국(당시 일본의 총무국) 간부 정도가 중심이며, 다음으로는 일본은행 정책위원, 대장성 창구가 되는 은행국이나 관방밖에 없다. 그러니 곳곳에 정보망을 치거나 매일매일 이들 간부 집 앞에 진을 치고 기다리거나 새벽에 쳐들어가는 수밖에 없다. 하지만 어떤 경우라도 질문은 마찬가지다.

"이 달 내에 등귀되는 건 아닌지요?"

"내주에 등귀될 가능성은?"

"설마, 내일은 아니겠죠?"

매일 이런 질문이 반복되니, 묻는 쪽이나 듣는 쪽이나 질리지 않을 수 없는 노릇이다. 때문에 유사시에 귀띔해줄 사람이 있으면 또 모르지만, 아니라면 일본은행 간부 등이 타사와 단독으로 만나지 못하도록 서로 감시하는 수밖에 없다. 이것은 특종을 타사에 뺏기지 않기 위한 일종의 보험이다.

그러나 간혹 상사의 압력이나 시장이 앞질러 가면 현장에서 이런 균형을 견디지 못하게 된다.

"이봐, 이제 슬슬 특종 낼 때 되지 않았어?"

이렇게 압력을 넣는 상사만 해도 일본은행의 조절하는 폼이 수상하다는 얘기를 관계회사에서 들었을 뿐인 것이다. 어쨌거나 궁지에 몰리면 장거리나 중거리 포를 쏘아 중압감을 가볍게 만들 수 있는 편법이 있기 마련이다.

'일본은행, 공정비율 인상 검토. 인상률은 0.5~0.75%'

이런 제목으로 보도하게 되면 가령 타사에 특종을 빼앗기는 경우가 생기더라도, 앞서 예고한 바 있다는 식의 변명으로 궁지에서 벗어날 수 있는 것이다. 그러나 이는 사실 아무것도 보도하지 않은 것과 마찬가지다. 시장에서는 이미 오래전에 예상하고 있는 사실이기 때문이다.

이것은 공정비율 보도에 독창성이 없음을 보여주는 현상이다. 특종거리를 뺏기고 싶지 않다는, 압박감이 경제보도의 영광스러운 무대인 공정비율의 뉴스 가치를 받들어 주고 있다고 해도 과언이 아니다.

그러나 과연 공정비율에 그만한 가치가 있는 것일까. 50년대에서 60년대같이 일본이 간접금융(은행융자)에 의해 중화학공업 등 기간산업에 자금배분을 실시하고, 대기업도 과도한 차입금을 짊어지고 경제부흥을 위해 매진하고 있는 시대라면, 규제금리 근간에 있는 공정비율의 의의가 클 것이다. 그러나 1985년부터 일본은 단계적으로 금융 자유화를 추진하고 있다. 예·저금 금리결정이 서서히 규제에서 벗어나 금융기관의 자유재량에 맡겨지게 된 것이다. 이를 받아 일본 은행은 1988년 가을에 큰 폭으로 금융조절을 했다. 제2공정비율로 불린 어음 2개월짜리 콘트롤을 사실상 팔아넘긴 것이다.

물론 이 시점에서도 금융 자유화는 아직 멀었고, 일본은행의 신금융 조절도 시장에 확실히 뿌리내리지 못하고 있다. 그러나 금리의 움직임을 시장원리에 맡기는 방향은 이제 분명해졌다. 이것이 귀착되는 곳은 공정비율 역시 시장에 따르는 존재였다. 일본은행 자체도 갑자기 시장 추종형의 공정비율 조작에 뛰어들 자신은 없었다고 볼 수 있다. 따라서 경제 저널리즘이 과열보도에 기운 것이 신문만의 책임은 아니라고 할 수도 있다. 그러나 신문이 1989년 이후에 터져나온 보도에 대한 불만에 제대로 대처해 왔다고도 할 수 없다.

일본은행의 한 간부는 이렇게 말했다.

"공정비율이 오른다느니 내린다느니 하는 내용의 기사를 쓰는 것은 상관없다. 그러나 아직 결정되지도 않았는데 신문의 관측만으로 '일본은행이 방침을 굳혔다' 라고 쓴다면 그건 특종도 뭣도 아니다."

규제금리의 자유화 진행에 따른 공정비율 수준을 보면, 분명히 직접 정하는 금리에 대해서는 가치가 떨어져 있다. 그러나 그래도 공정비율이라는 기준금리가 갖는 상징성과 이를 조작하는 데 따른 광고 효과가 시장금리에 영향을 미치고 있다는 사실은 부정하기 어렵다. 다만 공정비율 보도는 경우에 따라서는 종래와 같이 제1면에 크게 보도되지 않아도 된다는 것이다. 시장금리에 따라 거의 매주 변하는 캐나다의 공정비율 보도는 좋은 예이다.

그러나 그 같은 스테레오 타입의 공정비율 보도가 개선될 조짐을 보이고 있는 것일까. 거기에 대한 대답은 여전히 부정적이다. 일본은행 기자클럽의 성과 없는 육체노동은 아직도 계속되고 있는 것이다.

경제 저널리즘의 가능성

자산 인플레이션에서 자산 디플레이션으로 암전하는 과정은 큰 정책의 실패였다. 따라서 경제 저널리즘이 정책당국이나 시장에서 초월한 존재가 아닌 이상, 그런 실패로부터 자유로워진다는 것은 무리이다. 그러나 경제 합리성에도 갖가지 미신이 있고, 생산이나 조달이나 투자나 신규 분야에의 진출에도 여러 가지 경솔한 판단과 과잉된 행동이 있을 수 있다. 바로 이런 것을 포괄하는 것이 시장이며 현재로서는 이를 능가할 사회 시스템이 존재하지 않는다. 그리고 보면 시장이 실패한다는 말이 당연한 것인지도 모른다.

그러나 그렇다고 해서 경제 저널리즘에 부여된 사명이 아무 것도 없다고 단정하는 것은 성급하다. 시장은 정보의 비대칭성, 즉 불평등 위에 서 있다. 만약 파는 측과 사는 측이 같은 정보를 공유하고 있다면 매매는 성립되지 않을 것이다. 때문에 시장을 정보 시스템이라고 불러도 되는 것이다. 따라서 시세의 급등이나 급락도 넓은 의미로 보면 시장 메커니즘에 포함된다고 할 수 있다.

생각건대 정보와 돈은 매우 비슷하다. 양자 모두 국경을 필요로 하지 않으며, 물건이 아닌 유동성에 의해 스스로를 지탱하고 있다. 베를린 장벽 해방을 상징하는 소련·동구권의 붕괴만 해도 위성 텔레비전의 화상이 사회주의 정권의 정보관리를 침식한 데서 비롯됐다고 할 수 있다. 마찬가지로 머니의 무無국경화가 동경 경제의 울타리를 제거했을 뿐 아니라 국가의 내부에서도 완결되어 있던 금융·재정정책과 세제를 침식하고 있었던 것이다. 그것은 일대 경쟁으로도 볼 수 있었으며, 주역은 역시 정보와 돈이었다.

이제 구태의연한 경제보도, 특히 관청 취재만으로는 한계가 온다. 더 이상 신문의 기득권을 기대할 수도 없다. 오히려 시장의 기반, 즉 인프라를 다투는 시대가 도래할 것이다. 따라서 보다 효율적인 시장을 형성하여 신진대사를 가져오는 쪽이 승자가 된다. 독과점을 동반하면서 말이다.

바로 거기서 경제 저널리즘이 목표로 삼아야 할 프론티어가 열리게 된다. 일본의 경우에는 더욱더 그렇다. 광의의 인프라라는 관점에서 구미는 말할 것도 없고 중국이나 아시아에게까지 뒤처지게 될지도 모르는 것이다. 자산 인플레 낙후의 원인으로는 토지세제나 등기, 사채社債제도, 기업 회계, 증권, 세제 등을 꼽을 수 있다.

여기에 초점을 맞추면 조사보도에 의해 발굴될 분야가 아직도 얼마든지 있다는 결론이 나온다. 시장 매커니즘이란 거꾸로 말해서 정보개시에 의한 체크 앤드 밸런스 *Check and Balance* 의 세계다. 무조건 비관할 필요는 없다.

　모든 권위가 무너져가고 있으며, 지난날의 초우량 기업도 거센 파도에 휩쓸려 단순히 브랜드에만 의지할 수가 없게 되었다. 경제 저널리즘도 언제까지나 이 같은 브랜드 사냥의 후퇴와 기성 질서의 붕괴에 대해 전혀 무관할 수는 없을 것이다.

Chapter 03

사건보도의 문제점

형사사건에서의 사실보도

형사재판의 변화

형사재판이 크게 변하고 있다. 지금까지의 형사재판은 여러 증거에 대해 철저한 분석과 평가를 해 왔다. 현장에 혈흔이나 모발 같은 물증이 남아 있으면 본인이 아무리 범행을 부인해도 소용이 없었으며, 반대로 어떤 정황증거가 갖추어져 있더라도 물증이 없고 또한 피고도 부인하면 증거불충분으로 무죄판결을 선고하는 경우가 많았다. 그런데 이런 경향도 서서히 변화되고 있다.

피고인에게는 고액의 보험금 취득이라는 범행동기도 있고, 피고인의 행동 및 주변에도 많은 불가해한 사실이 인정된다. 이들 사실을 종합해 보면, 본 건이 보험금 사취를 목적으로 피고인에 의해 계획된 살인 사건임이 합리적인 증거상의 의문점을 용인할 수 없을 정도로까지 증명되었다고 할 수 있다.

1994년 9월 22일, 동경지방재판소의 가와가미 川上拓一 재판장은 살인, 사기미수 등 혐의를 받고 있는 전 자동차 부품회사 경리부장 가미다니 神谷力 피고에 대해 검찰 측의 구형대로 무기징역을 선고했다. 피해자는 가미다니 피고의 세 번째 아내 A녀이다. 이들은 1986년 2월에 결혼했고, 그 해 3월말부터 4월에 걸쳐 A녀에게 모두 1억8천5백만 엔의 생명보험이 개설됐다. 수취인은 가미다니 피고로 되어 있었다.

5월 19일, 이들은 오키나와로 신혼여행을 떠났다. 20일, A녀는 현지에서 친구 3명과 합류해 가미다니 피고와 헤어져 E섬으로 갔다. 그런데 A녀가 갑자기 몹시 괴로워하다가 20일 오후 3시4분에 사망한 것이다. 행정해부 결과 A녀의 장기에서 독초인 바곳에 함유되어 있는 아코니친이 검출되었다. 한편 가미다니 피고는 A녀가 사망한 후 보험금 지불소송을 했다. 1심에서는 승소했으나 보험회사가 공소했으며, 검시를 한 의사가 '사인은 바곳의 독에 의한 급성심부전이다' 라고 증언하자 공소를 취하했다.

가미다니 피고는 살인, 사기 미수혐의 외에 업무상 횡령으로도 추소되었는데 재판에서는 전혀 모르는 일이라면서 범행을 부인했으며 검찰이 주장하는 바곳의 독을 넣은 캡슐도 끝내 발견되지 않았다. 그러나 동경지방재판소에서는 이들 정황증거를 바탕으로 가미다니 피고를 단죄했다. 단죄이유는 다음과 같다.

- A녀의 부검결과, 바곳독이 검출되었으나 자살이유가 없고 따라서 살인이다.
- 가미다니 피고가 바곳, 약제캡슐, 실험용 생쥐를 과거에 구입했었고, 피고의 아파트에서 바곳독이 검출되었다.
- 피고의 두 번째 아내는 1985년 9월에 사망했는데 진료기록, 심전도 등에서 바곳독 투여 사실이 판명되었다.
- 피고는 81년부터 무직, 무수입이면서도 클럽 등에서 호화롭게 지냈다. 그러나 경제적으로 매우 어려운 상황이었다.
- A녀와의 결혼은 서로 알게 된 지 6일 만에 이루어진 것으로서 부자연스러운 점이 있는데다, 어려운 경제 상태를 타개하기 위해 거액의 보험에 가입하여 살해하려던 동기도 인정된다.

"이 건은 면밀하게 계획된 범행이다. 살해 방법도 피해자가 고통 속에서 사망하게 한 잔인무도한 것이었으며 동시에 사인 규명을 어렵게 하는 교묘한 수단이었다. 일확천금의 보험금을 노리고 살인을 계획한 것으로 인명을 경시한 수법이 극악무도하며 피고인은 변명만을 되풀이하면서 자신이 저지른 죄를 모면하려는 데에만 급급할 뿐 반성의 기미가 전혀 없다. 이상과 같은 진상을 종합해 볼 때 피고인의 형사책임은 크며 피고인에게 마땅히 무기징역형을 선고해야 되리라 본다." 양형 量刑의 이유는 명백했다.

변화의 원류

바곳 사건의 무기징역 판결은 자백이 증거의 왕이며 물증은 모든 것을 증명하고 결정한다는 기존의 형사재판과 구별되는 새로운 흐름의 시작을 알려주는 것이기도 했다. 그 원류는 로스 의혹인 미우라 三浦和義 피고의 무기징역 판결로 거슬러 올라간다. 로스 의혹은 1984년 1월 주간 〈문예춘추〉가 의혹의 총탄이라는 캠페인을 벌인 데서 시작되었다.

1981년 11월 18일, 로스앤젤레스Los Angeles 시내에서 미우라 부부가 누군가로부터 총격을 당했다. 도로를 끼고 사진을 찍던 중에 발생한 사건으로 머리에 총격을 당한 아내는 의식불명의 중태였고 미우라 피고도 다리에 총격을 입었다. 미우라 피고는 의식불명의 아내를 열심히 간호했고, 이듬해 1월 20일 미군기로 일본에 이송되었다. 그러나 11월 30일 아내는 끝내 의식을 회복하지 못하고 숨을 거두었다. 비극의 청년 실업가 미우라 피고의 아내에 대한 헌신적인 간병은 미담으로 전해지며 주간지 등의 화제기사로 다루어지곤 했다.

그러나 이 같은 상황이 고발 캠페인으로 일변하게 되었다. 그의 아내에게 고액의 보험금이 걸려 있었다는 점과 미우라 피고와 친한 사이인 여성이 로스앤젤레스에 도착한 직후 아내가 변사체로 발견되는 등 새로운 사실이 차례로 밝혀지기 시작한 것이다.

1985년 9월 11일, 경시청은 미우라 피고를 살인미수 혐의로 구속했다. 친한 사이인 전 여배우에게 아내를 살해해 줄 것을 의뢰했으나 미수에 그친 혐의이다. 이것은 전 여배우로부터 살해 의뢰를 받았을 때의 상황과 범행 후의 심정 등을 자백 받은 뒤에 내려진 결론이었다. 미우라 피고는 범행을 부인한 채 1987년 8월, 징역 6년의 판결을 받았다. 그 후 1988년 10월, 경시청은 공소 중인 미우라 피고를 살인 혐의로 구속했다. 미우라 피고의 친구도 공범자로 구속되었다. 친구는 총격을 직접 실행한 행위자였던 실행범이었던 것이다. 미우라 피고가 아내에게 건 보험금을 사취할 목적으로 친구에게 살해를 의뢰, 총격케 했다는 것이 수사당국이 판단한 사건의 내막이었다.

하지만 흉기인 라이플도 발견되지 않았고, 미우라 피고와 그의 친구는 범행을 전면 부인하고 있었다. 그러나 동경지방재판소는 1994년 3월 31일, 미우라 피고에게 검찰의 구형대로 무기징역을 선고했으며 친구에게는 실행범으로 단정할 만한 근거가 없다는 이유로 무죄를 선고했다.

재판소가 미우라에게 유죄를 선고한 근거는 첫째 살인미수로 징역 2년 6개월의 유죄가 확정된 피고의 친구의 증언이 미우라 피고와의 공모관계에 대해 매우 구체적이고도 긴장감에 넘쳐있다는 것, 둘째 전 여배우에게 살인을 의뢰하기 전에 미우라 피고는 다른 친구 2명에게도 추상적이기는 하나 살인을 의뢰한 바 있었다는 것, 셋째 미우라 피고는 전 여배우에게 보험금을 노린 살인임을 명시하고 있었다는 것 등의 정황증거들이었다.

재판장은 "이 사건이 매스컴에 보도되자 피고는 태연하게 비극의 남편인 것처럼 연기하는 등 친족과 사회를 기만했으며, 기소 후 공판정에서도 범행을 전면 부인하여 자신의 죄책을 모면하는 데만 급급함으로써 살인사건에 대한 반성을 하지 않았다. 본 사건이 사회에 미친 충격은 크며, 이런 종류의 보험금을 노린 살인 사건은 모방성이 강해 최근 들어 유사한 사건이 늘어나고 있다. 따라서 본건은 엄하게 대처할 필요가 있다"는 판단을 내렸다.

보험금을 목적으로 아내에게 거액의 보험금을 건 후, 살인을 사주한 로스 의혹 사건. 맹독을 먹인 후 살해한 바곳 사건. 두 사건은 증거가 없으며, 피고가 범행을 전면 부인하고 있는 점, 보험금이 목적인 아내 살해와 무기징역 등의 점에서 놀랄 만큼의 유사성을 보이고 있다. 그러나 미우라 피고가 구속된 85년과 가미다니 피고가 구속된 91년의 신문보도에는 큰 변화가 있었다.

로스 의혹과 신문의 위치

　미우라 피고는 1985년 9월 11일 하오 11시쯤 동경 긴자銀座에 있는 어느 호텔 지하 주차장에서 구속돼 즉시 경시청으로 호송되었다. 그와 가깝게 지내던 전 여배우에게 자기 아내를 살해할 것을 지시했으나 미수에 그친 혐의였다. 전 여배우도 같은 혐의로 이날 오후 구속되었다.

　같은 날 각 신문에는 이 사건이 중점적으로 보도되었다. 이 중 인상적인 제목 몇 개를 살펴보기로 하자.

　'의혹을 받고 있는 인물과 번쩍이는 수갑, 보도 마이크에 엷은 웃음, 사실은 소심한 사나이, 잠시 매스컴에 반격' – 〈아사히신문〉

　'경찰수첩은? 구속영장은? 미우라, 차내에서 뻔뻔스럽게 행동, 화려한 활약, 가게도 다시 열어 – 〈마이니치신문〉

　'그 순간 미우라 창백, 금팔찌에 수갑 채워져, 나야말로 피해자다'
– 〈요미우리신문〉

　각 신문마다 미우라 피고의 구속을 1면에 크게 싣는 한편 사회면을 이에 관련된 기사로 채우는 등, 온통 미우라 사건으로 장식했다. 특히 매스컴을 반격, 화려한 활약, 매스컴에도 차차 등장 등의 제목은 미우라 피고가 TV나 주간지에 등장해서 무죄를 주장하는 동안 미우라 현상이라는 말까지 생긴 당시의 사회 정세를 말하고 있다.

　로스 의혹은 처음부터 일종의 사회현상이 될 만한 양상을 띠고 있었다. 미국에서 애처를 총격으로 잃은 청년 실업가가 비극의 영웅으로 매스컴에 등장한다. 그것이 주간지의 보도로 일전, 의혹의 주인공으로 된 것이다. 그러나 남자는 전혀 기가 꺾이지 않은 채로, 오히려 직접 TV에 출연해서 "나는 무죄다."라고 주장한다. 무책임한 범죄 평론가라든가 추리작가가 아침부터 저녁까지 TV 와이드 쇼에 출연하여 자기식 추리 또는 정보를 사실처럼 말한다. 주간지가 이런 뒤를 쫓는다.

주간 〈문예춘추〉가 84년 1월, '의혹의 총탄' 이라는 제목으로 처음 이 사건을 다룬 후부터 주간지와 TV는 미우라 사건으로 들끓었다. 같은 해 주간지의 제목을 조사해보니 실로 3백 개 가까운 미우라 사건을 다룬 기사의 제목을 확인할 수 있었다. '미우라를 다루면 2~3%는 확실히 상승', '거금을 쌓아놓고 TV에 출연' 등이 그것이다. 미우라 피고의 사생활을 폭로하는 기사도 나왔으며, 미우라 피고를 인생 상담에 등장시키는 주간지도 나타났다.

그런데 이처럼 스포츠지가 대대적으로 보도하고 와이드 쇼가 매일 로스 의혹을 다루고 있음에도 불구하고 일반 신문은 거의 침묵을 지켰다. 각사가 처음에 다룬 기사 중 그나마 중요한 내용은 다음과 같다.

의혹의 총탄, 〈문예춘추〉를 고발(1월 21일자 석간). 미우라 피고가 주간 〈문예춘추〉에 보도된 의혹의 총탄에 대해 3천만 엔의 위자료 지불과 사고광고 게재를 요구하는 민사소송을 동경지방재판소에 제소한 사실을 보도. ―〈도쿄신문〉

물증 없는 의혹…. 그 검증(2월 4일자 석간). 사건기사는 사회면에 게재되는 것이 상식이지만 사회면이 아닌 석간 특집면에 게재. 미우라 피고와의 인터뷰, 로스 총격건과 알고 지내던 여성의 실종사건에 관한 얘기를 취재해서 보도. ―〈마이니치신문〉

5년간 실종된 여성의 수수께끼(2월 5일자 조간). 실종된 여성의 행방에 관해 야마구치 현山口縣 경찰이 가출인 수색원을 받은 경위와, 이 여성의 은행구좌에서 미우라 피고가 430만 엔을 인출한 이유에 대해 동경지방재판소에 제출한 상신서 내용 등의 사실경위를 보도. - 〈요미우리신문〉

미국에 조사 의뢰(2월 10일자 조간). 실종된 여성의 여권이 이미 실효된 사실과 이 여성이 미국으로 떠나기 직전의 행동조사. 경찰청이 국제형사 경찰기구를 통해 미수사 당국에 소재확인을 의뢰할 방침임을 보도. - 〈산케이신문〉

로스 변사체는 실종여성(3월 17일자 조간). 수사당국은 84년에 로스앤젤레스 교외에서 발견된 변사체를 치아의 특징 등으로 미루어 실종된 여성이라고 단정했으며, 로스앤젤레스 시경도 그 뒤 3월 29일에 공식적으로 이를 인정하여 미·일 합동수사가 본격적으로 시작되었음을 보도. - 〈아사히신문〉

어떤 기사든 단순한 사실경위를 객관적으로 보도한 것뿐이었다. 이에 반해 어떤 스포츠지는 이미 1월 29일자 조간에서 '보험금 살인? 검은 과거도 속속, 미담의 붕괴? 로스의 유부녀 총살사건' 등 매우 강렬한 제목으로 보도하고 있었다. 주간지와 TV의 와이드 쇼가 나날이 극성스럽게 긴급특집, 중대한 국면, 급선회니 하는 제목들로 독자들의 흥미를 돋우고 있는데 비해 신문의 보도는 너무나도 조용한 것이었다.

아침에 TV를 본 독자들은 TV에서 매일 보도하고 있는 로스 의혹 사건을 왜 신문은 알려주지 않는가, 주간지를 보면 오늘에라도 구속될 것 같은데 신문은 왜 취재하지 않는가 하는 질문을 잇달아 던져왔다. 물론 신문이 아무것도 모르고 있는 것은 아니다. 사실 사건보도를 어떻게 할 것인지를 둘러싸고 각 신문사들은 진지한 토론들을 하고 있었던 것이다.

당시 각 신문에서 가장 진지하게 논의된 문제는 정보의 평가와 사실여부에 관한 것이었다. TV, 주간지의 보도가 수사현장이나 사실을 훨씬 앞지르는 과열 현상을 보이는 가운데, 속임수 목적의 정보도 등장했던 것이다.

예를 들자면 몇 년 전에 미우라 씨의 자택에서 커다란 짐이 나왔는데 그 뒤 그 짐은 산속에 매장됐다, 자기 집 지하를 개조하여 콘크리트를 집어넣었다는 식의 정보이다.

정보는 어떤 사실의 뒷받침이 되어야만 보도되는 것이다. 그러나 한편으로는 어떤 자가 이런 종류의 정보를 지껄이고 있다는 다른 사실도 있다. 보도전이 과열되면 과열될수록 한 발 앞선 정보에 대한 열망은 높아진다. 그러나 보도할 때는 사실인 것으로 판단되는 이유가 필요한 것이다. 따라서 쉽사리 이면을 캘 수 없는 사건인 경우 신문은 사실을 꾸준히 추적해야만 한다.

근거가 없다는 결론이 내려질 때까지는 며칠씩 걸리기도 하며, 또 개중에는 한 달 이상 걸리는 것도 있다. 그러나 신문이 그런 확실한 증거를 잡았을 때는 이미 지껄여지고 있는 사실이 다른 미디어에 의해 보도됨으로써 사실로 횡행하게 되는 경우도 많았다.

신문사에서 열심히 취재한 후 보도할 만한 가치가 없다고 판단한 정보를 교묘히 가공해서 일부 주간지와 TV 와이드 쇼에서 보도할 때의 허무함. 뿐만 아니라 그런 내용의 주간지 또는 프로그램에 대한 광고가 신문에 게재되는 모순. 실제로 많은 신문기자들이 참을 수 없는 심정으로 로스 의혹 보도를 지켜보고 있었다. 그것은 신문이 이런 종류의 사건 앞에서는 돌파할 수 없는 난관에 부딪힘을 말해주는 것이었다.

바곳 사건과 신문의 억제

바곳 사건 역시 주간지나 텔레비전, 스포츠지가 앞서가고 신문이 그 뒤를 따라가는 식으로 로스 의혹과 거의 비슷한 보도 양상을 보였다.

이 때 신문 보도는 세 가지 단계로 나누어진다. 경시청은 이 사건의 제 1단계로서 가미다니 피고의 아내가 사망한 오키나와 이시가키 섬에 수사대를 파견하여 용의자를 모르는 채로 답사를 실시했다. 제2단계로서 가미다니 피고가 전에 근무하던 회사에서 3억 엔 이상의 주권을 횡령한 사실을 포착하고 업무상 혐의로 그를 구속했다. 그리고 제3단계로서 살인혐의로 구속하는 것이다. 따라서 91년 2월 6일의 현지답사 보도에서는 각 사모두 가미다니 피고의 이름을 밝히지 않고 사실만을 보도하고 있다.

6월 9일, 수사는 제2단계를 맞았다. 경시청은 가미다니 용의자를 업무상 횡령 혐의로 구속했다. 그의 아내가 바곳 중독으로 변사했다는 사실은 이미 알려져 있었다. 이에 대해 〈아사히신문〉에서는 '바곳 사건의 전 부장, 횡령혐의로 구속, 바곳 들고 다니다' 라는 제목으로, 〈마이니치신문〉에서는 '횡령한 전 경리부장 구속, 사체에서 바곳독 검출, 아내의 변사도 수사' 로, 〈요미우리신문〉에서는 '바곳의혹 변사여인의 남편, 횡령혐의로 구속, 오키나와에서 변사, 거액 보험금… 바곳의혹' 이라는 제목으로 각각 보도했다.

이 단계에서도 각 신문사는 가미다니 피고의 아내가 변사한 것은 보도했으나 아직 가미다니 피고와의 관련 혐의에 대해서는 언급하지 않았다. 동경지검은 7월 1일 가미다니 피고를 업무상 횡령죄로 기소했으며, 경시청이 즉시 살인혐의로 구속하지만 이 제3단계를 〈아사히신문〉, 〈요미우리신문〉은 6월 30일자 조간에서 '횡령혐의를 받고 있는 전 경리부장, 아내 살인혐의로 재구속, 가미다니 용의자, 살인으로 구속, 바곳의혹' 이라는 제목으로 사회면 톱기사로 보도했다.

또한 살인 혐의에 의한 가미다니 피고의 구속을 각 신문은 다음과 같이 크게 다루었다.

  '공술 받지 못한 채 재구속' – 〈아사히신문〉

  '바곳살인, 전 남편을 구속, 아내에게 마시게 한 후 보험금 노려, 가미다
니 피고는 부인' – 〈마이니치신문〉

  '아내의 바곳중독사, 가미다니 피고, 살인으로 구속' – 〈요미우리신문〉

  주목되는 점은 〈아사히신문〉이 수기를, 〈요미우리신문〉과 〈마이니치
신문〉이 인터뷰를 각기 게재하고 있는 점이다. 특히 인터뷰는 가미다니
피고가 횡령 혐의로 구속되기 전에 이루어진 것이므로 실제로는 3주일 이
상이 경과한 것이었다. 그러나 이 사이에 신문은 아내가 살해된 것과 가미
다니 피고와의 인과관계에 대해서 단 한 줄도 보도하지 않았다. 이에 비해
주간지와 스포츠지는 경시청이 이시가키 섬에 수사대를 보냈을 때보다도
훨씬 앞선 1990년 말에 대대적인 조사보도에 착수했다. 이는 가미다니 피
고의 아내의 사체를 해부한 의사가 10월 11일에 동경고등재판소에서 열
린 생명보험금 지불소송에서 보험회사 측의 증인으로 나와, 사인은 바곳
에 의한 중독이라고 증언했기 때문에 가능한 것이었다.

  가미다니 피고와 결혼한 3명의 아내는 1981년에서 1986년에 걸쳐 모두
사망했는데 어느 스포츠지는 '3명의 아내 연속 사망'이라고 보도했다. 또
가미다니와 그의 아내의 이름을 직접 밝히지는 않았으나 사진을 흑백으
로 반전시켜 사용하는 등의 화려한 구성으로 사인의 부자연스러움을 암
시하는 수법을 쓰기도 했다. 주간지들은 단기 집중 연재를 시작하거나, 당
신도 보험금을 걸고 아내를 죽이려 하고 있는 건 아닌가라는, 3시간에 걸
친 인터뷰 기사를 게재했다. 모두들 가미다니 피고를 K씨라고 표현하긴
했지만, 죽은 그의 아내 이름은 실명이었고 얼굴 사진도 나왔다.

그러자 대부분의 국민들이 바곳 의혹을 알고 있는데도 신문 사회면에는 이 사건이 전혀 보도되지 않는 기묘한 현상이 또 다시 일어났다. 잡지 경영자가 어느 신문의 칼럼에 〈바곳 사건 왜 쓰지 않는가〉라는 제목으로 '신문은 인권 제일주의라는 명분 아래 당국이 움직이지 않으면 절대 먼저 보도하려 하지 않는다. 우리는 신문이 내세우는 이런 인권주의의 속임수와 권력기구에 대한 맹종을 느끼지 않을 수 없다' 라는 호된 신문 비평을 썼다.

속보가 생명인 신문에게 늦은 보도와 이런 엄한 비판까지 더해지는 것은 매우 유감스러운 일이다. 그러나 신문이 사건보도에서 권력에 맹종하고 있는 것만은 아니다. 또 당국이 움직여야만 쓰는 것과 같은 자기 규제를 하고 있는 것도 아니다. 취재를 하지 않고 있는 것도 아니다. 다만 신문은 신문으로서 사실보도를 위해 스스로 높은 허들(기준)을 부여하고 있는 것이다.

최근의 일본 신문과 텔레비전, 주간지의 보도자세 차이가 상징적으로 나타난 사례로 의사에 의한 처자 3명 살해 사건보도가 있었다. 이 사건은 요코하마 항에서 의사의 아내와 장녀, 장남의 사체가 1994년 11월 3일부터 11일에 걸쳐 발견된 것이 발단이 되었다. 18일에 의사의 자택을 수색, 25일에 의사가 구속되었다.

의사라는 높은 사회적 지위, 미인 아내, 귀여운 아이들, 행복한 가정에 도대체 무슨 일이 일어났다는 것인가. 아직 용의자가 나타나지 않은 단계에서도 일부 TV, 주간지의 보도는 서로 사생활을 캐는 폭로전의 양상을 띠고 있었다.

그런데 피해자가 유흥업소에서 일했다는 관심거리가 될 만한 일이 밝혀질 때마다 다른 미디어에서는 이를 크게 보도하곤 했으나 신문에서는 언급하지 않았다. 피해자의 인권을 생각한다면 도저히 보도될 수 없는 내용들이 홍수처럼 터져 나오기 시작했다. 피해자가 유흥업소에서 일하던 것을 득의양양하게 지껄여대는 당시의 상사, 얼굴은 방영되지 않은 채 '사생활 보호를 위해 음성을 변조했습니다.' 라는 자막이 춤을 추듯이 흘러나왔다. 그렇다면 타인의 사생활을 폭로하는 자만 사생활을 보호받아야 된다는 말인가, 피해자에게는 보호되어야 할 인권이 없는가. 이를 따져 묻지 않을 수 없는 화면이었다. 물론 모든 TV가 이런 보도를 한 것은 아니다. 흥미 위주의 사생활 보도는 자숙한다는 방침을 재확인하며, 억제된 보도로 일관한 민방도 있었다. 그 TV에서는 시청률이 떨어졌다고 한다.

신문은 항상 인권에 높은 허들을 내세우려 하고 있다. 때문에 제1보도가 다른 미디어보다 늦는 경우가 있다. 그러나 이 처자살해 사건을 둘러싼 TV 방송국의 대응을 보면 머지않아 신문에서와 같은 허들이 등장할 것 같은 예감이 든다.

1과와 2과 사건에서 달라지는 보도기법

신문 사회면의 사건보도에는 원칙이 있다. 그것은 사실에 대한 정확한 보도와 인권과 사생활의 존중이다. 먼저 이러한 제약과 조건을 명확히 한 후 보도해야 하는 것이다.

사건보도는 크게 살인과 강도, 방화 등 난폭한 범죄를 다루는 1과 사건, 독직과 횡령, 사기와 같은 지능범을 다루는 2과 사건의 보도로 나누어진다. 그 종류는 다르지만, 기본적으로 사건보도는 이 같은 제약 아래 이루어진다. 그러나 보도의 수법은 난폭범과 지능범에 따라서 크게 다르다. 이를테면 독직사건 같은 경우는 직무권한과 돈의 흐름을 입증하는 것이 전부이다. 그렇지만 가령 직무권한이 명확하지 않더라도 공무원이나 정부 고관이 취지 불명의 돈을 받은 사실을 취재에 의해 확인했다면, 신문은 당연히 보도한다.

반면에 사기사건에서는 돈의 흐름 외에도 받은 측의 의사나 능력이 중요한 포인트가 된다. 의사나 능력을 증명해 보도하면서 교묘하게 형사사건으로 대하는 경우도 있고, 당국의 수사를 받게 하는 경우도 있다. 그리고 신문은 값이 오를 것이 확실하다는 등의 수상한 장사로 돈을 모으는 집단을 의심스러운 상법으로 보도함으로써 세간의 주의를 환기시킬 수 있다. 도요카豊田 상사 등을 둘러싼 일련의 보도가 이에 해당된다.

보도의 대상이 반드시 형사 책임을 추궁당하게 되는 것은 아니다. 그러나 사회적인 상식에 위배되는 금전거래나 돈 버는 수단에 관한 얘기라면 신문은 사실보도를 바탕으로 보도하게 될 것이다. 그리고 이것은 부정의 감시라는 신문의 사명에서 보아 당연한 자세이다. 따라서 2과 사건에서는 흑과 백 사이에 형사책임을 묻지 않아도 되는 방대한 그레이 존(Gray Zone : 어느 영역에 속하는지 불분명한 부분을 지칭하는 용어 - 옮긴이 주)이 형성되고, 이 그레이 존은 인권을 배려하는 동시에 보도대상으로도 고려되고 있다.

이에 비해 1과 사건은 흑과 백만 있다. 범인도 아닌 사람을 용의자나 중요 참고인이라고 할 수는 없다. 하물며 살인 사건 등에서 범인으로 지목하며 일단 실명으로 보도한 것을 번복하는 것은 용납될 리가 없다.

1과 사건의 결정적인 근거는 자백과 물증이다. 대표적인 물증으로는 현장에 남겨진 범인의 모발과 혈흔, 흉기에서 검출된 범인의 지문과 피해자의 혈흔, 범인이 흉기를 입수한 현장, 목격한 증인 등이 있을 수 있다. 그러므로 이들 결정적인 물증에는 경찰당국의 수사, 그 중에서도 감식활동에 의지할 수밖에 없는 부분이 있다. 최종적으로 범인이라고 단정할 수 있는 근거는 감식 등의 과학수사에 의지하는 수밖에 없는 것이다. 그리고 신문은 감식활동을 할 수 있는 권한이나 능력이 없다.

로스 의혹은 이런 명제를 안고 있는 신문의 사건보도에 중대한 문제를 던졌다. 이 문제가 다른 사건과 구별되는 점은 의혹의 중심인물인 미우라 피고가 TV와 주간지에 적극적으로 등장한 일이었다. 미우라 피고를 중심으로 하는 불가해한 상황은 처음부터 세 가지로 압축되어 있었다. 첫째, 미우라 피고와 친한 사이인 여성이 실종되어 로스앤젤레스 교외에서 변사체로 발견됐다. 그 여성의 은행 계좌에서 미우라 피고가 430만 엔을 인출했다. 둘째, 로스앤젤레스에서 사진촬영 중 총격을 입고 사망한 아내에게 거액의 보험금이 걸려 있었다. 셋째, 미우라 피고의 아내는 총격사건이 있기 3개월 전에도 로스앤젤레스에 있는 호텔에 체재중인 어느 여성으로부터 쇠망치로 머리를 얻어맞은 적이 있었다. 이 때 미우라 피고가 그 여성을 일부러 놓친 것이 아닌가 하는 의혹이 있었다.

TV에 출연한 미우라 피고는 의문점에 대해 모조리 반론했다. 사회상식에 반하는 거액의 보험을 든 아내의 사인이 문제시 된다면, 다음은 보험을 든 인물과의 인과관계까지 파고들어가야 한다는 것이 그의 주장이었다. 그러나 1과 사건보도 원칙에 비추어 본다면, 불가해한 상황이 존재하더라도 이를 신문보도로 쓸 수 있는 기준에는 도저히 이르지 못하고 있었다. 또 가령 도달했다 하더라도 미우라 피고가 지금이라도 당장 살인혐의로 구속되리라는 식으로 쓴 주간지나 TV의 보도처럼 쓸 수 있는 자료는 없었다.

미우라 피고가 너무 유명해진 것도 보도를 한층 어렵게 만들었다. '몇 년 전에 미국에서 발생한 총격사건으로, 살해된 사람에게 많은 보험금이 걸려 있었다. 경찰은 수취인을 의심하여 보험금 살인혐의로 수사하기 시작했다' 고 익명으로 보도하더라도 국민들은 즉시 로스 의혹과 결부시켜 생각할 것이다. 그 후 결백이 드러난다면 신문은 어떻게 책임질 것인가.

이런 판단이 신문에게 브레이크를 걸었다고 할 수 있다. 게다가 각 신문은 사실보도에 입각해서 취재하는 방침을 계속 유지해야 했다. 따라서 앞에 설명한 구속 전의 수사상황을 전하는 각사의 제목은 이런 상황을 고려할 수밖에 없었던 억제된 사실보도였다고 할 수 있다.

인권과 보도의 사명

보도의 딜레마

매일 호화로운 생활을 하는 한 공무원에 대한 정보가 수사당국에 들어온다. 그가 받는 봉급으로 미루어 신분에 맞지도 않는 호화 생활을 누리며 휴일에는 고급 택시가 집으로 찾아오는데 그는 그 차를 타고 골프장으로 간다는 것이다.

이럴 때는 수사 2과가 움직이기 시작한다. 그의 업무내용은 무엇인가, 어떤 권한을 가지고 있으며 호화 생활의 상대는 누구인가. 집요한 내사와 미행이 계속되며 금전수수, 직무권한 등이 분명해지면 가택수색, 임의 출두 등 수사가 본격화된다. 다시 말해 처음부터 수상한 인물이 있어서, 그가 어떤 행동을 취하는지를 추적하는 것에서부터 범죄유무를 조사하는 것이다.

이에 반해 살인 등이 속하는 1과 사건은 범죄가 먼저 있다. 그 피해자를 중심으로 교우관계를 알아내는 등 여러 가지 증거를 취합한 후 범인 체포에 나서는 것이 통상적인 패턴인 것이다. 즉, 수상한 인물이 있어 범죄증명을 찾는 것이 2과 사건이고 최초의 범죄가 있고 그 용의자를 캐내는 것이 1과 사건이라고 할 수 있다.

로스 의혹에서는 경시청 수사 1과가 움직이기 시작했다. 그러나 용의자는 처음부터 미우라 피고 한 명으로 정해져 있었다. 총격, 구타, 행방불명과 같은 여러 가지 불가해한 사건의 중심에, 또는 주변에 언제나 미우라 피고가 있었다. 그런 의미에서 로스 의혹은 지극히 2과적인 1과 사건이라고 할 수 있었다.

각 신문사는 경시청에 사건기자를 상주시키고 있다. 대부분의 경우 캡, 서브캡 아래 10명 안팎의 기자가 배치된다. 취재기자는 1과, 2과, 공안, 방범 담당으로 나누어져 수사당국의 동태를 밀착 취재한다. 로스 의혹이 표면화되자 각사는 1과 담당기자를 투입했다. 주간지와 TV의 보도 속에서 용의자가 처음부터 나타나고 있는 2과적인 사건을 어떻게 보도할 것인가. 각사는 경시청 취재 경험이 많은 기자를 미우라 피고의 주변 취재에 동원했으며, 곧 취재진이 형성되었다. 그러나 아무리 취재진이 형성되어도 1과 보도의 원칙은 지켜져야 했다. 따라서 아무것도 쓰지 못하고 수사당국의 동정을 내밀히 지켜봐야 하는 날이 대부분이었을 것이다. 이렇게 신문사에서 타이밍을 재고 있는 사이에 확대된 기사가 주간지를 장식하는 것이다. 사건의 열쇠가 될 것 같은 증언, 목격자의 담화가 재미있고도 우습게 전해지는 상황 속에서 각 신문사는 그저 쓸 수 있는 범위의 사실보도를 위해 노력해야 했다.

그러다 〈산케이신문〉에서 처음으로 미우라 피고로부터 자기 아내를 쇠망치로 때리도록 부탁받은 전 여배우의 증언을 5월 16일자 조간에 게재했다. 기사는 미우라 피고의 아내가 로스앤젤레스의 호텔에서 어느 여자로부터 쇠망치로 머리를 얻어맞았으며, 그 여자는 파티에서 알고 지내던 어느 남자의 부탁으로 범행을 저지르게 되었다는 것으로, 여자와의 일문일답 형식으로 되어 있었다. 그러나 이 기사에 미우라 피고의 이름은 없었다.

경시청 수사 1과는 이 여자가 〈산케이신문〉에 고백한 얘기를 바탕으로 여자의 신변을 수사하기 시작했다. 그 결과 여자가 고백한 대로 도미 사실과 귀국 후 어떤 남자의 부탁을 받고 미우라 피고의 아내를 쇠망치로 때렸다라고 친지에게 털어놓은 사실이 밝혀졌다.

6월 29일 〈요미우리신문〉은 '경시청 수사 1과, 로스앤젤레스에서 의사 진단서 입수, 전 여배우의 고백 뒷받침' 이라고 보도했다. 이 기사에서도 습격한 여배우와 그녀에게 부탁한 남자는 습격현장에 있는 호텔에서 따로 숙박했다라고 표현하고 있으나 이 남자가 미우라 피고라고는 보도되지 않았다. 습격할 것을 부탁한 남자가 미우라 피고임을 최초로 보도한 신문은 8월 9일자 〈요미우리 조간〉이었다. 경시청이 전 여배우에게서 투서를 받아, 그 투서를 미 수사당국에 보낸 사실을 포착한 것으로서 전 여배우가 오래전부터 교제해온 미우라씨의 부탁을 받고 저지른 범행이었음을 투서에 의해 알게 되었다라는 내용이었다.

이와 같은 보도가 있은 뒤, 미우라 피고를 구속하게 되기까지는 1년여의 세월이 흐르는데 주간지와 TV의 보도홍수는 계속되었다. 특히 주간지에서는 결말의 날을 맞은 의혹의 인물, 궁지에 몰린 미우라, 갑자기 귀국, 미우라 사건보도, 1라운드에 돌입 등의 제목으로 여러 가지 현상을 속속 전했다. 여기서 주간지의 이 같은 수법을 전적으로 부정하려는 것은 아니다. 어떤 종류의 사상事象을 바탕으로 독자적인 관점에서 기사를 편집하는 것도, 독자적으로 취재한 재료에 추리와 분석을 가미하는 것도 민주주의에서는 모두 중요한 일이다. 또한 이 같은 수법의 차이가 갖가지 미디어의 존재가치를 결정하게 되는 것도 사실이다.

그러나 이 같은 보도결과, 미우라 피고가 바로 내일에라도 구속되는 것이 아닌가 하는 분위기가 독자들에게 심어졌다. 그리고 신문이 경찰수사에

만 충실히 따르고자 한다면, 결국 주간지나 TV의 보도내용보다도 훨씬 후
퇴한, 또는 신선도가 떨어지는 내용만을 보도하게 될 뿐이라는 딜레마에
많은 기자들이 빠지게 되었다. 그런데도 물증이나 자백이 무엇보다도 중요
한 1과 사건에서 아무 증거가 없다는 사실과, 미국에 1차 수사권이 있어 수
사상황을 파악하기 힘들다는 점 때문에 보도상의 어려움은 여전했다.

85년 7월 17일, 경찰청계원이 당시의 야쓰베安倍 외무대신이 슐츠 국무장
관에게 보내는 수사협조의뢰서를 가지고 나리타 공항을 떠났다. 미우라 피
고 구속을 위한 수사 활동이 본격적으로 시작된 것이다. 이 극비사항을 보
도한 신문사는 없었지만 그들이 사실을 모르고 있었던 것은 결코 아니었다.

잇따른 허위보도와 오보에 대한 신문의 반성

미우라 피고가 구속되자 각 신문사는 그동안 쌓인 울분이라도 터뜨리
듯 일제히 이를 크게 보도하기 시작했다. 구속 당일의 지면과 표현에 대해
서는 이미 설명한 바 있으나, 그 중에는 현재의 신문에서는 찾아볼 수 없
는 표현들이 혼재되어 있다.

첫째는 각 신문사가 아직 용의자 단계에 있던 미우라 피고를 경칭을 붙
이지 않고 미우라라고 막 부른 점이다.

둘째는 수갑이 채워져 연행되는 미우라 피고의 사진을 크게 확대해서 실
은 점이다. 그리고 이런 광경을 '금팔찌를 낀 손목에 수갑 채워져, 의혹의
주인공에 빛나는 수갑' 이니 하는 식으로 표제에 쓴 점도 기억할 만하다.

셋째는 표제에서 매우 주관적인 요소를 볼 수 있다는 점이다. '엷은 미
소, 소심한 사나이, 뻔뻔스럽게, 구속되는 순간 얼굴 창백해져, 허식의 가
면 벗겨져' 등이 그것이다. 이에 반해 로스 의혹과 마찬가지로 물증 없는
사건인 바곳 사건에서는 최초의 구속단계에서도 수갑에 채워진 모습의

사진은 없었다.

　업무상 횡령으로 구속되었을 때 가미다니 용의자를 표제에서 언급한 일은 없었으며, 살인혐의로 구속되었을 때도 가미다니 용의자라는 호칭을 사용했다. 또한 결정적인 것은 표제에 주관적인 요소가 삭제되어 있는 점이다. 로스 의혹에서 바곳 의혹까지 5년 반. 그런데 신문의 표현이 이처럼 극적으로 변하게 된 데에는 중요한 이유가 있었다.

　그것은 3대 오보, 허위보도로 불리고 있는 〈아사히신문〉의 산호 사건, 〈마이니치신문〉의 모리나가森永 사건, 〈요미우리신문〉의 소녀유괴 살인 사건 등을 통해 각 신문사가 자기반성과 지면점검을 하지 않을 수 없었기 때문이다.

　최초의 기사날조 사건은 1989년 4월 20일에 발생했다. 〈아사히신문〉은 당시 석간 1면에 '1989 지구는 어떤 색깔?'이라는, 사진을 중심으로 한 연재기획을 싣고 있었다.

　이 날 석간은 야헤야마군도서표도八重山群島西表島 서단에 있는 직경 8미터의 거대한 산호를 촬영하고, 표면에 로마자로 크게 새겨진 KY라는 낙서에 대해 누가 왜 이런 짓을 했을까를 서두로 백 년 단위로 자라온 산호가 상처를 입게 된 자연파괴를 한탄하며 보호를 호소했다. 그런데 사진을 본 그 지방 다이빙 조합원으로부터 문의가 온 것이다. 촬영자가 일부러 상처를 낸 게 아니냐라는 내용으로 말이다.

　조사를 한 〈아사히신문〉은 5월 16일자 조간 1면에 사과문을 싣는 한편, 3면에 편집국장 명의로 '지나친 취재'에 대한 경위보고를 게재했다. 내용은 보도하는 사실에 인위적으로 손을 가했다. 사실을 인위적으로 조작하는 것은 용납될 수 없다는 것이었다. 조사 결과 KY라고 산호표면에 흐리게 써있던 낙서는 카메라맨이 촬영효과를 높이기 위해 진하게 보이도록 조작한 것이었다는 사실이 밝혀졌다. 17일자 조간에서 〈아사히신문〉은 편집 책임자 등의 경질을 발표했다. 그러나 사건은 더욱 확대되어 5월 20일자 〈아사히신문〉은 조간 1면에 표제 5단 기사를 실었다. '산호 사진, 낙서는 날조였습니다. 깊이 사과드립니다.' 라는 기사와 함께 취재기자 2명의 해고 및 정직처분이 발표되었던 것이다.

3면에는 변명의 여지가 없는 행위, 점검에 대한 철저한 반성이라는 사내 검증기사를 10단으로 실었다. 기사는 지난번의 검증 경위에 잘못이 있었다는 것과 산호에 상처가 있었다는 카메라맨의 증언을 철회하였다. 한편 낙서한 장본인이 바로 카메라맨 자신이었다는 점을 밝히고 동시에 '자연보호와 환경문제에 관해서는 물론, 모든 뉴스와 화제를 앞으로도 전력을 다해 취재 보도할 작정입니다' 라는 말로 결론을 내렸다.

26일, 〈아사히신문〉의 사장은 이 문제에 책임을 지고 사임했다. 그리고 이튿날 조간에는 사임을 결심하게 된 사장의 발언 요지가 게재되었다. '아무리 생각해도 보통 오보와는 그 성격이 다른 것 같습니다. 또 취재가 지나친 것이었다는 변명으로 해결될 문제도 아닌 것 같습니다. 이는 바로 독자 여러분을 우롱한 것이며 고의로 세상을 속인 것이라 하겠습니다. 최고 책임자인 제가 사장직을 물러남으로써 전적으로 책임을 지려 합니다.' 진실을 보도하는 것이 사명인 신문사 사장으로서는 참으로 씁쓸한 심정이었을 것이다. 〈아사히신문〉은 그 뒤 축쇄판에서 문제의 기사를 그대로 게재하는 한편, 그 곁에 사진에 관해서는 '본사에서 취재할 때 잘못된 점이 있었습니다. 5월 16일자와 20일자 조간에 사과문을 게재한 바 있습니다' 라고 날조된 사진이었음을 밝히고 있다.

〈아사히신문〉의 허위보도를 둘러싼 소동이 일단락된 6월 1일, 이번에는 〈마이니치신문〉에서 오보사건이 발생했다. 당시 사건기자들의 최대의

관심사는 1984년 3월에 효고兵庫 현에서 발생한 모리나가사건의 수사진
전 상황이었다.

경찰에게 보낸 협박 편지, 독을 넣은 초콜릿 살포, 고속도로를 이용한
현금 강탈 미수사건 등을 차례로 일으키던 범인들은 1985년 3월을 기해
갑자기 행동을 멈췄다. 그 해 사건을 맡은 지방 경찰본부장은 수사가 진전
되지 않자 이를 비관하여 분신자살했다. 그 뒤에도 경찰청을 비롯한 각 지
방 경찰본부에서 총력을 기울여 범인체포에 나섰으나 단서마저 잡지 못
하는 상황이 계속됐다.

이 사건을 〈마이니치신문〉은 주범과 실행범 등 4명을 공갈 협박 등의
혐의로 조사하기 시작했으며 '이 사건은 발생 후 실로 5년 2개월 만에 해
결하게 된 셈이다'라고 1면 톱기사로 크게 보도했다.

그러나 실제 수사의 진전은 없었다. 이에 대해 마이니치는 6월 10일자
석간에 편집국장 명의로 경위보고를 실었다. '도를 넘은 보도를 스스로
징계함'이라는 제목의 이 경위보고에서는 마치 용의자가 곧 구속될 것이
라고 과잉 보도한 사실을 인정했다. 또 이로 인해 수사진전과의 관계에서
균형을 잃어버리게 된 지면에 대해 유감스럽게 생각한다고 말했다. 또한
'범인을 심문중'이라는 제하를 붙였었는데 이는 현행범이 아닌 이상 용
의자이며 따라서 용어상 적절치 못했다는 점도 밝혔다.

경위보고를 읽어보면 이 제1보는 마감 바로 전에 게재된 것으로 추측되
는데, 편집국장은 '진실을 보도하는 책임은 시간적으로 여유가 없는 경우
에도 경감되는 것이 아니다'라며 새삼 보도자세의 책임에 관해 언급하고
있다. 그러나 그 뒤의 모리나가 사건에 관한 수사상황을 보건대, 이 기사
는 오보의 범주에 들어간다고 할 수 있겠다.

〈아사히신문〉, 〈마이니치신문〉의 허위보도, 오보가 계속 터진 후 이번

에는 〈요미우리신문〉의 1면 톱기사에 오보가 실렸다. 이것은 유아 4명의 연속유괴 살인 사건 수사경위를 보도하는 중에 발생한 것이었다.

8월 17일자 〈요미우리신문〉 석간에는 1면 톱기사로 '아지트 발견, 세 유아 살해 물증 다수 입수, 사체방지 장소로 단정'이 보도됐다. 기사에는 아지트 발견 장소가 구체적으로 지적되었으며, '가택수사 결과 오두막집 안에서 사건과 관련이 있는 것으로 보이는 귀중한 자료들이 발견, 압수됐으며 동 본부에서는 자료들에 대한 감정 작업을 서두르고 있다'라고 쓰여 있었다. 사회면도 마찬가지로 이를 톱기사로 다루면서 범행의 대담성을 전했다.

그러나 경찰당국은 기자회견을 자청한 후 그 기사를 전면 부인했다. 오두막집이 있다는 것도 확인하지 못했고, 따라서 수색해본 적도 없다는 얘기였다. 수색해본 일이 없다는 것이 사실이라면, 귀중한 자료 발견은 물론이고 감정 작업을 서두르고 있다는 보도도 있을 수가 없는 얘기가 된다.

이튿날 18일. 〈요미우리신문〉은 조간 1면 4단으로 '오두막집의 아지트 부인否認 사체방치 장소 계속 수색중'이라는 제목으로 수사본부가 보도 사실을 전면 부인했음을 전했다. 동시에 '취재와 기사작성 단계에서 사실확인을 철저히 하지 못했으며, 기사작성 또한 과장된 곳이 있었습니다.'라는 사과문을 실었다. 그러나 왜 사실확인을 철저히 하지 못했는가와 어떤 검증작업을 했는가에 대해서는 언급하지 않았다.

신문주간인 10월 15일, 〈요미우리신문〉은 사회부장 명의로 아지트 오보의 문제점에 관한 검증기사를 게재하고 독자에게 사과했다. 그에 따르면 오보의 원인은 세 가지에 있었다. 첫째는 격심한 취재 경쟁 속에서 일선기자가 단편적인 정보를 정리하는 단계에서 냉철한 자세를 잃고, 불확실한 사실을 틀림없는 사실로 믿어버렸다는 것. 둘째는 철저한 정보 확인

작업을 게을리한 것. 셋째는 취재 경위와 원고에 대한 확인이 허술했다는 것이다. 다시 말해, 오두막집 아지트가 있다는 여러 정보가 있었고 여기에 몇 가지 정보가 겹쳤던 것이다. 이것은 모두 확실한 정보는 아니었는데도 어쩌다 취재가 아지트 발견 방향으로 흘러가 버렸다. 그리고 취재 확인이 선문답 형식으로 이루어졌기 때문에 잘못된 확신을 갖는 원인이 되었다고 해명한 것이다.

사건을 수사하는 수사원과 기자 사이에는 일상적으로 친밀한 신뢰관계가 조성돼 있다. 많은 기자들이 신뢰할 수 있는 정보원에게 사건의 승부수인 예스의 회답을 얻기 위해 사생활까지 희생해 가면서 밤낮을 가리지 않고 그들을 따라다닌다. 그러나 정보원이 반드시 충분한 정보를 알고 있다고는 할 수 없다.

정보원이 가령 어떤 얘기를 긍정하더라도, 그 긍정에는 순수한 의미에서의 긍정과 나는 잘 모르지만 자네가 그렇게 말하는 것을 보니 사실이 그런지도 모르겠다는 모호한 긍정이 있다. 또 신뢰관계가 있으면 있을수록 선문답으로도 취재가 가능해진다. 그러나 선문답에는 항상 쌍방이 말의 의미를 곡해하고 있을지도 모르는 위험성이 있다고 보아야 할 것이다.

이런 것을 방지하기 위해 사건 보도에서는 최종적으로 최고 간부에게 보고한 뒤, 확인을 받는다. 그러나 이 기사의 경우 확인도중에 다른 신문이 발표해 버릴지도 모른다는 과열 보도 때문에 수사 총괄자에 대한 사실 확인이라는 가장 중요한 문제를 소홀히 하게 된 것이다.

잇따른 오보와 허위보도는 그 해 10월에 오카야마岡山 시에서 열린 제 42회 신문대회 편집부문 연구 좌담회의 테마가 되기도 했다. 사회를 맡은 이누가이犬養康彦 편집국장은 "산호문제 등으로 입은 신문보도의 상흔을 어떻게 아물게 할 수 있겠는가. 이는 우리 모두의 문제로, 신뢰회복을 위해 노력해야 한다"고 말했고, 〈요미우리신문〉의 가토加藤博久 편집국장은 "이제는 독자들의 안목이 높아졌다. 오보에 대한 사과와 정정을 주저해서는 안 된다"고 말했다. 〈마이니치신문〉의 사이토齊膌明 논설위원장도 인권배려에 더욱 신중을 기해야 한다고 강조했다.

이와 같이 좌담회에서 신문인의 책임과 자각, 기자교육의 강화, 체크시스템의 확립, 인권의 존중 등이 논의되었다. 그 뒤 신문은 구속된 용의자를 함부로 부르지 않고 경칭을 붙였으며, 주소를 세세하게 밝히지 않는 등 인권과 보도의 조화를 진지하게 검토하기 시작했다.

사회 뉴스의 변용

높은 장애를 넘는다

허위보도와 오보로 흔들린 신문사에 1991년 4월 23일 또다시 충격파가 엄습했다.

동경고등재판소가 1974년에 치바千葉 현에서 발생한 OL살해 혐의로 구속된 피고에게 무죄를 선고한 것이다. 1심은 살인, 부녀폭행, 사체유기 등을 인정하여 무기징역 판결을 내렸으나 공소심에서는 신병을 구속해서 자백을 강요했던 점과 그 자백이 또한 부자연스러우며 비합리적이었다는 등의 이유로 1심이 파기되었다.

피고가 구속될 당시 동경, 치바, 사키다마 등 수도권에서 8명의 여성이 살해되었다. 수사당국은 이것을 동일범에 의한 범행으로 보고 수사에 착수했으며, 마침 절도로 구속된 피고를 부녀폭행혐의와 살인혐의로 재 구속했다. 그러나 검찰은 물증이 미흡한 것으로 판단하고 이 사건을 보류했다.

그런데도 경찰은 피고를 보충수사 한다는 명목 하에 계속 구치했으며, 이어 검찰에서도 구속한 지 182일째가 되던 날 피고를 살인 및 시체유기 죄로 기소했다. 그동안에 신문은 일관되게 연쇄살인과 피고와의 관련여부를 기사화했다. '폭행살인마, 여자만 8명 살인' 등 집중호우식의 보도가 계속 되었다. 그러나 결국 기소된 것은 고등재판소가 무죄판결을 선고한 1건 뿐이었던 것이다. 따라서 각 신문사는 보도 내용을 검증하거나 정정하지도 않은 채 무죄의 결과를 맞이하게 되었다.

그 날 각 신문사는 무죄가 선고된 사실을 1면 톱기사로 보도하는 한편 자기검증을 하기 시작했다. 〈아사히신문〉은 그날 석간에 문제가 되는 사건보도로 자사가 보도한 적이 있는 과잉된 기사내용을 소개했다. 그와 동시에 반성의 내용이 담긴 사회부장 담화를 5월 16일자 독자와 신문란에 게재함으로써 정식으로 사과했다. 〈마이니치신문〉은 4월 24일자 조간 3면에 사건보도를 자체 검증하는 사회부장의 반성문을 실었다. 그리고 무죄가 확정된 5월 17일에는 사회면에 4단 박스로 사과문을 게재했다. 〈요미우리신문〉도 5월 19일자 조간 사회면에 역시 4단 박스로 정정과 사과를 게재했다.

그러나 사건보도에 대한 비판은 끊이지 않았다. 특히 로스 의혹과 바굣 사건에서 주간지와 TV에 뒤진 점을 예로 들면서 '신문은 권력에 지나치게 의지하고 있다. 권력이 움직이지 않으면 단 한 줄의 기사도 신문에 싣지 못한다' 는 지적이 있기도 했다. 또 인격이라는 미명을 내세워 쓸 수 없다는 것을 구실로 삼고 있는데, 사실은 기자클럽에 푹 빠져 있기 때문에 취재 정신이 약해진 것이 아니냐는 비난도 있었다. 그리고 경찰이나 검찰의 사건 취재에 너무 많은 기자를 투입하는 방식도 문제시 되었다. 취재 대상이 공권력뿐이란 말인가. 그것은 비뚤어지고 편중된 취재 방식이므로 기자배치를 다시 해야 된다는 재배치론이 등장한 배경이 되었다. 또한 공권력의 움직임을 좇는데 급급한 나머지 정상적인 감각이 마비된 것은 아닌가를 의심하게 되었다. 권력이 움직이면 그와 동시에 집중호우적인 보도를 하는 자세는 이미 균형감각을 상실한 것으로 볼 수밖에 없을 것이다.

신문은 이 같은 냉엄한 비판과 지적에 대해서 겸허하게 귀 기울여야 할 것이다. 그러나 신문에도 이것만은 지켜야 된다는 윤리관이 있으며, 때로는 그런 윤리관 때문에 다른 매체에 선수를 내어줄 수도 있다. 주간지나 TV가 보도했다고 해서, 뚜렷한 증거도 없는 의혹의 인물에 대해 신문까지 집중호우식으로 보도한다면 인민재판과 같은 결과를 가져올 것이다.

권력이 움직이지 않으면 쓰지 않는다는 비난을 받게 되어도, 앞서 지적했듯이 사건의 성격에 따라 보도기법 자체가 달라지는 것은 어쩔 수 없다. 1과 사건에서 용의자를 범인으로 단정하는 근거는 과학적 수사에 따른 물증이며, 신문은 과학적 물증을 감정하는 능력을 갖고 있지 않다. 그러므로 당국의 물증입수 여부를 독자들에게 하루속히 알리기 위해 신문기자들이 밤낮없이 뛰고 있는 것이다. 이와는 달리 2과 사건에는 신문이 스스로의 조사보도 능력으로, 권력기관이 움직이지 않더라도 얻을 수 있는 사실 내지는 물증이 있다. 이런 노력에 관해서는 따로 장을 마련해 언급하기로 한다.

어쨌든 사건보도가 아직까지 여러모로 비판을 받고 있다는 것이 현실이다. 어떻게 인권을 존중할 것인가. 어떻게 올바른 사실에 접근할 것인가. 파악한 사실은 과연 만인이 납득할 수 있을 정도의 객관성을 지니고 있는가. 특종에 치우친 나머지 집중호우식 보도를 하고 있는 것은 아닌가. 이처럼 기사를 쓸 때 염두에 두고 극복해야 하는 장애는 너무나도 많다. 더욱이 이러한 장애가 되는 경우는 반성들을 바탕으로 해마다 높아지고 있다. 때문에 몇 해 전까지는 흔히 지면화될 수 있었던 기사가 백지화되는 경우가 많았다.

사회부기자는 이처럼 해결되기 어려운 문제들을 안고 취재 현장에 나서고 있다.

변하는 사회면

앞서 사건보도에서 신문기자가 겪고 있는 고민을 여러 가지 각도로 논급해 보았다. 사회면을 장식하는 사건기사는 기자의 의도에 따라 표현이 달라지거나, 사건의 성격에 따라 보도하는 중점이 변한다. 그러나 변하는 것이 사건기사만은 아니며 사회면에 보도되는 뉴스의 성격도 크게 변화되고 있다.

최근의 사회면에서 가장 눈에 띄는 변화는 일러스트와 컬러사진 활용일 것이다. 이런 일은 각 신문사마다 분산공장을 건설하는 등 설비투자를 한 결과 가능해진 것이다. 그러나 이런 지면이 단순한 인쇄기술의 향상으로만 가능했던 것은 아니다. 무엇보다도 TV의 눈부신 발달이 신문의 특징을 재검토하게 만든 커다란 원인이었다.

신문 매체의 대표적인 특색은 운반이 편하다는 휴대성과 몇 번이고 반복해서 읽을 수 있다는 보존·기록성, 그리고 신문을 펼쳐들면 한눈에 그 내용을 알 수 있는 일람성一覽性이다. 다른 전파 매체에는 이런 특색이 없으므로 다른 매체에 비해 동시성과 속보성을 갖추지 못한 신문으로서는 이런 특색을 더욱 살려야만 할 것이다.

일본 프로야구 선수 이치로가 2백 개 안타를 기록한 이튿날, 신문에서는 사회면에 이치로 선수의 특색을 분석하는 컬러 일러스트가 게재되었다. 이런 보도는 보존과 기록성을 중시한 편집방침을 구현한 것이라고 할 수 있다.

뉴스의 질적인 면에서 살펴보면, 최근 20년 동안에 사회면에 계속 등장하며 비중을 높여가고 있는 화제가 있다. 예를 들어 환경, 공해, 교육 등은 별로 화려한 뉴스가 아니더라도, 독자들에게는 중요한 뉴스가 되지 않을 수 없다. 그러나 이런 종류의 뉴스는 그 성격상 TV화면으로 다루기가 어렵다. 때문에 독자들은 신문을 통해 위와 같은 화제의 정보를 얻고자 한다.

가족관이나 종교관, 곰곰이 읽어볼 만한 기획기사가 사회면을 장식하게 된 것은 시대의 요구 때문이다. 과거에 이런 기사들은 중요하게 다뤄지지 못했었다. 심한 경우는 사회면에서 쫓겨나는 경우도 있었고, 기껏해야 조그맣게 취급되었던 것을 보면 알 수 있다.

사회면에서 가장 변화가 심한 기사는 이른바 일반 살인 사건일 것이다. 아직도 '의사, 처자 3명 살인 사건' 이라든가, '애견가 실종 살인 사건' 등 엽기적인 사건은 많은 지면이 할애된다. 그러나 시비 끝에 빚어진 살인 사건이나 특이성이 없는 사건은 크게 등장하지 않게 되었다.

주 5일제의 정책도 지면제작에 커다란 영향을 끼쳤다. 사회면에 뉴스와 성격이 다른 기획물이 등장하는 경우는 대부분 정월이나 여름 휴가철 정도에서 그쳤다. 기획물은 미리 준비하지 않으면 지면을 다 채울 수가 없기 때문이다. 그런데 주 5일제는 토요일, 일요일에 만성적인 뉴스 부족을 가져오는 사태를 빚게 되었다.

신문은 휴양지 광경, 고속도로의 체증현상 같은 사진을 촬영하고 이를 바탕으로 기획뉴스를 크게 보도했다. 이 같은 신문의 뉴스는 TV 스타일의 뉴스이다. 그런데 TV가 전날의 저녁시간대에 방영한 것을 신문이 그 이튿날 보도한다면, 양자의 우열은 더욱 쉽게 판단될 것이다.

최근의 사회면을 보면 일요일의 조간 사회면이 크게 변하고 있다는 점을 깨닫게 된다. 이제는 덮어놓고 뉴스를 좇는 것이 아니라, 뉴스와 관련된 화젯거리를 숙달된 필치로 써내는 기획물이 많아졌다. 이처럼 다른 미디어와 구별되는 경쟁원리인 신문 사회면은 주 5일제의 정착, 컬러 인쇄의 발전 등 여러 가지 요인에 의해 크게 달라지고 있다. 그에 따라 각광을 받는 뉴스도, 그렇지 않은 뉴스도 시대와 함께 변하고 있는 것이다.

보도의 국제화를 방해하는 것

제2차 세계대전에서 패배한 일본의 미디어는 한동안 해외 뉴스를 자력으로 취재할 수 없어서, 외국 통신사에 의존해야만 했다. 전후 일본의 신문들이 처음으로 해외에 취재기자를 보내게 된 것은 1948년 〈아사히신문〉이 유럽에 이동 특파원을 파견한 이후였다. 그리고 공동통신이 뉴욕과 워싱턴에 지국을 개설한 것은 1951년이 되어서였다.

패전 후 반세기가 지난 오늘 패전국 일본의 미디어도 이제는 신문, TV를 합쳐 675명의 기자를 해외에 배치하는 수준이 되었다. 이는 60년대 초에 파견된 기자 150여 명에 비하면 크게 강화된 취재망이며 타국 미디어의 해외 취재망과 비교하더라도 뒤떨어지는 수준이 아니다. 말하자면 국제보도 분야에서, 일본이 세계 제일선에서 대등하게 경쟁할 수 있는 잠재력을 가지게 되었다고 해도 과언이 아닌 것이다.

그러나 일본 미디어의 국제보도를 내용면으로도 반드시 제1급 보도라고 자부할 수는 없다. 오히려 일본의 국제보도가 현재까지 어떻게 수많은 비판을 견디어낼 수 있었는지 궁금하지 않을 수 없다. 현재 일본의 통신사와 신문사가 전하는 뉴스는 국제적인 뉴스보도에 충격을 줄 수 있을 만한 것이 별로 없다. 미국이나 영국의 통신사와 신문사에 비교해 보면, 그 영향력은 훨씬 작은 것이다.

물론 일본의 경우는 언어라는 큰 장애가 있다. 국제 통신사를 갖는 것과 그렇지 못한 것과의 차이도 한 몫할 것이다. 또 현재까지는 일본과 미·영 간의 국력이나 국제적인 역할 차이가 곧바로 각기 발신하는 정보의 가치를 좌우했던 것이 사실이다. 그러나 아직도 일본의 국제보도가 미국의 국제보도와 대등한 경쟁을 할 수 없는 데에는 보다 근본적인 이유의 문제점들이 있다.

탈피하지 못하는 일본 중심의 보도 시점

일본 보도의 문제점 중 하나는 보도의 시점이 어디까지나 일본 중심에서 탈피하지 못하고 있는 것이다. 이런 시점 때문에 뉴스의 가치를 판단할 때 균형을 잃는 경향이 종종 발생한다. 국제적인 문제인 경우 보도의 시점이 자국의 입장으로 치우치는 것은 어느 정도 당연하다고 할 수 있다. 그러나 그 같은 보도가 주는 인상이 관계 당국 간에 크게 차이가 난다면, 결국 서로 간에 올바르지 않은 한 정보가 오가는 것이 된다. 특히 일본의 국제보도에서는 이런 경우를 자주 발견하게 된다.

1994년 7월, 이탈리아의 나폴리에서 있었던 미·일 수뇌회담 보도도 그 경우 중 하나다. 제20회 선진국수뇌회의 개막에 앞서 갖게 된 이 회담은 취임한 지 얼마 안 되는 무라야마村山 수상과 클린턴 대통령과의 최초의 회합이라는 데에 의미를 부여할 만한 것이었다. 이를 증명하듯 9일 각사 조간은 모두들 1면, 2면, 3면을 크게 할애해서 회담 결과를 보도했다. 1면에는 '안보체제 견지를 다짐' - 〈아사히신문〉, '미·일 중심의 외교 계속' - 〈산케이신문〉 등을 표제로 장식했다. 즉, 전체적으로 이 회담이 미·일 관계의 중요한 마디가 될 수 있는 실질적인 성과를 가져왔다는 인상을 주는 지면 편집인 것이다. 이어 2, 3면에는 '수상, 첫 회담 무사하게 치러' - 〈마이니치신문〉, '수상, 첫 대면에서 열변' - 〈도쿄신문〉의 식으로 회

담의 의의를 강조했는가 하면, '구체적인 논의는 보류' - 〈요미우리신문〉,
'외교정책, 계속 되는가' - 〈니혼게이자이신문〉 등의 의문스런 어조로 보도
하기도 했다. 어쨌든 평가에 뉘앙스의 차이는 있었지만, 모든 신문이 이
회담을 초특급 뉴스로 다룬 데에는 변함이 없었다.

그럼 미국 신문들은 이 회담을 어떻게 다루었는가. 〈뉴욕 타임즈*New
York Times*〉는 수뇌회의 개막 당일 달러가 급락한 데 초점을 맞춰 각 수
뇌들의 발언을 실었다. 미·일 회담의 기사는 수뇌회의에 관한 기사 중에
서 미국과 이탈리아, 캐나다, 영국 등 각국 수뇌와의 일련의 개별회담 가
운데 하나로 보도한 데 지나지 않았다. 언급되어 있는 무라야마 수상이나
일본 당국자의 발언은 주로 무역과 감세 등 경제에 관한 것으로, 일본의
신문들이 보도한 안보체제 견지라든가 미·일 중심 운운한 것은 보도된
기사 속에서 찾아볼 수 없었다.

〈워싱턴 포스트*Washington Post*〉도 거의 비슷하게 다루고 있었다. 무
라야마 수상이 외교정책의 계속성을 약속한 점을 언급하긴 했는데 그 역
시 달러급락을 중심으로 한 기사 속에 짤막하게 다뤄진 것뿐이었다. 뿐만
아니라 기사는 1면에 실린 것도 아니고 16면에 게재되는 등 냉대를 받고
있었다.

이는 일본에 대한 미국의 자세가 처음부터 냉담한 것임을 반영한 것으
로도 볼 수 있다. 그러나 그보다도 더욱 확실한 점은 미국 신문들이 이 수
뇌회담에 대해 일본의 신문만큼 뉴스가치를 부여하고 있지 않다는 사실
이다. 일본 미디어의 보도는 한결같이 대미관계를 커다란 당면과제로 인
식하고 있었다. 그렇기 때문에 일본의 신문에는 무라야마 수상의 안보체
제 견지 약속이라든가 미·일 중심의 확인이 무척이나 중요한 의미를 갖
는 것으로, 표제도 크게 붙여지는 것이다. 그러나 미국에겐 대일관계가 수

많은 대외관계 중 하나에 불과했다. 따라서 일본의 새 수상이 대미정책의 계속성을 약속하더라도 신문이 그렇게까지 큰 관심을 보이지 않는 것은 당연하다. 그런데도 일본 신문들은 현재까지의 미·일 수뇌회담이 그랬듯이 이번에도 일본 수상이 눈부신 수뇌외교를 전개해서, 크게 만족할 만한 성과를 거두었다는 인상을 국내에 퍼뜨렸다. 그러나 미국에서는 비교적 해외 뉴스에 관심이 많다는 〈타임스 Times〉, 〈포스트 Post〉마저도 냉담하기 그지없었으며 여타 신문에서는 그 정도가 더욱 낮았다. 물론 미국 신문들의 보도자세가 언제나 타당한 것이라는 얘기는 아니다. 그러나 일본 측의 집중호우적인 수뇌회담 보도에 비한다면 미국 측의 보도가 균형을 취하고 있음을 인정하지 않을 수 없다. 미·일 간의 이 같은 보도차이가 양국관계를 일그러뜨리게 할 위험을 안고 있음은 더 말할 나위도 없는 일이다.

일본은 캄보디아로의 자위대 파견을 둘러싼 보도에서도 매우 자기중심적인 자세를 보였다. 캄보디아에 파견된 UN PKO(Peace Keeping Operation ; 평화유지군 – 옮긴이 주)에 자위대가 본격적으로 참가하게 되었다는 점, 이 파견을 실현시키기 위해 취한 UN 평화협력법의 입법조치가 국내정치에 큰 파문을 불러일으킨 점 등 캄보디아 PKO는 처음부터 여러 가지 요인으로 주목받고 있었다. 그러나 아무리 그렇더라도 파견부대의 현지 동정을 모든 신문과 TV에서 동시에, 그것도 세세하게 보도하는 것은 이상하게 보였다. 그런 모습은 일본 독자에게는 물론, 외국인 기자들의 눈에도 묘하게 보였던 모양이다. 일본인 기자들이 일본의 PKO만을 일제히 보도하는 모습을 미국 신문들이 조롱조로 보도한 적도 있었다.

캄보디아에서의 일본 중심적인 PKO 보도는 일본인 자원봉사자와 경찰관이 습격을 받고 사망했을 때 정점에 이르렀다. 국제면은 물론 정치면,

사회면까지도 그와 관련된 많은 기사로 메워졌을 뿐 아니라 그 내용도 일본인 요원의 안전 확보만이 최대의 관심사인 양 보도되었다. 이들 보도가 일본인으로서의 분노와 PKO 파견의 이해득실을 둘러싼 논의를 가져오게도 했지만, 보다 넓은 시야에 입각한 냉철한 보도자세와는 거리가 있었다.

미·일 수뇌회담, 캄보디아 PKO 등 어느 경우에서나 일방적으로 일본의 입장에서만 취재가 이루어졌으며, 일본 독자만을 염두에 두고 기사가 쓰인 것은 같다고 볼 수 있다. 그것은 해외여행을 할 때 일본인들끼리 무리를 지어 관광지를 다니고, 현지인과는 접촉하려고도 하지 않는 채 기념품이나 잔뜩 사들고 귀국하는 광경과 어딘가 비슷한 부분이 많다.

미국편중의 해외뉴스

일본의 국제보도에 있어서의 두 번째 문제점은, 미국에 관한 뉴스가 차지하는 비중이 유달리 높다는 것이다. 미국이 국제관계에 큰 영향력을 가진 나라이며, 일본에게 남달리 중요한 국가라는 사실은 틀림없다. 그러나 뉴욕의 지하철에서 일어난 발포소동은 보도하면서도 방글라데시에서는 수십 명, 수백 명 단위의 희생자가 나와야만 뉴스거리로 삼는 것은 미국편중의 보도가 도를 넘는다는 비난을 면치 못하게 한다.

일본 신문들의 미국 보도 편중을 말해주는 흥미로운 숫자가 있다. 1982년에 일본신문협회연구소와 하와이의 동서센터가 합동으로 실시한 일본·미국·동남아시아 국가연합(ASEAN) 각국의 신문에 관한 조사가 그것이다. 이에 따르면 〈아사히신문〉 등 3개 신문사에서 보도한 국제뉴스 중 미국을 언급한 뉴스가 차지하는 비율은 기사 개수에서 44.1%, 기사 면적에서 46.0%에 이르고 있다. 이에 비해 〈성주星州일보〉 등 싱가포르 2개 신문사의 미국관련 뉴스기사 개수 비율은 29.8%, 한국 2개 신문사(〈동아

일보〉, 〈부산일보〉)의 경우는 32.0%로 되어 있다. 미국과 역사적·문화적
으로 가까운 2개 신문사(〈더 타임스〉, 〈데일리 밀러〉)의 경우마저도 34.3%
로 머물고 있다. 따라서 일본의 숫자는 단연코 높은 것이라고 하겠다.

국제뉴스에서 미국을 제외한 여타 국가들에 대한 비중을 보면 제2위 이
하 중국(11.1%), 영국(8.3%), 국련(5.2%), 한국(4.6%)으로 나눌 수 있다. 이
처럼 미국과 그 밖의 국가들 사이에 큰 차이가 있다는 것은 전체적으로 구
미 각국의 비중이 높은 데 비해 중국과 한국을 제외한 아시아 각국에 대한
관심은 낮다는 점을 말해준다.

참고로 같은 조사에서 〈뉴욕 타임스〉 등 미국의 3개 신문에서 일본을
언급한 기사 비율을 보면 개수에서 8.7%, 기사 면적에서 7.8%에 불과하
다. 일본의 신문들이 미국에 관한 보도를 얼마나 일방적으로 편중해서 하
고 있는지 알 수 있다.

미국에 대한 비중이 얼마나 높은가는 미디어가 해외에 파견하고 있는
기자의 배치를 보면 더욱더 확실하게 드러난다. 일본의 해외 특파원(신
문·TV)에 관한 신문협회 조사에 따르면, 1993년 2월 현재 미국에 주재하
는 기자의 수는 181명으로 특파원 총인원 675명 중 26.8%에 해당되며 이
것은 다른 나라에 비해 압도적으로 큰 수치이다. 이 수치는 아시아 각국에
주재하는 189명(28.0%)에 거의 필적하는 것이다. 미국에 이어 많은 나라
는 영국(63명), 러시아(44명), 중국(40명), 독일(38명), 프랑스(31명) 등으로
유럽 전체가 236명(35.0%)으로 되어 있다. 이에 비해 아프리카 25명
(3.7%), 중남미 17명(2.1%), 중동 14명(2.1%)은 극히 적은 수치이며, 일본과
관계가 깊은 오세아니아에도 겨우 9명(1.3%)밖에 배치하지 않고 있다.

기자의 수가 많기 때문에 기사가 많아지는 것인지, 아니면 기사가 많기
때문에 기자를 많이 배치하는 것인지 그 인과관계를 따지는 것과 상관없

이, 일본의 미디어가 미국에 기자를 집중시키고 있음은 확실하다. 게다가 미국에서도 일본인 기자는 뉴욕(82명)과 워싱턴(66명)에 편재되어 있다. 이런 점도 일본 미디어의 미국 보도가 뉴욕, 워싱턴을 중심으로 한 뉴스에 치우칠 위험성을 배제하지 못하는 이유가 될 것이다.

통신사에 기대는 신문보도

일본의 국제보도와 관련된 세 번째 문제는 정형화된 통신사적 뉴스보도에 치우침으로써 보도내용에 다양성이 결여된다는 점이다.

통신사가 제공하는 뉴스는 되도록 사실을 중심으로, 객관적으로 보도한다. 중요도가 높은 뉴스는 해설 등을 덧붙이는 게 고작이다. 이것은 이른바 최대공약수적인 것을 요구당하는 통신사의 뉴스로서는 거의 정형화되어 있는 사실이다. 신문이라면 뉴스의 내용에 따라 편집자가 독자적인 판단으로 뉴스 가치를 결정하고 지면에 전개시킨다. 따라서 국내뉴스에서는 비교적 자유롭게 재량을 발휘할 수 있는 여지가 있고, 지면에도 신문에 따라 조금씩 변화가 있음을 볼 수 있다. 그러나 국제보도가 이뤄지는 지면에는 그 변화를 찾아보기 어렵다.

가장 큰 이유는 모든 신문이 통신사적인 보도기법을 취하려 하기 때문이다. 해외에 기자를 파견할 수 있을 만한 신문사라면 AP, 로이터와 같은 국제 통신사 외에는 예외 없이 공동통신이나 시사통신과 계약하여 뉴스를 받고 있다. 일본의 신문들이 전하는 뉴스는 대개 이들 두 일본의 통신사로부터 전해진 것들이다. 뿐만 아니라 통신사의 뉴스는 통상적으로 마감시간 직전에 송고하는 특파원의 기사보다도 먼저 신문사 데스크 앞에 들어온다. 따라서 사실 통신사 기사만으로도 국제면을 만들려면 만들 수는 있다.

그러나 현실적으로 신문은 자사 기자가 쓴 기사로 지면을 메우고 있다. 그렇게 하기 위해 자사 기자에게 귀중한 시간과 에너지를 소모시키면서, 통신사 뉴스와 별로 다를 바 없는 기사를 다시 쓰게 한 후 싣는 것이다. 본사 외신부 데스크가 수신한 통신사 발신기사를 그대로 해외지국에 팩시밀리로 보내고는, 같은 원고를 자사기자에게 주문하는 일이 반복되고 있다.

물론 특파원이 항상 이런 작업에만 매달리고 있는 것은 아니다. 독자적으로 취재한 정보에 의해 기사를 써야 할 때도 있다. 그러나 여태까지는 통신사 뉴스를 활용하면 될 뉴스를 애써 자사기자 이름을 넣은 기사로 보도하는 경우가 대부분을 차지했다. 이는 기자의 노력과 경비의 낭비만 될 것이다.

사실 신문의 이런 자세는 쓸데없이 노력과 경비를 낭비하는 것 이상으로 커다란 손해를 가져오게 한다. 그것은 자사기자를 효과적으로 활용해서 보도내용을 훨씬 더 알차게 만들 수 있는 기회와 수단을 포기하는 것과 같기 때문이다. 대개 유력지는 미국에 각기 10여 명의 기자를 두고 있다. 이들 기자가 통신사의 기사에 전혀 의지하지 않고 독자적인 관점에서 파고들어 취재한 후 충분한 시간을 갖고 집필한다고 가정해 보자. 신문 국제면이 지금보다 내용도 훨씬 풍성하고, 재미도 얻게 될 것은 틀림없다.

비교적 뉴스가 적은 해외지국에서는 늘 같은 작업을 처리하는 동안에도 틈틈이 독자적인 일을 할 만한 여유를 가질 수 있을 것이다. 그러나 뉴스가 많은 지국에서는 재임기간 동안 대부분의 시간을 단조로운 잡보雜報 처리하는 것으로 보내게 될지도 모른다.

일본의 해외기자는 과거 20년 동안 거의 2배로 늘어나고 있다. 그러나 그동안의 국제면의 질적인 변화를 따져보면, 기자를 증원한 결과가 어디에 나타나는 것인지 의심스러워 질 것이다. 양적으로 보면 국제 뉴스를 위한 지면이 확실히 늘어났다. 르포라든가 배경설명이 변화될 조짐도 보인다. 그러나 구미의 어느 유력지에도 뒤지지 않는 수의 기자를 해외에 보내면서, 과연 그에 걸맞는 내용과 효과가 있는 뉴스를 보도하고 있는 것인지 의문하지 않을 수 없다.

문제점의 배후에 있는 것

위에 지적한 주요 문제점들은 일본의 특수성을 반영한다. 오랜 역사를 가진 국제통신사는 별도로 치더라도, 미디어가 각 나라의 가치관을 반영함으로써 자국중심, 자국 제일주의로 기울어지는 경향은 일본만의 이야기가 아닐 것이다. 그러나 일본은 특히 그런 경향이 강하다. 전후 반세기가 지난 세계에서 일본이 차지하는 위치를 고려해 보면, 일본의 미디어에 나타나는 일본 중심의 천동설적 발상은 아마도 국제적으로 통용되지 않을 것이다. 미국에 편중된 경향에 대해서도 같은 말을 할 수 있다. 전후 초기에, 즉 일본이 모든 면에서 전적으로 미국에 의존하고 있었던 시기라면 모르지만, 미ㆍ일 관계가 대등한 동료로 불리기 시작한 지 20년 이상이 지난 현재에도 미국 보도가 비중을 크게 차지한다는 것은 아무래도 이해되지 않는 일이다. 또한 많은 기자들을 해외에 파견하고 있으면서, 통신사 발신 뉴스와 거의 비슷한 뉴스로 지면이 메워지는 것도 일본 미디어의 특수성을 나타내는 것이다.

일본 보도의 좁은 시야

국제적인 문제를 일본 중심의 시점에서 보도하는 것은 기자와 편집자의 좁은 시야에서 비롯된다. 어느 나라의 미디어든 간에 정보를 받는 쪽이 특정한 나라에 국한되는 경우에는 아무래도 그 나라의 입장에 치우친 보도가 되기 쉽다. 그러나 보도된 내용이 자국이 아닌 외부에서 이상한 것으로 비추어지면, 그것은 사실을 왜곡하는 경우가 된다. 예컨대 무라야마 · 클린턴 회담이라든가 캄보디아 PKO에 관한 신문보도에도 이런 요소가 많이 포함되어 있는 것이다.

무라야마 · 클린턴 회담과 그 뒤에 이어진 나폴리 선진국 수뇌회의에 대해 일본의 신문보도가 가장 관심을 보인 부분은 국제경험이 부족한 사회당 출신 수상이 미국을 위시로 한 선진국 외교에 어디까지 대응할 수 있는가 였다. 이런 점은 '무라야마 외교, 우선은 무난' — 〈니혼게이자이신문〉 9일자 조간, '수상의 존재감, 좀더 내세워지길' — 〈요미우리신문〉 11일자 석간 등의 표제로도 알 수 있다. 안보견지라든가 미 · 일 협조 문제만 하더라도 자민 · 사회당 연립정권이 과연 대미정책을 어떻게 조정해갈 것인지에 대한, 주로 국내적인 시점에서 주시되고 있음을 알 수 있다.

물론 이들 기사에 미국을 비롯한 해외의 시점이 전혀 언급되지 않은 것은 아니다. 그러나 수뇌회의를 며칠 앞두고 보인 보도의 태도는, 역시 자국 수상의 동향을 전하는 자세에서 그쳤다는 인상을 지울 수 없는 것이었다. 격심한 논쟁 끝에 파송된 캄보디아의 PKO는 좋든 싫든 일장기를 짊어지게 되어 있었다. 그 일장기는 무라야마 수상이 클린턴 대통령과 회담하게 되었을 때 짊어지고 있었던 문제들과 똑같은 것이었다고 할 수 있다.

이 밖에도 미 · 일 수뇌회담을 보도하는 일본 신문들의 좁은 시야의 예는 많다. 1987년 9월, 나카소네中曾根 수상과 레이건 대통령이 회담했을 때 일본 신문들은 '수상이 페르시아 만의 안전항행에 관한 일본의 책임분담 문제에 대해 구체적인 방책을 제시하겠다는 주목할 만한 방침을 미국 측에 공식적으로 언명했다' — 〈요미우리신문〉 9월 22일자 — 고 허풍스럽게 보도했다. 또한 두 수뇌가 양국간에 장래의 우호관계를 유지하기 위한 뜻으로 론야스 헌장이라는 것을 교환했다는 점도 보도했다. 그러나 〈워싱턴 포스트〉는 회담 내용에 대해서는 일절 언급하지 않았고, 〈뉴욕 타임스〉는 회담이 있었다는 사실마저도 무시해 버렸다. 요컨대 나카소네 수상이 언명한 주목할 만한 방침도, 또한 두 수뇌의 관계가 긴밀함을 과시한 론야스 헌장도 미국 측이 볼 때는 일본에 비해서 아무런 뉴스 가치가 없었던 것이다. 오직 일본 신문들만 이 기사를 씀으로써 나카소네 수상의 이미지를 높이는 데 일조했을 뿐이다.

일본어의 특수성도 일본 신문들의 시야가 좁아지는 데 일조한다. 영어가 거의 국제어로서 통용되고 있는 것에 비해 일본어에는 그런 기능이 전혀 없다. 일본어에 의한 미디어의 보도가 해외에서 직접적인 반향을 불러일으키는 예는 거의 없는 것이다. 신문이든 방송이든 일본어에 의한 뉴스 보도는 예외 없이 일본 국내용이며 기자나 편집자도 일본인이 정보를 제공받는 것으로 전제되고 있다. 그 결과 보내는 쪽도 일본의 독자만을 의식하고 기사를 쓰게 된다. 이는 뉴스보도가 한결같이 일본에만 통용되는 논리로 끝나더라도 타국에서 왈가왈부하는 일이 없고, 또 웃음거리가 되는 일도 없게 만들지만 바로 이런 일이 쌓이고 쌓여 일본의 미디어가 시야도 좁혀지고 동시에 독선적으로 되어 가는 것임을 잊어서는 안 될 것이다.

수뇌회담이나 중요 국제회의 보도에는 사대주의 문제도 따라다닌다. 일본의 신문은 이런 종류의 정치적 사건이 꼭 무슨 축제인 양 법석을 떨며 나선다. 회담이나 회의가 시작되기 전부터 의제라든가 일본정부의 방침, 나아가서는 공동성명이라든가 공동선언 초안 같은 것이 특종기사 대상이 되는 것이다. 그리하여 소동 끝에 맞게 된 정식 회담이나 회의에 관해서는 내용의 유무와 중요성에 관계없이 커다란 표제로 집중호우적인 보도를 해야 마음이 가라앉는다. 결국 일련의 보도는 내용이 얼마나 정확하고 균형

잡힌 것이냐보다 얼마나 멋진 제목의 기사를 많이 썼는가로 평가되기 쉽
다. 여기에 일본 내부에서만 통용되는 불모의 경쟁원인도 무시할 수 없다.

보도시야를 좁히게 하는 또 하나의 요인으로 일본 미디어의 종적인 취
재 자세를 꼽을 수 있다. 수뇌회담이나 국제회의의 취재는 으레 정치부를
중심으로 한 수행기자가 주요 기사의 집필을 담당하게 마련이다. 기자는
주로 국내의 취재 경험과 수행 당국자로부터 얻은 정보를 바탕으로 기사
를 쓸 것이다. 그리고 회담이나 회의 결과는 주로 국내정국과 연관지어서
평가된다. 따라서 국내정치, 또는 일본 경제의 상황아래에서만 사태를 파
악하는, 시야가 좁은 기사가 큰 지면을 차지하게 되는 것이다. 이런 기사
의 취재에는 해외에 주재하고 있는 기자들도 참여한다. 그러나 대부분이
주변 취재에 그치게 되며 해외에서의 쌓은 그들의 경험이나 지식이 활용
되는 예는 별로 없다. 사회부적인 발상이 짙게 밴 캄보디아 PKO 보도에
서도 위와 같은 점을 지적할 수 있을 것이다.

좁은 시야의 보도는 각 기자들의 자질이나 노력과도 관계있다. 그러나
좀더 큰 이유는 기자의 시야확대를 방해할 정도로 경직되어 있는 종적인
취재 자세이다. 국제관계는 정치, 경제, 사회의 범주를 초월하는 곳에서
움직이고 있다. 그런데도 여전히 낡은 테두리 안에서 취재, 보도가 이루어
진다면 무리가 생기지 않을 수 없을 것이다.

변하지 않는 대미 콤플렉스

일본의 국제보도는 왜 미국에 높은 비중을 두는 것일까. 그것은 미국이
일본에게 정치적, 경제적으로 중요한 국가이며 미국 자체에 대한 일본인
의 관심도 높기 때문이라고 할 수 있다. 그러나 이런 이유만으로 미국에
관한 뉴스를 특별히 비중있게 다루는 것은 아니다.

여기에는 미국에 대한 일본인의 근본적인 콤플렉스를 지적할 수 있다. 특히 신문편집자나 기자들은 아직도 이런 콤플렉스에서 벗어나지 못하고 있다. 미국은 제2차 대전의 전승자이며 전후 일본의 지배자 내지는 보호자였던 시기가 있었기 때문에 정치, 경제뿐만 아니라 문화면에서도 큰 영향을 받은 일본인이 미국에 콤플렉스를 느끼는 것은 전혀 이상한 일이 아닌 것이다. 전후 초기의 국제관계 보도에서 미국이 큰 비중을 차지한 것도 당연한 일이라 하겠다.

그러나 그 같은 일방통행적 미·일 관계는 60년대, 70년대로 접어들어 일본이 경제성장을 거치면서, 적어도 언어 상으로는 대등한 관계로 불리는 것이 되었다. 더욱이 80년대 이후 일본은 미국의 유력한 경쟁자 위치에 서게 되었다. 그런데도 신문협회연구소의 조사결과 등을 보면 편집자나 기자들의 대미 콤플렉스가 여전히 뿌리 깊은 것으로 나타나는 것이다.

국제보도가 양적으로 미국에 편중되어 있는 사실이 바로 일본의 대미 콤플렉스를 대변하는 것이다. 그러나 사실 질적인 측면에서도 콤플렉스를 발견할 수 있다. 특히 70년대 이후 되풀이되어 온 미·일 경제마찰에 관한 미국 측 보도에서 이런 점은 뚜렷이 나타난다. 예컨대 미국의 의원이 일본시장의 폐쇄성을 비난하면서 보복을 촉구하는 입법조치를 제안했다고 하자. 그런데 이런 제안에 의회가 별로 지지하려는 기미를 보이지 않으면, 미국의 미디어는 거의 관심도 보이지 않으며 보도하지도 않는다. 그러나 일본의 미디어는 법안이 성립될 기미가 보이지 않더라도 이를 대대적으로 보도한다. 이것은 일본의 미디어가 일본에 관련된 문제를 미·일 관계의 맥락으로 끌어들여 과장해서 생각하려는 경향을 지니고 있기 때문이다. 일본이 미국으로부터 비난받으면서 공격당한 사실 자체가 미·일을 특별한 관계로 보려는 기자나 편집자의 콤플렉스를 자극하는 것이다.

그리고 때때로 그것은 자학적인 분위기가 넘치는 커다란 뉴스거리로 만들어진다. 따라서 일본 잡기라는 표현은 대일 비판이라기보다 오히려 이런 말을 듣게 된 일본 측의 의식을 강하게 반영한 것이라고 할 수 있다.

한편, 일본의 콤플렉스는 미국의 결함이나 실패의 상황에서는 순식간에 우월감으로 바뀐다. 미국사회의 범죄, 공교육의 황폐, 노동윤리의 실종 등이 일단 화제가 되면 일본의 미디어들은 이를 앞다퉈 요란스럽게 다룬다. 그래서 미국을 비판하는 한편 일본이 얼마나 뛰어난가를 강조하곤 한다. 이는 미국에 대해 그만큼 열등감이 있기 때문이다.

하지만 이제 일본 국민들은 이 같은 대미 콤플렉스에서 차차 벗어나고 있다. 미디어에 몸담고 있는 새로운 세대의 편집자나 기자들에게도 이런 의식이 강하게 남아있는 것 같지는 않다. 그럼에도 불구하고 미디어는 여전히 미국 관련 뉴스를 크게 보도하고 있으며, 일본 잡기라든가 병든 미국 같은 얘기가 나오면 더욱 요란스러워진다. 그것은 편집 교육 과정에서 과거와 다름없는 뉴스판단 방법이 새로운 세대의 기자와 편집자에게 계승되기 때문이라고 할 수 있다. 세계에서의 일본의 위치와 미·일 관계도 그동안 크게 달라졌다. 그럼에도 불구하고 미디어의 의식은 이런 변화를 따라가지 못하고 있다.

섬나라 근성과 다른 신문과 보조를 맞추려는 의식

최근에는 많이 사라졌지만, 70년대만 하더라도 일본의 대신문사가 통신사 기사에 자사 특파원 이름을 붙여 마치 자사가 취재한 기사처럼 당당하게 게재하는 일이 많았다. 사실 통신사 기사에 약간 손질을 해서 자사 기사로 만드는 것은 지금도 흔히 볼 수 있다. 편집자 또한 현지에 자사기자가 있음에도 통신 기사를 활용하는 것을 면목 없는 짓이라고 생각하고 있는지도 모른다.

이처럼 통신사와 수신계약을 체결해서 뉴스를 수신하고 있으면서도, 그 기사의 출처를 밝히기 꺼려하는 것은 좁은 섬나라 근성으로밖에 설명할 길이 없다. 실제로는 통신사에 의지하고 있으면서도 그런 점을 독자에게 알리고 싶지 않은 것이라면, 이는 곧 독자를 속이는 짓이 된다. 또 자사 특파원이 건투하고 있음을 사내에 알리고 싶은 내부적 배려에서 그렇게 한 것이라면, 이 역시 너무나도 교활한 수법이며 문제가 되지 않을 수 없다.

신문사 특파원은 통상적으로 중대한 뉴스에서 잡보에 이르기까지 통신사 기사와 똑같은 작업을 하도록 요청받고 있다. 이런 요청은 다른 신문에 뒤지지 않는 지면을 만들고자 하는 욕구에서 비롯된 것이다. 그러나 이러한 뒤지지 않는 지면이라는 것이 실질적인 가치평가가 된다고는 할 수 없다. 오히려 표면적으로 다른 신문과 똑같은 지면을 만들어 뒤지지 않을 수 있다는 정도의 의미밖에는 없다.

신문이 통신사의 기사를 게재하려는 것은 지면을 꾸밀 때 다른 신문과 보조를 맞추는 것이 가장 쉬운 방법이기 때문이다. 최소한의 사실을 중심으로 하는 기사의 경우는 자료만 갖추어지면 단시간 내에 쓸 수 있다. 게다가 다른 신문도 같은 방침으로 국제뉴스의 지면을 만든다면, 이 같은 간단한 원고만으로도 다른 신문에 뒤지지 않는 지면을 만들 수 있게 되는 것이다. 또한 통신사의 신용도를 사용하지 않고 자사 특파원의 기사로 지면을 메울 수도 있다.

일본의 신문이 조·석간 발행으로 인해 반나절의 사이클로 뉴스를 찾아야 되는 것도 통신사적인 기사를 쓸 수밖에 없는 원인 중 하나다. 거우 반나절 만에 새로 전개된 일들을 보도해야 하기 때문에 충분히 취재할 수 있는 시간이 없는 것이다. 따라서 대개의 경우 표면적인 사실의 경과를 보도하는 기사로 적당히 넘기는 수밖에 없다. 미국 신문들이 기자들에게 중후하고 장대한 기사를 쓰게 할 수 있는 이유 중의 하나는 그들이 조간이나 석간 중 한 가지만 발행하고 있어서 일하는 사이클이 길기 때문이라고도 할 수 있다.

기사를 손쉽게 쓸 수 있다는 유혹에는 국내에서 일하는 기자들도 빠지기 쉽다. 그러나 해외 특파원은 소수의 인원이 광범한 지역과 다채로운 문제들을 맡아야하며, 언어와 습관의 차이에 의해 일어나는 문제점까지도 가지고 있다. 때문에 그들은 '손쉽게 원고를 쓸 수 있다면…' 하는 유혹에 빠지기가 더 쉽다. 이미 일상적인 취재에는 외국 통신사의 정보에 의존하는 것이 당연한 일로 여겨지고 있다. 그러나 신문이 보다 양질의 정보를 독자에게 전하고자 한다면 통신사에서 얻는 정보만으로는 부족하다. 신문 스스로 독자적으로 취재해서 보도하는 자세가 적극적으로 요구되는 것이다.

무엇을 어떻게 고칠 것인가

전후 반세기가 지난 지금, 일본을 둘러싼 환경은 20년 전과 비교할 때 크게 바뀌었다. 그만큼 세계에서 수행해야 할 일본의 역할도 커졌다. 따라서 일본 미디어의 국제보도도 당연히 변해야 한다. 현재 일본의 미디어에 나타나는 현상을 재검토하여, 무엇을 어떻게 고쳐나갈 것인가를 허심탄회하게 되돌아 볼 필요성이 있다. 그러기 위해서는 지금까지 당연한 일로 여겼던 사고나 판단의 틀을 제거함으로써, 정형화된 방식을 타파해야 한다.

시야를 넓힌다

1960년대 이전에 해외에 파견된 일본 기자들은 선배로부터 매사를 일본인의 시점에서 생각하라는 충고를 들었다. 당시 일본의 신문은 해외 통신사와 신문에서 보내온 정보로 넘쳐나고 있었다. 하지만 그 정보들은 구미의 유력 국가의 시점으로 쓰인 것이 많았다. 때문에 해외에서 취재할 때는 그런 정보를 곧이곧대로 받아들이지 말고, 일본인이 본 관점에 의해 재검토하라는 것이 선배 기자들의 충고에 깃든 취지였다.

그러나 현재는 당시와 상황이 다르다. 해외에 파견된 기자의 수는 60년대에 비해 몇 배로 늘어났다. 실제로 신문의 국제면이 대부분 자사의 기자 또는 일본의 통신기사로 메워지고 있으며, 전처럼 AP, 로이터와 같은 국제통신사의 기사가 번역 게재되는 경우는 크게 줄어들었다. 현지에서도 주요 뉴스를 직접 취재할 수 있으므로 특별히 일본인의 시점을 강조할 필요가 없어졌다.

뿐만 아니라 일본이 최근 20여 년 사이에 경제대국이 된 것과 국제 간 상호의존 관계가 급속히 진전된 점도 일본인의 시점을 특별히 강조하는 의미를 잃게 했다. 더구나 정보가 자유로이 국경을 넘나드는 미디어의 세계에서 특정 국가의 시점에 치우친다는 것은 지나친 편향을 뜻하고 감점 요인으로 해석될 수밖에 없다. 물론 어느 나라의 미디어든 간에 자국의 국익을 무시하기는 어려운 일이다. 그러나 지나치게 국익에 치우치는 보도는 결국 그 나라 안에서만 통용될 것이다. 뉴스보도가 단순히 한 나라의 이익만이 아닌, 세계무대와 보편성을 지향하고 있다면 특정국이 아닌 보편적인 시점에 입각한 자세가 필요할 것이다.

해외에서 취재 활동을 하는 일본의 기자가 모두 일본인의 시점을 항상 의식하고 있는 것은 아니다. 오히려 해외에서의 취재 경험이 많으면 많을 수록, 일본의 본사 데스크로부터 지시되는 일본 중심적 발상 주문에 위화감을 느끼는 경우가 많아진다.

앞에서도 언급했지만 특히 일본의 국제보도 중에서 자국 중심적인 경향이 현저하게 나타나는 것은 미·일 수뇌회담이나 캄보디아 PKO 같은, 국내와 관계가 깊은 테마가 뉴스로 될 때이다. 이런 종류의 취재에는 평소 국내 취재를 담당하던 정치부, 경제부, 사회부 기자들이 배정된다. 그들은 국내에서 가능한 많은 관련 정보를 취재하여 준비한 후 출발한다. 그리고 해외에 나간 다음에도 여러 가지 제약 때문에 뉴스는 일본인 관계자에 치우치게 된다. 수상을 수행하는 기자단은 주로 수행 보도관이나 당국자로부터 취재 내용을 얻는다. 캄보디아 취재 시에는 현지 대사관이나 일본의 PKO 관계자가 중심이 되었다.

대부분 일본인 정보원에 의지하는 취재에서 일본 중심적인 시점의 보도가 나오는 것은 당연한 일일 것이다. 하물며 본사 데스크측이 일본 중심적인 관점에서 지면제작을 고려하고 있다면, 취재 결과에 그 같은 시점이 증폭되어 나타난다 해도 전혀 이상할 것이 없다.

좁은 시야의 보도를 하지 않으려면 무엇보다도 기자와 편집자의 의식이 변해야 한다. 그러나 그것은 한 번에 실현되는 것이 아니다. 지금으로서는 업무에 임하는 태도를 조금씩 바꾸어 나감으로써 의식이 변하는 것을 기대하는 수밖에 없다. 그 전에, 우선적으로 개혁이 가능한 것으로 생각되는 구체적인 방책을 들어 보기로 한다.

첫째는 수뇌회담이나 국제회의 같은 국제적인 중요 행사를 무조건 대대적으로 보도할 만한 가치가 있는 것으로 생각하는 사대주의적 선입관을 버려야 하는 것이다. 최근의 수뇌회담이나 국제회의는 사전에 관료가 준비한 레일 위를 그대로 따라가기만 하면 되는 식의 의식적인 경향이 많다. 그런 회담에 새로운 내용이 없으면 뉴스로서 크게 보도할 만한 가치가 없다고 판단하고 이를 과감히 대처해야 한다. 그렇게 하면 지금까지와 같은 대량동원형의 수행 취재도 고쳐질 것이다.

둘째는 일본 특유의 종적 취재 자세를 고쳐야 한다는 것이다. 수뇌회담과 관련된 주요 기사는 정치부 기자가 담당하는 것이라고 생각하는 관행 자체를 버려야 한다. 더불어 회담내용에 따라 되도록 다양한 시점을 제공할 수 있는 보도를 지향해야 한다. 그러기 위해서는 취재 현장에서만 종적인 취재 자세를 고칠 것이 아니라, 편집 데스크도 종적인 편집을 지양토록 해야 할 것이다. 이런 취재 자세는 큰 행사를 취재할 때만이 아닌, 평소에도 유념해야 하는 사항이다. 이런 자세가 일상적인 것으로 정착된다면, 적어도 지금보다는 넓은 시야에 입각한 보도를 할 수 있을 것이다.

사소한 문제인 것 같지만 신문의 '우리나라' 라는 표현의 사용도 한번 생각해봐야 할 문제다. 일본의 신문은 일본을 외국과 대치시켜 언급할 때 흔히 우리나라라는 표현을 쓴다. 물론 기자는 이 말을 거의 무의식 중에 사용하고 있을 것이다. 그러나 이를 외국인 기자가 보면 묘한 느낌을 갖게 된다. 일본과 우리나라는 분명히 기자로서 거리를 두어야 할 다른 것이다. 예를 들어 미국의 저널리즘은 자신의 나라를 합중국이라고 하며 결코 우리나라와 같은 표현은 사용하지 않는다. 걸프전 때 영국의 BBC 방송은 우리나라, 우리군대라는 표현을 사용하지 않도록 특별히 현장 기자에게 지시했다고 한다. 사소하지만 이러한 표현의 문제를 재고하는 일부터 일본 신문들의 넓은 시야와 그에 걸 맞는 보도자세가 확립될 것이다. 이는 편집간부와 데스크의 의식변혁이 전제되었을 때 가능한 것임을 잊지 않아야 한다.

필요한 의식개혁

미국에 편중된 보도를 고치는 문제도 마찬가지이다. 근본적으로 기자, 편집자의 의식이 바뀌어야 한다. 미국에 대한 콤플렉스가 잠재되어 있다면 이를 제거해야 하며, 미국 관련 뉴스를 한 단계 높여 중시하는 직업적 뉴스판단 또한 고쳐야 한다. 이 문제도 의식개혁에 앞서 구체적으로 실행할 수 있는 개선책이 몇 가지 있다.

첫째 세계 각처에 파견된 기자들의 배치를 재검토해야 한다. 현재의 배치가 구미 편중형임은 더 말할 것도 없다. 이를 우선 아시아 중시형으로 고쳐야 하며, 극단적으로 경시되고 있는 아프리카, 오세아니아에 기지를 증파하여 전체적으로 균형을 이루게 해야 한다. 그와 동시에 본사의 데스크도 아시아, 아프리카의 뉴스를 현재보다 더 중시하도록 편집자의 의식을 전환시켜야 한다. 물론 현재 아시아의 뉴스가 절대적으로 부족한 것은 아니다. 현지 기자들은 필요한 뉴스를 충분히 데스크로 보내고 있다. 사실 그것을 적절히 신문에 게재하고자 하는 데스크의 결단만 있다면, 미국 편중 보도는 당장 내일이라도 시정될 수 있을 것이다.

둘째 미국 내에서의 취재 방식도 개선되어야 한다. 미국 주재 기자들의 9할이 뉴욕, 워싱턴 두 도시에 집중되어 있는 현상도 미국 보도를 왜곡되게 하는 원인일 수 있다. 일본 미디어의 미국관련 보도는 압도적으로 정치, 외교, 경제 분야에 편중되어 있다. 그것은 일본이 미국과의 관계를 필요 이상으로 중시하는 원인이기도 하며 결과이기도 하다. 그러나 과거 20년 간 미·일을 둘러싼 환경변화가 양국의 관계도 크게 바꿔 놓았다. 뉴욕, 워싱턴에 기자가 집중되어 있는 취재 태세는 20년 이상 전의 미·일 관계를 반영한 것이다. 양국관계의 실태가 크게 변했음에도 불구하고 같은 배치로 보도를 계속해온 미디어 측의 의식은 여전히 종래의 모습 그대로다.

두 도시에 집중되어 있는 기자를 미국 내 다른 지역이나 캐나다, 중남미 각국에 분산하여 배치하면 미국 편중의 보도가 고쳐질 뿐 아니라, 뉴스의 내용 면에서도 다양화될 수 있을 것이다. 미국에 관한 보도만 해도 정치, 외교, 경제를 중심으로 한 보도에서 보다 광범한 지역의 다양한 화제쪽으로 초점을 바꾸는 것이 바람직스럽다. 그것은 미국을 다면적으로 알려 주는 것이 되며, 현재보다 바람직한 결과를 기대할 수 있게 할 것이다.

독자적인 취재로 지면에 다양성을

위에서 지적한 바와 같은 개선책을 실현하기 위해서는 또 하나의 전제로서 고쳐져야 할 것이 있다. 그것은 해외에서 일하는 기자에게 통신사 기자와 똑같은 일을 하도록 강요하는 방식을 바꾸는 것이다. 그들에게 통신사에서 보내오는 기사와 비슷한 기사를 쓰게 한다면 비싼 돈을 들여 파견한 의미가 없다. 각 신문이 자사 기자에게 독자적인 관점으로 취재하게 하여, 타사 지면에서는 볼 수 없는 발굴기사를 쓸 수 있게 해야 비로소 특파원을 파견하는 의미가 있을 것이다. 또한 긴 안목으로 볼 때 평범한 기사로 채운 지면보다는, 공통적인 기사는 통신사 기사로 메우고 자사 기자에게는 독자적인 취재로 심도 있고 차별화 된 기사를 쓰게 하는 쪽이 독자들의 평가도 훨씬 높게 받을 것이다.

물론 독자적인 취재 노선으로의 전환이 쉬운 일은 아니다. 그러나 편집 간부가 이 같은 전환을 중요하게 생각하고 있다면, 단계적으로 조금씩 고쳐 나가는 것은 가능하다. 예컨대 미국이나 유럽의 지국처럼 복수의 취재 요원을 갖고 있는 곳이라면, 그중 일부 기자에게 독자적인 취재를 하도록 시킬 수 있을 것이다. 요는 각 신문사가 단순한 뉴스거리만 마냥 좇을 것이 아니라 충분히 시간을 들여 집중적으로 취재할 수 있는 태세를 갖추도록 해야 한다는 것이다.

이런 태세가 갖추어지면 스트레이트 뉴스를 보완하는 해설이나 분석기사에도 무게가 생길 것이고, 지금까지 미처 신경 쓰지 못 했던 읽을거리 또는 조사가 뒷받침된 기사도 작성할 수 있는 여유가 생길 것이다. 그렇게 된다면 각 신문의 보도내용이 풍성해질 뿐 아니라 일본 신문의 국제보도도 다양성을 갖게 될 것이다. 그것은 보도의 질을 높일 뿐 아니라 국제보도의 질을 향상시키는 데에도 도움이 되는 일이다.

실제로 많은 기자들이 몰리고 있는 미국에서는 이 같은 취재로의 전환이 가능하며, 그에 따라 얻게 되는 효과도 클 것이다. 일본도 뉴스의 소재가 많으며, 자유롭게 취재할 수 있는 조건도 마련되어 있다. 만일 각 신문사가 2명 내지 3명의 기자에게 이런 종류의 취재를 하게 한다면 정치, 경제 중심의 미국 보도는 현재보다 훨씬 다면적인 보도가 될 것이다. 또한 그것은 미국에 대한 일본인의 이해의 폭을 넓히고 질적 수준도 높일 것이다.

취재 기자의 수가 적은 구미 이외의 지역에 독자적으로 취재 노선을 갖는 것도 불가능한 일이 아니다. 당장 숫자적으로는 부족하더라도 시간적으로는 구미지역에 비해 여유를 가질 수 있다. 그런 여유를 이용해서 독자적인 취재를 시도한다면 충분히 가능한 일이다. 미국 편중에서 탈피하기 위해 아시아, 아프리카를 중시하는 편집 방침이 본사 데스크 차원에서 실행된다면 아시아로부터의 독자적인 뉴스가 지면에서 활짝 꽃 피는 것이다.

다행스럽게도 일본에서는 위와 같은 방향에 따른 취재가 이미 실시되고 있는 것으로 보인다. 국제면에서 해외 특파원의 종합해설과 분석기사가 지금까지보다 더 많이 눈에 띄게 되었으며 스트레이트 뉴스 이외의 분야에도 시간을 들인 취재를 바탕으로 무게 있는 지면을 만들려는 편집자의 의도를 엿볼 수 있다. TV 시대에 맞서서 해설적 기능과 분석적 역할을

더욱더 강화해야 하는 장래의 신문을 생각해 본다면 이러한 방향의 변화
는 매우 바람직한 자세라고 할 수 있을 것이다.

유학생 사살 사건의 보편성

일본 신문들의 국제보도는 아직도 국내를 위한 국제기사라는 틀에서
벗어나지 못하고 있다. 해외에서 일본으로 보내오는 기사는 대부분 일본
어로 번역되어 일본의 독자들에게 읽히는 것으로 끝난다. 따라서 기사에
일본 특유의 편견이 있더라도 독자들은 거의 알지 못하며, 알게 되더라도
문제가 되는 일이 별로 없다. 가령 〈뉴욕 타임스〉나 〈워싱턴 포스트〉가
일방적으로 미국 편중 기사를 게재한다면 아마도 국내외의 비판을 면치
못할 것이다. 그래서 그들은 그만큼 보도의 시점이나 표현에 신중을 기해
공정한 기사를 쓰려고 노력한다. 그러나 일본어라는 벽으로 보호되고 있
는 일본 신문에는 이런 점에서 국내외의 비판을 받을 염려가 없는 것이다.

경제대국이 된 일본에 대한 해외의 관심이 점차 높아지고 있으며, 그에
따라 일본의 정보에 대한 수요도 크지만 현재로서는 일본의 미디어가 이
런 수요에 충분히 부응할 만한 힘을 갖추지 못하고 있는 것으로 보인다.
외국에 일본의 뉴스를 발신할 수 있을 만큼 일본 통신사들의 기능이 뛰어
난 것도 아니고, 또한 기능을 갖추고 있더라도 이를 충분히 살릴 수 있을
만큼의 정보와 내용을 갖고 있는 것도 아니다. 이는 국제 뉴스는 물론 국
내 뉴스도 국내를 위한 보도의 틀을 완전히 뛰어넘지 못하고 있기 때문이
다. 통신사나 신문사의 대외발신 기능을 알차게 만들기 위해서는 그에 상
응하는 기반이 조성되어야 하며 시간과 자금도 필요할 것이다. 그러나 뉴
스의 내용만으로도 국내보도의 틀을 깨는 것은 가능하다. 다만 이 때는 국
내적인 시점에서 벗어나 국내외로 통용되는, 보다 보편적인 시점에 입각

하도록 연구하고 노력이 전제되어야 한다. 국내보도에 관해 말한다면 이미 지적한 몇 가지 점이 이에 해당될 것이다.

물론 일본 국내로 보내진 뉴스가 해외로 다시 되돌아가 큰 파장을 일으킨 경우도 있다. 1992년 10월, 미국 루이지애나 주에서 발생한 고교 유학생 H군 살인 사건은 일본의 미디어에 의해 떠들썩하게 보도되었다. 이것이 재일 미국인 기자의 관심을 끌어 미국에 보도되었으며 국제적인 주목을 받았다. 일본은 이 사건에서 누구나 총을 갖고 있으면서 예사로 발포하는 총기소지 사회인 미국을 강조해서 보도했다. 일본인 기자에 의한 현지에서의 보도는 그 같은 일본의 시점에 뿌리박혀 있었다. 재일 미국인 기자에게는 일본측 보도가 과잉반응으로 보였을지도 모르지만, 총을 둘러싼 양국의 문화차이를 감안한다면 일본의 반응이 꼭 잘못된 것은 아닌 것으로 보인다.

H군 사건에 대한 일본의 보도를 미국의 미디어가 적극적인 자세로 다룬 것은, 이 문제에 관한 일본의 시점이 미국보다 보편적으로 타당하다는 사실을 인정했기 때문이다. 2억 자루나 되는 총기가 국내에 나돌아 다녀 총기사용 범죄가 끊이지 않는 미국사회를 당연한 것으로 주장할 수는 없었던 것이다. 물론 뉴스를 다루는 일본 측의 자세에서 과잉보도의 면도 적지 않았지만 총기 난사에 대한 일본의 시점에 보편성이 있었기 때문에, 미국인 기자로 하여금 일본의 보도자세를 정면으로 받아들여 타전케 한 것이다.

일본 기자 클럽의 변화

Chapter 04

정보거점의 붕괴

취재와 제한의 논리

검찰 취재 과정에서의 공방

정·재계의 독직사건을 수사하는 검찰 특수부는 사건기자라면 누구나 출입하고 싶어 하는 곳이다. 그곳에는 굵직한 특종들이 많이 있기 때문이다.

'수사는 정계에 파급될 듯', '수사, 오늘 중 전면 확대 예상'

이와 같은 보도를 우리는 신문지면에서 심심치 않게 볼 수 있다. 특종을 노리는 기자들의 취재활동이 계속되고, 검찰은 이 때문에 곤란해 한다. 그래서 수사를 사전에 보도한 신문의 기자들에게는 취재를 거부하며 출입금지 조치를 내리는 예가 다반사다. 이처럼 사건 수사의 취재방식을 둘러싸고 검찰과 언론기관 사이에는 항상 격심한 대립이 따르게 마련이다.

1994년 7월 25일, 일본 기자클럽의 오찬회에서의 요시나가吉永祐介 검사총장의 발언은 이 같은 검찰과 언론기관의 대립을 잘 드러내고 있다.

"검찰이 수사 목적을 달성하기 위해 일부러 수사 내용을 누설하는 게 아니냐는 식으로 언론이 보도하거나 정치가가 발언하기도 한다. 하지만 이는 있을 수 없는 일이며 검찰에 대한 중상모략이다. 수사비밀이 누설되면 관련자가 증거를 은폐하거나 담합하기도 하며 용의자가 도주할 수도 있다. 따라서 검찰이 득을 보게 되는 건 하나도 없다. 신문, 텔레비전 등의 매스컴은 검찰이 구속 수사할 방침임을 사전에 예상하여 보도한다. 이 같은 보도 때문에 증거인멸이나 도주 등이 발생해 수사에 막대한 지장을 가져온다."

76년 록히드 사건으로 대표되는 동경지검 특수부의 정계수사는 그 뒤에도 리크루트 사건, 가네마루 사건, 제너콘 독직 사건으로 계속 이어져왔다. 수사의 결과에 따라서 당시 정권의 운명도 바뀔 수 있었던 만큼 당시의 취재 경쟁은 치열했다. 하루 속히 수사 진전상황을 알리는 것은 보도기관의 책임과 의무이다. 또한 공권력이 정계나 관계, 재계에 어떻게 행사되는지를 알리는 것도 신문의 의무 중 하나이다. 따라서 취재진은 가능한 모든 곳에 안테나를 세우고 정보를 얻기 위해 노력한다.

반면에 수사는 내밀히 진행되는 것이 원칙이다. 수사당국은 공판유지에 영향을 끼치고, 나아가서는 사회정의 실현에 방해가 된다는 이유를 내세우며 어떤 사건이든 착수되기 전에 보도되는 것을 매우 꺼린다. 알기 쉬운 예를 들어 보기로 하자. 살인 사건이 발생했다. 현재 범인은 도주 중이며 현장 주변에서 흉기로 보이는 칼이 발견됐다. 칼에 묻은 혈흔은 피해자

의 혈액형과 일치하며 피해자의 몸에 난 찔린 자국과 칼의 형태도 거의 일
치된다.

　이러한 사실은 보도기관에게는 큰 뉴스거리이지만 수사 기관에게는 되
도록 숨겨야 하는 정보이다. 하지만 이러한 사실이 매스컴을 통해 보도되
었고 그 뒤 다행히 범인이 잡혔다. 범인은 흉기를 버린 장소를 자백했고
실제로 그것은 흉기가 발견된 장소와도 일치했다. 그러나 공판 단계에서
범인은 자백이 강요된 것이라고 증언한다. 이와 같이 신문 등에 보도된 기
사에 맞춰 자백했다는 식으로 용의자가 주장하게 되면 오히려 검·경의
심문과정이나 자백의 임의성이 문제로 대두되는 것이다. 아무 것도 보도
되지 않았는데 흉기를 버린 장소와 발견된 장소가 일치한다면 이는 범인
만이 아는 사실이 폭로된 것이다. 이 경우에는 재판관의 심증형성에도 매
우 유리하다. 또한 여러 사회적 지위를 갖고 있는 인물이 이권이나 명예
문제로 복잡하게 얽혀 있는 독직사건인 경우에는 심증형성에 더더욱 유
리하다.

　이처럼 재빠른 보도가 본의 아니게 중요 인물의 도주, 또는 증거인멸을
돕기도 한다. 그렇게 되면 가뜩이나 어려운 증거 입증 작업이 더욱 힘들어
진다는 것이 수사기관의 논리이다. 이 같은 수사 논리를 가장 강경하게 실
천하고 있는 곳이 동경지검이다. 각 신문사는 동경지검에 사회부의 정예
사건기자를 배치하여 이른 아침부터 밤늦게까지 각종 사건을 취재하도록
하고 있다. 이들 중에는 사소한 말꼬리를 실마리로 검찰의 움직임을 포착
한 뒤 주변부 취재를 착착 진행시키며 관계자의 얘기를 듣는 기자도 있다.
이런 경우에는 취재가 예측한 것보다 훨씬 더 잘 진척되는 수도 있다.

　이렇게 취재된 사실 중에는 형사 소추로 진행될 정도는 아니더라도 뉴
스로 성립될 수 있는 충분한 가치를 가진 정보가 있다. 이 때부터 취재기

자는 고민하기 시작한다. 그들은 대부분 뉴스가 중대하면 중대할수록 즉시 기사화하고 싶은 성향을 강하게 지니고 있다. 그러나 일찍 기사화된 사건이 성립되지 않는 경우도 있어 심사숙고해야 할 때도 있다. 취재기자는 오로지 좀더 빨리 뉴스를 포착하여 보도할 수 있는 시간을 재는 데에만 온 신경을 집중시킨다. 그러나 타이밍이 너무 빨라도, 늦어도 특종은 탄생되지 않는다. 정보를 빨리 잡으면 잡을수록 보도될 때까지의 기간이 길어지므로 취재기자의 고민은 커지기 십상이다. 게다가 기자는 경쟁 취재의 현실을 잊을 수 없다. 경쟁사의 발자국 소리가 가까이 들려오는 것이다.

"너희들보다 내가 한 달 정도는 더 빨리 정보를 알고 있었는데. 여름휴가까지 반납하고 취재해 왔는데 타사에게 먼저 뺏긴다면 말도 되지 않는다." 이런 말들은 경쟁 속에서 살아남지 못한 기자들의 변명에 불과하다. 특종에는 이등이 없기 때문에 이러한 딜레마가 취재기자를 더욱 어렵게 만든다. 그들은 초조함 속에서 구속 전야를 맞이하는 것이다.

조간에 '오늘 적발' 이라고 쓸 것이냐, 아니면 석간에 '수사 착수' 라고 쓰고 승부를 걸 것이냐. 이것이 대부분의 기자들이 고민하게 되는 이유다. 그러나 최근에는 수사 착수와 동시에 구속을 발표하는 경우도 있다. 이 때 취재기자가 승부할 수 있는 것은 '오늘 중 적발' 이라고 조간에 쓰는 것이다.

그러나 이것은 검찰의 노여움을 사는 이유가 된다. 동경지검의 경우 용의자와의 직접 접촉이나 수사 진전을 예고한 기사를 실은 신문사에 대해서 출입금지 조치를 취했다. 그 이유는 첫째, 내밀함이 중요시 되는 수사원칙에 위배되며 둘째, 증거인멸이 우려되고 셋째, 인권침해 가능성을 배제할 수 없다는 것이었다. 출입금지 조치를 받으면 최고검찰 차장검사, 고검 차석, 동경지검 차석 검사의 회견취재, 매일 오전 오후에 실시되는 동경지검 차장검사의 정례 회견과 구속, 수색, 기소 등을 발표하는 자리에도 참석할 수 없게 된다.

검찰이 큰 사건을 적발하여 국민의 관심이 높아지면 보도전은 한층 더 치열해진다. 그에 따라 검찰의 보도기관에 대한 조치도 늘어난다. 제너콘 독직 적발이 본격화된 1993년 6월부터 10월까지 4개월 동안 검찰의 제재 조치를 받은 보도기관은 15개 사 중 10개 사였으며, 총 18건이나 되었다. 제재 기간도 1주일, 1개월, 무기한 등 천차만별이었다.

보도사명의 인식

이런 사태에 맞서 일본신문협회 편집위원회와 재경在京 사회부장회는 1993년 11월 5일 최고검, 동경고검, 동경지검이 내린 출입금지 조치는 보도기관이 국민에게 사실을 알리는 데 크게 지장을 준다며 동경지검 차석의 정례 회견이나 3청廳 차장·차석회견, 공식 발표회견장의 취재를 허용해야 한다고 제의했다.

이에 대해 최고검의 나카스가와中津川 총무부장은 취재의 자유와 국민의 알 권리도 중요하지만 수사에 지장을 가져올 수 있는 보도를 한 신문사에게는 반성을 촉구하는 의미로 조치를 취하는 것이며 도에 지나친 보도를 인정하게 되면 타사들도 마찬가지로 지나친 보도를 하게 된다는 회답을 했다. 그렇다고 해서 보도기관과 검찰이 항상 전면적으로 대립하고 있는 것만은 아니다. 서로 상대방 입장을 이해하기 위한 대화의 중요성 또한 인식하고 있는 것이다.

헌법 21조는 집회·결사·표현의 자유와 통신의 비밀을 보장한다. 자유로운 표현과 비판이 사회를 활성화시키며 자유로운 취재와 활발한 보도는 건전한 민주주의 사회를 만드는 데 이바지한다는 것이다. 이에 따른

다면 이유도 없이 보도를 규제하는 검찰의 과잉조치는 비판받아야 한다.

이에 대해서는 검찰도 할 말이 있다. 검찰에서 수사가 착수되기도 전에 사건이 보도되면 사건의 진척상황과 검찰의 계획이 새나가기 십상이므로 난처하다는 것이다. 따라서 보도기관도 자숙해야 한다. 수사의 진척 상황과는 상관없이 사건내용을 알았으니 무조건 쓰겠다는 식은 곤란하다.

수사 환경이 나날이 악화되고 있는 현재 시점에서, 보도기관은 사건을 알았으니 바로 쓴다는 것을 벗어난 가치관을, 검찰은 공권력 행사가 보도대상이 될 수 있다는 것을 자각하며 보도의 자유에 대한 인식을 새롭게 다져야 한다. 그러나 이는 일률적으로 지켜지는 것이 아니다. 반년이나 일년에 걸쳐 정확한 사실을 취재하더라도 부정확한 사실이 한 발 앞서 보도된다면 모든 노력이 허사가 된다. 따라서 보도여부는 그때그때 상황에 따라 판단하는 유연성이 쌍방에 요망된다.

보도협정의 유래

사건취재에 대한 검찰의 출입금지 조치는 사실을 좀더 빨리, 어떻게 해서든 특종을 따내자는 보도기관의 입장과 정반대되는 관계에 있다. 대극對極에 주간지 등에서 자주 비판되는 보도협정 문제가 있다.

1960년 5월 16일, 동경에서 어느 회사 사장의 장남이 유괴되었다. 이른바 E군 사건이다. E군은 이 날 아침 7시쯤 집 근처에서 유괴된 후 이틀 후인 18일 오전 7시 경에 살해됐다. 사체는 같은 달 19일에 발견되었고, 범인은 7월 17일 체포됐다. 범인은 네 차례에 걸쳐 E군의 몸값을 전화와 전보로 요구했다. E군의 아버지는 경시청에 신고하는 한편 범인에게서 연락이 올 때마다 범인이 지정한 장소에 가정부를 보냈으나 범인과 접촉하지 못한 채 최악의 사태를 맞게 되었다.

경시청은 당초 극비리에 수사를 진행했으나 도내 각 경찰에 보내진 수배 전보로 말미암아 각사 기자들도 알게 되었다. 그리하여 유괴된 바로 이튿날 석간에 'E군, 유괴되다. 3백만 엔 보내라, 협박전화와 전보' 등의 표제가 달린 기사가 실렸다. 18일 조간에도 '유력한 용의자 떠오르다, 범인은 30세 정도의 남자' 라는 기사가 실렸다. 그러나 E군의 사체가 발견되자 신문은 유괴사건과 관련한 자신들의 보도에 대해 반성하지 않을 수 없게 되었다.

경시청의 N수사 1과장은 처음부터 매스컴에 협조를 요청했었다면 좋지 않았겠느냐는 기자의 질문에 '매스컴에 보도되면 범인이 궁지에 몰리게 돼, 뜻밖의 일이 벌어질 우려가 있으며 범인이 정보를 얻는 기회가 될 수도 있다' 고 대답했다. 또 어느 평론가는 〈요미우리신문〉에 경찰과 보도진이 어린이의 생명을 중시 여긴다면 취재와 보도면의 협정을 맺어야 한다고 제안했다.

각 신문사와 수사당국에는 인명과 관련된 보도에 대한 진지한 대응이 촉구되었다. 그 결과 이 사건은 현재 보도협정의 기초가 되었다. 사건 직후인 6월 17일, 신문협회 편집위원회는 유괴보도에서 주의해야 할 점을 채택했다. "인간의 생사와 관계되는 뉴스는 중대한 것이므로 (중략) 사전에 수사진과 보도진이 협의한 후 신중하게 보도해야 한다."는 내용이었다. 협의가 이루어진 후 범인은 체포되었다. 신문보도 때문에 궁지에 몰려 E군을 살해했다는 것이 범인의 자백이었다.

그 뒤 1963년 9월 13일에 발표된 공갈사건 보도협정이 합쳐져 1970년 2월 5일, 현재 시행되고 있는 유괴사건 보도 시의 주의사항이 완성되었다. 먼저 보도기관이 수사당국으로부터 정보를 제공받아 내용을 검토한 후, 편집 책임자의 양해를 받아 이 협정을 맺고 보도를 자제(가 협정)하는 잠정적인 긴급조치를 맺는다. 그 동안에 취재기관과 보도기관은 일체 자숙하며, 대신 수사기관은 수사상황을 상세히 발표한다.

그러나 현실적으로는 협정을 둘러싼 수사당국과 보도기관의 반목이 끊이지 않았다. 보도기관의 가장 큰 불만은 사건발생에서 정보제공까지의 시간이 너무 길다는 점이었다. 그러는 과정에 어느 신문사가 사실을 알고 뉴스를 보도하면 그 뒤의 협정은 아무런 의미가 없다는 것이다. 이에 대해 수사당국은 이렇게 반론한다. 정보를 남용해서는 안 되므로 사건을 신중히 판단하고 있다. 정보를 확인하려면 기초수사가 필요하므로 시간이 걸리게 된다. 이 같은 모순을 내포하고 있지만, 그래도 보도협정은 유효하게 기능하고 있다. 이보다 더 큰 문제는 각 출입처의 기자클럽이 맺는 협정이다.

문제가 많은 오프 더 레코드 협약

기자클럽은 출입처에서 발표하는 중요한 정책 등을 신속하고 올바르게 보도해야 할 사명이 있다. 그러나 발표되는 자료가 너무 많기 때문에 클럽에 가입한 신문사들이 사전에 협의해야 하는 사항이 있기 마련이다. 즉, 출입처에서 어떤 발표가 있더라도 어느 정도의 시간적 여유를 가진 후 보도할 것을 약속하는 것이다. 이것이 일종의 오프 더 레코드다.

그 동안 일본신문협회에서는 기자클럽이나 오프 더 레코드 협약에 대해 몇 차례 견해를 밝힌 바 있다. 일본신문협회는 당초 기자클럽은 친목을 목적으로 하므로 취재와 관련된 문제에는 일절 관여하지 말라(1949년 10월 28일)는 방침을 정했었다. 그러나 후일 기자클럽의 자체적인 협약은 이를 인정하지 않겠다(1962년 7월 17일의 클럽협약에 관한 방침)는 것으로 크게 바뀌었다.

편집위원회는 같은 해 1949년 12월 11일, 협약이 필요한 경우에는 자사 간부의 양해를 받도록 하라는 방침을 내렸다. 이것은 친목기관이 곧, 취재기관임을 인정한 것이나 다름없는 해석이었다.

1974년 10월 14일, 편집위원회는 자신들의 견해를 다시 밝혔다. 기자클럽을 구성하는 기자는 일상적인 취재활동을 통해 상호 개발과 친목을 도모해야 하며, 취재활동의 원활화를 위해 약간의 조정 역할은 가능할 수도 있다는 것이었다. 또한 출입처에서만의 협약은 인정하지 않겠다는 방침도 재확인했다. 이 내용은 그 뒤 일부 수정되었으나 현재까지도 클럽의 견해로써 효력을 지니고 있다. 이와 같은 과정을 겪으며 처음에는 취재에 관여하지 않는 친목을 목적으로 만들어진 기자클럽이 점차 취재기관의 성격을 띠게 된 것이다. 조정기능은 인정하나 출입처만의 협약은 있을 수 없다는 것이 클럽의 입장이다.

그렇지만 클럽 간사를 중심으로 논의되는 뉴스 해금일解禁日의 결정은 중요한 문제이다. 이것이 이른바 오프 더 레코드 협약이며 기자클럽 해악론害惡論의 중요한 근거이다.

예를 들어 이런 경우가 있었다. 한 신문사가 취재에서 앞서 나가고 있었는데 취재로 100% 가까운 사실을 파악하게 된 관공서측이 날짜를 정하고 출입기자들에게 회견을 요청했다. 그리하여 회견날짜가 칠판에 쓰이게 되고, 취재에서 앞서갔던 신문사는 기사를 먼저 보도할 수 없게 되었다. 모든 신문이 일제히 보도하는 것은 국민들에게 어떤 사실을 광범위하게 알릴 수 있는 효과적인 방법이다. 또한 이는 홍보의 발달과 함께 이제는 관공서도 효과적인 타이밍을 활용할 줄 알게 되었다는 점을 시사한다. 반면에 이 같은 사례는 좋지 못한 관습의 대표적인 본보기다. 만약 출입처가 여러 간부들을 상대로 취재를 해서 기사화하려는 단계라면 관공서측에 미리 발표하지 않기를 간청하여 협약을 성립시킬 수도 있다. 하지만 일정 부서에 속하지 않은 기자라면 여러 가지 사실을 수집해도 최종적으로는 관공서의 견해를 들을 필요가 있다. 그런데 이런 정보가 관공서에 먼저 알려지면 오프 더 레코드 협약이 맺어지면서 그동안 고생한 일이 수포로 돌아가는 경우도 적지 않다.

이 같은 점은 오프 더 레코드 협약의 중대한 취약점이다. 따라서 편집위원회는 1962년에 발표한 방침에 클럽이 협약이라는 명목 아래 보도를 제한하는 것은 취재의 자유에 위반된다고 명시하고 있다. 또한 협약의 남용은 정보원에게 일방적으로 이용됨으로써 보도의 자유를 침범할 수 있기 때문에 경계해야 한다고 밝히고 있다. 그러나 오프 더 레코드 협약의 필요성 또한 인정해야 한다. 만약 협약이 없었다면 복잡하고도 방대한 뉴스를 어떻게 전할 것인가. 다시 말해 알기 쉬운 해설이나 도면을 넣어 독자가 이해하기 쉽게 지면을 배분하는 것도 보도에서는 반드시 필요한 요소이듯이 오프 더 레코드 협약 또한 정보 전달에 필요한 것이다.

정치취재의 유약화 柔弱化

사실관계의 취재

신문기자가 취재할 때 처음 부딪치는 가장 기본적인 문제는 사실관계를 정확히 파악하는 일이다. 이는 간단한 일이 아니다. 무엇이 사실이며 무엇이 진실인가는 구체적인 사상에 따라 다른 것이 되므로 한 마디로 정해서 말할 수 없는 것이다. 그러므로 취재에서 이 같은 사실을 파고 들어가 진실을 캐내는 일이야말로 기자의 일대 승부가 된다.

일반적으로 사실관계는 각 기자들이 담당한 범위 내의 취재활동으로 파악된다. 모든 취재의 시작은 항상 취재원과 접촉하여 그 언동을 메모하고 머릿속에 새겨 넣는 작업으로 이루어진다. 예를 들어 기자가 자민당의 간사장을 담당하고 있다면 간사장의 모든 일정을 파악하고 있어야 한다. 그가 중요 인사인 경우에는 새벽이나 심야에 극비로 회담을 갖는 일이 많다. 또 한밤중이나 새벽에 쳐들어가 봐야 만나보지 못하게 되는 수도 있다.

담당기자는 정국이나 국회의 흐름을 정확히 파악하고 있어야 하며, 여야 간에 대립하고 있는 법안이나 여당 내에서 이해관계의 대립으로 인해 정권기반에 균열이 생기고 권력싸움으로 비화될지도 모를 현안에 대해서도 미리 숙지하고 있어야 한다. 이런 예비지식을 갖고 있어야 비로소 간사장의 움직임을 미리 추측하여 사실보도 할 수 있게 되는 것이다.

만약 간사장이 누구를 만나서 어디를 갔다는 것이 사실이라면, 이런 사실만이라도 보도해야 하는 경우도 있다. 그러나 그 목적과 내용이 제대로 파악되지 않는다면 사실보도라고 할 수 없다. 회담 후의 논평이나 회견내용은 진실이 아닌 경우가 많다. 상황에는 언제나 유도 단계가 있기 마련이므로, 회견을 통해 외부에 발표된 내용은 표면상의 방침이거나, 흐름을 유도하려는 것에 불과할 수 있다는 것을 기자는 인지하고 있어야 한다. 또한 회견은 매스 미디어의 관심을 돌리려는 데 목적이 있는 경우가 적지 않다.

간사장 담당기자는 간사장의 흉중胸中을 잘 알 수 있는 비서나 간사장이 소속돼 있는 파벌의 영수, 측근 의원들의 발언에 늘 귀를 기울여야 한다. 또 극비회담의 일정을 파악하기 위해서 자민당 직원이나 경호원과도 좋은 인간관계를 맺어 두어야 한다. 또한 담당기자는 정권의 여당 담당으로서 정부의 중요한 결단이나 방침을 편집자에게 보고해야 하므로 수상관저와 야당에 대한 정보도 파악하고 있어야 한다.

기자회견의 표면과 이면

　기자회견은 평소 취재활동의 일환으로 이루어진다. 회견에 의해 공식적으로 확인된 취재내용이 해금되는 경우도 있고, 여·야당 간사장, 서기장 회담, 정부여당 수뇌회담, 자민당 임원회 등과 관련된 정보가 공식 발표로 알려지기도 한다.

　회견은 발표된 내용 그대로 활자화되는 경우도 많다. 그러나 회견은 사실을 파고 들어가 진짜 진실을 알아내기 위한 하나의 실마리에 지나지 않는 것으로 인식되어 왔다. 회견 내용이 여론을 유도하거나 내부모순을 숨기려는 의도적인 것일 수 있으며, 대립과 항쟁을 진정시키기 위한 정치적 발언인 경우도 있기 때문에 이를 항상 고려해야 하는 것이다. 같은 간사장의 회견이나 강연이라도 신문사에 따라 역점을 두는 곳이 다른 이유는 이처럼 표면상의 회견과 모호한 정치성 발언 때문이다.

　담당기자는 간사장의 성격이나 버릇 같은 것도 알고 있어야 한다. 같은 발언이더라도 간사장이 어디까지를 본심으로 말하고 있는 것이고, 어떤 상황판단에 따른 정치적 발언인가를 꿰뚫어볼 줄 알아야 한다. 간사장의 의도에 따라 시국을 물밑에서 이끌기 위한 관측적 발언을 하는 경우도 많으므로, 보도할 때는 해석에 신중을 기해야 한다. 특히 정국보도에서 가장 중요한 위치에 있는 여당의 간사장, 관방장관, 당의 영수를 담당한 기자는 무엇보다도 그 취재원의 성격과 버릇을 아는 일이 중요하다.

　55년 체제의 어느 시기까지는, 처음으로 부처를 담당하게 된 기자를 취재원이 어떤 상황에서 어떤 질문을 할 경우 어떻게 대답하느냐와 그와 관련된 버릇과 패턴을 철저히 익히도록 교육시켰다. 또한 취재원은 기자가 어느 정도의 기초지식을 가지고 있으며, 어떤 정보를 얻으려 하는지, 그리고 누구의 정보를 중시하고 있는지 등을 순식간에 판단하고 대응한다는 것을 교육시켰다.

데스크는 기자에게 우선 이렇게 말한다. "자네가 판단하는 건 필요 없다. 멋대로 판단하는 건 더욱 용납하지 않겠다. 어떤 질문에 어떻게 대답했는가, 어떤 상황에서 대답하고 있는가를 파악하도록 해야 한다. 이를 위해 상세히 메모하도록 하라(가능하면 표현이나 어미를 넣은 메모를). 이것을 완벽하게 할 수 있을 때까지는 일절 발언을 삼가도록 한다. 타사 기자가 어떤 질문을 했을 때 어떻게 대답했는가와 왜 그렇게 대답했는가를 파악할 수 있어야 한다. 각사 기자들과 같이 있을 때라도 자네만이 진실을 알아볼 수 있는, 취재원과 자네만이 통하는 취재방법과 질의응답 패턴을 만들어야 한다. 상대방은 자네의 그런 노력을 높이 평가해줄 것이다."

55년 체제 하에서는 회견보다도 간담회, 같은 간담회라도 회견 직후에 있는 보충설명이나 배경설명의 간담회, 즉 다수 기자가 참여하는 간담회보다도 상주하는 담당기자들과의 간담회가 중요시되었다. 또 기자와 취재원 간에 독특한 은어와 화제를 사용해서 주위에서 눈치 채지 못하게 핵심을 이끌어내는 대화도 전개되었다.

기자 : 비는 언제쯤 그칠는지요?

수상 : (잠시 침묵…)

기자 : 일기예보를 들으니 장마철로 들어갈 것 같다던데요?

수상 : 글쎄…. 일기예보가 어디 맞아야 말이지.

기자 : 내일 아이랑 놀러가기로 했는데요.

수상 : (다시 침묵…)

기자 : 놀러가기로 약속한 걸 취소해야겠군요?

수상 : 아냐, 그럴 것까지는 없어. 일기예보는 맞지 않는다니까.

날씨를 둘러싼 이런 대화로 '수상, 오늘 개각 단행' 이라는 1면 톱의 특종기사를 쓰게 된 예도 있다. 실제로 기사가 쓰일 때쯤에는 장마철에 들어선 듯한 날씨이기도 했는데, 이 질문에서 장마는 자민당 내의 개각 찬성을 뜻한 것으로서 기자의 평소 말투에 익숙한 수상의 측근 취재원이 질문 의도를 파악하고 그렇게 대답한 것이다. 이와 비슷한 경우로 해산이나 총선 일정을 둘러싸고 취재원이 즐기는 마작이나 카드놀이 용어가 사용되기도 했다.

공식회견에서는 내각개편이나 해산, 총선 등의 여부를 질문하더라도 생각해 본 적이 없다, 아직은 모른다는 식의 대답밖에 나오지 않을 것이다. 기자가 흐름이나 상황을 파악한 뒤 '단행' 이라고 쓸 수도 있지만, 이는 위험한 도박이다. 그래서 보도는 편집국장이나 정치부장의 종합적인 판단에 의해서 결정되어야만 가능하다.

기자가 직접 물어도 취재원이 대답할 수 없는 것은 간담회에서도 마찬가지다. 회견에서 언급된 '시사했다', '가능성을 보여주었다' 라는 기사를 쓰려면 이를 뒷받침할 수 있는 취재부터 해야 한다. 공식회견장에서 당돌하게 일기예보에 관한 질문을 하는 위와 같은 취재방법이나 에피소드는 극단적인 예에 불과하지만, 그래도 아직까지 정치보도에서는 전형적인 예임에 틀림없다.

회견과 간담회의 변화

55년 체제 붕괴를 전후로 정치보도에 큰 변화가 나타나기 시작했다. 각 신문사의 데스크들은 이구동성으로 최근, 정국에 관한 정보가 없어지고 중·장기적 시야에 바탕을 둔 깊이 있는 취재나 정보가 줄어들어 본격적인 검증이나 기획이 어려워졌다고 한탄하게 되었다.

취재기자는 기자대로 새벽이나 밤늦게 취재를 위해 열심히 찾아오는 것은 여전하지만 그들이 질문하는 건 오늘과 내일의 일정 같은 것뿐이다. 간담회에서도 침묵을 지키는 기자가 많다. 적극적으로 질문하려는 기자가 적어진 것이다. 여기에는 여러 가지 원인이 있을 것이다. 먼저 1장에서 설명했듯이 자민당 일당지배 시대의 파벌이 해체되고 정치의 지주 역할을 한 최대 파벌중심의 파벌역학이 사라진 것을 말할 수 있다. 취재의 구심점인 파벌이 해체되는 과정에서 파벌영수의 발언은 그 영향력을 잃어 더 이상 취재대상이 되지 못했다. 게다가 속속 탄생하는 신당과 파벌횡단, 초당파 의원집단의 발언까지 체크해야 되기 때문에 취재 전선은 확산되었다.

정국은 여당 없는 하루살이처럼 마구 변했고, 매스 미디어도 그런 움직임을 따라 다니는 게 고작이었다. 그 결과 기자들도 여유로운 중·장기적인 말을 할 수 없게 되었고, 취재원도 정확한 전망에 대해 말할 수 있는 상황이 없어져버렸다. 당시의 정계는 자신이 입수한 정보를 토대로 움직임을 검증해볼 틈도 없을 만큼 변화가 심했던 것이다.

두번째 영향은 TV로부터 비롯되었다. 신문은 기껏해야 회견이나 공식 발언을 전달하는 것이 전부라고 생각하는 풍조는 잘못된 것이다. 이제 취재원은 TV나 라디오의 마이크를 들이대면 어느 미디어의 어떤 프로이고, 어떤 의도로 질문하는 것인지도 상관하지 않고 대답하게 되었다. 질문자가 TV 기자인지, 연출가인지, 아나운서인지, 리포터인지 구별하지 않는다. 또 주요 인물들이 차례로 TV나 라디오의 보도프로그램에 출연하여 통상적인 기자회견에서와 같은 발언을 하기도 한다. 때문에 신문기자들도 TV에 출연한 정치가의 발언을 지면에 그대로 옮기는 상황이 계속되었다. 이런 상황 속에서 경험이 많지 않은 젊은 기자일수록 기사는 공식적인 발언만으로도 충분하다는 생각을 하게 되었고 이것은 기자클럽의 회견 규칙을 변질시키는 결과를 가져오게 되었다.

이처럼 영상 미디어와 활자 미디어의 기능 차이와 특성을 제대로 파악하지 못하는 경향은 취재력을 크게 저하시켰다. 그러나 TV와 라디오에서는 영상과 음성이 모든 것에 우선한다는 점을 주목해야 한다. 영상 미디어에서 그림이나 소리가 없는 정보는 뉴스가 되지 않는다. 그러므로 회견이나 공식적인 발언의 전달은 어디까지나 신문의 소임이라는 것이 활자 미디어에 대한 올바른 인식이다. 비록 음성이나 영상에 비추어진 움직임이 현상으로서 사실이기는 하지만, 그렇다고 정국이나 국회의 움직임을 모두 보여주는 것은 아니다. 오히려 여론을 유도하거나 은폐하기 위한 연기일 수 있으며, 혹은 자기선전인 경우도 많아 진실과는 거리가 멀 수도 있다.

미야자와宮澤 내각 말기에서 호소카와細川 내각에 걸쳐 TV의 정치토론 프로뿐 아니라 와이드쇼의 정치 관련 보도는 높은 시청률을 보였다. 정치가 신선한 드라마를 연출함으로써 화제가 되었기 때문이다. 이 시기에는 잇달아 만들어진 신당의 기세가 높아서 반대로 기성정당의 힘이 저하되었으며, 그에 따라 기자클럽의 질서도 문란해졌다. 회견이나 간담회에서도 인기 보도프로의 여성 캐스터나 연출자가 앞에 앉아 활발히 질문하는 모습이 눈에 띄었다. 신문기자들은 그것이 특정 프로의 당을 위한 질의라는 것을 알고 있었으나 이것도 시대의 변화라는 것이구나 하면서 받아들이곤 했다. 그러나 시청률이 떨어지자 TV는 정치 관련 프로그램을 편성하지 않았다.

가네마루 기자회견 분석

TV의 영향력이 커지는 것을 생각한다면 신문 고유의 특성인 취재력 강화에 대한 인식은 반드시 필요하다. TV, 잡지, 스포츠지의 정치보도와 차별화를 둘 수 있어야 하는 것이다. 그러나 그렇지 못했던 예전의 신문에 대해서는 여러 가지로 비판의 소리가 높았다.

비판의 원점은 자민당 분열의 방아쇠 구실을 한 가네마루金丸 부총재의 사임회견과 그에 이은 의원 사직의 간담회에 있었다. 사임회견은 미리 준비한 성명문을 일방적으로 읽어 내려가는 것으로 끝났으며 기자들의 질문은 없었다. 게다가 성명문을 읽은 사람도 가네마루 자신이 아니라 동석한, 당시의 다케시다竹下파 사무총장인 사토佐藤守良 중의원이었다. 사임회견이 TV에 방영되자 기자들은 뭘 하고 있는 것이냐, 담당기자들이 관과 유착한 것이 아니냐는 비판과 의문이 여러 곳에서 빗발쳤다. 특히 사임 원인으로 알려진 5억 엔의 헌금의혹(동경좌천급사東京佐川急便에서 받은)을 해명하기 위한 질문이 없었던 것도 치명적인 일이었다. 사임회견이 왜 그런 식으로 이루어 진 것인지에 대해서는 아직도 제대로 검증되지 않고 있다. 결론부터 말하자면 해명할 수 없는 추태였다고 할 수 있는데, 여기에서 회견과 관련된 매스 미디어의 문제점이 드러난다.

가네마루 부총재와 다케시다파 사무총장의 사임은 당돌하기 그지없었다. 5억 엔 헌금의혹은 일부에서 보도 되었지만 확실한 증거가 없었고, 무엇보다도 당국은 수사의 움직임을 전혀 보이지 않았다. 때문에 종래의 정계 상식에서 본다면, 가네마루가 부총재와 최대 파벌인 회장직을 사임하는 것은 이해하기 어려운 문제였고, 따라서 거취가 주목되고는 있었으나 그나마 반신반의였다. 가네마루의 사임으로 정국이 격동될 것이 당연했기 때문에 경세회(經世會 ; 다케시다파 - 옮긴이 주) 내부에도 반대론이 압도적으로 강했고, 자민당 집행부에도 있을 수 없는 일이라는 견해가 강했다.

이 같은 상황에서 가네마루 회견은 사임이라는 뉴스를 최초로 확인하는 것으로 모든 일에 우선되는 장이 되었다. 가네마루의 사임의사와 동기만 밝혀지면 그것으로 회견이 끝나는 것이다. 그 순간부터 정치부의 취재는 가네마루 사임의 배경과 경세회 내부분열에 이르는, 자민당 및 경세회의 권력투쟁에 집중하게 되었다. 한 가지 덧붙일 점은 가네마루 회견에 노련한 가네마루 담당기자가 출석하지 않았다는 것이다. 이런 회견에서의 질의응답은 가네마루와 대등하게 논쟁할 수 있는 기자가 없으면 여간해서는 이루어지기 어려운 일이다.

어쨌든 신문 미디어가 공식회견을 경시하는 자세는 고쳐져야 한다. 특히 회견이 TV에서 방영되어 국민뿐 아니라 해외에도 알려지게 되는 시대에는 이런 낡은 발상이 더 이상 통용될 리 없다. 또한 기자의 안이한 자세와 핵심을 찌르지 못하는 질의가 구독자와 시청자로 하여금 공부를 하지 않고 있다는 인상을 주는 것도 매스 미디어의 신용을 실추시키는 것이 된다. 신문의 독자는 더불어 TV, 라디오의 시청자이기도 하다. 기자는 회견할 때 시청자의 눈과 귀를 의식하여 알기 쉬운 질의응답을 전개해야 한다.

오자와의 위험한 도전

기자클럽 제도, 담당기자, 회견, 간담회 등 매스 미디어가 직면한 문제에 정면으로 도전한 사람은 신생당 대표간사인 오자와小澤一郞 신진당 간사장이었다. 그는 신생당 클럽을 만들지 않았다. 담당기자를 필요로 하지 않았으며 간담회도 갖지 않았다. 오로지 열린 기자회견 하나만을 하겠노라고 선언했다. 또 어떤 미디어의 어떤 신분을 가진 사람이더라도 자유로이 출석시켜 차별하지 않겠다는 대담한 새 원칙을 내세웠다.

이 방침은 신문을 제외한 각 매체로부터 환영받았다. 그러나 그가 제창한 열린 기자회견은 매스 미디어가 간과할 수 없는 많은 문제를 내포하고 있었다. 그것은 자칫하면 지금까지 쌓아온 정보원과 미디어 간의 기본 규칙을 송두리째 무너뜨릴 수도 있는 일이었다. 따라서 이를 냉엄하게 검증하기 위해 회견의 주체가 어느 쪽이냐 하는 문제를 짚고 넘어가야 했다. 그는 처음에 약속한 정기회견을 열지 않았다. 그 결과 회견을 주재하는 것은 신생당이 되었으며, 현실적으로 모든 정책이 오직 오자와 한 사람의 판단으로 결정되는 사태가 발생했다. 게다가 중요한 때가 되면 잠적하는 나쁜 버릇 때문에 언론에서 오자와의 소재와 동향을 전혀 파악할 수 없게 되는 일도 자주 생겼다.

무엇보다도 열린 기자회견의 중요한 문제는 기자클럽 제도를 부정함으로써 오자와 회견의 주체를 신생당에 한정시켰다는 점이다. 위에서 언급한 바와 같이 기자클럽은 미디어 관련의 자주적인 친목단체인 동시에 취재거점이다. 그러나 열린 기자회견은 취재거점을 무시하고, 권력자의 한 사람인 오자와 개인의 판단으로 열리게 되었다. 기자클럽의 요청으로 열리는 정기회견이 없어지고, 필요에 따라 수시로 열리던 간담회도 사라졌다. 뿐만 아니라 출석 기자 중 그와 개인적으로 친분이 있는 잡지의 르포라이터나 TV 연출가 등이 출석하면 질문을 자의적으로 유도하는 광경도 자주 볼 수 있게 되었다. 한 마디로 회견을 그가 좌지우지 하게 된 것이다.

더욱이 오자와는 '회견은 취재원의 서비스'라는 인식을 보이며 국민의 알 권리와 관계된 미디어의 기능을 부정했다. 물론 이런 인식을 미디어가 용납한다면 그것은 자살행위가 될 것이다.

그는 또, "매스컴은 최후의 수구파守舊派다. 시대의 변화를 모르고 저항하고 있다"는 말을 하는가 하면, "매스컴을 반권력이라고 하는데 이는 크게 잘못된 생각이다. 일본은 헌법에 '주권은 국민에게 있다'고 명기되어 있는 나라다. 따라서 진정한 권력자는 국민이며 반권력은 반국민이라는 뜻이 된다"는 수사법을 사용하여 자신을 정당화하고자 했다. 여기서 무조건 그의 인식이 잘못되었다고 말하는 것은 아니다. 그러나 오자와가 열린 회견이라는 명목 아래 미디어의 접근을 막을 권리는 없다.

또한 그는 공부하지 않는 기자를 싫어하고 철저히 무시하는 기자관을 가지고 있다. 회견에서도 기자들에게 공부를 너무 안 한다면서 반격한다. ABC도 모르고 질문하는 기자를 본다면 그의 말에도 나름의 이유가 있다. 그러나 오자와가 그의 생각이나 행동을 이해하고 있는 기자는 공부하는 기자이고 이해하지 못하거나 비판하는 기자는 공부 안 하는 기자라는 인식을 갖고 있는 것이라면, 이는 간과할 수 없는 문제가 된다. 그리고 실제로 그럴 가능성이 있다는 것이 그의 주변과 담당기자들 사이에서 지적되고 있다. 전에 그가 관방부장관官房副長官과 간사장을 지내던 시절에 각 신문사는 유능한 기자라고 평가받는 민완 중견기자들만 오자와 담당기자로 배치시켰다. 그런데 이들은 언제부터인가 오자와의 운명공동체가 되어 수족 노릇을 하는 기자로 변하는 듯 했다. 이런 일은 다나카, 다케시다, 가네마루 담당기자들에게도 없었던 농밀한 관계를 보여 주는 것으로써 오자와가 말하는 유능한 기자란 자기에게 도움이 되는 기자를 말한다는 지적까지 있게 만들었다. 아직까지도 그는 열심히 공부하고 노력하는 기자를 높이 평가하며, 어느 클럽이든 배척하지 않고 있다고 말한다. 이것은 기자클럽을 부정하는 한편 담당기자를 인정하지 않음으로써 자신에게 진정으로 도움을 줄 수 있는 오자와 담당기자를 육성하려는 속셈이라고 해도 과언이 아닐 것이다.

한편 기자를 대하는 그의 태도는 때로 도발적이기까지 하다. 애매모호한 관측기사와 간접정보만으로 기사를 쓴 기자와 신문사는 철저하게 공격한다. 때로는 그 공격이 너무나도 집요해 미디어가 그에게 굴복하는 경우도 있었다. 이런 오자와의 경우를 보더라도 앞으로 미디어는 보도의 원점으로 돌아가 세심한 주의를 기울여야 하며 사실의 발굴과 진실보도에 더욱 유념해야 될 것이다.

중앙과 지방의 차이

일본 기자클럽의 수는 정확히 파악할 수 없다. 지방에 따라서는 현지 담당기자가 하루 한 번 정도 얼굴을 내밀 뿐 종일 텅 비어있는 클럽도 있다. 간사가 없는 클럽도 있어서, 특별한 발표라도 있을 때는 각 신문사가 상근하고 있는 다른 클럽으로 가야하는 경우도 있다. 현청縣廳 소재지 외에는 사실상 현지 지국장 한 사람만이 있는 곳도 있다. 따라서 이를 모두 포함한 지방 기자클럽 문제를 논하는 것은 거의 불가능하며, 의미 있는 일도 아니다. 따라서 여기서는 현청에 있는 기자클럽에 대해서만 살펴보기로 한다.

지방의 경우 각 신문사는 현청, 현경縣警, 현청 소재지의 시청클럽에 중점을 두고 인원을 배치하는 것이 상례이다. 현지나 블록지는 정치부, 경제부, 사회부 등 부에 따라 담당을 나누고 있으나 전국지는 대부분 부서에서 담당을 나누고 있다. 기자클럽이 안고 있는 원칙적인 문제는 클럽의 규모와 신문사에 따른 보도대상의 차이점 때문에 동경의 클럽과 근본적으로 문제가 다른 것에 있다.

우선 제도적인 폐쇄성 문제가 심각하다. 일반적으로 지방의 클럽은 취재를 독점하려는 의사가 거의 없다. 대부분의 지방 클럽은 신문협회에 가입하는 것을 명확하게 규약으로 정하고 있으면서도 TV방송국에 거부감을 갖지는 않는다. 또 공동사회지의 회견참여도 인정하려는 움직임이 보인다. 취재처와의 관계를 보더라도, 클럽이 비가입사라는 이유로 취재를 방해받는 일은 없다. 오히려 클럽 각사로부터 인터뷰 신청을 받은 지사가 가입사를 거절하고 클럽과는 관계가 없는 잡지를 골라 인터뷰에 응했다는 얘기를 자주 듣게 되는 실정이다. 이렇게 지방의 클럽은 동경이나 오사카의 거대한 클럽과는 달리 개방적이라고 할 수 있다. 왜 그렇게 되는 것일까.

일단 분명한 것은 지면 사정이 각 신문사마다 다르다는 점이다. 지방지에게 현청, 시청, 현경은 1면이나 사회면 톱까지 장식할 수 있는 취재처가 된다. 그만큼 지방 뉴스에 할당되는 지면도 크다. 반면에 전국지는 전국판 종합면을 장식할 수 있는 뉴스가 아닌 바에야 대부분 지방면에 기사를 쓰게 된다. 좁은 지면에 현정縣政, 시정, 사건, 사고에서 지방문화까지 폭넓은 내용을 실어야 하기 때문이다. 신문사에 따라서는 지방면이 전담하고 있는 지역도 각기 다르다. 게다가 전국지는 제각기 다른 독자적인 감각으로 지방면을 편집하고 있다. 이처럼 지면사정이 다르다 보면 각 신문사 간에 경쟁해야 할 판도 같을 수가 없다. 각사가 필요로 하는 뉴스는 양적으로 다를 뿐 아니라 질적으로도 다른 것이다. 게다가 클럽은 취재기자가 대부분이라는 인식이 일반적이므로, 클럽을 개방적으로 운영하더라도 실질적인 이익은 별로 없는 것이다.

Chapter 05

기자클럽의 행방

기자클럽의 효용

취재거점으로서의 기자클럽의 중요성

"밤낮 클럽 안에서만 지내려고 해선 안 돼. 취재는 발로 뛰면서 해야지. 클럽은 하나의 거점일 뿐이야." 기자클럽에서만 지내려는 기자에게 데스크는 이런 식으로 자주 기합을 넣는다. 사실 데스크의 이런 교육에 기자클럽 본질이 가장 잘 응축되어 있다. 물론 데스크가 클럽의 존재를 부정하는 것은 아니다. 오히려 기자가 클럽의 회원으로서 취재원에 접근권을 갖는 것을 전제로, 그 권리를 최대한 효과적으로 활용하기를 바라고 있을 것이다. 거점에 불과하다는 말도 이를 뜻하는 표현이지 클럽을 부정하거나 경시하는 것은 아니다. 다만 지내기에 편하다는 이유로 하루 종일 클럽에 앉아 발표물을 기다리는 기자가 되어서는 안 된다는 훈계이다. 그대로 방치하면 나태해진다는 것을 데스크는 경험을 통해 알고 있기 때문이다.

한편 기자클럽 제도는 폐쇄적이며 개선될 필요가 있다는 것도 많은 기자들이 느끼고 있는 사실이다. 그러나 그런 폐단만을 과대평가하여 기자클럽의 존재 자체를 부정하는 전폐론, 무용론 등을 용인할 수는 없다. 그것은 기자클럽 제도의 의의나 장점을 이해하지 못하고 있거나 의도적으로 곡해하고 있는 것과 같다.

저널리즘, 특히 신문의 사명은 그날그날 일어난 사실을 정확히 보도하는 것이며, 권력을 체크하고 감시하는 것이다. 이를 위해서는 취재원에게 접근할 수 있는 접근권을 되도록 많이 확보해 두고 있어야 하며, 권력의 두터운 벽을 깰 수 있도록 평소에 노력해야 한다. 그런 점에서 기자클럽은 접근을 용이하게 하는 필요불가결의 취재거점임을 재확인할 수 있다.

만일 기자클럽이 없다면 취재나 보도를 할 때 앞에 설명한 두 가지 사명을 만족스럽게 수행할 수 없을 것이다. 뿐만 아니라 일본에서는 일상적인 회견, 간담회, 배경설명, 정책이나 인상에 관한 해설을 이중, 삼중으로 취재할 수 있는 접근이 허용되고 있다. 이는 신문의 선인先人들이 쌓아올린 역사적인 성과이다. 국제적으로 비교하더라도 이토록 농밀하게 정보가 교류되고 있는 장은 없을 것이다.

문제는 여기서 파생되는 폐단이다. 일방적으로 발표된 것을 그대로 보도하는 것은 아닐까, 감시해야 할 권력과 유착관계에 빠지지는 않은 것일까 등의 믿을 수 없는 부분이 생기게 되는 것이다. 이는 기본적으로 기자의 의식문제이며 그 기자를 어떻게 교육시켰는가의 문제로 귀결된다. 그렇다면 여기서 보도현장과 기자클럽의 관계를 살펴보기로 한다.

국가의 방침은 곧 정부방침으로서 보통 각의閣議에서 결정된다. 예산을 비롯한 예산관련법안과 법률안건, 조약 등 외교안건, 최고재最高裁 장관 같은 정부가 임명하고 국회의 승인을 필요로 하는 인사안건 등이 각의에 부의된다. 이에 따른 구체적인 운용방법, 숫자 등의 결정은 정령政令이나 성령省令 등에 위임되는 경우가 많다. 또 각 성청의 연차계획과 중·장기계획의 골자 등은 각의의 양해사항이 되는 경우도 있다. 각의에서 결정된 안건은 국회에 제출되며 관련 위원회 및 중참衆參 양원의 본회의에서 과반수의 찬성을 얻어 가결, 성립된다.

각의에서 결정되기 전에는 사무차관회의에 보고 된다. 자민당 정권 시대에는 각의 결정에 자민당의 의결기관인 총무회의 결정이 필요했으며 개별 안건은 총무회에서 결정되기까지 정조회政調會의 각종 조사회, 특별위원회, 부회에서 논의되었다. 한편 행정측은 사무차관회의에 보고하고, 자민당 총무회의 결정이 있기까지의 초안단계에서 자민당 관련 본회와 관련단체 등과 사전 교섭을 이룬다. 같은 시기에 각 야당도 사전 설명을 들으면서 국회에서의 찬반문제와 채결 일정을 포함하여 국회대책위원회와 관련위원회 이사와의 협의를 계속한다.

이러한 모든 단계를 매스 미디어가 놓치지 않고 체크할 수 있는 것은 각 취재거점에 기자클럽이 진을 치고 있기 때문이다. 기사화 여부는 그 날 뉴스의 상대적인 가치판단과 지면상황에 따라 정해진다. 그렇지만 일반적으로 국가의 정책 결정은 기자에게 포착되는 시스템이라는 점을 인식해야 한다.

기자클럽의 활용 방법

일본은 중요한 안건일수록 기자클럽이 관여하며, 종합적인 취재와 판단을 거친 뒤 지면을 전개하게 된다. 따라서 최근 기자클럽과 관련해 제기되는 문제는 존재 자체에 대한 시비와는 다른 방향으로 생각해 봐야 한다.

클럽에 앉아 있다고 해서 한가한 사람으로 여기는 것은 곤란하다. 현장이 얼마나 바쁜지 모르고 하는 소리라는 불만이 현장에 있는 젊은 기자들로부터 들려온다. 예컨대 최근 외무성 출입기자실(안개클럽) 칠판에는 아침부터 저녁까지의 회견, 간담회, 브리핑 일정 등이 잔뜩 적혀 있다. 전에는 외무성 간부에게 점심이나 같이 하자면서 밖으로 꾀어내 초점이 되고 있는 문제나 장래의 전망 등을 취재할 수 있었지만, 최근에는 물리적으로도 여유가 없어지고 있는 것이다.

역사적 전환기라 불린 당시와 같은 상황에는 외무성도 미디어의 이해를 얻어야 할 안건이 늘어났으며, 이는 각 부처마다 같은 상황이어서 미디어에 다투어 접근하려는 것이 보통이었다. 그러다 보면 기자들은 회견, 간담회 등을 취재하는 것만으로도 힘에 겨워서 국회본회의 예산위원회, 외무위원회의 취재는 허술해지기 십상이다. 이를 본다면 클럽 안에서만 지내지 말라는 데스크의 주문에 기자들은 "그렇게 클럽에만 죽치고 있지 말라고 야단칠 문제가 아니지 않은가. 그렇다면 특종감을 빼앗겨도 좋고 또 사소한 기사 따위는 신경 쓰지 않아도 좋다는 말을 먼저 해야 되지 않겠는가. 그런 말은 일언반구 없으면서 특종거리는 물론 조그만 기삿거리도 빠뜨리지 말라고 하면, 도대체 꼼짝할 수가 없지 않은가." 라고 불만을 토로하는 것이다. 이런 불만은 외무성뿐 아니라 최근의 기자클럽 전체에서 볼 수 있는 경향이다.

두번째 문제는 종래의 신문사 조직과 취재 체제로는 전문기자가 육성되기 어려운 점이다. 각 분야의 전문가 부재는 앞으로 매스 미디어에 대한 사회적 평가를 상대적으로 하락시켜 독자들의 신뢰를 잃게 할지도 모른다.

일정한 기자클럽에 장기간 소속되는 것도 전문기자 양성에 효과적일 수 있다. 그렇게 되면 정·관 유착이라는 비판을 듣기 쉽지만, 자주 담당을 바꾸는 조직에서는 전문기자가 육성되기 어려운 것도 사실이다.

다시 외무성을 예로 들자면 외교 전문 기자가 필요하다. 가능하면 미·일 전문, 구미, 아시아, 중동, 아프리카, 그리고 일·중, 동아시아, 동남아시아 전문이 필요할지도 모른다. 외신부라고 해도 일본의 외교 전체를 생각하는 외교 전문 지식뿐만 아니라, 경제부의 전문 지식도 갖춘 기자가 필요할 것이다. 또한 환경, 인권문제 등 NGO(비정부기관)를 생각한다면 종래의 사회부 감각과 조언도 필요하다. 결과적으로 기자클럽의 기능을 효율적으로 살리기 위해서라도 정치, 경제, 외교, 사회 각 부문의 울타리를 넘어선 전문 기자 육성이 급선무이다.

대개 정치부 기자가 워싱턴 특파원이 되는 예가 많은데, 이들은 귀국한 후 데스크 등으로 배정되는 경우가 다반사다. 그렇게 되면 경험을 현장에서 활용하지 못하게 되는 것이다. 따라서 전문기자 육성문제는 기자클럽 제도를 효과적인 거점으로 어떻게 활용하느냐에 달린 것이라 생각된다.

잘못 대처한 동경도의 쓰레기문제

신문에 대한 비판은 갈수록 다양해지고 있다. 동경도東京都의 쓰레기문제도 신문 비판을 일으킨 하나의 예다. 홍보기능을 철저하게 갖추는 것은 관공서의 지상명제다. 행정의 본질을 국민에게 제대로 알려주지 못한다면 시책이 원활히 운영될 리 없기 때문이다.

동경도는 늘어나는 도내 쓰레기 문제에 대한 대처방안으로 1993년 3월 19일 폐기물 처리 및 재활용에 관한 규칙을 제정했다. 쓰레기봉투는 내용물을 식별할 수 있을 정도의 투명성을 띠도록 규정하고 10월 1일부터 이를 의무화하도록 결정했다. 내용물을 보이게 함으로써 위험물로부터 작업원을 보호하고, 또 발열량이 낮은 탄산칼슘 쓰레기봉투를 사용함으로써 소각로 수명을 연장시킬 수 있다는 것이 새로 규정된 쓰레기봉투를 사용해야 하는 대표적인 이유로 꼽혔다. 그러나 이 같은 중요한 정책에 대한 동경도의 홍보는 졸렬하기 짝이 없는 것이어서 예기치 못한 소동이 벌어지게 되었다.

동경도의 청소국이 주민들을 위해 설명회를 가진 것은 8월 중순이었으며 같은 해 9월에 도와 구의 홍보지에 이 사실을 게재했고, TV에 방영하기도 했다. 그런데 실시를 불과 한 달 남짓 남기고 도의회, 자치회, 구의회에서 쓰레기봉투 사용이 이르다면서 반대하고 나섰다. 때문에 도에는 하루 6백여 건의 문의전화가 쇄도했으며 각양각색의 불만이 쏟아지기 시작했다. 불만 중에서 가장 많았던 것은 쓰레기봉투에 이름을 쓰게 하는 것이었는데 이것이 사생활의 침해라는 주장이었다. 따라서 동경도는 9월 21일에 10월부터 실시하기로 했던 것을 이듬해 1994년 1월 15일까지 준비기간으로 하기로 수정했고, 성명기입 문제도 11월 25일을 기해 완전히 백지화시켰다. 그 뒤 이 사실을 역전 포스터, TV, 라디오, 신문광고 등으로 널리 주지시킨 덕분인지 실시 첫날 71%가 규칙대로 쓰레기봉투를 사용했으며, 그 뒤로도 매월 사용비율이 늘어났다.

문제인 것은 규칙이 제정됨과 동시에 이를 보도한 신문은 오직 1개 사였다는 것이다. 동경도 청소국이 이를 발표한 것도 제정 5개월 후인 8월 26일이었다. 결과적으로 이 같은 행정태만 때문에 실시가 늦춰졌던 것이다. 또한 도민생활과 직접 관련된 이 같은 문제를 여타 신문사들이 보도하지 않은 이유도 의문스럽기 그지없다고 할 수 있다.

당시 도청에는 E구락부와 K구락부라는 기자클럽이 있었다. E구락부에는 7개 사, K구락부에는 15개 사가 가입되어 있는데, 각각 1명 내지 수명의 기자를 상주시키고 있으며, 이 기자들은 발표물과 동시에 독자적인 취재로 기사를 쓸 수 있었다. 그 해 1993년의 도청홍보건수는 자그마치 4천 57건이었다. 이 가운데 관계자가 기자단을 상대로 배경을 설명하는 보도자료는 1백 80건, 나머지는 자료를 배포한 것이므로 이를 계산하면 3천 9백여 건의 자료가 뿌려진 셈이 된다. 여기에서 상정된 조례는 68건, 규칙은 2백 59건이었다. 조례는 상정되기 전에 자료가 배포되나, 규칙에 대해서는 요청에 따라 취재에 임하는 것이 관례이므로 특별히 발표하는 경우는 없었다. 그렇다면 발표물의 홍수 속에서 조례를 취재하는 것을 그만 잊어버렸던 것일까. 아니면 보도를 한 그 1개 사를 제외한 여타 신문사는 조례의 존재를 아예 모르고 있었던 것일까. 그러나 창구 취재만으로도 사실관계는 보도할 수 있었을 것이고, 좀더 파고 들어가다 보면 많은 문제점이 지적되지 않을 수 없었을 것이다.

이상으로 기자클럽의 유용성을 설명하기 위해 쓰레기문제를 예로 들어보았다. 만일 동경도가 문제의 중요성을 인식하고 알기 쉽게 홍보했다면 문제가 이처럼 복잡해지지 않았을 것이다. 또한 기자클럽이 적극적인 현장 취재로 문제점을 캐낸 다음, 문제점을 제기했었다면 결과는 충분히 달라졌으리라고 본다. 이와 같은 보도자세는 발표물만 기다리고 있다는, 클럽에 대한 비판을 모면할 수 없게 한다. 또 관청의 적극적인 홍보체제와 매스컴의 취재자세가 뒷받침되지 않으면 정확한 행정정보가 시민에게 전달될 수 없는 예이기도 했다.

구미의 미디어 권력

미·일의 취재 시스템 비교

1992년 1월, 미국의 부시 대통령이 일본을 방문했을 때 호텔 오쿠라에 프레스 센터가 설치됐다. 센터에서는 대통령을 수행한 기자단뿐 아니라 동경의 일본인 기자들도 사전에 기자증을 취득하면 회견이나 배경설명을 들을 수 있었다. 물론 소수의 미국인 기자를 대상으로 한 브리핑이 내밀히 있었을 가능성도 있지만 표면상 취재기회는 수행기자단 이외의 일본인 기자들에게도 평등하게 주어졌었다.

이와는 대조적으로 일본 수상이 미국을 방문했을 때는 수상 동향에 관한 취재 기회가 현지 미국인 기자들에게는 주어지지 않았다. 당국자에 의한 회견이나 설명은 주로 수행기자단만 들을 수 있는 것이다. 그러므로 일본어를 아는 미국인 기자가 출석을 희망해도 지금까지의 사례로 보아 받아들여지지 않을 것이다. 더욱이 수상이나 외상의 간담회에는 현지 주재 일본인 기자마저도 동석시키지 않는다. 이것은 일본의 기자클럽 관행이 미국에 그대로 옮겨진 것과 같은 경우다. 이러하니 미국인 기자들이 일본의 폐쇄성에 불만을 갖는 것도 당연한 일이라 하겠다.

열린 기자실

미국에는 일본의 기자클럽 같은 제도가 없다. 워싱턴의 내셔널 프레스 클럽*National Press Club*이나 뉴욕의 오버시즈 프레스 클럽*Overseas Press Club*은 직업 사교기관이며, 일상적인 취재 활동을 위한 발판 구실이 되는 일본의 기자클럽과는 성격이 다르다. 일본의 기자클럽과 물리적인 의미에서 비슷한 곳은 기자실이다. 기자실은 기자가 원고를 쓰거나 송고하거나 하는 작업 공간이다.

백악관 기자실은 대통령 집무실이 있는 서관西館과 대통령의 거주하는 본관 건물 안에 기자회견실과 나란히 자리 잡고 있다. 회견실은 건물 모양처럼 긴 구조인데 일본인 기자들은 이 회견실을 뱀장어의 잠자리라고 부른다. 회견실의 한쪽 구석에는 청색 커튼을 배경으로 한 작은 연단이 있다. 바로 여기서 보도관이 정기적으로, 때로는 대통령 자신이 직접 성명을 발표하거나 기자단 질문에 응답한다. 기자들은 40개 정도로 마련된 의자에 앉거나 모자랄 때는 선 채 이야기를 듣곤 한다. 격식을 차려야 할 회견인 경우에는 본관이 있는 이스트룸 등 넓은 곳에서 하기도 하지만, 대부분의 경우 이 회견실이 세계를 뒤흔드는 뉴스의 발원지가 된다.

국무성의 기자회견실은 백악관의 기자회견실보다 훨씬 훌륭하다. 연단을 중심으로 반원형으로 기자석이 둘러싸여 있으며 책상이 있어서 메모하기도 좋다. 회견실 넓이도 백악관보다 넓다. 아마도 국무성 회견실이 백악관 회견실보다 나중에 지어졌기 때문에 그렇게 된 것으로 보인다.

백악관과 국무성의 기자증을 가진 기자에게는 회견실에서 갖는 공식회견은 물론, 비공식 배경설명도 개방하고 있다. 일본처럼 수상관저의 기자클럽이나 외무성의 기자클럽 회원이 아니면 회견에 출석하지 못하게 하는 제약은 없다. 기자증은 관계부처에 신청한 뒤 보도기관을 대표해서 취재를 하는 기자라는 것이 확인되면 발급된다. 미디어의 규모나 기자의 국적 등에 의해 차별되는 일은 없다.

백악관의 기자실은 한정된 공간으로 무척 좁다. 1층과 지하 1·2층의 기자실에는 한 신문사에 책상 하나 정도가 배당된 칸막이가 줄지어 서 있다. 그나마 이 정도의 전용 공간이라도 이용할 수 있는 자격은 유력한 미디어만이 얻을 수 있다. 그 밖의 미디어나 외국의 보도기관은 벽에 걸려 있는 전용 전화를 이용해야 한다. 일본의 관공서에 있는 기자클럽처럼 널찍한 공간에서 한 신문사가 책상 여러 개를 전용하고 게다가 휴식용 소파까지 제공받는 호사는 미국의 기자실과 거리가 멀다고 할 수 있다.

국무성의 기자실도 백악관보다는 여유가 있으나 사정은 비슷하다. 이 기자실에 전용 책상을 할당받으려면 담당기자가 기자회견에 자주 참석하면서 왕성한 취재활동을 한다는 인상을 심어주어야 한다. 담당기자의 발길이 기자실과 멀어지면 그동안 사용해온 책상을 뺏기게 되는 수도 있다. 기자실에서 전용 책상을 사용할 수 있는 특권은 현장기자가 취재원과 얼마나 밀접한 관계를 맺고 있느냐에 달려있다.

기자회견 운영이나 기자실의 좌석 할당을 관리하고 있는 곳은 보도관이다. 그들은 누가 어떤 주제로 회견하는가, 배경설명인가, 공식인가 비공식인가 하는 개괄적인 규칙을 정한다. 이 때 기자단은 보도관의 제안을 거부할 수 있는 자유가 있고 또한 다른 요망 사항을 제의할 수도 있다. 기자실의 운용이나 기자증 발급에 있어서는 단연코 당국의 힘이 우위에 있다. 기자는 오로지 당국이 공정하기만을 기대하는 수밖에 없다. 미국의 보도관이나 홍보담당자는 대체로 이런 점에서 공정하며 신뢰할 수 있다.

유력 미디어와 약소 미디어

일상적인 취재는 일본처럼 회견실의 브리핑만으로 끝나지 않는다. 기자는 누구나 가능하면 개인적인 정보원을 개척해서 독자적인 정보를 입수하고자 한다. 반면에 정보원은 미디어를 통해 자신이 제공하는 정보로 최대한 유리하고 효과적인 위치에 서고자 한다. 따라서 정보원은 정보를 제공할 만한 상대로 영향력이 큰 미디어의 기자를 선택하게 된다. 그 결과 정보를 우선적으로 제공받게 되는 미디어와 그렇지 못한 미디어가 나눠지게 되는 것이다.

워싱턴의 보도에 따르면, 당국이나 정치가가 가장 이용하고 싶어 하는 영향력 있는 미디어는 텔레비전의 3대 방송국(ABC, CBS, NBC)과 CNN이고 신문은 〈뉴욕 타임스〉, 〈워싱턴 포스트〉, 〈월 스트리트 저널〉 등 3대 지, 그리고 주간지로는 〈타임스〉, 〈뉴스위크〉, 〈US뉴스 앤드 월드 리포트〉 등이다. 정보원은 상대가 위에 언급된 미디어의 기자일 경우 취재에 협력적이며, 때로는 적극적으로 정보를 제공하고자 한다. 유력 미디어의 기자들만을 모아 배경설명을 하는 경우도 있다. 약소 미디어 기자의 입장에서는 유력 미디어에 대한 이 같은 협조가 분명히 불공정한 것으로 보이게 마련이다.

개인 차원의 취재에서도 소속된 미디어의 영향력에 따른 차별은 존재한다. 전화취재나 인터뷰 요청을 받은 정부고관이나 기업간부들의 대응도 상대가 〈뉴욕 타임스〉의 기자인 경우와 이름도 없는 약소 신문의 기자인 경우 똑같지 않다. 따라서 약소 미디어의 기자는 약점을 짊어지고 취재에 임해야 한다.

미국에서는 보도업무에 종사하는 기자라는 사실이 증명되어 기자증을 발급받으면 대부분의 기자회견에 참석할 수 있다. 이를 방해하는 일본의 기자클럽 같은 조직은 없다. 물론 미디어의 영향력과 기자 개개인의 역량 차이 때문에 정보원은 기자를 똑같이 대하지 않는다. 이런 점을 들어 미국에서의 취재도 완전히 열려 있는 것은 아니라고 지적하는 사람도 있다. 그러나 미국에서는 취재의 기회만큼은 누구에게나 평등하게 보장되어 있다.

이와는 달리 일본의 취재현장에서는 기자클럽 회원이 아니면 회견에 참석할 수 없다는 것이 상식이다. 그래서 일본의 기자클럽은 비회원 기자를 따돌리며 자기들만의 이익을 챙기려는 담합체질이라고 비판하는 사람도 있다. 반면에 미국의 취재현장은 출발점에서 평등한 기회를 준 다음 각자의 역량에 따른 경쟁을 촉구하는 자유경쟁체질이라고 할 수 있다. 어느 쪽이 공정한가는 굳이 말할 필요가 없을 것이다.

일본의 기자클럽이 공개적인 기자회견을 우려하는 이유 중 하나로, 취재가 아마추어화 된다는 견해가 있다. 기자클럽 회원만의 취재라면 이미 일정 수준 이상의 정보를 공유하고 있기 때문에 고도의 취재를 효율적으로 할 수 있다는 것이다. 이에 비해 공개적인 회견이 되면 기자가 알고 있는 정보의 수준이 각기 달라 아무래도 효율적인 취재를 하기 어렵다는 우려다. 실제로 미국의 취재현장에서는 기자의 초보적인 질문이나 얼토당토 않은 질문 때문에 실소하게 되는 경우가 있다. 그 중에는 좁은 자문분야 문제에만 집착해서 다른 기자들을 난처하게 만드는 경우도 있다. 이러한 경우가 시간을 약간 허비할 수도 있지만, 그런 기자의 존재가 다른 기자의 취재활동을 크게 방해하는 경우는 거의 없다. 또한 시간 허비는 소수 그룹의 이익을 위해 다수를 배제하는 불공정한 죄에 비한다면 큰 손실은 아니라고 본다.

미디어의 영향력과 격차

미국의 공개적인 취재는 일정한 범위에서 기회의 평등을 보장해 준다. 그러나 그것이 결과의 평등을 의미하지는 않는다. 앞에서 지적한 대로 유력한 미디어의 기자는 약소 미디어의 기자에 비해 훨씬 유리한 조건에 있다. 미국은 그것을 자유경쟁 속에서 주어진 조건이라고 생각한다. 반면에 일본은 기자클럽에 소속되어 있으면 기회의 평등뿐 아니라 결과의 평등도 보장되며 특종을 놓치는 일도 거의 없다. 이를 기자클럽 체제의 이점이라고 생각하는 사람도 있다. 그러나 중요한 것은 이 같은 기회의 평등도, 결과의 평등도 클럽회원이 되어야만 적용된다는 점이다.

70년대에 워싱턴의 기자생태를 분석한 스티븐 헤스*Stephen Hess*는 정보원(이 경우는 주로 연방정부 당국을 말한다)과의 근접도에 따라 미디어를 세 그룹으로 분류하고 있다. 정보원에 가장 가까운 제1그룹에는 앞서 예로 든 〈뉴욕 타임스〉 등 3개 신문과 텔레비전의 3대 방송국, 〈타임스〉 등 3개 뉴스 주간지, 그리고 AP, UPI 통신사가 포함된다. 제2그룹에는 〈LA 타임스〉 등 몇몇 유력 지방지와 일부 TV, 라디오, 그리고 일부 주간지 등이 있으며 이에 속하지 않는 미디어는 모두 제3그룹에 포함된다. 이것은 문자 그대로 각 미디어의 영향력을 반영한 분류이다.

정보원이 기자에게 정보를 제공하는 것은 기자회견이나 배경설명 같은 공개된 자리뿐만 아니라 여러 공식, 비공식적인 자리에서도 가능하다. 극히 소수의 기자만 모인 자리에서 배경설명이 이루어지기도 하며 특정 신문이나 방송국 기자에게만 정보가 전달되는 경우도 있다. 그러나 제3그룹의 기자가 이런 자리에 초대되는 일은 거의 없다.

워싱턴에서 보도활동을 하고 있는 일본의 미디어도 제3그룹에 속하는 약소 미디어다. 제3그룹의 미디어에서 일하는 기자는 제1그룹의 기자와 정보원의 관계에서 배타적인 차별화를 느낄 수 있다. 이는 언뜻 생각하기에 일본의 기자클럽과 비슷한 것으로도 보인다. 때문에 미국에도 기자클럽에 해당되는 것이 있다고 주장하는 견해도 있다. 그러나 제1그룹의 미디어와 정보원의 관계는 기자클럽처럼 제도화된 것이 아니기 때문에 개인의 노력으로 무너뜨릴 수 있다. 제2, 제3그룹의 기자라도 개인의 자질과 노력으로 제1그룹의 벽을 깨면서 알차게 보도활동을 하는 경우가 많다. 반면에 일본의 기자클럽에서는 클럽회원의 자격을 얻지 못하면 같은 미디어의 기자라도 회원과 대등한 취급을 받지 못한다.

일본에도 정보원이 유력한 미디어를 중시하는 경향은 있다. 그러나 미디어의 영향력으로 본다면 일본의 전국지와 지방지 간에는 미국의 제1그룹과 제3그룹 같은 차이가 별로 없다. 게다가 그 차이가 실제보다 더 확대되지 않을 것을 보증하는, 기자클럽 같은 제도가 있는 것이다. 물론 같은 클럽에 속해 있더라도 미디어에 따른 취재력의 차이가 있을 수 있다. 그러나 클럽에 전해지는 발표물이나 클럽 협약은 때때로 취재력이 약한 미디어를 도와서 격차를 더 이상 확대시키지 않는 기능을 하고 있는 것이다.

워싱턴 보도에 따르면 제1그룹으로 불리는 미디어는 항상 보도의 선진 先陣에서 보도의 흐름과 방향을 결정하는 역할을 한다. 그 중에서도 〈뉴욕 타임스〉와 〈워싱턴 포스트〉는 워싱턴 보도에 관해서는 길잡이적인 존재들이다. 이들 신문은 미국에서 일하는 대부분의 저널리스트와 정부당국자, 정치가에게 매일의 필독지로 꼽히고 있다. 따라서 이를 숙지하고 있는 정보원은 정보를 넘겨 줄 대상으로 먼저 이 2개 신문을 택한다. 이들 신문이 조간에서 보도한 특종을 텔레비전이 반나절 늦게 전국 뉴스로 보도하고, 다른 신문들은 뒤를 좇아 하루 늦게 보도하는 것이 전형적인 패턴이기 때문이다.

이 같은 보도의 패턴이 성립되는 것은 이들 2개 신문에 〈월 스트리트 저널〉을 합친 3개 신문이 미국 신문에서 압도적인 권위와 영향력을 지님으로써 가능하다. 즉 정보를 제공하는 측에서 이들 3개 신문의 영향력을 이용하려 하기 때문에 결과적으로 이들의 영향력이 더욱 높아지게 되는 것이다. 레이건 시대의 백악관은 이 같은 미디어의 영향력을 교묘하게 이용함으로써 홍보성과를 올렸다. 당시 대통령의 부수석 보좌관을 지낸 마이클 디버*Michael Deaver*는 주요 3대 신문사 기자에게 차례로 정보를 주는 한편, TV가 그 뒤를 좇아 전국 뉴스에서 다루도록 용의주도하게 시간을 조절해서 제공했다고 한다. 이는 정부 당국자와 제1그룹 기자와의 밀접한 관계가 정보조작을 한층 용이하도록 돕고 있음을 말해준다.

이너 서클과 권력

닉슨과 포드 대통령 밑에서 국무장관을 지낸 헨리 키신저*Henry Kissinger*도 미디어를 다루는 솜씨가 뛰어났던 것으로 알려져 있다. 키신저 장관은 당시 국무성을 담당하고 있던 유력 미디어의 기자 중 몇 명을 특별히 대하면서 다른 기자들에게는 밝히지 않은 정보를 알려주었다. 또 이들 기자는 국무장관 외유에 동행할 수 있었으며, 밀착취재도 가능했다. 그들은 장관의 이너 서클*Inner Circle*, 키신저 외교의 비공식 대변자라는 말을 듣기도 했다. 그래서 키신저 외교가 미디어로부터 별로 비판을 받지 않았던 것은 키신저가 미디어를 교묘하게 조종했기 때문이라고 해석하는 사람들도 있다. 이너 서클의 한 사람이었던 CBS방송의 국무성 담당기자 버나드 커브 *Bernard Curve*는 그 뒤 국무성 보도관이 되기도 했다.

일본의 기자클럽도 당국자의 정보조작에 이용되기 쉬운 조건을 갖추고 있다. 또한 클럽은 함께 행동하는 것이므로 클럽과 합의만 이뤄진다면 당국에 의한 정보관리가 용이해진다. 이런 기자클럽이 없는 미국은 한꺼번에 취재기자를 정보관리, 정보조작 대상으로 만들 수 있는 구조가 마련되어 있지 않다. 그러나 당국이 마음만 먹으면 제2그룹의 미디어를 이용하여, 권력목적으로 미디어를 교묘히 조종할 수 있다는 것을 레이건 시대에 백악관이 보여주었다.

기자회견이나 배경설명과 관련된 관행을 살펴보면 미국에서 기자와 정보원의 관계는 대체로 개방적이며 사무적이라고 할 수 있다. 정부나 기업의 홍보 담당자는 미디어의 취재에 협력적이며 정보제공에도 앞장선다. 물론 정부 고관의 인터뷰 요청이 있을 때 상대가 유력한 미디어인지 약소 미디어인지에 따라 당국의 대응이 다를 수도 있지만 원칙적으로 어떤 미디어도 평등하게 대하려는 자세를 지키고자 한다. 이는 백악관이나 국무성이 일본의 공산당 기관지의 기자에게 기자증을 발급해 주며 회견 출석을 인정하는 태도에도 상징적으로 나타나 있다. 일본에서는 어떤 기자클럽도 좌파 신문의 입회를 허용하지 않는다.

미국의 이러한 취재환경은 무엇보다 자유로운 의사표시 권리를 중시하는 것이기도 하다. 자유로운 의사표시나 정보전달 원리는 상호적이며, 자기 권리를 주장하기 위해서는 동시에 타인의 권리도 존중해 주어야 한다. 때문에 표면적으로만 지키는 한이 있더라도, 일단은 모든 미디어에 대해 취재의 기회를 최대한 평등하게 보장하고자 하는 것이다. 따라서 권력측이 일방적으로 그런 기회를 제한하려는 움직임을 보이면 미디어는 일제히 반발하게 된다.

　기자와 정보원 사이에는 서로 도움을 주고받는 관계가 형성된다. 기자는 중요한 정보를 가진 정보원에게 접근하고자 한다. 정보원은 영향력이 큰 미디어의 기자를 이용하려 한다. 그렇지만 미디어의 기자는 정보원에게 일방적으로 이용되는 것을 바라지 않는다. 따라서 정보원과 일정한 거리를 두어 독자적인 판단에 따라 정보를 전달한다. 그 결과 때때로 쌍방간에 긴장관계가 발생하기도 한다.

미디어 대책의 중요성

　미국은 일본에 비해 정부나 정치가가 미디어 대책에 대해 고심하는 비중이 훨씬 높다. 이를 무엇보다도 잘 나타내는 예는 백악관 역대 대통령의 보좌관이 주요 포스터를 장식하는 것이다. 때로는 이 임무를 보도관이 맡는 경우도 있으나 보통은 대통령 보좌관이 담당하고 있다. 그리고 그 책임을 지는 사람은 주로 홍보나 광고 전문가인 경우가 많다.

　미디어 대책을 위한 업무는 정책 입안 작업 못지않게 중시되고 있다. 그들의 임무는 대통령과 정권의 이미지를 높이기 위해 미디어를 최대한 활용하는 것이다. 레이건 시대의 백악관에서는 매일 아침 미디어 대책 담당인 디버 브서*Deaver Besor* 보좌관, 제임스 베이컨*James Bacon* 수석보좌관, 에디 윈 미스*Edie Win Mis* 법률고문 등이 모여 그 날의 홍보 주제를 결정한 다음, 효과적인 달성을 위해 노력했다고 한다. 그에 따라 레이건 대통령이 기자단에게 아무렇지도 않게 던진 한 마디도 미리 계산된 것이었는가 하면, 보좌관이 유력지나 방송국 기자에게 슬쩍 던지는 정보도 그 날의 홍보 주제와 관련된 것이었다.

이에 비해 일본 정부나 정치가는 미디어 대책을 중요시 여기지 않고 있다. 예외적으로 호소카와 전 수상은 미디어로 전해지는 자신의 이미지를 강하게 의식하고 행동했었다. 그는 기자회견에 프롬프터(prompter ; 말해야 할 내용을 연설자만 볼 수 있도록 전달해 주는 연단 위 스크린 – 옮긴이 주)를 활용했으며 카메라맨에게 사진의 앵글에 대해서도 여러 가지 주문을 했다. 그러나 그의 경우는 미국 대통령을 둘러싼 사람들의 조직적이고도 노골적인 미디어 대책과는 비교도 되지 않는 것이었다.

일본에서도 정보 조작은 상당히 효율적으로 이루어지고 있는 편이다. 그리고 이를 돕고 있는 것이 바로 기자클럽이라고 할 수 있다. 1994년 2월 워싱턴에서 있었던 호소카와 수상과 클린턴 대통령의 순회회담은 포괄협의를 둘러싼 양국의 의견대립이 해결되지 못한 채 미·일 수뇌회담으로서는 보기 드문 결렬상태로 끝났다. 호소카와 수상은 회담의 결과를 일미관계가 성숙해졌음을 나타내는 것으로 평가했다. 일본의 신문들도 모두가 부정하는 일본을 지지하는 쪽으로 대대적으로 보도했다. 그러나 사실 회담의 결렬은 전혀 예상하지 못한 일이었다.

이런 종류의 순회회담 취재에서 수행 기자단은 회담내용에서 그 평가에 이르기까지의 정보를 대부분 수상을 수행한 보도관이나 정부 관계자를 통해 얻는다. 이때 미국으로부터 상반되는 정보가 입수되더라도 크게 다른 내용이 아닌 이상 일본의 정보를 중심으로 기사를 만든다. 그것은 수상관저나 외무성 담당기자를 중심으로 한 수행 기자단이 임시로 기자클럽을 구성하여, 순회회담에 관계된 기사를 책임지고 처리하기 때문이다.

앞에서도 지적한 바와 같이 수행 기자단을 위한 회견이나 배경설명에는 외국인 기자가 참석할 수 없다. 더구나 수상이나 외상의 비공식 간담회인 경우, 수행 기자가 아니면 자유로이 참가할 수 없다. 여기에는 전형적으로 폐쇄적인 정보공관이 만들어져 있다. 그것이 폐쇄적일수록 그곳에 제공되는 정보도 커다란 영향력을 갖게 마련이다. 기자클럽의 존재는 미국의 경우처럼 권력자의 측근에서 홍보 전문가가 기여하는 것 이상으로 미디어 조작에 효과적인 도움을 주고 있는 것이라고 할 수 있다.

기자회견으로 보는 미·일의 차이점

미국과 일본의 취재현장을 경험하다 보면 기자회견에서 커다란 차이를 깨닫게 된다. 미국의 회견은 대체적으로 질문이 활발하며 답변과 질문이 빠른 템포로 진행된다. 정곡을 찌르는 날카로운 질문을 슬쩍 받아넘기기도 하고 때로는 정면으로 반론하기도 한다. 질문을 하는 쪽과 받는 쪽 모두 항상 긴장감이 넘쳐 있다. 이와는 달리 일본의 기자회견은 느린 템포로 진행된다. 질문의 속도도 느리며 내용도 요점을 일부러 피해 우회적으로 알아내려는 경우가 많다. 대답하는 쪽도 애매모호한 대답만을 되풀이할 뿐이다. 미국의 회견에서 느껴지는 긴장감은 좀처럼 찾아볼 수 없다.

그 이유는 미국의 회견이 개방적인 것에 비해, 일본은 기자클럽에게만 허용된 회견이기 때문일 것이다. 미국에서는 회견에 출석하는 누구나 경쟁상대보다 먼저 각 시점에서 가장 관심 있는 문제를 상대방에게 질문하려 한다. 그것은 회견이 상대방으로부터 공식적인 견해를 끄집어내는 기회가 되기 때문이다. 따라서 자연히 질문은 날카롭고 공격적인 것이 된다. 또한 질문에 대답하는 측은 미디어를 상대로 자신이 훌륭하게 업무를 수행하고 있음을 나타낼 수 있는 기회가 되기도 한다. 미디어의 집요한 질문을 제대로 피할 수 있다면 회견 후 역량은 자연스럽게 평가되기 때문이다. 그러나 일본에서는 대부분의 취재가 비공식적인 차원에서 끝난다. 정보를 공유하고 있기 때문에 클럽의 동료들은 기본적이고 초보적인 질문을 꺼리는 분위기이며, 중요한 문제점을 정면에서 다루는 것도 싫어한다. 이런 기풍 때문에 선문답 같은 회견을 주고받게 되는 것이다.

먼저 질문한 자가 유리한 미국의 회견은 질서가 없어 흐트러질 수도 있으며, 초점을 맞출 수 없어 문제를 파고 들어가기도 어렵다. 일본에서는 수상을 회견하게 되면 클럽 회원들의 질문을 모아 대표질문을 하게 되는데, 이는 회견을 질서 있는 것으로 만드는 자세라고 할 수 있다. 미국 대통령의 기자회견에는 일본의 수상회견에서와 같은 질서를 찾아보기 힘들다.

미국의 역대 대통령에게 기자회견은 적지 않은 부담이 되었다. 특히 텔레비전에서 회견을 생방송하게 된 60년대 이후의 기자회견은 정치적으로 중요한 이벤트가 됐다. 회견에 앞서 대통령은 예상 질문지를 가지고 보좌관을 상대로 예행연습을 했다. 그렇게 해도 실언을 하게 되는 경우를 두려워하는 대통령은 기자회견 횟수를 되도록 줄여갔다. 텔레비전 중계시대 이전에는 대통령이 평균적으로 월 2회 이상 회견을 가졌지만, 닉슨과 레이건 대통령 시대에는 두 달에 한 번 꼴로 회견을 가졌다. 또 회견 횟수뿐 아니라 그 내용에 대해서도 문제가 제기되고 있다. 텔레비전 방영을 의식한 대통령 측이 회견을 시청자에게 좋은 이미지를 심어주려는 기회로 이용하고자 했고, 취재하는 기자도 시청자에게 인기를 끌기 위한 질문을 하는 경향이 생긴 것이다. 그 결과 질의응답은 극적인 효과만을 노린 형식적인 것이 되기 쉬웠다. 이미 신문기자들 사이에서는 기자회견이 중요한 문제점을 집중적으로 취재 할 수 있는 곳이 아니라는 지적까지 나오고 있다. 그리하여 1988년에 현역기자 등 전문가들은 〈하버드 위원회, 대통령의 기자회견 제시〉라는 제하의 보고서를 작성하여, 대통령의 회견 횟수를 적어도 월 2회 이상 열어야 한다고 결정했다. 그 결과 레이건 정권의 뒤를 이은 부시 정권과 클린턴 정권의 회견 횟수가 정해진 것이다. 그러나 보고서가 내린 또 하나의 결정, 즉 회견 내용을 더욱 깊이 있는 것으로 하기 위해 텔레비전 생중계는 하지 않으며, 백악관 상주기자만이 참석한 기자회견을 하도록 하라는 공고는 아직 실천되지 않고 있다. 그것은 상주하는 기자와 아닌 기자를 차별하는 반민주적인 발상이라는 비판 때문이기도 했지만, 더 큰 의미는 텔레비전으로 중계되지 않는 회견이 대통령에게는 애만 쓰고 보람은 없는 것이라는 판단이 내려졌기 때문이다.

이상과 같이 기자클럽이 없는 미국에서는 표면상 취재의 기회가 평등하게 주어져 있으며 자유경쟁이 촉구된다. 그러나 실제로는 미디어의 영향력에 따라 격이 매겨지게 되며, 그에 따라 주어지는 취재의 기회에도 차별이 생긴다. 유력한 미디어는 자연히 대우를 받으며 조그마한 특권 그룹을 구성하고, 간혹 권력측의 미디어 전략에 협력하기도 한다. 말하자면 자유경쟁이 다름 아닌 약육강식의 세계를 뜻하는 것이다.

한편 일본에서는 기자클럽에 가입할 수 있는 자격을 가진 자는 기회의 평등을 보장받으면서 동시에 특종기사를 놓칠 염려도 없게 된다. 또한 정보가 조작될 위험이 큰 반면에 클럽에서 단결하여 권력에 대항하는 수단이 되기도 한다.

미국과 일본, 어느 쪽의 제도가 취재하는 기자에게 유리한가는 기자가 속한 미디어에 따라 결정된다. 일본의 유력한 미디어도 워싱턴이나 뉴욕에서는 약소 미디어에 지나지 않는다. 만일 백악관이나 국무성에서 취재할 때, 일본의 수상관저나 외무성이 그랬던 것처럼 미국도 외국 미디어에 대해 차별이나 제약을 가한다면, 워싱턴에서 취재하는 일본인 기자는 몹시 초조해질 것이다.

로비시스템의 현상과 문제점

로비시스템은 영국판 기자클럽 제도

1993년 5월 4일 밤 NHK 방송국에서 방영한 영국 BBC 방송 제작의 서스펜스 드라마 '야망의 계단'은 미디어와 권력의 관계를 다각도로 생각해 볼 수 있는 좋은 작품이었다. 영국 보스턴 항의 원내총무 아카스트는 정계 내부의 비밀을 알 수 있는 입장에서 이를 이용하는데 전혀 주저하는 일이 없다. 드라마는 그가 젊은 정치부 기자 스트린 양을 조정하여 비밀정보를 흘리면서 대항세력을 차례로 실각시킨다는 스토리이다.

이 작품이 영국 내에서 방송된 것은 1990년 초이다. 당시 대처 수상은 일본의 기자클럽 제도에 해당하는 로비시스템을 조작하여, 정권유지에 고심하고 있던 것으로 알려져 있다. 그러므로 이 작품을 본 영국의 매스컴 관계자들 중에는 현대 정치와 매스 미디어의 위험한 관계를 다시 생각하게 된 사람들도 많았을 것이다. 1986년 10월에 창간된 〈인디펜던트 *Independent*〉는 대처 정권하에서 로비시스템에 참가하지 않고 독자적인 취재로 지면을 만들었던 신문이다. 이 신문의 오너이자 주필인 위탐 스미스 *Witham Smith*는 이렇게 말한다.

"대처 시대에 기자실의 대변인은 정치적인 사건이 발생하더라도 정보원을 밝히는 일이 없었다. 게다가 문제의 핵심에 대해서도 의사가 분명하지 않은 말로 언급할 뿐이었다. 로비시스템을 방해해도 허사였다. 대처 수상 자신도 대변인을 내세워 각 각료와 의원들을 마구 비판했다. 그녀의 비판에는 감정표현도 있었기에 그것이 신문에 실려 알려지자 그녀를 쉽게 비판할 수 없는 공기가 각내와 의회에 번지기 시작했다. 그녀는 로비시스템의 효과를 제대로 알고 있었던 것이다. 그녀는 이 시스템을 앞세워 미디어를 조정하고 자신에게 대항하는 세력을 차례로 실각시켰다."

매스 미디어는 양날을 가진 칼이다. 민주주의 사회의 초석이 되기도 하고 그 반대의 결과도 낳는다. 물론 그 배후에는 나름의 정치 시스템이 존재한다. 영국판 기자클럽 제도인 로비시스템은 권력의 도구로 이용되는 미디어의 유효성을 높이기 위한 정보유통의 구조이다. 그것이 오늘날에는 정보조작이 가능한 정치시스템으로 정착된 것이다.

대처 정권의 정보 조정자

여기서 로비시스템의 내용에 대해 말하기 전에 영국 정부의 정보기구에 대하여 언급하기로 하자. 대처 수상에게는 5명의 정보조정자가 있었다고 한다. 광고 대행사에서 근무하던 팀 베리 *Tim Berry* 는 대처 정권의 종합 연출자였다. 몇몇 신문사 기자를 거쳐 방송국 프로듀서가 된 고든 리치 *Gordon Rich* 는 TV 카메라 앞에 선 대처의 자태를 체크했다. 하웨 토마스 *Howe Thomas* 는 보수당의 홍보담당으로서 그녀가 출연하는 모든 TV 카메라를 체크했다. 각본가인 로널드 밀러 *Ronald Miller* 는 그녀의 연설 초고를 작성하는 작가 역할을 맡았다. 그리고 마지막 사람이 다우닝가 10번지에 있는 기자실의 비서인 버나드 인감 *Bernard Ingam* 이다.

그들 5명 중 4명의 급여는 그녀가 개인적으로 지급했으나 인감은 공무원으로서의 신분이 보장되어 있었다. 따라서 특정 정당에 소속되어도 기자실의 비서로 지내는 동안에는 항상 공인으로서 행동해야 했다. 뿐만 아니라 시시각각으로 변하는 정부 정보를 미디어에 전해야 했다. 그는 캐비닛 오피스의 일원이었다.

영국에서는 캐비닛 오피스의 주요 회원이 수상의 보좌관이 되는데 대처 시대에는 80명이 있었으나 메이저 시대에는 68명으로 줄어들었다. 그들은 4개의 사무실에 소속되어 있었으며 그 중 하나는 수상의 비서사무실로서 각 성청에서 파견된 국가 공무원들로 구성되었다. 직무는 수상의 연설문을 작성하는 것과 의회에서 답변할 자료를 검토하는 작업이었다. 또 다른 하나는 수상 직속의 당 관련 사무실로서 하는 일은 정당관계 사무 외에 정치연설 준비와 정부성명서 또는 각 의회에 관한 당의 지시사항을 체크하는 것이다. 세번째 사무실은 수상의 정책집단이다. 이것은 수상의 중·장기적인 계획을 작성하는 기구로서 74년에 설치되었다. 그리고 나머지 하나가 프레스 오피스로서 14명의 스탭으로 구성되었다.

고도로 발달된 민주주의 국가에서 수상은 정치 뉴스를 만들어 내는 최고의 생산자이다. 그러므로 수상의 언동은 항상 미디어에 의해 널리 알려진다. 더욱이 이미지 시대에는 텔레비전 인터뷰 등이 많이 이뤄지기 때문에 수상은 때로 정치적인 연기자가 될 필요가 있다. 이 때문에 프레스 오피스의 일도 복잡해진다. 대처 시대의 기자담당 비서인 버너드 인감은 정보의 대변인 역할을 담당했다. 그는 하루에 두 번 정도 정치부 기자 앞에 모습을 나타냈다. 우선 모든 지방지와 석간지 기자를 11시에 만난 후, 오후 4시에는 전국지 기자와 면담한다. 그의 회견에는 보통 20명에서 30명 정도의 기자가 참석할 수 있었다. 소그룹 회견이나 단독회견, 때로는 전화 인터뷰에도 응하는데, 이 때 그가 접하는 기자는 모두 로비저널리스트로 등록된 기자들이며 그 숫자는 1992년에 101개 사, 331명이었다.

101개 사의 내역은 신문사 71(전국지 14, 지방지 57), 통신사 2(로이터 *Reuter*, 국내 통신사 *PA*), 방송국 24, 4개 잡지사 등이다. 그 가운데에는 정당 기관지도 포함되었다. 이들의 참석 기자 수는 신문사에 따라 각자 결정되는 것이 보통이다. 지금 현재는 BBC 41명, 〈타임스〉와 〈가디언 *Guardian*〉는 각각 14명, 〈데일리 텔레그래프 *Daily Telegraph*〉 10명, 〈데일리 익스프레스*Daily Express*〉·〈데일리 메일*Daily mail*〉이 각각 8명, 〈파이낸셜 타임스*Financial Times*〉 7명, 〈선*Sun*〉·〈데일리 미러*Daily Mirror*〉 각각 1명, 〈이브닝 스탠더드*Evening Standard*〉, 로이터 각 4명, PA통신 12명 등으로 구성되어 있다.

로비저널리스트의 위치와 의무

로비저널리스트들은 의회 안에 레스토랑이 있는 클럽 전용의 공동 작업실을 갖게 되고 일반 의원보다도 먼저 자료를 접할 수 있는 특권도 가질 수 있었다. 여기서 시스템이란 로비저널리스트가 가입하는 기자클럽 제도를 말하며 그 규약과 강령은 1993년에 다음과 같이 기록되어 있다(자료 출처 ; 일본 중앙정보부).

- 로비저널리스트는 상하원 의장의 호위관이 보관하고 있는 리스트에 등록된 회원에 국한된다. 회원에게는 의회 내에서의 취재가 허용되나, 취재 시 특별히 부여된 권한은 남용하지 못한다.
- 의회 내에는 로비저널리스트로 인정되는 단체 외에 어떤 공식적인 취재단체도 존재할 수 없다. 회원은 로비의 목적을 달성하기 위해 책임자를 선출하거나 사무원을 둘 수 있다.
- 로비저널리스트는 장관, 의원과 접촉하는 경우가 많다. 그러므로 로비저널리스트로서의 품위를 손상시키지 않는 상식과 예민한 감각이 요구된다. 접촉하는 장소에 대해서는 정보제공자의 동의를 필요로 한다.
- 로비저널리스트는 로비 업무에 필요한 편익 제공을 위해 정기적으로 사전 브리핑을 받을 수 있다. 또한 브리핑을 방해하는 일이 생겼을

때는 상호간의 이익을 지키기 위해 그 원인을 조사할 수 있다.

- 로비저널리스트는 조직으로서 정부의 대변인이나 각 장관과 회견할 수 있으나 회견 주제는 상호간의 조정에 의해 달라진다. 또 공동회견에서는 로비저널리스트 시스템이 충분히 기능하도록 회원에게 취지를 주지시킨다.
- 공동회견에서 로비저널리스트의 회원은 회견이 끝날 때까지 자리를 이탈하면 안 된다. 자리에서 이탈해야 할 경우에는 사회자의 사전 동의를 얻어야 한다.

로비시스템의 유래

이 같은 규약과 강령에 구속되는 로비시스템이 외국 미디어 및 외국인 기자에게는 친숙해지기 어렵겠지만, 이런 로비시스템의 탄생은 1875년에 이루어져 백년이 넘는 역사를 가진 것이다. 이 해에 영국에서는 최초로 공무비밀법公務秘密法의 원형이 되는 재무부 시달이 내려졌다. 그 내용은 어떤 종류의 공식정보도 내부인가 없이는 공표 불가능하다는 것이었다. 이 같은 시달로 국가의 안전, 국익우선이라는 명목 아래 정부의 정보에 접할 수 있는 사람들은 의회 또는 정부관계자로부터 소개된 저널리스트와 언론기관으로 국한되게 되었다. 이런 사람들이 로비저널리스트로서 인정받은 것은 1884년부터였다. 때문에 당시 기자들 중에는 정부 관계자에게 향연을 베풀면서 특권을 따내려는 경우도 있었다고 한다(제레미 탄스틀 *Jeremy Tanstle* 《영국의 미디어》 1983년).

이처럼 로비저널리스트 시스템은 시대적으로 대영제국의 발전과 부합되는 것이었다. 이 시스템이 더욱 적극적으로 활용된 것은 1932년의 일이다. 내각에 프레스 오피스(현재의 프레스 세크리터리 *Press Secretary*)의 기능을 만들어서 그 임원이 수상과 로비의 접착제가 되어 수상 개인의 이익을 위해 활동하기 시작한 것이다.

최대한으로 프레스 오피스를 활용한 사람은 당시의 수상 네빌 챔벌린 *Neville Chamberlain*이었다. 그는 히틀러와의 유화정책을 추진하기 위해 프레스 오피스를 내세웠다. 그리고 그들을 동시대의 영국 언론계 중진들과 접촉하게 만들어 언론조작을 하기 시작했다. 히틀러의 정책과 나치의 유태인 폭행을 노골적으로 비판하는 것은 영국의 국익을 위해 좋지 않다고 판단했던 것이다. 그들은 〈타임스〉의 주필인 제프리 도슨*Jeffrey Dawson*과 〈데일리 메일〉의 사주 로드 러더미어*Rod Rothermere*와 짜고 의식적으로 정보를 조작했다.

1964년에는 노동당 내각을 조직한 해럴드 윌슨*Harold Wilson* 수상이 로비저널리스트를 초청해서 처음으로 기자간담회를 열기도 했다. 이에 따라 기자실의 비중도 높아져 책임자는 언론사정에 정통한 저널리스트가 지명되었다. 역대 프레스 세크리터리 17명 중 13명이 미디어 출신이었다. 앞에 예로 든 대처 시대의 세크리터리 인감도 미디어 출신이었다. 그는 〈가디언〉의 기자로 지내다가 중앙 정보성으로 들어가 이 자리에 앉게 됐다.

프레스 세크리터리의 역할

인감은 정부대변인으로서 기자회견 외에도 미디어 관련의 어드바이저, 정보서비스에 대한 코디네이터, 또 매주 각 성청의 상급 홍보관과의 협의 등을 담당했다. 또 텔레비전 시대를 의식해서 가장 효과적인 미디어 전략을 짜기도 했다. 예를 든다면 의회와 다우닝가에 설치되는 TV카메라의 앵글에까지 신경을 쓰는 등 그의 전략은 철저했는데, 그 과정에서 정보조작자로서의 일면이 새롭게 떠오르게 된 것이다.

또한 그는 공무원이라는 입장을 초월해서 일당 일파의 이익을 위해 발언하고 행동했다. 또 그는 미디어에 공격적인 한편, 로비저널리스트들에게는 편파적으로 행동했는데 문제는 그것만이 아니었다. 그는 대처화化된 프레스 세크리터리(콜린 시모어 유리Collin Seymour Uri 〈영국의 정부정보기구〉 1991년 미국 정치대학보고 요약)로 각료들을 폐품 취급했던 것이다.

첫 희생자는 란카스타 공령상公領相인 노만 존스티바스Norman John-stivas였다. 그는 각의 내용을 공표했다는 이유로 사임하게 되었다. 연방장관인 프랑시스핌Francisfim은 대처의 대외정책을, 그리고 상무장관인 존 비판John Vifan도 그녀의 비밀주의를 시비했다는 이유로 쫓겨났다. 각료들의 계속된 사임에는 인감의 브리핑이 방아쇠 구실을 하였다. 그는 먼저 각료들이 각의에서 하는 발언에 응답하는 과정에서 통일감이 없다는 인상을 미디어에게 심어주는 데 성공했다. 그 후 불통일 책임을 각료들에게 물으면서, 최종적으로는 대처에게 대항하는 세력을 일소했던 것이다.

그의 미디어 전략은 각료들을 침묵시켰고, 대처 정권을 유지시키는 데 적절한 방향으로 전개되도록 했다. 그러나 여기에 오산이 없었던 것은 아니다. 브리핑의 목적이나 문제의 소재는 명확히 하지 않은 채, 오로지 자신의 권력을 과시하려고만 했던 인감의 자세는 저널리즘의 차원에서 로비시스템을 둘러싼 시비를 가리도록 만들었다.

이 때 로비시스템에 대한 문제가 제기된 계기는 〈인디펜던트〉의 창간이었다. 이 신문은 대부분의 신문들이 당파적인 저널리즘으로 흐르고 있는 분위기 속에서, 독자적인 위치를 가지기 위해 로비시스템에 참여하지 않을 것을 편집의 기본자세로 내세웠다. 그 뒤 〈가디언〉과 〈스코츠맨Scotsman〉도 더 이상 로비저널리즘에 참여하지 않기로 했다. 이들 신문은 독자적인 취재와 전파 미디어의 서비스로 정부 내 정보를 입수하곤 했다.

그러나 이들은 수상이 로비저널리즘의 기자와 함께 해외로 나가는 경우, 기자와의 기내 간담회 및 여행사의 서비스 등에서 완전히 제외되었다. 뿐만 아니라 이런 불리한 취재상황은 국가에 긴급사태가 발생했을 때 더욱 두드러지게 나타났다.

예를 들어 걸프전 당시 시시각각으로 변하는 영국군과 다국적군의 동향을 접수하는 것은 아무래도 로비저널리즘 참여 미디어가 독보적이었다. 이것은 미디어의 경쟁시대에서 독자 수 감소라는 사태로 이어졌고, 결국은 이 때문에 로비에 참여할 수밖에 없게 되었다. 〈인디펜던트〉는 1991년 12월에 8명의 로비저널리스트를 의회에 등록하도록 했다. 이 신문의 로비저널리즘 불참가 시도가 결국 실패로 끝나게 된 것이다.

로비시스템의 문제점

1987년에 《영국정치와 매스 미디어》라는 책을 펴낸 피터 헤네시*Peter Hennessy*와 데이빗 워커*David Worker*는 로비시스템의 문제점을 이렇게 지적했다.

- 로비시스템은 각 저널리스트가 제각기 지혜를 짜내면서 경쟁하는 비조직적인 취재 체제라기보다 오히려 공식적인 회견을 조직해서 정보를 획득해 가는 비집단적인 체제이다.
- 로비시스템은 정부기관에 의해 정부정보의 전파도구로서 이용되고 있다.
- 로비저널리스트가 프레스 오피스를 유일한 정보원으로 의지하고 있는 한, 정보원의 규제를 받지 않을 수 없게 된다.

예컨대 영국에서는 1969년의 윌슨 정권 이래, 정부측의 요청이 있으면 로비의 회원은 기자회견에서 설명된 사실을 비밀로 해야 했다. 비공식회견에서 이 같은 의무 규정을 만든 사람은 1954년 당시의 수상 윈스턴 처칠 *Winston Churchill*이었다.

이 같은 규칙이 성립된 배경은 취재기자와 정보원 간에 운명공동체 의식이 싹튼 데 있다. 또한 그 의식은 로비저널리스트를 정부의 뉴스 관리 공범자로 양성해 가는 요인이 되기도 했다. 참고로 1970년에서 74년까지 수상을 지낸 에드워드 히스*Edward Heath*는 "이 나라의 민주주의에서 가장 곤란한 문제는 로비저널리스트들이 정치권력의 조작대상이 되고 있는 현실에 대해 너무나도 무관심하다는 점이다."라고 말했다. 이 말은 뜻하는 바가 매우 크다. 성숙한 미디어 국가에서는 로비시스템에 내재한 문제만으로도 매스 미디어와 정치의 위험한 관계를 추측할 수 있는 경우가 많기 때문이다. 그 배경에는 권력쟁탈을 둘러싼 정치가 간의 경쟁의식과 공명심을 둘러싼 저널리스트 간의 경쟁의식 등 두 가지가 깔려 있다. 바로 이에 관련된 것이 매스 미디어라는 구도로 존재한다고 사회학자 제레미 탄스틀은 지적한다. 이상으로 일본의 기자클럽 제도를 살펴보는 한 예로 영국판 기자클럽 제도인 로비시스템을 알아보았다.

보도기법을 생각한다

Chapter 07

사실을 어떻게 전달할 것인가

뉴스보도는 그 내용이나 보도형식에 따라 다음과 같이 몇 개의 범주로 나누어진다.

첫째, 정치, 경제, 사회, 국제 등 여러 분야에 걸쳐 매일 발생하는 사건을 다루는 스트레이트 뉴스 또는 스폿 뉴스로, 이런 종류의 뉴스는 이른바 육하원칙을 기본으로 사실을 있는 그대로 알리는 것이 중요하다. 즉 개인적인 의견이나 주장은 되도록 배제하고 가능한 한 객관적인 사실만을 알리는 것이다.

둘째, 일반적으로 조사보도라고 불리는 것으로, 스트레이트 뉴스가 시시각각 발생하는 사건을 좇는 수동적인 취재인 것에 반해 이 조사보도는 취재기자 개인의 문제의식에 따라 서로 다른 시각으로 접근하여 숨겨진 사실을 드러내는 능동적인 취재로 이루어지는 것이다. 취재대상을 정하는 문제의식이나 사실을 캐내는 데 필요한 의지 등, 기자 개인의 주관에 의해 보도방향이 좌우될 수 있다. 따라서 보도내용에 대한 신뢰성을 획득하기 위해서는 우선 기자의 자세가 공정하고 성실해야 한다.

셋째, 캠페인 보도라고 불리는 것인데, 폭력추방이나 공해방지 등 독자들로부터 폭넓은 지지를 얻을 수 있을 만한 목표를 내걸고, 그 목표에 부합하는 내용을 계속해서 의도적으로 보도하는 것이다. 여기에는 기자 개인의 의지보다 신문사의 의지가 더 절실히 요구된다. 만일 설정된 목표가 독자-대중의 이해와 공감을 충분히 불러일으킬 만한 것이라면 캠페인 추진에 별 문제가 없을 것이다. 하지만 그것이 논의를 불러일으킬 만한 성격을 내포하고 있을 경우, 영향력이 큰 신문사가 한쪽 입장에 서서 캠페인 추진을 담당하는 것이 과연 적절한지와 관련해 문제가 될 소지가 다분하다.

끝으로 논평이나 해설을 중심으로 하는 보도가 있다. 신문에는 사설이 있으며 스트레이트 뉴스에 연동된 해설이나 논평도 빠질 수 없다. TV·라디오의 속보기능이 동시진행에 가까워지면 가까워질수록 눈앞에 일어나고 있는 사상의 배경이나 내용을 해설·논평하는 신문의 기능은 중요시되고 있다.

신문은 오랫동안 위와 같은 기법들을 시험하고 구사하면서 보도에 임해왔다. 그러나 아직 완벽한 방법을 짜내는 것에는 이르지 못했으며 여러 방면에 걸쳐 문제점이 도출된 것을 알 수 있다. 무엇보다 중요한 문제는 사실을 어떻게 알리느냐 측면에서의 보도자세다.

홍보체제의 강화와 발표물

미국의 유력지 〈뉴욕 타임스〉와 〈워싱턴 포스트〉의 1면 기사를 대상으로 뉴스의 출처를 분석한 조사결과가 있다(Leon V. Sigal, Reporters and Officials : The Organization and Politics of Newsmaking). 이는 20년 전에 발표된 것이지만 당시 미국의 신문들이 관청이나 의회에 얼마나 많은 정보를 의존하고 있었는가를 알 수 있는 조사 자료다. 이 조사에 따르면 정부 및 의회, 국제기관, 지방자치단체의 당국자에 이르기까지 관청관계자들을 정보원으로 삼는 뉴스가 전체의 78%에 이르고 있다. 일본의 신문보도에 대해 따로 분석한 사례가 없어 정확한 비교는 할 수 없지만 일본 역시 관청관계자를 통한 정보의존도가 높을 것으로 생각된다.

미국의 조사는 정보가 전달되는 경로를 분석한 결과를 토대로 한 것으로서, 워싱턴발 기사 가운데 72%가 이른바 발표물이라고 지적하고 있다. 이에 비해 일본의 신문기사는 정보원을 명시하지 않은 뉴스가 많아 정보의 경로를 정확히 분석하기가 어렵다. 그러나 각 신문에 동시 게재되는 보도양태를 보면 동시발표 내지 그에 가까운 공표형태를 취한 뉴스가 매우 큰 비중을 차지하고 있음을 알 수 있다. 이것은 몇몇 주요 일간지를 펼쳐놓고 비교·분석해 보면 금방 알 수 있는 내용이다.

관청의 발표물이 신문보도의 큰 비중을 차지하는 주된 이유는 권력이 최대의 정보원임과 동시에 그 정보를 효율적으로 전달하기 위한 기자클럽이 활발히 기능하고 있기 때문이다. 기자클럽에 소속된 미디어에게는 당연히 숨겨진 정보를 캐내는 일보다 클럽에 제공된 정보를 활용하는 것이 훨씬 수월한 일이다. 때문에 신문지면에는 여전히 그러한 정보가 넘치게 마련이다.

스트레이트 뉴스보도로 무엇을 전할 것인가를 생각할 때, 지금의 미디어가 직면하고 있는 가장 심각한 문제 가운데 하나는 관청에서 발표하는 정보가 너무 많다는 점이다. 이것은 신문이 허울 좋은 관청의 홍보기관지로 전락할 가능성이 많다는 뜻이다. 정보원은 자신에게 유리한 정보는 자진해서 제공하지만 그렇지 않은 경우에는 절대로 공개하지 않는다. 따라서 관청이 발표하는 정보 중 관청 쪽에 불리한 정보는 거의 없다. 신문지면에 관청의 발표물이 큰 비중을 차지하는 것은 권력자들이 시민에게 일방적으로 주입시키고자 하는 뉴스가 중시됨을 의미한다. 이것은 시민을 위한 공정·공평한 보도라는 신문 본래의 취지에 철저히 위배되는 것이다.

정치·행정 권력입안자들이 갖고 있는 정보의 중요성은 매우 높다. 그에 의한 권한행사가 시민에게 큰 영향을 주기 때문이다. 그러나 이것만으로 권력에 유리한 정보의 일방적인 전달을 정당화하지는 못한다. 신문이라면 권한행사가 적절한지 늘 감시하면서 그 횡포를 막기 위해 권력 쪽이 제공하는 정보를 있는 그대로 전달하는 데 그치지 않고, 오히려 그들에게 불리한 정보도 끌어내서 보도해야 할 의무가 있다. 현재의 일본신문이 그 역할을 전혀 하지 못하고 있다는 얘기는 아니다. 예컨대 리크루트 사건이나 건설독직에 관한 일련의 보도내용은 신문이 단순한 관청의 홍보기관지가 아님을 잘 증명해 준 사례라고 할 수 있다.

매스 미디어의 중요성이 높아짐에 따라 관청이나 대기업의 홍보체제도 빠르게 충실해져 가고 있다. 즉 요구하지 않으면 제공하지 않는다는 종전의 태도를 제공할 수 있는 것은 적극적으로 제공한다는 식으로 바꾸고 있다. 미디어가 요구하는 정보의 성격을 파악한 다음 그 수요에 맞춰 적절히 제공하는 체제를 취하게 된 것이다. 그러나 한편으로는 제공하고 싶지 않은 정보나 알리고 싶지 않은 정보를 철저히 관리하는 체제 또한 동시에 갖추고 있다.

홍보체제를 일원화시키고 제공하는 정보는 발표형식을 취한다. 이러한 경향은 앞으로 더욱 심해질 것이다. 따라서 신문은 뉴스의 선택기준을 좀 더 엄격하게 정하지 않으면 안 된다. 무엇을 뉴스라고 생각할 것인가. 이러한 전통적인 물음 앞에서는 정보원이나 정보제공의 형태가 그리 중요한 문제가 아니었다. 그러나 앞으로 정보가 관청 일변도로 되는 것을 막으려면, 미디어가 의식적으로 제동을 걸지 않으면 안 될 것이다.

알리는 방법에도 문제가 있다

뉴스는 무엇을 알리고 또 어떻게 알려야 하는가에 대한 문제도 갖고 있다. 전후의 일본신문은 가능한 한 사실을 있는 그대로 전하는 객관주의적인 보도를 지향해 왔다. 신문협회의 신문윤리강령은 신문이 지켜야 할 규범의 하나로서 뉴스보도에는 절대로 기자 개인의 의견을 곁들여서는 안 된다고 명기하고 있다. 대부분의 신문이 편집강령이나 사시社是를 통해 공정, 공평, 불편부당, 중립 등을 강조하고 있는 것도 이념적으로는 객관주의 보도를 지향하는 것이다.

엄밀한 의미에서의 객관주의 보도(개인의 주관이 전혀 개입되지 않은 보도)가 현실적으로 가능하다고 생각하는 사람은 극히 드물다. 취재 및 표현 과정에서 기자나 편집자의 주관적인 가치판단을 완전히 배제하기란 불가능하기 때문이다. 그러나 객관주의 보도의 시비는 차치하고라도 현실의 뉴스보도, 특히 그 전달방법에 있어서 독자에게 사실을 정확히 알리는가에 대해서는 지극히 회의적일 수밖에 없다.

캠페인을 목적으로 한 보도나 논평과는 달리 스트레이트 뉴스보도는 가능한 객관적이어야 한다는 주장에는 별다른 이견이 없을 것이다. 기자나 편집자의 주관을 완전 배제할 수는 없겠지만 되도록이면 객관적인 사실을 중심으로 보도해야 한다는 뜻이다. 현장기자나 편집자 대부분이 그러한 자세로 임하고 있으나 실제로 일간신문의 뉴스보도에 그러한 사고방식이 실현되고 있는가를 따져 본다면 논의의 여지는 다분할 것이다.

가장 기본적이면서 중요한 의미를 갖는 문제 중 하나가 정보원을 명시하지 않는 기사가 너무 많다는 것이다. 흔히 볼 수 있는 다음과 같은 사례를 통해 그 문제점들을 지적해 보기로 하자.

'동구東歐에 관세인하 요청, 루마니아와 우선 정보 교섭'

정부는 본격적으로 동구 여러 나라와의 경제관계 확대에 임할 방침을 굳혔다. 따라서 유럽연합(EU) 제품보다 높게 설정되어 있는 일본제품에 대한 관세율 인하 교섭에 착수하는 한편 종래부터 계속되어 온 각국과의 투자보호협정체결 교섭을 가속화시키기로 했다.

먼저 루마니아로 수출되는 미싱이나 공작기계, 비디오, 자동차에 대한 관세율을 EU수준으로 인하하기 위한 사무차원의 협의를 연내에 개시하고, 이를 돌파구로 동구의 다른 여러 나라와의 교섭을 추진하겠다는 생각이다(이하 생략).

〈니혼게이자이신문 1994년 11월 12일〉

생략된 부분을 포함해 전문全文 80행과 1면 어디를 훑어봐도 이 정보의 출처에 관해서는 일체 언급이 없다. '방침을 굳혔다, 교섭을 가속화시키기로 했다, 교섭을 추진하겠다는 생각이다' 와 같은 정보가 도대체 누구로부터 흘러나왔는지 전혀 알 길이 없다. 이것만 가지고는 정보에 대한 홍보 기사로 오인될 수도 있다.

사건이나 사고의 현장에 기자가 있는 경우는 드물며 정치·행정에 관한 정책결정 과정에 기자가 입회하는 일도 거의 없다. 그러므로 보통은 당사자 내지 관계자들로부터 정보를 얻는다. 이같이 정보의 출처에 관한 언급이 없을 경우 독자는 그것을 있는 그대로의 사실로 받아들이기가 어렵다. 기자는 정보내용에 대해 100퍼센트 확신을 갖고 있었는지 모른다. 그러나 이 기사의 스타일은 제공된 정보를 그대로 받아들여 이를 통째로 독자에게 강요한 것이라고 할 수밖에 없다.

1991년 5월, 각 주요 일간지는 'O씨에게 사과'라는 제목으로 잇따라 사죄문을 게재했다. 70년대 초 수도권에서 발생한 여성 연속방화 살인사건의 혐의자 O씨의 무죄가 확정됨에 따라 사건 당시의 신문보도가 사실이 아님을 인정한 것이다. 다음과 같은 기사로 당시 일련의 신문보도를 엿볼 수 있을 것이다(사실의 일부는 생략, 피해자의 이름은 가명으로 기재).

'O씨에게 부동의 증거, 근명간 살인혐의로 재구속'

여성 연속방화 살인사건의 유력한 혐의자 O씨로부터 압수한 점퍼의 혈흔을 감정한 결과, 7월 10일 미명에 살해된 교원 K씨의 혈액형과 일치됨이 판명, O씨를 K씨 살해범으로 단정하여 재구속할 방침임. 협력수사를 진행하고 있는 경시청과 지바 및 사이타마埼玉 현경은 이제까지 판명된 사실과 수사자료 등으로부터 I씨와 T씨 살해 등 다른 6건도 O씨의 범행으로 단정했다(이하 생략).

〈마이니치신문 1974년 11월 13일〉

약 75행의 기사 전문 어디에도 O씨를 범인으로 단정한 정보제공자의 이름은 없다. 독자의 입장에서 본다면 누구로부터 들은 얘기인지 전혀 알 수가 없고, 신문이 경찰의 판단이나 방침을 어떤 근거를 바탕으로 단정적으로 쓸 수 있었을까, 하고 이상하게 여길 것이다. 또 시각에 따라서는 신문기자가 수사당국과 한패가 되어 당국의 입장을 대변하는 것처럼 보일 수도 있다. 그러나 보도가 된 17년 후, 보도의 내용이 사실과 다르다는 것이 밝혀지자 각 신문들은 이를 인정하고 사죄를 하지 않으면 안 되었다. 하지만 사죄기사를 읽더라도 어떻게 해서 그러한 잘못이 대대적으로 행해지게 되었는지에 대한 원인은 알 수가 없다.

기사에 정보의 출처가 명시되어 있으면 당사자에게 오보의 책임을 물을 수가 있다. 신문이 오보의 책임을 면할 수는 없지만 적어도 왜 오보가 생겼는지, 그 원인만큼은 규명할 수가 있는 것이다. 그러나 위의 기사처럼 정보원이 누구인지, 또는 어떤 입장의 정보원에게서 제공된 것인지조차 밝혀져 있지 않은 경우에는 그 책임소재를 밝힐 길이 없다. 책임의 소재나 원인이 애매한 상태에서는 장차 같은 잘못을 되풀이하지 않기 위한 어떤 방법의 강구도 불가능하다.

위의 사건을 계기로 미디어 쪽에서도 범죄보도의 자세와 관련해 반성의 목소리가 차츰 높아지고 있다. 혐의자의 호칭이나 사진을 취급할 때 조금은 신중해진 것이다. 그러나 정보의 출처를 명시하지 않는 보도행태는 지금도 여전히 되풀이되고 있다.

정보원의 명시와 은닉의 의미

정보원을 명시하는 것은 두 가지의 중요한 의미가 있다.

첫째, 독자에게 정보의 신뢰도를 판단할 수 있는 단서를 제공한다. 정보원이 명시되어 있으면 그가 직접적인 당사자인지 아닌지, 혹은 정보내용에 대해 어느 정도의 지식과 판단력을 가진 사람인지를 알 수가 있다. 그리하여 독자는 제공된 정보의 가치를 자연스럽게 판단한다. 가령 정보원이 개인의 이름으로 명시되어 있지 않은 경우라 할지라도 그의 직업이나 지위, 입장 등만 제대로 명시되어 있다면 참고가 된다.

둘째, 취재나 집필에 엄밀성이 요구됨으로써 뉴스보도의 질을 높이는 데 바람직한 결과를 가져온다. 정보원을 명시한 상태로 보도에 임할 때는 더욱 더 치밀한 취재와 정확한 표현이 필요하다. 취재대상에 대해 책임을 지지 않으면 안 되기 때문이다. '…라고 볼 수 있다', '…라는 견해도 있다' 는 식의 애매한 표현은 더 이상 쓸 수가 없게 된다. 동시에 정보원도 자신이 제공하는 정보에 대해 막중한 책임감을 느낄 수밖에 없다. 즉 이익을 위한 정보제공이나 불확실한 정보의 제공을 사전에 견제할 수가 있는 것이다. 이는 익명을 이용해 노골적인 정보조작을 시도하는 무리들을 퇴치하는 데에도 도움이 된다.

물론 정보의 출처를 항상 명시할 수는 없다. 중요한 정보나 영향력이 큰 정보일 경우 신분노출을 꺼리는 정보제공자도 있기 때문이다. 이때 취재기자 쪽에서 굳이 그 출처를 명시하려고 하면 결국 정보를 얻지 못하는 사태가 발생하게 된다. 때문에 당국자, 정부 관계자, 소식통 등 익명의 정보원이 자주 등장하게 되는 것이다. 정보원을 밝히지 않음으로써 약간의 출혈이 예상된다 해도 그만한 가치가 있는 정보라면 이러한 소식통에 의거한 보도도 필요하다. 하지만 이 경우에도 최소한 직업이나 지위는 밝힘으로써 그 정보제공자가 어떠한 성격의 정보원인지는 알 수 있어야 한다.

일본과 같이 객관주의 보도를 기본규범으로 삼고 있는 미국은 뉴스보도의 규정으로 정보원의 명시를 정해놓고 이를 일본보다 훨씬 더 엄격하게 지키고 있다. 기자는 가능한 한 정보제공자를 실명으로 밝혀야 하며, 만약 이것이 불가능할 경우에는 그 이유를 명확히 밝히도록 의무화하는 것이다. 미국의 신문보도에 '…라고 말했다', '…라고 얘기했다' 는 등의 표현이 자주 나오는 것은 바로 그 때문이다.

물론 미국의 보도에도 익명의 소식통이 등장하며, 익명을 조건으로 정보를 제공하는 사례는 결코 적지 않다. 그러나 편집책임자의 요구가 있으면 기자는 정보원이 누구인지를 밝혀야 한다. 그렇게 함으로써 익명의 정보원에 대한 신분이 기자들 자의에 의해 노출되는 폐습을 막을 수가 있는 것이다. 그러나 정보원의 명시가 미국에 비해 철저하지 못한 일본에서는 그것이 취재의 불충분함이나 불확실함을 얼버무리기 위한 것으로 악용되기도 한다.

반면에 정보원의 명시를 엄격히 지키면 오히려 정보를 얻기가 힘들어진다는 우려가 있으며, '…라고 말했다'가 많이 쓰이면 문장의 리듬이나 간결함이 사라진다는 지적도 있다. 그러나 독자에게 가치판단의 실마리를 제공함으로써 뉴스보도의 질을 높일 수 있다는 점을 고려한다면 시도해 볼 만한 충분한 가치가 있는 개혁방안이라고 할 수 있을 것이다. 그를 위해 우선은 앞에서 제시한 바와 같은 정부 홍보성 기사 작성을 지양하는 것부터 실천해야 할 것이다.

위세를 떨치는 신문의 해석

뉴스보도에 기자의 의견을 절대 개입시켜서는 안 된다는 신문윤리강령을 실행 가능한 것으로 생각하는 기자는 그리 많지 않을 것이다. 그러나 현재의 뉴스보도는 되도록이면 기자의 주관을 배제하는 정도의 규범에서조차 벗어나 있다. 그 전형적인 예로 사실과 그 사실에 관한 기자의 해석이 한데 엉켜 양자의 구별을 어렵게 하는 경우가 있는데 다음 기사를 살펴보면 알 수 있다.

보스니아 내전이 새로운 국면을 맞이했다는 것이나, 미국의 행동이 '큰 균열을 남길 것임은 확실하다' 는 것은 기자 또는 누군가의 해석이다. '흘러들어가는 것은 아니다' , '정치적 의미가 더 크다' 는 것도 역시 사실이라기보다는 해석에 가깝다. 또한 기사의 전문 어디에도 해석자의 이름이 명시되어 있지 않기 때문에 독자는 당연히 기자의 의견으로 생각할 수밖에 없다. 각각의 해석 속에는 극히 간단하기는 하지만 그 근거가 되는 사실이 지적되어 있다. 그러나 기사 전체를 꼼꼼히 살펴보면, 고작 몇 개의 사실만을 가지고 전반적인 평가와 해석을 내렸다는 인상을 지울 수가 없다. 단발의 스트레이트 뉴스 형식을 취하고는 있지만, 차라리 해설기사에 속한다고 해야 옳을 것이다.

속보기능에 있어 절대로 TV·라디오에 맞설 수 없는 신문은 정확한 사실보도와 더불어 해설·논평의 기능을 생명으로 해야 한다. 실제로 일본 신문에서도 해설·논평란에 충실을 꾀하는 경향이 최근 들어 두드러지게 나타나고 있다. 그러나 해설기사에 대한 지나친 충실이 오히려 스트레이트 뉴스와 해설의 경계를 애매하게 만들어 버린다면, 이는 심사숙고해 봐야 할 문제인 것이다.

앞에서 예시한 기사의 문제는 스트레이트 뉴스의 형식을 취하고 있지만 기자의 평가와 해석이 들어가 있는 것이다. 명확한 해설이나 분석이 제시되어 있다면 독자는 그 견해를 기자의 것으로 받아들인다. 이 같은 경우에는 당연한 일이지만 기자의 이름을 명시하지 않으면 안 된다. 필자가 누구인지를 알게 됨으로써 그 견해가 어느 정도 신뢰할 수 있는 것인지를 판단할 수 있기 때문이다. 그러나 이러한 평가나 해설이 익명의 스트레이트 뉴스로 전해질 경우 독자는 어떻게 받아들여야 할지 막막해진다. 기자 또는 신문사의 견해이므로 어느 정도는 믿어도 괜찮다는 생각을 무의식적으로라도 지닌 것이라면 오만하다는 비난을 면치 못할 것이다.

뉴스를 알리는 쪽에 필요한 것은 사실을 가능한 한 충실히 전하는 스트레이트 뉴스 보도자세와 이에 대한 평가, 해석, 분석의 해설 및 논평을 독자가 똑똑히 알 수 있도록 구분하는 일이다. 그리고 기자 개인의 견해를 표명하는 해설이나 논평은 서명기사로 작성하여 책임소재를 명확히 해야 한다. 또한 스트레이트 뉴스에서 사실에 대한 평가나 해석을 전달할 필요가 있는 경우에는 기자 개인의 것이 아닌 제3자의 것으로서 정보원을 명시해야 할 것이다.

기자의 평가나 해석을 통해 전달되는 견해 중에는 해당 당사자나 관계자, 전문가 등으로부터 얻은 것이 많다. 이것을 기자 개인의 견해로 바꾸면 그 과정에서 원정보의 출처가 애매해지고, 더 나아가서는 판단의 내용이 부정확해지거나 왜곡된다. 정확한 보도를 생각한다면 의견을 전달하는 데 있어서도 사실보도의 경우와 마찬가지로 되도록이면 정보(의견)의 출처를 명시하는 데 힘써야 하며, 그것을 기자의 견해로 바꾸려는 안이한 생각은 버려야 한다.

서명기사로 신문의 책임의식을 명확히

정보원을 명시하는 것은 정보를 제공하는 쪽의 책임을 명확히 한다. 또한 이는 기사를 집필하는 기자의 책임도 자연 무거워지게 한다. 그러나 기자 쪽의 책임을 더욱 명확히 하기 위해서는 모든 기사를 실명기사로 하는 것이 바람직하다.

구미의 신문은 대부분 실명기사로 되어 있다. 논평이나 해설뿐만이 아니라 스트레이트 뉴스에도 집필자의 이름이 명시되어 있다. 대부분의 독자에게 이러한 집필자의 명시는 별 의미가 없다. 그러나 고도의 전문지식을 필요로 하는 주제이거나 논의를 일으킬 만한 굵직한 화제일 경우에는 집필자의 이름이 곧 그 기사의 가치나 신뢰성을 재는 척도가 된다.

일본신문에서는 해외특파원으로부터 발송되어 오는 기사를 제외한 모든 스트레이트 뉴스가 무기명이다. 1면 톱을 장식하는 특종도 대부분 누가 집필한 기사인지 일반 독자로서는 알 길이 없다. 해설이나 논평 역시 서명이 원칙이지만 국내물이나 짧은 기사는 무기명인 경우가 보통이다.

일본신문이 스트레이트 뉴스에서조차 서명을 꺼리는 데에는 몇 가지 이유가 있다. 첫째, 집필한 기자의 이름이 명시됨으로써 기자와 취재처, 신문사와 취재처 간의 관계가 악화되어 앞으로의 취재활동에 장애가 생길 가능성이 있기 때문이다. 특히 기사가 정치적으로 미묘한 정보를 다루는 것이라면 더욱 심각하다. 폭력집단에 관한 보도는 신문사가 협박을 받거나 기자의 신변에 위험을 가져올 수도 있다. 그러나 이러한 것들이 두려워 책임소재를 확실하게 하지 않는다면 이는 결국 신문이 공갈협박을 무기로 삼는 세력들에게 굴복하게 됨을 의미하는 것이다.

둘째는 대부분의 기사가 여러 기자의 협력으로 이루어진 취재결과이기 때문이다. 정치보도뿐만 아니라 최근의 뉴스취재는 여러 기자의 공동작업인 경우가 많으며 중요한 기사일수록 공동작업은 당연시 된다. 그러나 이 경우에도 취재에 관여한 기자 전원의 이름을 명시하는 것은 무리겠지만 주된 정보의 수집자와 집필자의 이름을 명시하는 것은 어려운 일이 아닐 것이다. 신문이 서명기사를 기피하는 것은 스타 탄생(특정기자의 이름을 명시함으로써)을 피하려는, 말하자면 일본 특유의 집단주의적인 발상에 의한 것이라고 할 수 있다. 이러한 이유에는 나름대로의 의미가 있음을 부정할 수 없다. 그러나 이름을 넣지 않음으로써 잃는 것과 이름을 넣음으로써 얻는 것을 비교한다면 후자 쪽의 비중이 훨씬 클 것이다. 잃는 것 가운데 가장 큰 것은, 무기명의 기사는 그 책임소재가 애매해질 위험이 있는 것이다. 무기명이면 적어도 사외로부터 그 기사내용에 대한 책임을 추궁당할 일이 없다. 책임추궁이 없으면 취재나 집필태도는 그만큼 안이해지기 마련이다.

실명기사일 경우 기자는 표현상의 세부적인 부분까지 신경을 써야 한다. 이것은 정보제공자에게도 보다 큰 책임을 지우는 것이다. 기자가 기사내용에 세심한 주의를 기울이고 책임을 의식하게 되면 보도의 질은 자연히 개선될 것이다. 사실 대부분의 독자들은 기사의 집필자에 대해서는 별 관심이 없다. 그러나 기자 스스로에게 그 책임소재를 분명히 밝히는 행위는 매우 큰 의미를 지닌다.

실명기사는 기자가 취재나 표현에 더욱 세심하게 신경을 쓰게 해 기사를 다채롭게 하는 데에도 많은 도움이 된다. 또한 애매하게 취급하기 쉬웠던 해석이나 분석 등을 적극 활용함으로써 뉴스보도의 깊이를 심화시킬 수도 있다. 그리하여 사실만을 중심으로 다루었던 경향의 스트레이트 뉴스보도를 좀더 생생하게 꾸밀 수 있을 것이다.

〈산케이신문〉은 일찍부터 모든 기사에 서명을 시도했다. 자사기자의 기사에는 기자명을, 통신사기사에는 통신사명을 명시해서 게재한 것이다. 기자의 이름뿐만 아니라 통신사에 대해서까지 책임소재를 명확히 한 이 조치는 매우 과감한 시도였다. 그러나 결국 이는 오래 지속되지 못했다. 표면상으로는 분명한 이유가 드러나지 않지만, 실명기사를 냄으로써 일하기가 무척 어렵게 되었다는 불만이 현장기자들 사이에서 암암리에 나돌았기 때문이다. 취재선과 생기는 마찰 때문인지, 현장책임이 너무 막중해져서 그런 것인지는 확실치 않다. 만일 후자의 이유 때문이라면 중요한 개혁을 앞둔 상황에서 선도역할을 스스로 포기해 버렸다고 할 수밖에 없다.

객관주의 보도는 가능한가

스트레이트 뉴스보도에 있어 가장 중요한 게 바로 객관성이다. 기자의 주관을 섞지 않고 가능한 한 사실 그대로를 객관적으로 전한다는 사고방식이다. 이에 대해서는 전부터 갖가지 비판이 있어 왔는데, 100퍼센트 순수하게 객관적인 보도는 있을 수 없다는 주장이 그 중 하나다. 그럼에도 불구하고 대부분의 신문은 이것을 보도의 규범으로 받아들이고 있다. 앞에서 인용한 신문윤리강령의 한 구절이 그것을 설득력 있게 말해 주며 현장기자나 편집자도 대체로 이 규범에 따라 직무를 수행한다. 많은 문제점을 느끼고 있음에도 불구하고 아직 그를 대신할 만한 다른 확고한 규범을 찾지 못하고 있는 것이다.

사람이 관여하는 뉴스보도에서 사람의 주관을 완전히 배제할 수는 없다. 보도내용 선택, 표현방법, 지면취급, 발표형태 등 모든 과정에 기자나 편집자의 가치판단 및 감정이 관여하게 된다. 가치판단을 적용시키지 않는다면 보도 자체가 성립되지도 않을 것이다. 객관주의 보도는 이러한 가치판단까지 배제하려는 것이 아니라 작업의 실상을 감안하여 가능한 한 공정·공평한 보도가 되도록 힘쓰는 것이다. 이를 위해 필요한 것은 독단이나 편견을 버리고 사실을 다면적으로 포착하여 균형 잡힌 정보를 제공하는 일이다.

객관주의 보도를 실천함에 있어 기자나 편집자가 지켜야 할 몇 가지 룰이 있다.

첫째, 뉴스의 가치판단은 개인의 생각이나 편견에 의해 좌우돼서는 안된다(이에는 저널리스트 개개인의 자제와 성실성이 요구된다).

둘째, 다면적인 보도에 힘써야 한다(이를 위해서는 저널리스트의 풍부한 식견과 노력이 필요하다).

셋째, 보도내용을 정확하면서도 과부족없이 표현하도록 해야 한다(이에는 일정한 훈련과 규율이 필요하다).

객관주의 보도가 가장 먼저 탄생한 미국의 저널리즘 내에서는 이러한 룰이 상당히 엄격하게 지켜지고 있다. 일본도 객관주의를 뉴스보도의 기본규범으로 삼고 있다는 점에서는 미국과 별반 다를 게 없으나 규범을 실천하는 엄격성은 미국에 미치지 못하고 있다.

일본의 기자나 편집자들 사이에서 오랜 세월 익숙해져 왔던 보도성향에 중대한 문제가 발생한 사실을 의식하는 사람은 별로 없다. 바로 이런 점에 일본신문이 처해 있는 상황의 심각성이 내포되어 있다. '정부는 … 하기로 방침을 굳혔다'는 식의 정부기관지적인 보도성향을 전혀 이상하게 여기지 않았던 것은 신문이 예전부터 권력의 대변인 노릇을 충실히 수행해온 것에 기인한 것임에 틀림없다.

일본신문도 권위가 없는 곳에서 제공하는 정보는 신중하게 취급한다.

시시한 민간단체에서 제공하는 정보를 정보원도 밝히지 않고 그 내용을
확정된 사항인 것처럼 기사로 꾸미는 일은 없다. 그러나 그것이 정부나 정
당, 대기업 등의 권력기구 또는 권위를 갖는 단체의 정보인 경우에는 구전
식으로 그대로 독자에게 전한다. 마치 권력기구에서 제공되는 정보에 대
해서는 의심할 필요조차 없다고 결정내린 듯한 태도다. 만약 출처를 소홀
하게 취급하는 이유가 그러한 체질적인 것과 관련이 있다면, 신문이 안고
있는 문제는 이에 그치지 않는 좀더 뿌리 깊은 모순을 안고 있다고 할 수
있을 것이다.

객관주의 보도의 함정

객관주의 보도는 뉴스보도에서 주관적인 기사를 완전히 배제해 버리는
것이 아니다. 다만 스트레이트 뉴스와 해설 및 논평의 차이점을 명확히 밝
혀 두자는 것일 뿐이다. 그러나 일본신문은 그 구분이 명확하게 이루어지
지 않고 있다는 데에 또 다른 문제점을 안고 있다.

스트레이트 뉴스 가운데 기자 개인의 견해나 해석이 사실과 분간하기
어렵게 결부되어 보도된 사례는 이미 앞에서 언급했다. 그러나 이 밖에도
신문사의 사론 및 주장에 따른 뉴스가 의도적으로 크게 보도되는 것이 요
즘 눈에 띄게 많아지고 있다. 스트레이트 뉴스로 전해지는 이들 보도내용
에서는 그 신문사 및 필자의 주장이 분명하게 느껴진다. 그렇다고 목적이
뚜렷한 캠페인 보도는 아니다. 이를테면 스트레이트 뉴스를 가장한 캠페
인 보도로 보는 것이 타당할 것이다.

독자의 입장에서 본다면 위와 같은 형식의 특정의도를 품은 기사를 읽
는 것은 별로 달갑지 않다. 캠페인 보도라면 스트레이트 뉴스보도와는 확
실하게 구별되는 형식을 취해야 한다. 물론 각각의 신문에는 서로 다른 정

치적인 주장도 있고 신조도 있으며 그에 따라 캠페인 활동이나 논평이 전개되는 것도 당연하다. 그러나 오늘날 대부분의 신문은 중립, 불편부당, 공정, 공평 등을 사시 또는 편집강령에 내걸고 보도활동에 임하고 있다. 이것이 장식물이 아니라면 적어도 스트레이트 뉴스 보도만큼은 가능한 객관적인 사실 전달에 힘써야 할 것이다. 요컨대 캠페인 요소가 강한 뉴스 보도와 스트레이트 뉴스보도 사이에 변별성을 부여하는 일은 그 성실성을 재는 척도라고 생각한다.

객관주의 보도가 보다 나은 뉴스보도를 낳기 위한 전부는 아니다. 사실을 사실로써 전하는 데 있어 형식에 너무 구애받게 되면 그 배후에 숨은 진실을 간과할 위험이 있는 것이다. 형식적인 객관주의에 의거한 보도가 진실을 크게 왜곡시켜서 전달한 가장 두드러진 예는 50년대 초에 미국 전역을 휩쓴 매카시즘 사건이었다.

당시 미국의 미디어는 조 매카시 *J. R. McCarthy* 상원의원이 주장한 적색분자 소탕 발언을 여러 차례에 걸쳐 크게 보도했다. 미디어가 전한 매카시 상원의원의 발언 사실 자체는 잘못된 것이 아니었다. 그러나 발언의 내용이 대부분 진실과는 동떨어진 것이었고, 또 근거가 없는 소문이나 억측 그리고 새빨간 거짓말도 적지 않게 섞여 있었던 것으로 밝혀진 것이다. 그 결과 미디어는 매카시 의원의 데마고기(Demagogy ; 민중을 선동하기 위한 정치적인 허위의 선전행위 – 옮긴이 주)에 휘말려 거짓 반공선전을 거든 꼴이 되었다.

객관주의 보도는 표면적인 사실만을 전하는 데 그치는 것이 아니다. 표면에 나타난 사실이 숨겨진 진실에 얼마나 근접해 있는지 지속적으로 주의를 기울이는 것이 중요하다. 정보원의 명시를 유념하고, 정보를 다면적으로 수집하며, 정확한 표현에 힘쓰는 것도 진실을 추구하기 위한 효과적인 방법이다. 되도록 사실을 있는 그대로 전한다는 객관주의 보도의 기본 방침은 말처럼 쉬운 것이 아니다. 그러나 보다 많은 시민들에게 신뢰를 얻기 위한 뉴스보도의 이념으로서 아직까지 이 객관주의 보도를 대신할 만한 체제는 발견되지 않고 있다.

Chapter 08

조사보도와 영상매체의 모방

TV의 위력

신문은 같은 보도매체로서 TV와 항상 치열한 경쟁을 벌인다. 그러나 속보성만으로 본다면 신문은 도저히 TV와 맞설 수 없을 것이다. 그 위력을 역력하게 보여준 것이 닛코점보기 추락사고, 도요타상사 회장 참살사건, 걸프전 등이다.

1985년 8월 13일 오전 11시 30분, 이 시각은 보도의 박진성에 있어 신문이 TV에 경악했던 순간으로 영구히 기억될지도 모른다.

그 전날인 12일 오후 6시 12분, 승객 509명과 승무원 15명을 태운 일본항공의 보잉 747기가 하네다에서 오사카를 향해 이륙했다. 우란분(盂蘭盆 ; 음력 칠월 보름에 여러 가지 음식을 만들어 아귀에 시주하고 조상의 명복을 빈다 - 옮긴이 주)을 맞아 귀성객으로 만석이었던 비행기는 6시 31분, "스루가만 상공에서 우측 도어의 최후부가 부서졌다, 급강하한다"고 하네다 공항 관제탑에 급전을 보냈다. 그리고는 57분에 사이타마 현의 도쿄 항공교통 관제부의 레이더 망에서 사라졌다. 그 후 폭발음을 들었다, 불길에 휩싸여 낙하하는 기체를 보았다는 정보에 의지해 각 보도기관은 총력을 기울여 나가노 방면으로 모여들었다. 그 사이에도 조난장소는 미군 요코다 기지, 나가노 현 사쿠 시 주변, 사이타마 현 오쿠치치 부 등으로 정확하게 알려지지 않았다. 조난현장인 미스다카 산이 확인된 것은 13일 오전 4시 39분. 기체가 완파되어 전원사망으로 보는 견해가 지배적인 가운데 오전 10시 55분, 나가노 현경의 구조대원이 생존자 4명을 확인했다. 11시 30분, 들것에 실린 진흙투성이 소녀들의 구조작업 상황을 후지TV가 생중계했다. "보잉 747기 추락사고 현장에 생존자가 있었습니다."로 시작된 현장 리포트는 한동안 많은 시청자들을 화면 앞에서 꼼짝 못하게 했다.

그 해 신문협회상을 수상한 이 보도에 대해 당시 보도국장은 '사람들이 놀라움과 감동으로 그 영상을 주시한 것은 전원사망이라는 절망의 구렁텅이에서 생존자가 있다는 의외성을 보여주었기 때문만은 아닐 것으로 생각한다. 비록 멀리 떨어져 있다고는 하지만 위험한 구출작업과 마음을 같이 하며 함께 숨을 죽이고 지켜보고 있다는 동시성을 체험했기 때문일 것이다. 이 동시성이야말로 곧 TV의 진가가 아니겠는가.' 라는 내용의 글을 〈신문연구〉 1985년 11월호에 기고했다.

추락현장에는 신문기자도 있었다. 당일 석간에는 신문사의 카메라맨이 촬영한 사진도 게재되어 있었다. 그러나 신문이 어떠한 방법으로 묘사를 해도 생중계되는 영상의 긴박감에는 미칠 수 없었다.

이보다 약 2개월 전인 6월 18일에는 오사카에서 도요타상사 회장 참살

사건이 발생했다. 지금地金 판매를 둘러싼 유령 거래의 실태해명이 경찰당국에 의해서 진행되고 있었던 시기라 회장에 관한 정보입수는 시간문제로 간주되고 있었다. 그에 따라 많은 보도진들이 그 순간을 놓칠세라 회장이 거주하는 아파트 복도에서 진을 치고 있었다. 그런데 그 목전에서 2인조의 괴한이 창문을 깨고 실내로 난입하여 일본도로 회장을 난자한 것이다. 방문 앞에서의 범인들과 보도진과의 말다툼, 창문을 깨는 모습, 회장의 비명소리, 피가 묻은 일본도를 들고 다시 창문으로 뛰쳐나오는 범인들, 구급차로 실려 가는 회장의 모습 등이 카메라에 찍혀 생생하게 방영되었다.

그 후 각 신문사와 방송국에는 왜 살인사건을 막지 못했느냐는 항의가 쇄도했고, 어떤 변호사는 현장에 있었던 보도진들을 전부 살인방조죄로 고발하기까지 했다. 목전에서 큰 사건이 일어났을 때 또는 일어나려고 했을 때, 보도진은 어떻게 행동해야 할 것인가에 대해서는 조목조목 따져가며 논의해 봐야 할 문제이겠지만, 어쨌든 그 화면에서 터져나오는 긴박감은 참으로 굉장한 것이었다.

사막의 폭풍작전이라는 다국적군에 의한 이라크 공중폭격이 1991년 1월 17일에 개시되었다. 오전 8시 43분, NHK가 "ABC, CNN이 개전을 알리고 있습니다."라고 보도한 것이 일본에서의 제1보였다. "사이렌이 울리고 있습니다. 시가지 상공에 라이트가 교차하며 폭격소리도 들려오고 있습니다. 시가지는 등화관제燈火管制로 완전히 암흑세계가 됐습니다."라는 방송사의 뉴스를 바탕으로 NHK는 즉시 특별 프로를 방영했고 민방 각국도 이에 따랐다.

화면으로 전해지는 것은 놀라운 광경이었다. 밤하늘을 교차하는 미사일의 광선, 기지에서 잇달아 출격하는 미그기, 검은 연기를 내뿜으며 불타는 석유 탱크, 극히 일부에 속하는 전쟁의 단면일지라도 그것이 생중계로 안방에 전달되는 충격은 대단했다.

중대 뉴스에는 여러 가지 종류가 있다. 세제의 개혁이라든가 선거제도의 개혁은 국민생활에 직결되는 큰 뉴스이긴 하지만 막상 그림이 되는 현장이 없다. 영상이 필요한 TV에 있어서는 참으로 골치 아픈 소재라고 할 수 있다. 이에 비해 추락사고 현장이나 회장의 참살 사건, 걸프전 등은 바로 눈앞에 피사체가 있다. 이것을 아무런 가공도 하지 않고 그대로 중계하는 것이 바로 TV의 위력이다. 1985년부터 불과 5년 반 사이에 발생한 세 가지 충격적인 사건은 신문이 TV에 크게 뒤질 수밖에 없는 현실을 보여준 결과가 되었다. 그러나 이와 동시에 편집이 전혀 가해지지 않은 화면(이 점에서 걸프전 보도에는 약간 다른 평가가 있다)이 국민 앞에 직접 방영되는 잔혹성에 대해서는 한 번쯤 진지하게 생각해 봐야 할 문제가 되기도 했다.

비탄에 잠겨 질문에 대답할 기력조차 없는 유족, 그 슬픔을 고려하지 않고 "지금의 심정은?"이라고 묻는 리포터, 힘없이 도리질 하는 유족의 모습이 그대로 방영된다. 슬픔을 확실히 전하는 데 그 이상의 영상은 없을지 모르지만, 그렇게까지 할 필요가 있었느냐는 의문도 생긴다. 그러나 한편으로는 보도매체로서의 신문의 역할이 새삼 중요하다는 것을 재확인한 셈이 되었다.

지진으로 확인된 신문의 중요성

신문이나 TV, 주간지 등 같은 매스컴끼리도 저마다의 특색이 있다. 주간지의 철저한 신문비평, TV의 생동감 넘치는 뉴스보도 등의 시비는 차치하더라도 각각의 매체는 스스로의 특성을 100퍼센트 발휘할 수 있는 보도 방법을 끊임없이 연구·개발하고 있다. 그 중에서 한신(阪神 ; 오사카와 고베 – 옮긴이 주) 대지진이나 도쿄 신용조합의 경영파탄과 관련된 보도는 독자로 하여금 신문 본래의 기능을 재인식하는 기회가 되기도 했다.

1995년 1월 17일에 발생한 한신 대지진은 사망자가 5천 명을 돌파했으며, 고속도로와 신간선 교각이 붕괴되었고 그 결과 20만 명의 인파가 한 달이 넘게 학교와 체육관에서 피난생활을 해야 했던 전후 최대의 참사였다.

정부 초동체제의 지연, 관청의 위기관리 능력 결여, 큰 재해를 입었으면서도 여전히 질서정연한 시민의식 등 예전에는 미처 인식하지 못했던 수많은 일들이 선명하게 부각되기 시작했다. 이와 동시에 정보과다에 익숙해져 있던 시민들이 막상 정보를 차단당했을 때 느끼는 심각한 불안을 극복하기 위해 필요한 또 다른 정보는 무엇인가를 생각하게 한 계기가 되기도 했다.

2월 24일자 〈요미우리신문〉 칼럼란의 편집수첩에 재해보도를 주제로 한 매스컴 지망학생의 논문 하나가 소개되었다.

니시미야西宮 시에 거주하는 학생은 '재해극복 체험담을 통해 무엇이 제일 먼저 필요했느냐고 묻는다면 그것은 물도 아니고 식량도 아니며 바로 정보라고 말할 것이다. TV를 본 것은 이틀 후였는데 도움이 될 만한 요긴한 정보가 거의 없었다는 데 분노를 느꼈다' 고 밝혔다. 그 당시는 전기, 수돗물, 가스 등 모든 생활의 라인이 망가졌다고 볼 수 있었다. 공식적인 기록에 따르면 단수 121만 9천 세대, 정전 100만 세대, 가스 두절 85만 세대, 47만 회선의 전화불통, 건축물 손괴 18만 9백 동, 피난민 34만 7천 8백 44명, 부상자가 3만 4천 5백 68명이었다. 이 대참사를 알려야 할 신문도 처음에는 도로의 파괴로 배달조차 제대로 이루어지지 않았다. 그리하여 시민은 휴대용 라디오를 이용해 겨우 단편적인 정보만을 입수할 수밖에 없었다. 더욱이 이웃들은 어디로 몸을 피했는지, 누가 죽었는지, A씨가 B

씨에게 무슨 말을 전하고 싶어 하는지와 같은 세세한 정보에 대해 애써 보도를 해도 정작 그것을 필요로 하는 사람이 확실하게 라디오를 청취하고 있다는 보장도 없었다.

신문, 아니 활자가 지닌 보존성, 기록성, 휴대성, 일람성은 위와 같은 재해시의 정보제공에는 필요불가결한 요소다. 각 신문사는 세세한 미니 정보를 담은 타블로이드판을 제작하여 연일 피난민 수용소로 보냈다. 날이 갈수록 늘어나는 사망자 소식이나 수용소 내의 정내회(町內會 ; 동네 주민의 자치조직 - 옮긴이 주) 소식, 주민의 성명, 또는 주민이 자신의 안부를 친지에게 알리고자 내붙인 벽신문의 내용 등 피난민에게 조금이라도 도움이 될 만한 정보가 빠짐없이 취재되었다. 이 밖에도 응급환자의 전화상담이나 세금, 주택보수, 복지, 가전제품 등과 관련된 상담창구가 게재되었고, 완파된 자택의 고정자산세는 어떻게 되는가, 결산자료 분실시 확정 신고는 어떻게 해야 하는가 등 이재민들이 궁금해 하는 사안들에 관한 질의도 연일 게재되었다. 이 모든 것들은 순식간에 없어지지 않는 활자매체에서만이 가능한 것이었다.

또 다른 사례로 도쿄 내의 도쿄협화東京協和와 안전安全이라는 두 신용조합의 난맥경영 및 그 구제문제가 1995년 연초부터 매스컴을 떠들썩하게 했다. 초점은 상상을 초월한 난맥경영 끝에 도산 위기에 처한 금융기관을 공적자금으로 구제하는 것이 타당한가라는 금융정책적인 면과 경영상의 형사책임은 없는가 하는 사법적인 측면에 있었다. 이것은 대장성이나 도쿄측의 자체조사와 매스컴의 취재를 통해 그 실태가 상세하게 드러나기 시작했다. 내용인즉슨, 양 신용조합의 이사장이 높은 이자를 약속하며 자신의 친지나 고액의 예금주들로부터 끌어들인 예금을 자신이 경영하는 기업에 물 쓰듯이 투입했다는 어처구니없는 것이었다. 그리고 양 신용조합의 예금 2천 4백억 엔 가운데 1천 3백억 엔 가량이 이사장의 회사로 유입되었으며, 변제불능 상태에 놓여 있다는 사실이 밝혀졌다. 이처럼 여러 그룹이 등장하여 복잡하게 돈이 흐르는 양상, 또는 여러 회사의 자본관계가 서로 얽혀 있는 모양, 임원들의 중복인사 등 TV처럼 순식간에 화면이 사라지는 매체를 통해서는 이해할 수 없는 측면이 있는 것이다.

이상의 사건보도들은 TV에는 없는 기능인 보존, 기록, 일람, 휴대성 등과 함께 특종이나 조사보도 면에 있어서도 신문이 TV의 속보성과 맞설 수 있는 우월성을 강력히 시사하는 무대가 되었다.

신문의 취재력

신문협회에 소속된 175개 사는 1992년 2월 13일에 황태자비 보도에 관한 협정을 맺었고 이것이 해제된 것은 이듬해 1월 6일이었다. 오랫동안 협정을 맺어왔다는 점에 대해서는 비판의 소리도 있었으나, 이날부터 궁내청宮內廳 정식발표가 있었던 1월 19일까지 2주 동안은 각 보도기관 본래의 취재력이 요구되던 때이기도 했다.

황태자비 보도가 주간지나 TV를 통해 과열되자 꼼짝 못하게 된 궁내청은 차분한 분위기 속에서 냉정한 판단을 할 수 있는 환경을 조성해 주길 바란다는 이유로 보도의 자숙을 강력히 요청했다. 이에 대해 신문협회 가맹사는 반 년 동안의 검토기간을 거친 다음, 예외적인 경우이므로 오래 끌어서는 안 된다는 것과 취재의 자유는 견지한다는 두 가지 입장을 기본조건으로 이를 수용키로 했다. 기간은 처음에는 3개월로 정했으나 그 후 3회에 걸쳐 연장을 거듭하다가 결국 1월 6일에 해제되었다.

일단 취재의 자유가 보장되자 물밑에서 치열한 보도경쟁이 벌어졌다. 이런 신문사의 동태를 파악한 광고대리점이 스폰서 상대로 황태자비가

내정된 것 같다고 정보를 누설하기 시작한 것이 1월 5일이었다. 미리 앞질러가고 있던 몇몇 신문사들이 있기는 했지만 그 정보를 계기로 각 보도기관의 움직임이 일제히 부산해졌다. 마침내 국내 통신사가 내정에 대비해 두었던 예정원고를 흘린 것이 1월 6일. 이날 새벽에는 전혀 사정을 모르고 있었던 보도기관조차 고와다小化田 저택을 공공연히 감시하는 상태였다. 몇몇 신문사의 은밀한 선행취재가 완전히 표면화되었던 것이다.

한편 외국의 보도기관은 자숙협정은 맺지 않았기 때문에 그들이 현재 벌어지고 있는 상황을 그대로 보도하고 있다는 내용이 알려지자 신문협회 가맹사는 6일 저녁 긴급 소위원회를 소집, 오후 8시 45분을 기해 자숙협정 상황을 해제한다고 발표했다. 이때부터 각 보도기관은 본격적인 승부의 장으로 넘어갔다. 궁내청의 정식발표가 있기 전까지 외부의 모든 소식통이 두절되어 있었으므로 각 보도기관은 자체적인 수집 자료를 검증하면서 보도하는 수밖에 없었다. 나중에 밝혀진 일이지만 황태자와 마사코雅子 양이 결혼하기까지는 많은 고비가 있었다. 이것을 크게 나누어 보면 다음과 같다.

① 1992년 5월 초, 제3자를 통해 궁내청으로부터 고와다 가에 청혼
② 8월 17일에 제3자의 자택에서 맞선
③ 10월 3일 지바 현 이치가와 시 가모바에서의 데이트
④ 11월 28일에 가어소御所에서의 대화
⑤ 12월 12일에 동궁어소東宮御所에서 마사코 양으로부터의 회답

〈아사히신문〉, 〈산케이신문〉, 〈도쿄신문〉, 〈닛케이신문〉, 〈마이니치신문〉, 〈요미우리신문〉 등 6대 일간지가 위의 사실을 어떻게 보도했는지

살펴보면, ①에 대해서는 2개의 신문만이 봄부터 접근(〈산케이신문〉), 5월 청혼(〈도쿄신문〉)라는 표제를 내걸었을 뿐이었다. 그리고 최초의 만남은 8월 초순, 8월경, 여름 등으로 제각각 다르게 표현했다. 10월 3일 가모바에서의 데이트라는 가장 극적인 요소를 보도한 것은 〈요미우리신문〉뿐이었다. 또 ④는 〈아사히신문〉이 11월 하순이라고 보도했고, 〈요미우리신문〉은 특정 일자를 명시했으나 다른 신문은 일체 언급하지 않았다. ⑤에 관해서는 〈마이니치신문〉을 제외한 각 신문이 보도를 했으나 그 일시를 정확히 제시한 신문은 없었다. 또 마사코 양에 대한 직접취재를 통해 최근사진을 게재한 것은 〈아사히신문〉과 〈요미우리신문〉뿐이었다.

이것은 각 보도기관이 물밑에서 어떤 취재를 전개했는지를 추정할 수 있는 매우 흥미로운 사실이다. 보도의 내용면에 있어서는 신문이 TV를 크게 압도했다. 이를테면 황태자가 마사코 양과 외부에서 만났을 때 어떤 은밀한 행동을 취했는지, 그때 마신 차 종류는 무엇이었는지 등을 면밀하게 취재해 생생하게 표현한 신문도 있었다. 각 신문사마다 축적해 온 풍부한 취재력, 경험, 인맥 등이 위와 같은 유형의 조사보도에는 필요불가결한 것임을 보여 준 전형적인 예라고 할 수 있었다.

한편 보도 자숙이 해제된 뒤에도 여러 가지 문제점이 지적되었다. 외국의 보도기관이 보도하지 않았더라면 이 문제는 과연 어떤 절차로 해제되었을 것이며, 또 당초의 목적이 조용한 환경에서의 황태자비 선택이었는데 실제 내정일자인 12월 12일 이후에도 궁내청이 아무런 대응조차 하지 않았다는 점, 그리고 자숙협정에 대해서도 보도기관의 자살행위인 국민의 알 권리를 박탈했다 등의 비판이 전개되었다. 그러나 자숙협정 해제 후 지면에서 엿볼 수 있었던 것은 소임을 게을리 한 것이 아니라 확정될 때까지 보도하지 않았을 뿐이었다는 신문의 입장이었다.

특종과 조사보도의 충실

그림이 되는 것으론 신문이 TV의 위력을 당할 수 없다. 그러나 물밑에서 진행되는 복잡한 사건을 낱낱이 드러내는 조사보도에 있어서는 확실히 TV보다 신문이 더 큰 위력을 지니고 있다.

그렇다면 조사보도란 무엇인가. 조사보도에 대한 명확한 정의가 내려져 있는 것은 아니지만, 일반적으로 볼 때 조직이나 단체 또는 공인들을 대상으로 표면에 드러내고 싶지 않은 사실이 있다거나, 사회정의 및 공공복지에 위배되는 감춰진 사실이 있다면 매스컴이 스스로의 책임 하에 조사하여 공표하는 것이라고 할 수 있다. 그런데 이와는 다른 유형의 조사보도도 있다. 예를 들어 관계당국이 어떤 사건에 대한 사실해명에 나설 경우 거꾸로 그들의 움직임을 추적해나가는 경우도 있고, 각 관청이 산발적으로 소유하고 있는 데이터를 취재한 다음 이에 살을 붙이는 방법으로 대처하는 조사보도도 있다.

조사보도의 전형으로 〈문예춘추文藝春秋〉 1974년 11월호에 게재된 〈다치바나立花隆 씨의 다나카田中角榮 연구, 그 금맥과 인맥〉이라는 논문을 들 수 있다. 다나카 총리의 자산 및 인맥형성 과정에 많은 불투명성이 있음을 시사한 이 논문은 총리가 친족과 후원자들에게 맡긴 회사의 실태와 정치단체자금 운용현황, 국유지불하 및 납세실태 등의 공연자료를 면밀한 수법으로 분석해 놓고 있다. 그 내용은 대개가 기존에 알려진 사실이기는 했지만, 개별적인 사건들을 집대성하여 부감하는 수법은 매우 신선한 것이었다.

〈문예춘추〉는 발매되자마자 절판이 될 정도로 커다란 화제를 불러일으켰지만 신문과 TV 등의 다른 매스컴은 오히려 이를 묵살했다. 그 내용에 화제성이 없다는 이유에서였다. 발매일로부터 1주 후인 10월 16일에도 자민당 총무회에서 소장의원들이 진상규명을 요구했다는 사실만 겨우 게재되었을 뿐이었다. 그러나 뉴스위크와 워싱턴 포스트가 논문 소개와 더불어 일본 매스컴의 냉소적인 태도에 강한 의문을 표시하자, 일본은 22일 외국인 기자클럽과 참의원대장위원회를 통해 협의를 거친 다음 결국 다나카 총리를 집중추궁하기 시작했다. 이에 따라 보도기관에서도 더 이상은 외면할 수 없게 되었다.

다나카 총리는 개인의 경제활동과 정치활동을 한데 싸잡아서 평가하는 것은 매우 유감스러운 일이라며 연일 강경한 태도를 고수했다. 그 와중에 야당이 공동으로 도각倒閣을 강력히 주장했으며, 각지로부터 비판의 소리가 거세지자 정국은 차츰 혼란상태로 빠져들었다. 국세청이 세금문제로 재조사에 나섰고, 마침내 다나카 총리는 11월 26일 정치적·도의적 책임을 통감한다며 사의을 표명했다.

'기사는 발로 써라.' 라는 말은 예전부터 있어 왔다. 관청의 발표에만 의존하다가는 좋은 기사를 쓰지 못한다는 뜻이다. 예를 들어 교통사고 피해자가 있다고 가정하자. 피해자는 병원에 있는 친구에게 문병을 가던 도중, 친구가 좋아하는 식품을 구입하려다가 사고에 휘말렸다. 이를 접하게 된 한 신문사는 독자적인 자료로서 사건을 크게 보도했다. 사실 그렇게 세세하게 밝힐 필요도 없는 단순한 사건이었으나, 이것은 다른 신문과 차별성을 두기 위한 의욕의 표출이라고 할 수 있을 것이다.

이에 반해 복잡한 사건을 마주할 때 갑자기 소극적인 자세로 돌변하는 신문사를 우리는 종종 목격한다. 예를 든다면, 어느 교묘한 사기사건이 있었고 그 내막을 기자가 직접 발로 뛰어 알아낸다. 그 과정에서 일단의 사기조직이 선량한 시민을 상대로 돈을 갈취하고 있는 실태가 밝혀진다. 그러나 '본사의 조사를 통해 드러난 바에 의하면' 이라고 사실을 보도하려고 하자 제동이 걸렸다. '경찰이 수집한 정보에 따르면' 이라고 권위화하지 않는 한 기사로서는 미약하다는 것이다. 앞에서 언급한 수도권 여성연속방화 살인사건이 바로 그 대표적인 예다.

지금은 많이 달라졌지만, 자체 조사보도를 부정하고 공권력에 의지하려는 태도가 두드러졌던 당시 다치바나의 논문은 신문사에 강렬한 자극과 반성을 주었다. 그 여파가 채 식지 않은 1976년 2월 5일, 미국 의회로부터 강력한 충격탄이 날아왔다. 미 상원의 다국적기업소위원회측이 "록히드 사가 일본에 항공기를 팔기 위해 고다마兒玉工夫 씨와 대형상사 마루베니丸紅, 그리고 정부고관들에게 30억 엔을 제공했다."고 발표한 것이다. 그 중에는 고다마 씨의 자필영수증과, 록히드 사 앞으로 된 외화송금 확인영수증과 피너츠 100개 수령했음이라는 마루베니 상사측 임원의 영수증까지 첨부되어 있었다. 뒤이어 "고다마 씨는 록히드 사의 비밀대리인, 고다마 씨의 소개로 오사노小佐野賢治 씨와 만났다."는 충격적인 증언이 연달아 공개되었다. 우익의 거물과 정상배로서 명성을 떨치고 있던 이들의 등장은 파국을 예상케 했다. 그러나 일본에는 그 사건과 관련된 정보를 파악하고 있는 기관이나 조직이 하나도 없었다. 따라서 미 의회측이 한 가지씩 화두를 던질 때마다 일본신문은 자력으로 수수께끼를 풀어나가야할 궁지에 몰렸던 것이다.

다치바나 논문과 관련된 충격과 반성, 그리고 바다 저쪽에서 날아든 초대형 사건…. 이러한 사건들이 연이어 발생하자 신문은 서서히 독자적인 조사보도에 역점을 두게 되었다. 본사의 조사로 판명되었다, 혹은 본사 기자에게 사실 여부를 명백히 해두었다 등, 공권력의 명성에 의존하지 않고 보도기관 스스로가 책임을 지고 조사, 보도하게 된 것은 바로 이 무렵부터다. 그러나 조사보도란 결코 그렇게 간단한 것이 아니다. 공권력이 얽힌 사건취재와 조사보도의 차이점에 대해 다시 한 번 생각해 보자.

사건취재는 평소에 밀접한 관계를 유지하고 있던 수사관에게 그 수사의 초점을 알아내는 것부터 시작된다. 손쉬운 취재라고는 할 수 없지만 일단 여기서는 기자의 뛰어난 취재력과 수사관과의 높은 신뢰도가 필요하다. 기자는 자신이 수집한 자료에 의거해 수사관에게 몇몇 의문사항을 묻는다. 전체를 파악하고 있는 수사관은 기자에게 어느 공무원과 업계단체와의 사이에 돈이 흐르고 있다고 약간의 언질을 줄 것이다. 이때 기자는 당국이 그 사실을 어떤 수단과 방법을 동원해 확인했는가를 알아내기만 하면 된다. 요점은 규칙의 개정에 있다. 힌트를 얻으면 개정된 규칙을 직접 발로 뛰어 조사하고, 또 그에 대한 확인작업을 되풀이하는 것이다. 길잡이가 될 상대가 있으므로 만일 잘못되었을 경우에는 처음부터 다시 시작하면 된다.

그런데 조사보도는 상황이 전혀 다르다. 설사 조사내용이 모두 사실이었다 할지라도 부분별로 인과관계가 어긋나 있는 경우가 많다. 그리고 그것을 확인받을 상대도 없다. 대부분의 취재에는 오른쪽으로 나가야 할 것인지, 아니면 왼쪽으로 나가야 할 것인지를 정하는 분기점이 있다. 스스로의 판단에 의해 오른쪽으로 나가다가도 다시 분기점으로 돌아와 그 판단이 옳았는지의 여부를 검증해 봐야 한다. 따라서 조사보도는 시간이 많이 소요된다. 더불어 기자 개인 또는 팀 전체가 저마다 검사나 변호사처럼 취재결과에 대해 서로 비판할 수 있을 정도의 자정능력이나 신뢰관계를 지니고 있어야 한다.

신문에는 팀이 작성한 기사가 여러 단계에 걸쳐 검토되는 편집 작업이 있다. 그렇게 함으로써 전혀 예상치 못했던 오점이 지적되는 경우도 있으며, 불충분한 표현에 수정이 가해지는 경우도 있다. 일반적인 취재에 비해 몇 배 몇십 배의 시간과 노력, 비용이 소요되는 게 바로 조사보도다. 그러나 취재, 인쇄, 배달에 소요되는 오랜 시간의 신문작업이 한순간에 흐르는 전파보도를 능가하기 위해서는 취재력으로 뒷받침된 특종과 철저한 조사보도가 요구된다.

리크루트 사건, 보험금 살인사건과 조사보도의 요건

대표적인 조사보도로서 아사히의 리크루트 사건과 요미우리의 마닐라 보험금 살인사건을 살펴보기로 하자. 여기에는 조사보도의 공죄功罪와 한계 및 가능성이 동시에 나타나 있다.

리크루트 사건은 1989년에 도쿄지검 특수부가 적발했다. 미공개주姝를 정·재·관계에 뿌린 리크루트 사의 행위가 중죄에 해당된다는 것인데, 장래의 총리대신 후보로까지 꼽혔던 국회의원과 일본의 기업을 대표하는 재계의 우두머리, 그리고 사무차관을 지냈던 관료가 수뢰혐의로 구속, 기소되었다. 유죄가 확정된 사람도 있었고 무죄판결을 받고 검찰측의 상고대상이 된 자도 있었다.

사건의 발단은 가나가와 현경의 수사였다. 가와사키川崎 시의 조역(助役 ; 시장을 보좌하는 고급 공무원 – 옮긴이 주)이 점두 공개권에 속해 있는 리크루트 코스모스 주를 매입했다. 그 주식은 나중에 공개되어 값이 크게 올랐다. 이 행위에 대해 현경은 뇌물 증·수뢰 혐의가 있다고 판단하고 수사를 개시했으나 얼마 못 가서 단념하고 말았다. 나중에 다시 서류송청이 되었지만 역시 불기소처리로 끝났다. 이 사건이 신문지상을 통해 알려지기까지의 과정은 〈아사히신문〉의 사보 〈아사히진朝日人〉(1988년 9월)에 다음과 같이 상세하게 기재되어 있다.

이후 리크루트 사건은 도쿄지검에서 나오는 수사속보 이외에도 리쿠르트측이 경제단체 간부나 각료들에게 뇌물을 주고 있다는 사실이 드러날 때마다 치열한 보도경쟁을 펼쳤다. 비리가 발각된 뒤 국회의원에 대한 리크루트 관계자의 진정공작이 TV화면을 통해 그대로 알려진 적도 있었다. 그러나 이 과정에서 결과보다 취재가 너무 앞질러간다는 비판을 받은 사실도 우리는 똑똑히 기억해 둬야 한다.

이를테면 리크루트 사가 내놓은 정치헌금마저도 문제가 된다는 보도가 있었다. 일정액의 헌금이 절차대로 행해지고 있다면 문제 삼을 게 없을 것이다. 하지만 그 이후로 리쿠르트 사는 정상적인 영업을 하고 있음에도 불구하고 막상 한 가지 문제가 터지자 그 헌금마저도 마치 범죄처럼 보도되어 버렸다. 표면에 드러난 사실에 대해 철저한 조사도 없이 막무가내 식으로 보도를 한 것이다. 이것은 과열된 조사보도에서 발생하기 쉬운 오류라고 할 수 있다.

마닐라 보험금 살인사건은 1986년 6월 3일자 〈요미우리신문〉 석간을 통해 대서특필되었다. 7천 5백만 엔의 해외여행상해보험에 가입한 뒤 필리핀으로 건너간 전 도청직원이 살해되었다. 그 피해자의 수첩을 조사해 본 결과, 어느 특정 인물의 이름 앞에 체크 표시가 되어 있었다. 이에 각 매스컴은 그를 사건의 열쇠를 쥔 인물로 보고 치열한 취재경쟁을 벌이기 시작했다.

〈요미우리신문〉은 1면 톱을 '도청직원 살해범은 지인知人, 보험금을 노려 자신도 가담, 경시청이 청취개시, 본사에 고백' 이라는 기사로 장식했고, 사회면에는 고백을 하기까지의 그 인물의 내적갈등과 동요를 생생하게 묘사해 놓았다. 이에 비해 경시청의 수사는 그 특종이 나온 지 2개월 가까이 지나서야 시작되었고, 결국은 용의자로 지목되었던 두 사람 모두 살인죄로 기소되었다. 한마디로 조사보도가 살인죄를 성립시켜 버린 셈이었다.

흔들리는 보도현장에서의 보도기법은 사건의 성질에 따라 그 양상이 달라진다. 특히 수사당국의 고유권한인 감식활동을 통해 증거가 확보되는 살인을 비롯한 제1과 사건은 조사보도로 다루기에는 넘어야 할 벽이 너무 높다. 그렇다면 신문의 조사보도는 어떻게 그 벽을 극복했는가. 당시의 취재반 대표가 〈요미우리신문〉의 사보를 통해 다음과 같이 밝혔다.

'(문제의 인물이 모든 것을 고백한 뒤) 새벽의 작전회의는 오히려 무거운 분위기에 휩싸였다. 고백내용에 관한 입증 취재범위와 그 수순, 수사당국에의 통보와 그 타이밍에 관한 문제는 고민 중이다. 아무리 진상고백이라고는 하지만 사건으로서 입증되지 않으면 의미가 없다. 우선은 수사에 장애가 되지 않도록 힘쓸 것.'

왜 이러한 준비 끝에 일을 단행했는지는 알 수 없다. 그러나 증거수집이 신문사의 힘만으로는 될 수 없다는 것이 명백하기 때문에 경시청이 확보한 물증을 먼저 포착한 다음에 보도하려고 했던 것은 아닐까. 모든 조사보도가 리크루트 사건이나 마닐라 보험금사건 보도와 같이 잘 풀리는 것은 아니다. 실패할 경우 보도기관이 받는 타격은 통상적인 오보에 따른 아픔보다 몇십 배는 더 크다.

최근에는 신문 이외의 저널리즘에서도 조사보도의 특성을 적극적으로 활용하려는 경향이 보인다. 그러나 새로운 팀을 편성하기 위해서는 경험이 많고 냉철한 인물이 중심을 이루어야 한다. 기자가 자력으로 진상을 캐내고자 한다면 자신이 취재한 내용에 대해 항상 의문을 제기하고, 더 나아가 검증·비판까지도 해 줄 수 있는 동료가 곁에 있지 않는 한 결코 쉬운 작업이 아니다. 바꿔 말하면, 그만한 수준에 도달한 다수의 기자가 없으면 조사보도라고 이름 붙인 특종을 전개한다는 것이 불가능하다는 뜻이다.

새로운 모색과 데스크의 개혁

뉴스보도에 한해서 본다면 신문은 각종 미디어들로부터 협공을 당하며 몸부림치고 있다는 인상을 준다. 동시성이라는 점에 있어서도 TV에 크게 뒤지고 있다. 신문은 자체적으로 부과하고 있는 진실성, 공공성, 공익성이라는 높은 벽을 넘지 못하는 가운데 TV의 생생한 영상이나 주간지의 발빠름 앞에서 미처 힘을 쓰지 못하고 있는 것이다. 그러므로 이쯤해서 새로운 모색을 꾀해야 함은 필연적인 결과다.

신문의 취재력 항목에서 황태자비 결정과 관련된 보도실태를 언급하면서 어느 광고대행사가 움직이기 시작한 1월 5일을 상황해제의 최초단계라고 표현했지만, 사실 이에는 숨은 얘기도 있었다. 그 전날인 1월 4일, 주간지 기자들 사이에 다음과 같은 정보가 나돌았던 것이다.

"황태자비 결정기사를 게재하려고 했으나 외부로부터 압력이 가해져 그만두었다고 한다. 마지막으로 본인에게 직접 확인해 봤으나 이를 부인하는 바람에 부랴부랴 다른 기사로 대체한 모양이다."

이 와중에 〈아사히신문〉 석간은 '당신의 시간을 보관합니다. 게임을 하고 싶을 때는 인출 자유'라는 기사를 1면 톱으로 실었다. 정치·경제·국제정세와 같은 굵직한 사건을 주로 다루는 1면 톱에 신세대 풍속과 관련된 가벼운 화제를 게재한 것은 한마디로 이변이었다. 예정하고 있었던 중대 뉴스가 무산되었고, 이를 대신할 만한 다른 뉴스도 없었다. 그리하여 대체물로 해묵은 화제를 끄집어내 재빨리 응급처치를 한 것이다. 황태자비 결정과 관련된 기사를 예상하고 있던 독자로서는 어떤 이유로 쓰지 못하게 됐는지를 추측해 볼 만한 대목이다.

위와 같은 석연찮은 추측은 그 지면에 대한 커다란 위화감을 안겨다 준다. 하지만 현재 석간을 발행하고 있는 대부분의 신문사는 큼직한 컬러 사진과 함께 무게 있는 화제로 1면을 장식하는 경우가 적지 않다.

걸프전 당시 각 신문사들은 다국적 군과 이라크 군의 전력 비교라는 난문을 삽화와 함께 소개했다. 국경에서 대치하고 있는 양 군의 모든 상황이 일목요연하게 정리된 이 같은 형식은 당시로서는 신선했지만 이제는 완전히 정착되었고, 삽화도 컬러를 사용해 한층 더 시각적인 효과를 자아내고 있다.

어떤 큰 사건이 발생했을 때 그것이 내포하고 있는 시대적인 배경에 관해 언급하는 기사가 눈에 띄게 늘어나고 있다. 이미 적발되어 과거의 것이 된 사건은 여간해서는 다시 지면에 등장하지 않지만, 간혹 연표 등을 이용한 재분석·평가의 결과가 선명하게 활자화되기도 한다. 근래의 일요일에 발행되는 조간 사회면에는 오늘의 뉴스가 아닌 사실의 재검증이나 인간 드라마와 같은 지나간 일들에 관한 기사가 실리게 되었다. 사건발생 당시의 한정된 시간 속에서는 미처 밝혀내지 못했던 세세한 사실들, 남몰래 가슴 속에 간직해 두었던 인생역경, 이러한 것들을 중심으로 감동적인 읽을거리를 제공하려는 시도다.

사진의 컬러화와 다양한 삽화도입, 그리고 다중적인 시각적 요소를 통해 문제를 검증하려는 경향은 요즘 신문에 널리 확산되어 있다. 이것은 모

두가 보존할 수 있는 자료를 정확히, 차분하게 몇 번이나 반복해서 읽게
만드는 것이라는 신문매체의 특성을 최대한 살린 새로운 지면개혁이다.

신문은 아무리 어려운 상황에 처하더라도 결코 뉴스 제일주의를 포기
하지는 않는다. 그러기 위해서는 늘 새로운 정보를 찾아 신속정확하게 전
달하는 조사보도의 충실이 가장 중요한 문제가 될 테지만, 이것은 책임자
의 의식개혁이 먼저 수반되고 난 다음에야 비로소 가능해지는 것이다.

1993년 1월 11일에 신문협회연구소에서 주관한 신진·중견기자들의
좌담회에서 다음과 같은 기탄 없는 데스크론이 나왔다.

'대충 작성해서 송고한다'는 데스크 사이의 유행어를 액면 그대로 받
아들여 끝까지 대충 작성된 기사로 지면을 만드는 데스크가 있다. 또한 지
면을 훑어보고 우리 신문에는 게재되어 있지 않다는 점에 대해 몹시 불쾌
해 하는 데스크가 있다. 기사의 가치 때문이 아니라 게재 여부 자체가 판
단의 기준이 되는 것이다. 또한 기자시절에는 판단이 정확하고 확고해도,
자리가 사람을 바꾸어 놓는지 데스크가 되면 갑자기 대충 하는 식이 되어
버린다.

이상이 정치, 경제, 사회부의 일선기자들이 품고 있는 솔직한 데스크 비
판이다. 여기에서 떠오르는 것은 권위의식이 매우 강한 데스크 상이다.
말할 것도 없이 데스크는 일선기자들을 진두지휘하는 동시에 최종적인
책임을 진다. 확고한 책임감만이 월등한 지면을 만들어낼 수 있다. 그러
나 과도한 권위의식은 제일선 기자들의 행동을 필요 이상으로 제약한다.
그 결과는 앞으로 신문의 생명이 되어야 할 조사보도를 향한 에너지의 쇠
퇴라는 것을 자각해야 할 것이다.

Chapter 09

캠페인 보도의 방향

캠페인 보도의 흐름

오랜 잠복기와 집중적인 캠페인

'신문은 깨끗한 지구의 감시자'

1970년 일본 신문주간의 대표 표어이다. 매년 10월에 있는 신문주간을 기념해 독자들이 보낸 표어 가운데 사회성이 가장 강한 것을 대표작으로 뽑고 있다. 1969년 7월에는 아폴로 우주선이 달 착륙에 성공함으로써 전 인류가 모두 함께 우주에서 지구를 바라보는 경험을 공유할 수 있었다. 이후 닉슨 대통령은 우주개발 경쟁에서 승리한 미국의 목표를 물과 공기정화를 중심으로 한 공해대책으로 정하겠다는 성명을 발표했다. 이에 따라 미국의 매스 미디어는 물론이거니와 평소 미국의 정책에 관심이 높았던 일본 열도에서도 반공해 캠페인에 관심을 갖고 이를 활발하게 펼치기 시작했다. 서두에 제시한 표어가 바로 그 당시의 캠페인을 상징하고 있는 것이다.

공해문제의 인식은 그때부터 시작된 것은 아니다. 이미 1956년에 미나마타 만에서 수은에 오염된 물고기를 먹고 중독을 일으킨 환자가 있었고, 또 도미야마富山 현의 진주가와神通川에 20년 이상 흘러내린 카드뮴으로 인해 연안에 사는 사람들이 이타이이타이병으로 심한 고통을 받고 있었다. 관계당국은 이것을 처음에는 풍토병으로만 간주하다가 1968년에 이르러서야 결국 카드뮴 공해로 인한 중독이라고 인정했다. 이타이이타이병에 얽힌 인과관계가 확실히 규명되기까지 오랜 기간 동안 무관심으로 일관했던 것은 보도기관도 마찬가지였다. 그 지방의 신문은 보도의 사명을 다하지 못한 것에 대한 깊은 반성과 환자들을 그대로 방치해 두었던 취재상의 허점을 극복해야 한다는 다짐에서 1969년 원년을 기해 본격적인 캠페인 활동을 벌이기로 했다.

그 문제의식의 밑바닥에는 고도경제성장 정책에 따른 산업우선 정책이 주민에 대한 무대책을 초래한 지방의 실태가 있었다. 그리하여 캠페인은 반공해 측면뿐만이 아니라 주민을 위한 정치 본연의 모습을 추구해야 한다는 보다 광범위한 목표까지 설정되었다. '지방자치를 지키자'라는 표제를 내걸고 건강, 의회, 교육, 노후와 관련된 문제를 각각 4부로 총 160회에 걸쳐 연재했으며, 이 밖에도 특집과 정치, 경제, 문화면까지 동원하여 지방자치의 위기를 강력히 호소했다. 1969년도 신문협회상을 수상한 이 연재는 공해 캠페인의 선발로 특필됨과 동시에 기울어가는 지방자치의 실태분석과 그에 관한 건설적인 제안이 높이 평가돼 지역사회에 공헌한 지방지의 표본으로 지목되었다. 또 이 보도자세가 이듬해 5월 18일의 특종 '구로베 黑部 시에 카드뮴 피해 – 현이 조사결과를 은폐'로 이어져 두 번째의 협회상 수상을 가져오기도 했다.

또한 60년대에는 가장 중요한 목표로 설정되었던 산업진흥정책과 관련된 실태를 신문이 사회정의에 위배되는 것으로 보도하기 시작하자 관계당국이 진실을 은폐하려 했으며 이는 곧 발각되었다. 그러자 이에 관한 보도가 크게 늘어나 그 동안 간과되었던 문제가 다시 사회적인 해결 목표로서 널리 인식돼 캠페인 효과가 한층 증폭됐다.

반反공해 캠페인은 무엇이 사회의 악인가 하는 문제를 제기함에 있어 그 효과를 충분히 발휘했다고 할 수 있다. 그러나 지금은 그 같은 단순명쾌한 사회악보다는 문제의 소재가 분명치 않은 복잡다단한 문제를 중요한 보도과제로서 다루는 경우가 많다.

곤란한 논제에 대한 도전

'선다이(仙台)의 거리는 왜 이렇게 먼지가 많은 건지요. 화창한 겨울날, 어느 교차로든 한 번 서 있어 보십시오. 반대편에서 신호를 기다리고 있는 사람들의 얼굴이 부옇게 보일 겁니다. 이 먼지는 모두가 자동차의 스파이크 타이어에 의해 깎여진 아스팔트 포장에서 나온 것입니다. 이 거리가 자랑하는 가로수도 그런 먼지를 뒤집어쓰고는 제대로 숨을 쉬지 못합니다. 더군다나 아스팔트, 즉 타르에는 발암성도 있다고 합니다. 하루빨리 스파이크 타이어에 대한 사용규제를 실시할 것과 먼지제거 대책을 세워주기를 관계당국에 호소합니다.'

1981년 1월 27일자 K신보 석간에 게재된 독자투고 내용이다. 공공재산인 도로를 깎아내면서 달리는 스파이크 타이어는 이 독자투고에서 지적했듯 즉각 그 사용과 제조 · 판매를 금지시켜야 할 충분한 이유가 있었다.

그러나 실제 이것이 전국적으로 실현되기까지는 10년이라는 긴 기간이 소요됐다.

투서를 게재한 K신보가 처음부터 스파이크 타이어 추방 캠페인을 벌인 것은 아니었다. 우선은 독자가 직접 참여할 수 있는 독자란에 먼지 논쟁을 전개하도록 했다. 그리고 겨울이 지나갔다. 이 단계에서는 아직 스파이크 타이어가 먼지의 원흉이라는 지적이 과학적으로 증명되지 않았고, 또 스파이크 타이어가 갖는 나름대로의 안전성을 강조하는 의견도 많았다. 그러나 일단 시작된 논쟁은 과학적인 원인규명의 필요성을 제기하기에 충분했고, 스파이크 타이어의 장착률 등과 관련된 기초적인 자료를 시 당국에 당당히 요구할 수 있는 계기가 되었다.

K신보가 이 문제를 보도하면서 성과를 올리기까지는 상당한 시간이 소요됐다. 세번째 겨울을 맞은 12월부터 연재기획 '스파이크 타이어, 어떻게 하나'를 통해 더 이상의 사용을 자제해 줄 것을 호소하는 캠페인을 벌이기 시작했다. 그리고 봄을 맞아 새롭게 시작한 연재기획 '탈脫 스파이크를 위한 제안'과 '하면 된다, 스파이크 규제'를 가지고 민관합의에 따른 스파이크 규제를 제의했다.

스파이크 타이어의 사회적인 규제는 그 지방 변호사협회가 중심이 되어 처음 시작된 것인데, 타이어 제조기업 7개 사를 대상으로 한 판매중지 요구조항을 법원에 제소하여 1986, 87년에 걸쳐 부분적으로 판매중지 조치가 취해졌고, 이후 1991년 3월까지 계속해서 전국적인 판매중지 캠페인이 벌어졌다.

'사람은 무엇을 목표로, 무엇을 마음의 지주로 삼고 사는 것일까?

1993년 9월부터 10개월 동안 게재된 〈교토京都 신문〉의 연재기획 '마음의 세기'는 신문보도에서는 여간해서 다루기 어려운 논제에 도전한 의욕적인 사례라고 할 수 있다. 본편 제6부(118회)에 게재된 심포지움 등 관련기사를 모두 합치면 총 140여회에 걸쳐 연재한 셈이 된다. 정치가들이 마음의 스승으로 받드는 어느 고승의 존재, 서민의 고뇌와 영靈능력자에 대한 의존 등을 밝힌 현재의 샤먼(제1부), 미디어와 교단의 관계(제2부), 전통불교 교단의 현장 르포(제3부), 흔들리는 삶과 죽음에 대한 관점(제4부), 새로운 종교 유입과 그 영향(제5부), 첨단과학과 인류의 행복(제6부) 등으로 구성되어 모두가 쉽게 읽을 수 있었다. 이러한 캠페인의 기획은 독자와의 거리가 매우 가까운 지방지이기 때문에 가능한 것들이었다. 이와 동시에 어려운 보도과제를 보편성 있는 논제로 쉽게 풀어놓았다는 점이 캠페인 보도로서의 월등함을 인정받게 된 커다란 요인으로 작용했다.

　캠페인 보도는 논제의 역점을 어디에 두느냐 하는 것과 보도과제를 어떻게 파악하는가에 따라 그 수법이 달라진다. 〈니혼게이자이신문〉이 1993년 11월부터 11개월에 걸쳐 연재한 '관료'는 급변하는 시대에 적절하게 대응하지 못하는 관료기구의 실태를 부각시킴과 동시에 자립의식이 부족한 민간의 의존체질과 정치적 빈곤을 해명하기 위한 일본의 구조적인 문제를 제기하여 사회로부터 큰 반향을 불러일으켰다. 이 기획에 참여한 기자는 55명이나 되는데 연재를 시작하기 전부터 기사의 스타일과 전개 방법에 관한 기본방침을 다음과 같이 미리 정해놓고 있었다.

　첫째, 사실을 철저히 규명한다.
　둘째, 모든 등장인물은 실명을 원칙으로 한다.
　셋째, 다큐멘터리 스타일의 문체를 관철시킨다.
　넷째, 가능한 동시진행으로 보도한다.
　다섯째, 값싼 정의감을 내세우지 않는다.

요컨대 조사보도의 기본적인 자세를 고수하자는 방침인 것이다. 그런데 이 중에서도 복잡한 문제와 관련된 메커니즘을 해명하는 부분이 가장 중시되었다. 어떻게 해야 하는의 차후 문제에 대해서는 신문 스스로의 제안이 아닌 각계 지식인으로부터의 다양한 처방전을 소개하는 식으로 정의감을 내세우지 않는다는 방침을 끝까지 고수할 수가 있었다. 이처럼 옳고 그름을 분별하는 관점이 냉철할 수 있었던 것은 보도과제가 그런 성격의 것이었기 때문이다. 그리고 이것은 보도기법상 하나의 비법이라고 할 수 있다.

1981년 9월부터 9개월 동안 〈아사히신문〉에 연재된 담합 캠페인은 건설업계와 정관유착 구조를 폭로함과 동시에 그들의 개혁을 강렬하게 촉구하는 계기가 되었다. 담합문제가 완전히 해결된 것은 아니었지만 시간이 지나면서 담합사실이 있다는 것쯤은 누구나 다 알게 되었다. 이에 의해 촉발된 독자로부터의 정보 제공으로 말미암아 조사보도만으로는 어려웠던 두터운 벽을 무너뜨림과 동시에 좀더 광범위한 정보입수도 가능해졌던 것이다.

캠페인 보도의 조건

개헌을 논제로

〈요미우리신문〉이 독자적인 헌법개정안을 만들어 지면에 발표한 것은 1994년 11월 3일로 현행헌법이 공표된 지 49주년이 되던 해였다.

1면 톱으로 '헌법개정 – 요미우리가 시안, 자위력 유지를 명기'라는 큼직한 표제를 뽑고, 2·3면에도 '국제사회의 책임을 다한다, 적극적인 평화주의 추구'와 같은 관련기사로 채웠다. 사설란에서도 개헌문제를 중점적으로 다뤘다. 이 밖에도 5면에 걸친 특집란을 개설해 헌법개정시안 내용을 대대적으로 보도했다. 불편부당 不偏不黨을 기치로 내세운 일본의 종합지가 국론을 양분하는 문제에서 이토록 명확하고도 대담하게 파고들어가 여론을 이끄는 결의를 보인 것은 전후 저널리즘 역사상 최초라고 할 수 있었다.

〈요미우리신문〉의 이 같은 시도와 관련해 세간에서는 이러저러한 소문들이 나돌았다. 발행부수에서 일본 최고의 자리를 차지하고 있는 신문사가 헌법개정시안을 자사 신문에 게재하면서까지 개헌에 관한 국민적 논의를 제기하는 캠페인에 이토록 적극적으로 나서는 것이 과연 타당한 것인가. 종합지로서의 역할을 저버리고 있는 것은 아닌가.

당시 동경대학 사회정보연구소에 재직 중이던 게이 桂敬一 교수가 동경신문에 기고한 글은 그 중 대표적인 것이었다.

정부기관지도 아니면서 시안이라고는 하지만 명확한 정치적 주장을 내용으로 하는 성문헌법을 사론(社論)으로 하는 내용을 제창하여 현재까지 쌓아놓은 불편부당지로서의 전통에 크게 손상을 입히는 결과를 낳게 되었다(중략). 앞으로도 지난날과 같은 불편부당지로 계속 존재할 수 있을 것인지, 아니면 그 같은 입장을 과감히 버리고 자사와 똑같은 주장을 하는 정치집단의 기관지 역할로 전락하고 말 것인지와 관련해 확실하게 기본적인 자세를 밝혀야 할 필요성이 생긴 것은 아닌가.

이 밖에도 매스컴이 개정을 목표로 한 하나의 운동체가 되는 것은 보도기관의 기능을 망각한 행위이다, 미디어로서의 막강한 힘을 이용해 독자들을 일정방향으로 이끌어 가려는 여론 및 여론조작 행동으로 볼 수밖에 없다는 비판이 많은 언론매체를 통해 산발적으로 가해졌다.

개헌시안을 작성하기 전 〈요미우리신문〉은 이미 1992년에 각계인사 12명으로 구성된 요미우리 헌법문제조사회를 발족시켜 제1차 제안을 발표한 바 있었다. 이 제안은 헌법 제9조 2항을 개정하도록 요구하는 한편, 개정에 이르기까지의 과도기적 조치로서 안전보장기본법을 성립시키도록 촉구하고 있다. 그러나 이는 철저히 외부인사의 제안에 불과했다. 신문사의 독자적인 개헌시안은 이와는 근본적으로 다르다. 발표일 이튿날인 4일부터 '헌법개혁을 위한 시점' 이라는 연재가 조간 1면에 실리면서 5일에는 '본사시안 – 정·재계에 반향, 금기를 깬 헌법시안 – 중국, 대만, 홍콩 지크게 보도' 라는 관련기사가 정치면에 속속 등장했다. 또한 그 뒤로도 매일같이 독서란이나 특집란을 동원하여 기사가 대량으로 게재되었다.

이것은 하나의 논제를 모든 지면에서 다루는 캠페인 보도의 전형적인 수법이라고 할 수 있다. 1천만 부 발행을 자랑하는 〈요미우리신문〉이 냉전 후 일본 최대의 과제인 헌법문제에 대해 개헌방향으로 캠페인을 벌이기 시작한 것이다. 이 같은 운동에 대해 요미우리측은 여론을 환기시키려는 것일 뿐 그 이상의 자의적인 의도는 없다고 밝혔다. 〈문예춘추〉에 게재된 요미우리 헌법문제연구회의 리포트는 '신문사는 보도기관인 동시에 언론기관이다. 이 개정시안은 언론기관으로서의 책무에 비추어 볼 때 요미우리로서는 전력을 다해 연구한 것이다. 물론 요미우리는 '개헌시안이 완벽한 것이라고 자랑할 생각은 전혀 없다. 또한 시안을 가지고 헌법개정을 위한 여론을 유도하려는 의사도 일절 없다' 고 밝히기도 했다. 또 〈요미우리신문〉이 발행하는 잡지 〈THIS IS 요미우리〉에서도 개헌시안 전문과 관련된 해설특집에서 '반세기를 맞이한 헌법을 재검토함에 있어 어떤 문제가 있는지 편견을 배제한 채 사심 없는 마음으로 한 것이다' 는 견해를 밝히고 있다.

그러나 개헌문제와 관련해 국민적 논의를 일으키려고 하면서 사심 없는 마음으로 캠페인을 벌이는 것이 가능한 것인가? 이에 대해 〈요미우리신문〉 사장이 창간 120주년 기념식 석상에서 했던 발언은 대략 이런 내용이었다. "현행헌법은 전후 GHQ(General Head Quarter ; 연합군사령부 – 옮긴이 주)의 강요에 의해 제정된 헌법으로 내외 환경변화에 맞는 합당한 것이 되지 못한다. 그리하여 우리 신문사의 독자적인 견해를 제시하게 되었다."

1995년 1월 1일 〈요미우리신문〉은 사설란을 통해 개헌지향 의사를 더욱 강력하게 표명하고 나섰다.

'요미우리가 앞서 개헌시안을 제안한 것은 개헌 후 반세기 동안 해석개헌(解釋改憲)으로는 해결되지 않고 있는 모순을 해소하는 동시에 세계평화와 번영을 위해 국제적인 책무를 수행하는 한편, 일본국민의 긍지를 유지시키려는 의도에서였다(중략). 21세기를 살아갈 자손에게 우리는 부끄럼 없는 헌법을 물려주어야만 한다.'

이로써 〈요미우리신문〉의 개정시안 방향은 명확해진 셈이다.

사실보도와 캠페인의 상극

신문사가 전개하는 캠페인 보도가 많은 성과를 거둔 것은 앞에서 살펴본 바와 같다. 특히 고도의 성장기간 중에 나타난 뒤틀린 사회상이나 제도상의 미비점, 변화에 적응하지 못하는 사람들의 고통 등을 다루는 데 있어 각 신문사들의 노력은 끊이지 않았다. 대부분의 경우가 편집책임자의 지시에 따른 것이었지만 사실 논제를 설정하고 문제제기를 한 건 현장에서 일하는 의욕적인 기자들이었다.

사회정의 실천을 위한 책임감과 시민의 알 권리 보장에 대한 의무감이 언론인들로 하여금 캠페인을 기획하게 만든 정열의 원천이었다고 할 수 있다. 물론 결과적으로 볼 때 내용면에서 지나치게 앞질러 간 기사도 적지 않다. 그러나 대다수 독자들의 지지를 받았다는 것만큼은 확실하다. 즉, 누가 보더라도 그것은 확실한 논제거리였으며, 언젠가는 결국 풀어야 할 문제였던 것이다.

그런데 이를 뒤집어 보면 신문사가 독자들로부터 100퍼센트 지지를 얻을 수 있는 논제만을 주로 다루었다는 사실이 드러난다. 양분된 여론이나 정치적인 당파성과 관련된 논제는 가급적 피해왔던 것이다. 때문에 종래의 신문 캠페인이 세간의 비판을 피할 수 있었던 것은 어쩌면 당연한 일이라고 할 수 있다.

그러한 상황에서 양분된 여론, 즉 정사正邪가 절반 정도밖에 판단되지 않은 어려운 논제 앞에서 당당하게 맞설 수 있어야 비로소 참다운 언론기관으로 인정받게 되는 것이 아닌가 라는 비판이 최근 들어 부쩍 늘었다. 시대의 추세에 영합하거나 100퍼센트 명확한 것만을 다루려고 하는 것은 언론기관으로서의 기능과 역할을 스스로 포기하는 결과를 초래한다는 것이다. 그 배경에는 말할 것도 없이 동·서 냉전구조의 붕괴가 있다. 자유주의와 사회주의, 자본과 노동, 보수와 혁신 등 명백하게 구별되는 세계관, 가치관, 역사관을 고집하던 시대. 이 냉전시대에 전적으로 어느 한쪽 사상에만 가담한다는 것은 일부 미디어를 제외하고는 거의 불가능한 일이었다. 그러다가 베를린 장벽이 무너지고 동·서 간의 갈등이 사라지자 마침내 일본의 매스 미디어도 사상적인 질곡에서 해방될 수 있었다. 제2차 세계대전 후 반세기 동안 항상 국론을 양분해온 일본헌법의 개정문제와 관련해 일본최대의 신문사인 〈요미우리신문〉이 한쪽 입장에 서서 캠페인을 추진하기 시작한 것도 이러한 시대배경을 생각해 보면 지극히 자연스러운 일이라고 할 수 있다.

〈요미우리신문〉이라는 최대의 신문사가 독자적인 개헌시안을 제언한 것과 관련한 논란에 대해 동경정보대학 아오키靑木彰 교수는 이렇게 말했다.

언론보도기관인 신문사가 국민적 숙제에 관해 구체적으로 언급하는 것은 당연한 사명이다. 그러므로 〈요미우리신문〉은 그 책무를 다한 것에 불과하다. 다른 사람이 먼저 시작한다면…이라는 사회풍조가 만연한 일본사회에서 남보다 한발 앞서 개헌시안을 제안한 〈요미우리신문〉의 용기 있는 결단은 높이 평가될 만하다(중략). 오늘날의 신문에 특히 요청되는 것이 예리한 문제 제기다. 한마디로 제언 저널리즘이라고 할 수가 있다. 〈요미우리신문〉 사론의 결정체라고 할 수 있는 개헌시안은 신문 본래의 위신을 생각해 봤을 때 참으로 시의적절한 도정이 아니겠는가.

〈11월 10일, 요미우리신문 – 논점〉

다른 신문도 〈요미우리신문〉에 대한 전면적인 평가 작업을 했다.

막강한 지명도를 가지고 있는 신문이 헌법문제와 같이 국론을 양분시킬지도 모르는 논제에 대해 명확한 자세를 보이려면 커다란 용기가 필요하다. 부수를 그대로 유지하려고 한다면 의견을 애매하게 제시하는 것이 유리하다. 이미 일부 호헌학자들 사이에서 더 이상 〈요미우리신문〉을 읽지 않겠다는 말이 나도는 가운데 발표된 것인 만큼 그 결단력을 높이 평가하고 싶다(중략). 헌법의 공동화 현상이 나타나고 있는 가운데 호헌(護憲)만을 부르짖고 있다는 것은 매우 우스꽝스러운 일이다. 따라서 〈요미우리신문〉의 시도는 일본의 헌법을 건강하게 살찌우는 의미 있는 도전이라고 보고 싶다.

〈11월 4일, 산케이신문 칼럼 – 주장〉

〈요미우리신문〉과 반대 경향의 〈마이니치신문〉도 신문사가 개헌시안을 발표한 것 자체에 대해서는 묵과했지만, 아직은 시기상조라는 관점으로 반대론을 폈다.

이렇게 살펴 보면 거대한 미디어가 국론을 양분하게 될지도 모르는 상황 속에서 어느 한편에 가담해 캠페인을 추진하는 점에 대해서 그 시비를 가리는 본격적인 논조가 종합지에서는 끝내 나오지 않았다고 할 수 있다. 그런 점에서 다음으로 제시하게 될 법정대 법학부 에하시江橋崇 교수의 견해는 주목할 만하다.

캠페인 보도를 할 때 신문사는 가능한 1면부터 사회면까지 그와 관련된 모든 지면을 동원한다. 뉴스, 담화, 칼럼, 심포지움 등의 특집형식을 통해 독자들의 관심을 높이려고도 한다. 계열 월간지나 주간지 등을 동원하는 경우도 많다. 즉 매스 미디어로서의 사회적인 영향력을 철저히 행사함으로써 여론을 최대한 환기시키는 것이다.

앞에서 설명했듯이 논제가 다수 국민들의 동의를 얻고 있는 경우에는 비판받을 일이 거의 없다. 예컨대 지방지가 조직폭력에 맞서 용감하게 싸운 경우, 이를 두고 박수를 치면 쳤지 관련 뉴스를 크게 다루어서는 안 된다느니 주장과 뉴스보도를 혼동해서는 안 된다느니 하는 식의 비판을 받지는 않는 것이다.

그렇다면 개헌시안을 제언한 〈요미우리신문〉에 비판이나 의심을 가하게 된 이유는 무엇인가. 이것은 논제가 국론을 양분할 수도 있는 헌법문제이며 고도의 정치성을 띤 문제이기 때문일 것이다.

불편부당을 버리더라도

1981년에 〈산케이신문〉은 TV, 라디오 등 관련매체를 동원해 행정개혁 캠페인을 벌였다. 캠페인의 보도 또는 주장에 그치지 않고 전국적으로 행정개혁을 지지하는 대중적인 시민조직을 만드는 데까지 확산시키자는 것이었다. 이 캠페인은 신문의 불편부당성에 구애받지 않고 오히려 이를 적극적으로 버리는 쪽을 택한 것이라고 할 수 있다.

행정개혁 캠페인을 벌이기 위한 이전 단계로 〈산케이신문〉은 1972년부터 혁신자치단체에서 다루는 장기 연재기획을 이끌어 나갔다. 때는 교토, 도쿄, 오사카를 비롯한 전국 주요도시와 도도부都道府 현의 장長이 사회 · 공산 양당세력과 사공민社公民 세력에 의해 점령되어 가는 가운데, 자치단체가 선심행정이라고 불리는 복지정책을 남용하고 자치단체 노동자를 홀대함으로써 파탄이 시작된 무렵이었다.

그러나 이를 비판하는 것은 이른바 혁신세력과 그 지지자에게 반대하는 셈이 되어 당연히 제4의 권력이라고 하는 매스 미디어조차도 쉽사리 뛰어들 수가 없었다. 오히려 반공해反公害나 고복지정책과 관련해 혁신세력을 옹호하는 신문논조가 압도적으로 많은 때였다.

〈산케이신문〉은 이런 풍조에 맞서기 위해 1981년 후지 산케이 그룹 행정혁신 캠페인 실행위원회를 결성해 국민에게 재정적 부담을 주지 않는 작은 정부를 지향하면서 낭비행정과 부정추방을 위해 발 벗고 나섰다.

당시 무사시노武藏野 시의 30년 근속 직원은 누구나 4천 5백만 엔의 퇴직금을 받았다. 이는 시민의 세금부담을 전혀 배려하지 않은 처사라고 할 수 있었다. 당시 〈산케이신문〉은 각 주요지면에 걸쳐 '행정혁신을 방해하는 의원을 낙선시키자', '의원과 공무원을 줄여 작은 정부로 만들자' 와 같은 격렬한 구호를 실었다. 그 때처럼 치열한 캠페인을 벌인 경우는 일본의 매스 미디어 역사상 다시 없을 것이다.

〈산케이신문〉은 또한 자치단체장 선거에서 행정혁신 실행을 공약으로 내세운 특정후보를 공공연하게 지지하기도 했다. 이것은 선거 때마다 분명한 기치를 내세워 특정후보를 지지하곤 하는 미국의 미디어를 모방한 것이기도 한데, 더 나아가 1987년 가마쿠라幕府 시장선거에서 가마쿠라 시의 행정혁신을 추진하는 시민의 모임과 함께 행정혁신 후보를 위한 선거운동까지 벌였다.

그 결과 자사공민自社公民 등 다섯 개 당의 강적들을 물리치고 시민의 모임 부회장이 시장으로 당선되기에 이르렀다. 이 시기에 산케이 그룹의 행정혁신 캠페인 실행위원회가 조직한 시민조직은 전국적으로 1백여 개가 넘었다고 한다. 캠페인 보도목적을 달성시키기 위해 지면뿐만 아니라 조직의 힘까지 동원해 보자는 것이 〈산케이신문〉의 전략이었다.

오늘날 행정개혁은 누구나 부르짖는 것이다. 신문이 시민조직을 만들면서까지 캠페인을 벌인 데 대한 시시비비는 차치하고라도 10년 가까이 끈질기게 벌인 〈산케이신문〉의 캠페인 활동이 행정혁신 추진을 위한 여론형성에 이바지한 공헌만큼은 높이 평가하지 않을 수 없다.

잘못은 누가 고치는가

신문은 뉴스를 빨리 알리기만 하면 되는 단순한 미디어가 아니다. 이는 자명한 사실이지만 신문의 언론성과 관련해 최근 들어 너무 많은 기대를 걸게 된 것은 무슨 이유에서일까.

근대 일본의 미디어 역사를 돌아볼 때 신문의 자세가 올바른 것이었다고 단언할 수 있는 시기는 많지 않다. 그럼에도 불구하고 신문의 언론성을 강력히 요구하는 것은 신문에 대한 신뢰도가 종래에는 경우를 찾아볼 수 없을 정도로 높아졌기 때문일까. 어쨌든 신문이 여론을 잘못 유도할지도 모른다는 위험부담에 대한 경계심이 부족해진 것은 사실이다.

사회·공산주의 계급사관階級史觀이 막강한 이념으로 작용했을 때 상업신문은 부르주아 계급의 이익을 대표하는 것이었으며 이에 예속된 정보기관지에 불과했다. 그러나 한편으로 민중에게 유익한 보도는 노동자가 신문을 통해 힘을 획득할 수 있는 것이라고 생각했던 시기이기도 하다. 그리고 동·서 냉전의 종말이 가져온 자유로운 보도, 자유로운 언론활동으로 인해 사회주의 진영에서의 언론보도가 권력에 의해 얼마나 왜곡된 것이었는지를 깨닫게 되기도 했다.

〈요미우리신문〉이 개헌시안을 발표할 무렵, 경제단체연합 가맹사를 회원으로 하는 정책제언기관인 일본경제조사협의회가 〈여론형성과 매스미디어의 역할〉이라는 보고서를 내놓았다. 보고서에는 거대 미디어에 대한 검토 시스템의 필요성이 내포되어 있었다. 언론·표현의 자유는 최대한 보장되어야 하나 자유로운 언론·표현이 반드시 진실에 도달한다는 보장은 없다는 내용이었다. 이제 모든 권력을 비판하는 미디어는 누구에 의해 비판되는가라는 명제가 절실한 사회문제로 대두되고 있는 것이다.

그러나 언론기관에 대한 검토 시스템은 그것이 공권력에 의한 것이 아니더라도 언론의 자유를 침해하고 압력을 가하게 되는 등, 신문조례의 권위를 약화시킬 가능성이 있다. 그러므로 이런 제도가 만들어지는 쪽이 더 위험한 것인지도 모른다. 협의회측은 법적 규제가 아니라 미디어에 대한 도덕적 압력으로서 유효하게 기능할 수 있는 제도일 뿐이라고 말하고 있으나, 재계 주체의 조직에서 이런 움직임을 보인 것에 대해 매스 미디어측은 좀더 주의를 기울여야 할 것이다.

캠페인 보도에 한해서는 신문사 스스로가 검토기능을 자주적으로 강화해야 한다. 또한 세간의 의견이나 반대의견을 충분히 수용할 만한 자세가 준비되어 있을 때 시작해야 한다. 그렇지 않은 경우에는 대대적인 캠페인을 해서는 안 된다는 미디어의 불문율 또는 문화적 습관을 확립시켜 놓아야 한다.

일본의 일반지는 오보와 잘못된 기술을 몹시 두려워한다. 벌칙규정이 없는데도 그렇다. 그것은 '독자의 신뢰를 잃고 세상의 평가를 실추시키는 것이 아닌가.' 하는 두려움 때문이다. 이것이 모럴 프레셔다.

그렇다면 도덕적 압력을 지배하는 주체는 누구인가. 물론 독자인 국민이다. 독자는 정보와 언론성을 얻는 동시에 감시 역할을 통해 불문율이라든가 문화적 습관을 침범하는 신문을 단호히 거절할 줄 알아야 한다. 성숙한 사회는 독자들이 만들어 내기 때문이다.

정치적으로 한쪽 입장을 선택하여 소수의견에 불과한 사항에 관해 대대적인 캠페인을 벌일 경우, 만일 그것이 잘못된 방향으로 흘러간다면 신문은 이후에 벌어지는 모든 불미스러운 사태를 스스로 책임져야 한다. 신문의 캠페인 보도는 그만큼 신중해야 한다는 자각이 필요하다. 이를 독자들은 제4의 권력으로 불리는 미디어에 강력히 요구해야 한다고 생각한다.

충실한 논평 기능의 부재

논평의 두 가지 역할

신문은 TV의 속보성과 그 영상이 갖는 생동감에는 도저히 맞설 수 없다. 그러나 사상의 배경을 상세히 해설하거나 여러 의견을 전달하는 논평 기능에서는 TV보다 훨씬 앞선다. 신문이 독자들에게 강한 인상을 심어줄 수 있는 기능 중 하나가 바로 논평인 것이다.

논평은 다음과 같이 세 가지로 분류할 수가 있다. 첫째는 스트레이트 뉴스의 논제에 관한 해석과 분석이다. 스트레이트 뉴스가 사실을 중심으로 쓰이는 데 반해 해설과 분석은 필자의 주관적 평가와 판단에 의해 쓰이는 것이다. 둘째는 사설이다. 사설은 관련된 문제에 대해 신문사로서의 의견과 주장을 전개시킬 수가 있다. 셋째는 신문사 내외의 필자에 의한 논평, 칼럼, 대담과 인터뷰, 투서 등이다. 여기서는 여러 가지 논제에 관한 다양한 의견이 표출된다.

위의 세 가지 논평의 공통점은 아젠다 세팅*agenda setting*이라고 불리는 문제제기 기능이다. 뉴스보도 자체에 아젠다 세팅 기능이 있음은 두말할 것도 없다. 어떤 정보에 관해 뉴스성을 인정하여 보도하는 것 자체가 이미 그 정보에 대한 독자의 주의를 환기시켜 주는 것이기 때문이다. 이런 의미에서 볼 때 스트레이트 뉴스야말로 아젠다 세팅의 최고 위치에 있다고 할 수 있다.

그러나 스트레이트 뉴스로 보도하는 단계에서 아젠다 세팅 기능이 반드시 포함되는 것은 아니다. 공간 활용에 한계가 있는 일본신문의 스트레이트 뉴스에서는 필요한 정보가 모두 실리는 일이 극히 드물다. 하물며 기자나 편집자의 잘못된 판단으로 인해 중요한 뉴스가 턱없이 작게 다루어지는 경우도 종종 있다.

스트레이트 뉴스의 아젠다 세팅에 관한 이 같은 결점을 보완하는 것이 바로 논평이다. 논평은 스트레이트 뉴스만큼 시간적 요인에 크게 제약을 받지 않으며 시간을 들여 검토하고 취재하면 스트레이트 뉴스보다 판단의 오차를 훨씬 적게 할 수 있다. 스트레이트 뉴스가 미처 다루지 못했던 문제나 이미 다루었더라도 관심을 크게 끌지 못했던 사항에 관해 되물을 수도 있다. 단순히 사실을 전달하는 것뿐만 아니라 그에 관한 의견과 배경, 주장을 함께 전달할 수 있는 것이다. 따라서 무엇을 어떻게 문제로 삼느냐, 하는 신문 및 필자의 의도를 더욱 명확히 밝힘으로써 효과적인 아젠다 세팅 기능을 수행할 수 있다.

신문 논평의 또 한 가지 중요한 기능은 다양한 의견과 주장을 독자에게 제시하는 것이다. 정당이나 단체의 기관지는 전면에 특정의견이나 주장만을 내세워도 전혀 이상할 게 없다. 그러나 불특정 다수의 독자들을 가지고 있는 신문은 각사의 입장과는 달리 가능한 한 다양한 의견과 주장을 수용해야 한다.

중립·공정을 원칙으로 하는 일본신문은 스트레이트 뉴스보도를 통해 다양한 시점을 반영하고자 노력하고 있다. 더불어 문제가 되는 쟁점에 관해서는 반드시 상호 대립되는 견해를 전달하는 것이 보도의 기본자세다. 그러나 한정된 지면을 가지고는 위와 같은 충분한 의견을 개진할 수가 없다. 이런 경우 그 역할을 대신할 수 있는 것이 바로 논평이다. 논평은 시간을 투자해서 문제점을 정리하고 논점을 명확히 하여 다양한 의견과 주장을 내세울 수 있다. 사내 필진만으로 불충분할 때는 외부 전문가와 해당자에게 자문을 요청할 수도 있다. 또 각 신문지면을 논쟁의 장으로 만들어 깊이 있는 의견을 도출해 낼 수도 있다.

아직도 불충분한 문제제기

논평이 보도의 모든 역할과 기능을 다하고 있는 것은 아니다. 그런 점과 아젠다 세팅의 기능면에서 볼 때 가장 현저한 역할을 할 수 있는 것은 역시 사설이다. 사설은 많은 뉴스가 문제 삼은 논점에 대해 의견과 주장을 자유로이 전개시킬 수 있는 자리다. 보도기관으로서 무엇을 중시하며, 그에 대해 어떻게 생각하고 있는지를 밝힘으로써 아젠다 세팅을 실현시킬 수 있는 것이다.

실제로 많은 신문사에서 이를 실행하고 있다. 문제는 사설이 어느 만큼이나 아젠다 세팅에 기여하는가이다. 다시 말해 구체적으로 어느 정도의 영향력을 발휘할 수 있는지 따져봐야 한다는 것이다. 실제로 사설을 읽는 독자는 극히 일부에 지나지 않는다. 그러나 문제별로 관심을 갖는 관계자나 당사자, 정책 입안자들의 촉각은 항상 날카롭게 곤두서 있다. 따라서 사설이 갖는 영향력은 생각보다 큰 것이라고 할 수가 있다.

대부분의 신문사설은 뉴스 추종형이 되기 쉽다. 큰 사건이나 문제가 발생한 이후 그에 대한 논평이 후일담 식으로 실리는 것이다. 개중에는 특별한 의견이나 주장도 없이 해설로만 일관된 사설도 있다. 사설은 졸속을 피하기 위해 충분한 취재와 숙고 끝에 쓰여져야 한다. 그러나 많은 사설들이 스트레이트 뉴스의 뒤를 좇아 너무 다급하게 쓰이고 있다. 스트레이트 뉴스가 보도하지 않는 문제라든가, 일선 기자의 잘못된 가치판단으로 인해 발생한 오류를 사설에서 다룸으로써 그것을 새로운 화두로 제시하는 사례는 찾아보기 어렵다.

해설이나 논평, 칼럼에도 아젠다 세팅 기능은 있다. 그러나 이것들 역시 사설 이상으로 스트레이트 뉴스와 밀접하게 연관되어 있기 때문에 사설에서 간과되는 문제를 새롭게 제시하는 경우는 극히 드물다. 이런 점에서 볼 때 논평이나 칼럼은 사설보다 자유로운 의견을 표명할 수 있기 때문에 논평기능을 충분히 발휘할 수 있는 가능성이 더 크다고 할 수 있을 것이다.

부족한 논쟁과 대립

다양한 의견과 주장을 제시하는 점에서 신문의 논평은 그 기능을 다하지 못하고 있다. 다양한 의견과 주장을 교환하는 장으로서 가장 큰 역할을 담당하고 있는 부분은 역시 논평이나 칼럼, 혹은 독자투고란일 것이다. 논평이나 칼럼의 질적 수준은 필자의 자질에 따라 좌우된다. 의견이나 주장의 다양성을 어느 정도 확보하게 되느냐의 문제도 역시 집필자의 성격에 따라 달라진다. 그러나 사실 일본신문은 논평이나 칼럼에 할당되는 지면이 애초부터 그리 많지 않다는 점에 문제가 있었다.

최근 들어서는 일본신문도 논평이나 칼럼에 지면을 할애해 논단, 논점 등의 표제 아래 외부 식자의 논평을 싣거나, 기자의 눈, 나의 주장 등의 개성적인 기사를 쓸 수 있는 란을 만들어 논평의 비중을 높이는 데 이바지한다. 그러나 전체적으로 봤을 때 이를 통해 표명되는 의견은 무척 산발적이라는 인상을 준다.

〈뉴욕 타임스〉에는 매일 2면 분량의 고정적인 사설과 논평이 실린다. 이른바 오프에드OP-ED 페이지라고 불리는 논평란에는 여러 명의 칼럼니스트가 교대로 논평을 싣는데, 화제에 따라 전문가나 식자로부터 원고를 받아 싣기도 한다. 이들 논평에 대해서는 종종 비판의 글이 날아들기도 하고, 동시에 그 비판에 관한 또 다른 반론이 제기되기도 한다. 같은 신문사의 칼럼니스트 간에 격론이 벌어지는 경우도 있다. 오프에드 페이지는 각료와 의원이 가담해 정책논쟁을 전개하는 장이 되어 단순한 토론의 장이 아니라 현실의 정책형성 과정에도 참여하는 것이다. 〈워싱턴 포스트〉와 〈월 스트리트 저널〉 등의 유력지에서도 오프에드 페이지가 위와 같은 역할을 하고 있다.

이와는 반대로 일본신문에서 논쟁이 벌어지는 경우가 드문 까닭은 신문이 논쟁을 가능케 할 만큼 충분한 지면을 할애하지 않기 때문이다. 또한 자사의 보도성격에서 크게 벗어난 의견이나 주장은 쓰지 못하게 하는 분위기가 팽배해 있다는 것도 그 이유 중 하나다.

일본신문에는 사론社論이라고 불리는 것이 있다. 대부분의 경우 논설위원들의 다수의견으로 종합된 사설의 논조가 이 사론을 대표한다. 논설위원들은 신문사의 경영진이나 편집국으로부터 일절 간섭을 받지 않는다는 것이 원칙이기는 하나, 실제로 논설위원들의 독립이 완전하게 보장되어 있는 것은 아니다. 신문사에 따라서는 중요한 문제에 대해 경영진을 포함한 간부가 정기적으로 협의하여 사론을 결정하는 기관을 따로 두기도 한다. 경영자 또는 사장의 의견이 사론에 짙게 반영되는 경우도 있다. 이들 신문에서는 사설을 포함한 논평이나 칼럼도 정치적 색채가 강한 문제에 대해서는 사론이 반영되는 경우가 많다. 또 외부 식자에 의한 기고도 주로 사론에 가까운 글이 소개된다. 이 같은 분위기 속에서 보다 다양한 의견이나 토론을 개진한다는 것은 쉬운 일이 아니다.

사론은 스트레이트 뉴스나 캠페인 보도 등 타 분야의 보도에도 커다란 영향을 미친다. 사론이 어떤 종류의 문제에 관해 특정 입장을 취하면 현장기자도 그 같은 입장을 의식한 채 보도에 임하게 되는 것이다. 캠페인 보도의 경우 더욱 사론의 입장과 밀접하게 관련될 수밖에 없다.

사론이 명확하게 제시되지 않은 신문일지라도, 현장기자는 내부에 흐르는 분위기만으로도 충분히 영향을 받는다. 편집자나 기자가 사설의 논조 등을 통해 희미하게나마 사론을 감지하고 그에 따라 취재·편집활동을 할 가능성도 있다. 사외로부터 들어오는 기고나 투서를 선택함에 있어서도 이 같은 분위기가 반영된다. 그러나 이 모든 것들은 다양성을 중시하는 민주주의 사회의 뉴스보도 이념에는 전혀 맞지 않는다.

중시되는 해설·분석

전자정보 미디어도 컴퓨터를 능숙하게 다룰 수 있는 사람에게는 속보성에서 신문보다 앞선다. 그러나 세계 곳곳에서 벌어지고 있는 뉴스의 전체상 속에서 각 뉴스의 가치를 판단하기 위해서는 정보의 중요도에 따라 구분한 수많은 뉴스를 하나의 지면에 모두 수용할 수 있는 신문이 훨씬 더 유용할 수 있다.

신문이 앞으로 살아남는 미디어가 되기 위해서는 TV나 전자정보 미디어에 맞설 수 있는 기능을 한층 더 확충·강화시켜야 할 것이다. 그 기능 중에 하나가 뉴스의 해설, 분석, 논평기능 등을 포함하고 있는 논평인 것이다.

스트레이트 뉴스의 중요성에 대해서는 이미 수차례에 걸쳐 강조한 바 있다. 그런 점에서 현재 많은 신문들이 중요시하는 기사의 간소화라든가 지면의 시각화에 대해서는 한번쯤 더 재고해 봐야 할 것이다. 기사의 간소화는 신문의 뉴스가 TV 뉴스와 비슷해지는 것을 의미한다. 기사가 지나치게 간소화되면 신문 뉴스도 TV 뉴스 이상의 내용을 전달하지 못하게 된다. 마찬가지로 신문의 뉴스가 스크린에 비추어지는 전자정보 미디어의 간략한 정보와 다를 바가 없게 된다면 사람들은 전자정보 미디어만으로도 충분하다고 생각하게 될 것이다.

신문은 뉴스에 상세한 논평을 덧붙여 전달할 수 있다. 많은 시민들이 표면적인 사실 이상의 깊은 뉴스에 관심을 갖는 한 신문의 역할은 결코 사라지지 않을 것이다. 그러므로 신문은 신뢰할 수 있을 만한 상세한 정보와 의견을 끊임없이 독자에게 제공할 수 있어야 한다. 이와 같은 신뢰와 관련된 정보 제공의 큰 부분을 해설이나 분석이 담당하고 있다.

지금까지의 해설과 분석은 스트레이트 뉴스의 배경이나 주변을 약간 더 보충하는 정도인 것이 많았다. 그러나 이제 더 이상 해설이나 분석이 스트레이트 뉴스를 보도하는 현장기자가 부수적으로 다루는 작업이 되거나, 취재현장을 떠난 지 오래된 기자가 무모하게 덤벼드는 일이 되어서는 안 될 것이다. 신문에게 절실히 요구되는 것은 좀더 상세한 사실이며, 그 사실분석에 따른 구체적인 전망이나 판단이다. 이러한 정보를 제공하기 위해서는 현장에서의 치밀한 취재활동이 요구되며 그 취재사실을 자기 나름의 문맥으로 정리하고 판단할 수 있는 전문적인 식견도 필요하다.

신문을 논쟁의 장으로

사설은 기본으로 갖는 아젠다 세팅 능력을 강화할 필요가 있다. 뉴스 추종형, 뉴스 해설형 사설에서 벗어나 좀더 독자적인 식견과 주장을 명확히 제시할 수 있어야 한다. 그렇지 않으면 뉴스가 빠뜨린 문제를 제기하거나 그 해결방침을 알려주는 사설 고유의 기능은 남의 것이 되고 만다.

앞에서도 언급했듯이 사설은 논설위원들의 다수의견을 바탕으로 한 사론인 경우가 많다. 이는 신문사를 대표하는 의견으로서 위신도 함께 주어진다. 따라서 사설은 뉴스의 단발적인 대응과는 다른 지속적이면서도 일관된 입장을 주장할 수가 있다. 한마디로 아젠다 세팅 역할을 수행하는 데에는 안성맞춤인 것이다. 신문은 이 기능을 좀더 자신감을 가지고 효율적으로 활용해도 좋을 것이다.

그러나 사설이 스트레이트 뉴스보도의 기조까지 모두 같은 짜임새로 만들어 버리는 것은 바람직하지 않다. 지면의 통일성을 유지하는 데에는 도움이 될지도 모르지만 독자가 볼 때는 신문의 일방적인 입장이나 견해를 강요받는 것이기 때문이다. 사설은 항상 자유로운 입장과 과감한 주장을 견지해야 한다. 그러나 논평이나 칼럼에서는 사설과는 다른 다양한 의견을 제공하는 것이 바람직하며, 스트레이트 뉴스보도 역시 사설의 입장과는 상관없이 오직 진실 추구만을 기반으로 삼고 있어야 할 것이다.

논평기능을 충족시키기 위해 필요한 것은, 논평이나 칼럼을 통해 논쟁의 장을 확충시키는 것이다. 최근 들어 논평과 칼럼의 지면이 조금 늘어난 것은 사실이나 아직도 충분하지는 않다. 뿐만 아니라 이 같은 논평이나 칼럼조차도 논쟁을 불러일으키는 논의보다는 뉴스 해설적인 내용들이 더 많다. 다양한 의견과 주장이 개진되어야 할 장이 그 역할을 다하지 못하고 있는 것이다.

신문을 활발한 논쟁의 장으로 만들기 위해서는 어떻게 해야 하는가. 말할 것도 없이 칼럼과 논평의 지면을 대폭 늘려야 한다. 동시에 그 내용은 충분히 논쟁을 불러일으킬 만한 것으로 선택해야 한다. 일각에서는 서로 반대되는 의견을 가진 식자들의 대담이나 토론, 기고와 같은 형태로 계속해서 노력을 기울이는 신문도 있다. 그러나 더 이상 형식적인 양론병기兩論併記만 계속해서는 안 된다. 때로는 이단異端의 견해도 소개하는 등 가능한 다양한 의견을 제시하는 것이 중요하다. 이러한 시도야말로 지금까지의 신문에서 볼 수 없었던 새로운 기능을 부여하는 계기가 될 것이다.

그러나 여기에도 해설이나 분석 작업의 경우와 마찬가지로 인재양성과 기용의 문제가 있다. 일본에는 미국 유력지의 칼럼니스트와 견줄 만한 기자가 드물다. 물론 쓸 줄 아는 기자가 없는 것은 아니다. 다만 연공서열이나 일본의 고용방식이 뛰어난 능력을 가진 기자들을 제대로 발굴해내지 못하도록 가로막고 있는 것이다. 재능 있는 기자는 자유롭게 논평이나 칼럼을 쓸 수 있는 환경만으로도 얼마든지 지면에 새바람을 불어넣을 수가 있다. 이와 더불어 외부로부터 들어오는 개성적인 의견이나 주장을 적극 활용하는 것도 지면활성화에 많은 도움이 될 것이다.

뉴스보도에 있어 현재까지 스트레이트 뉴스보도가 주류였던 것에 반해 해설이나 논평분야는 소홀하게 다루어진 느낌이 있다. 이것은 스트레이트 뉴스보도야말로 현장과 가장 밀접한 작업이며, 해설이나 논평은 현장과는 거리감이 조금 느껴진다는 것에 잘 나타나 있다.

그러나 장래의 TV 시대, 또는 포스트 텔레비전 시대에는 스트레이트 뉴스 못지않게 논평분야의 작업도 중요해질 것이다. 이미 일부 신문은 그에 대비해 인재육성을 서두르고 있는 것으로 보인다. 논평기능이 신문의 주류로 인식될 날이 생각보다 빨리 다가올지도 모른다.

매력적인 지면이
되기 위한 방안

지면 개혁과 흐름
지면에 관해 생각하다
기술혁신과 지면

Chapter 11

지면 개혁과 흐름

지난날의 신문은 사회적인 사상에서부터 문화적인 뉴스에 이르기까지 거의 모든 정보를 독점적으로 전달하는 최대의 매스 미디어였다. 그러나 신문을 둘러싼 환경의 변화는 지면제작에 여러 가지 변화를 주었다. 영상 미디어의 등장은 물론이거니와 같은 활자 미디어에서도 세분화와 다양화가 일어나 (잡지사가 가정·문예란용 특집거리를 취재·작성하여 지방지에 보내는 것을 본다면) 신문으로서는 특정정보에 전력을 기울일 수 있는 세그먼트(segment ; 구획, 단편, 조각－옮긴이 주) 지면을 새로이 모색하지 않을 수 없게 되었다. 또한 새로 생겨난 각종 전문정보지에 의해 신문의 독무대로 알려졌던 안내광고 등의 영역을 계속 잠식당하게 되었던 것이다.

정보시장의 변화에 따른 미디어의 분리, 이른바 스포츠 신문처럼 오락·연예정보가 비중이 높아지는 가운데 신문의 지면제작도 뉴스 가치와 관련해 많이 흔들리고 있다. 이 같은 변화는 다른 나라에서도 마찬가지의 결과로 나타나고 있다. 세계적으로 유명한 프랑스의 〈르몽드 *Le Monde*〉 마저도 창간 50주년째 되는 1994년 12월 17일자부터 시대의 흐름을 의식한 새로운 활자체와 지면구성을 선보였던 것이다.

이 장은 시대적 흐름과 컴퓨터 기술이 가져온 지면변화를 중심으로 신문만이 지니고 있는 특성과 저널리즘에 알맞은 매력적이고 새로운 지면이란 어떤 것인가를 살펴보기로 하되, 그 전제로 먼저 지면개혁의 실제부터 전망해 보기로 한다.

문자의 확대

신문제작기술의 CTS(Computerized Typesetting System)화에 의해 가장 먼저 변한 것이 기본문자의 확대다. 활판시대에는 글자의 크기를 다르게 하는 것이 매우 어려웠으나 컴퓨터 문서작성 기술의 발달로 그 크기를 얼마든지 자유롭게 바꿀 수가 있게 되었다.

일본의 지면규격이 1행 15자 15단으로 통일된 것은 1951년이었으며, 그 전통을 깬 것은 1981년 7월 〈아사히신문〉이었다. 그 뒤로 대부분의 신문사가 글자 수를 15자에서 14자로 바꿨으며, 급기야는 13자나 12자로까지 줄인 신문도 있었다. 그러다가 1991년 6월을 기해 대부분의 신문이 행 당 12자로 바꾸었고 결국 이것이 현재까지 굳어지게 되었다. 이 같은 문자 확대의 주된 이유는 고령화 사회에 대한 대응이었으며 한편으로는 기사량의 감소에 따른 어쩔 수 없는 대처방안이기도 했다.

1989년 2월, 행당 13자에서 12자로 줄인 〈요미우리신문〉은 '문장과 행 수를 짧게' 라는 운동을 전개했다. 〈신문연구〉가 1992년 4월부터 연재한

'현대편집기자론'에 입각하여 새로운 기본글자의 크기를 추측해 본다면, '12자가 많다면 곧 10자의 시대가 올지도 모른다. 그렇게 되면 현재의 1단의 글자 수로는 부족하다. 행이 자주 바뀌면 읽기가 어려워지기 때문이다', '읽기 쉬운 신문을 추구할 경우 면당 15단에는 한계가 있다', 따라서 '더 이상 글자를 크게 한다는 것은 무리가 아니겠는가. 이제는 지면 스타일을 바꾸는 것으로써 경쟁해야 할 시대라고 본다.'에서처럼 결국은 면당 15단을 검토해야 되리라는 것이다. 그러나 단수를 바꾸려면 광고업계와도 의견을 절충해야 할 필요가 있으며, 현재로서는 '지면성격에 맞춰 글자의 크기와 수를 바꿈으로써 강조하는 방법이 효과적'이라는 데에 의견이 모아지고 있다.

컬러화와 시각화

지면의 시각화는 80년대 후반부터 90년대에 걸쳐 두드러지게 나타난다. 지면의 컬러화, 사진, 그림, 그래프 등을 활용해 알기 쉬운 지면을 지향한 것이다. 독자의 시선을 끌기 위한 것만이 아니라 기품을 잃지 않으려고 지면 전체의 포맷까지 바꾼 신문도 있다.

1988년 5월 29일, 〈산케이신문〉이 새로운 지면으로 변신했다. 이것은 미국의 신흥지인 〈USA 투데이〉가 성공하게 된 예, 즉 제호를 청색으로 하고 컬러 사진을 중앙에 앉히는 식의 지면작성 방침을 기반으로 하여 시도한 작업이었다. 〈산케이신문〉의 지면쇄신 중 특히 주목되는 것은 1면 광고를 없앴다는 점이다. "광고가 있으면 색깔이 서로 부딪쳐 지면이 혼란스럽다. 그로 인한 수입 감소는 영업부가 좀더 분발하면 문제되지 않을 것이다."는 최고경영자의 결단이 내려진 다음 1면에 커다란 컬러 사진이 등장하게 된 것이다. 그러나 원칙적으로 제목 부분만큼은 색깔을 넣지 않기로 했다.

<산케이신문>보다 한 발 앞서 <요미우리신문>이 주 1회 석간 톱에 세계의 뉴스를 중심으로 한 컬러 사진을 게재한 적이 있었으나, 뒤늦게 새로운 뉴스가 발생하면 그것을 다시 축소해서 다루는 등 당초 구상대로 쉽게 되지는 않았다.

1991년 1월 17일 걸프전 돌입 이래 <마이니치신문>의 독자 의견실에는 걸프전을 둘러싼 정세를 한눈에 알아볼 수 있는 지면을 만들어 달라는 절실한 요청이 잇따랐다. 이 신문은 10일 후에, 일요일판 1면과 최종 면 30단 좌우 양쪽에 '걸프정세 대지도'를 게재해 자료성과 간편성을 구체화시킴으로써 독자의 의견을 반영했다. 이것은 시각적인 효과가 높은데다가 해설을 살린 뛰어난 지면편집으로 평가돼 그 해의 신문협회상을 수상하기도 했다.

<마이니치신문>은 1991년 1월 5일을 기해 대대적인 지면 개혁을 단행했다. 지면 개혁방침은 첫째, 좀더 읽기 쉽고 아름답고 개성적인 신문. 둘째, 전자화에의 대응력을 지닌 생동감 있는 디자인. 셋째, 신新시민의 시대를 이끄는 생활인 신문이었다. 지면쇄신은 "제호를 비롯한 지면 디자인과 지면 내용을 개혁하여 독자 중심의 신문을 만들기 위한 '신문혁명'에 첫발을 내딛는다."라는 광고로 시작되었다. 이러한 새 지면이 제일 먼저 신문계를 놀라게 한 것은 지면 한가운데를 둘로 접은 것이었다. 하단광고는 종래와 같은 단수로 게재할 수 있도록 공간을 확보한 다음 신문을 접은 선에 글자가 걸리지 않게 하는 포맷이었던 것이다. 이 새로운 방법에는 워드프로세서 입고와 컴퓨터 편집을 전제로 한 유닛*unit* 단위의 기사화를 위한 배려의 의미도 있었다. 또 제호도 반세기만에 세로짜기에서 청색 가로짜기로 바뀌었고, 제호 밑과 각 페이지 상단에 '찾아보기'를 싣기도 했다. 이는 독자가 자신이 읽고 싶은 기사를 되도록 빨리 찾을 수 있도록 한 것이었다.

〈오사카신문〉은 1993년 10월 1일자로 지면을 세로로 접어서 읽을 수 있도록 체제를 바꾸었다. 이는 석간지임을 감안한 것으로 직장인들이 귀가할 때 전철 안에서도 주위에 폐를 끼치지 않고 읽을 수 있도록 고안된 것이었다. 처음에는 사진도 접은 선에 걸리지 않도록 했으나 지금은 사진만큼은 예외로 하고 있다. 또 흰 글자로 뺀 제호도 계절마다 그 바탕색을 바꾸도록 했다. 그리하여 봄에는 녹색, 여름에는 청색, 가을에는 오렌지색, 겨울에는 빨간색 등으로 회사명을 기재했다.

비주얼 이미지도 활발히 연구 · 개발되어 각 신문사마다 널리 쓰이게 되었다. 예컨대 선거결과 보도에서는 당파별 의석획득 상황을 한눈에 알아볼 수 있는 여러 색깔의 그래프가 쓰였다. 각 판마다 최신 선거결과를 도표화하는 경향은 1988년 참의원선거 때부터 나타났으며, 또 주식란과 일기예보에 관한 다양한 연구와 시도도 이루어졌다.

스포츠 신문과 석간지는 1면과 최종 면을 거의 같은 비중으로 다루고 있다. 이것을 시각화의 일환이라고 봤을 때, 일반지에 속하는 〈도쿄신문〉과 〈시즈오카精岡신문〉은 그 좋은 예가 될 것이다. 〈도쿄신문〉의 최종 면은 수도권의 화제 'Tokyo발'로 컬러 사진이 들어가 있으며, 〈시즈오카신문〉의 경우도 최종 면에 컬러 토픽과 컬러 광고를 싣고 있다.

최종 면을 뉴스에 할애해서 주목받은 일반지의 예로 1992년 7월 27일자 조간 〈요미우리신문〉과 〈산케이신문〉을 들 수 있다. 제16회 참의원선거 결과와 바르셀로나 올림픽 소식이 겹쳤기 때문에 참의원선거 결과는 1면에, 그리고 올림픽 결과는 최종 면에 싣게 된 것이었다. 두 신문 모두가 그러한 방법을 고정화시킨 것은 아니지만 일단의 시도로서 그 의미는 매우 크다고 할 수 있겠다. 또 1995년 1월 17일에 발생한 '한신阪神 대지진' 때 〈아사히신문〉과 〈도쿄신문〉은 이튿날 조간 최종 면에 뉴스 컬러 사진을 크게 게재하여 신문제작의 기동성을 유감없이 발휘한 바 있다.

지면변경

신문은 일정한 페이지 수나 지면배치가 결정되어 있으나. 보통 수년마다 한 번씩은 대대적인 지면변경을 단행한다. 이는 증면, 또는 사회정세에의 대응, 지면의 컬러화, 구독료 개정, 광고량 변동, 편집책임자의 인사 등의 여러 요인을 계기로 추진된다. 그렇다면 최근 10년에 걸친 각 신문들의 지면쇄신 실태를 살펴보기로 하자.

1986년의 지면쇄신 건수는 총 120건에 이르며 그 중 반 가량은 가정을 위한 경제·금융정보에 중점을 둔 '경제특집'으로 꾸며져 있다. 이 시기는 이른바 '거품경제'의 상승기로서 재테크에 대한 관심이 높았던 때이기도 하다. 〈마이니치신문〉은 1985년 6월부터 격주(화요일)로 시작한 재테크 중심의 '미니정보'란을 1986년 1월부터 조간(수요일)으로 옮겨 확대했다. 〈산케이신문〉은 1985년 9월부터 월요 석간에 '머니'라는 특집을 싣기 시작했으며 〈아사히신문〉도 1986년 1월부터 토요 석간에 '주말경제'를 끼워 넣기 시작했다. 또 〈요미우리신문〉은 같은 해 2월부터 목요 발행으로 〈요미우리가정경제신문〉을 창간했다. 〈니혼게이자이신문〉도 2월부터 월요 조간에 대형특집 'MONDAY NIKKEI'를 내기 시작했다.

1987년의 지면쇄신 건수는 약 160건. 스포츠, 사회, 지역, 국제 등 기존의 뉴스 면을 확장하는 방침 외에도 주식상황 면에서의 쇄신은 매우 특징적이었다. 예를 들어 〈마이니치신문〉이 4월 2일자 주식 면에 대형문자를 채용해 당일의 가장 비싼 주식시세와 가장 싼 시세, 그리고 주식의 총 거래액 등 상세한 정보를 전달하는 개혁을 실시했는데, 이 같은 지면쇄신은 그 뒤 각지에 연쇄반응을 불러일으켰던 것이다.

1989년에 이루어진 지면쇄신의 건수는 약 100건이었다. 이때는 소비세의 도입으로 구독료가 두 차례에 걸쳐 오른 시기이기도 했다. 당시에는 광고호조로 증면이 활발하게 이루어졌는데, 각 신문계는 재테크 붐을 반영한 주식 면을 확충했으며, 주 5일 근무제의 진전에 따른 독서면 확장, 가정생활정보, 취미·레저·오락정보 등의 컬러화와 함께 읽기 쉬운 지면제작을 위해 부단히 노력했다. 또 지방방송국 개국과 위성방송 시대에 부응하기 위해 TV와 라디오 방송안내 면을 분리하기도 했다.

1991년 6월에 〈아사히신문〉이 미디어란을 만든 후 각 신문들도 유사한 명칭 아래 상설란을 등장시키기 시작했다. 〈도쿄신문〉이 10월, 〈마이니치신문〉이 11월, 〈산케이신문〉은 그 이듬해 2월부터 이를 실시했다. 미디어란이 등장한 배경으로는 미디어에 관한 비판을 보도기관이 수용해야 할 필요성의 대두와 방송 미디어의 사회적인 영향력이 증대된 것 등을 들 수가 있다. 미디어 자체를 사회현상으로 파악하여 보도하고, 이른바 자기 개시自己開市를 통해 독자의 이해와 신뢰를 심화시키려 한 〈아사히신문〉의 정신은 신문협회상을 수상할 만한 충분한 가치가 있는 것이었다.

석간의 지면쇄신

과거를 살펴볼 때 석간의 지면쇄신이 특히 많았던 때는 1985년도였다. 그 해의 지면쇄신 건수는 총 90여 건이었는데 그 중 조간이 53건, 석간은 27건이었으며 이는 예년보다 석간쇄신 건수가 눈에 띄게 많음을 보여준다.

〈류큐琉球신보〉는 4월에 두 페이지를 더 늘린 주 2회 석간지방판을 신설했고 8월에는 〈기다니혼北日本 신문〉이 제호의 디자인을 변경하여 1·3면을 사회면으로 하고 4·5면에는 마음을 흐뭇하게 만들어주는 거리의 뉴스를 모은 휴먼 란과 실버 세대란 등을 신설했다. 마찬가지로 〈산케이

신문〉은 2·3면에 있었던 사회면을 6·7면으로 옮기고, 1면에 '세계의 길목' 과 같은 시사적인 내용을 수록하는 '창' 란을 신설하는 등, 1면 전체를 독특한 형태로 꾸며 시각화를 도모했다. 이어 10월에는 〈마이니치신문〉이 화·목요일에 2·3면에 걸쳐 인생애환을 다루는 란을 신설하는 한편, 월요일은 '스포츠 랜드sports land', 토요일은 '세터데이 아이saturday eye' 라는 특집기사를 게재했다.

〈요미우리신문〉은 1993년 4월부터 스포츠 면을 신설하여, 경기결과와 함께 선수 개개인의 기록과 일상생활을 파헤치는 분석 기사를 게재하기 시작했다. 또 토요석간에는 도서정보란과 뉴스의 흐름을 분석하는 칼럼을 신설함으로써 석간의 이미지 변화를 강조하여, 조간이나 스포츠 신문과는 다른 차원의 지면을 만들기 위해 끊임없이 노력했다.

〈도쿄신문〉은 젊은이들 스스로가 지면제작에 참여하는 '젊은이의 구락부' 를 4월부터 신설했다. 독자와의 쌍방향 커뮤니케이션을 도모하기 위해 중학생부터 젊은 주부까지 70명의 젊은 리포터들에게 팩시밀리를 대여해 주고 화제를 제공받는 한편, 리포터들끼리 모여 토론을 하게 하는 기획도 구성했다. 그 밖에 스포츠 화제를 중심으로 한 '석간 스포츠' 나 삽화를 넣은 연재소설도 게재하고 있다.

〈산케이신문〉은 4월부터 예능, 문화, TV, 라디오 등 오락성을 중심으로 한 석간지면 쇄신을 단행했다. 금요일을 제외한 월요일부터 토요일까지는 좌우 양쪽에 'TV · 예능 면' 을 게재했고, '샐러리맨, OL을 위한 건강강좌' 를 조간 문화 면에서 옮겨와 새로이 신설했다.

〈하북河北신보〉는 코포레이트 아이덴티티corporate identity의 일환으로 4월부터 지면개혁을 실시했다. 석간 1면에 들어갈 특집을 기획하여 화제성 있는 뉴스를 깊이 있게 다룬 대형 리포트를 게재했으며, J리그 개막에 맞춰 스포츠 면을 늘리는 한편 예능·오락의 장르도 확장했다. 또 1면 왼쪽에는 사회 면에 있던 주요 뉴스를 옮겨와 표제로 소개하는 '뉴스 카탈로그' 란을 창설했다.

〈교토京都신문〉은 일간 잡지식의 지면제작으로 독자에게 어필한다는 방침 아래 '교토의 실상허상' 을 기획물로 게재했는데 의외로 독자의 반응이 무척 좋았다고 한다. 그 신문은 대부분이 시내에 집중 배포되어 한 번 판을 뜯어 고칠 때마다 페이지를 바꿔 매달 15가지나 되는 백화점 전면광고를 실었다. 이 때문에 석간광고가 큰 비중을 차지하게 되었으며, 석간의 유지는 지면개혁으로 충분히 가능하다는 확신을 가지게 되었던 것이다.

1993년의 석간쇄신은 약 20건이 넘었는데, 그 내용은 스포츠, 문화, TV, 예능, 생활경제 등 무척 다양했다. 특히 읽을거리에 주력하는 한편 컬러와 삽화를 활용한 시각적인 지면제작을 위해 부단히 노력했었다.

Chapter 12

지면에 관해 생각하다

지면이란 무엇인가

신문제작에 따른 정보수집과 처리성과는 최종적으로 지면에 집약된다. 때문에 지면이 가져오는 몇 가지 가능성을 규명하는 것만으로도 큰 성과를 얻을 수 있을 것이다.

종이의 매력과 지면의 특성

매력적인 지면이란 종이 자체의 매력에 의해 성립된 개념이라고 해도 과언이 아니다. 정보표출 형태가 미디어의 성격을 규정하듯, TV 같은 영상 미디어에는 없는 종이가 신문의 본질을 규정하는 것이다.

신문이 문자 텍스트라는 것도, 문자 텍스트이기 때문에 기간基幹 미디어로서의 기능을 유지할 것이라는 것도, 그리고 여러 가지 정보를 한꺼번에 전달하는 종합성을 갖는 것도 모두 종이라는 특성에 기인한다. 종이는 인간이 최종적으로 무엇인가를 확인하는 수단으로서 기나긴 역사적 인지를 얻고 있으며, 따라서 친숙해지기 쉬운 퍼스널 미디어라고도 할 수 있다. 종이에 옮겨진 정보는 읽고 생각하고 이해하는 속도 등 모든 것을 독자에게 맡긴다. 아무런 조작도 필요치 않다. 이처럼 누구에게나 강요됨이 없는 높은 접촉자유도, 즉 언제 어디서나 몇 번이든 어떤 식으로든 읽어도 좋으며 적당한 크기로 접어서 읽을 수도 있는 장점들은 모두 종이이기 때문에 가능한 것이다. 바꾸어 말하면 신문이 수의성隨意性과 편리성, 그리고 발생시일을 동반한 기록성, 보존성, 자료성, 증거성을 갖는 것도 모두 종이로 인해 가능한 것이다. 지면 포맷의 장점이나 특성이 결여된 전자신문과 비교해 보면 금방 알 수 있겠지만, 종이의 편리성은 무엇보다도 일정한 넓이와 일람성을 구비한 지면으로 보다 강력하게 발휘된다.

지면은 정보를 문자와 더불어 그림, 그래프, 표, 사진 등을 사용해 나타냄으로써 3차원적인 입체감을 느끼게 한다. 이른바 시각화는 입체적 표현의 한 수단이라고 할 수 있을 것이다. 또 일람성은 지면배치라든가 표제 또는 정보배열에 의해 뉴스의 가치판단을 다르게 하는 한편, 정보 간의 유대와 종합적인 관계를 전달하며 일반사회에서 발생하는 주요사항을 보다 효율적으로 전달한다.

저널리즘의 관점에서 봤을 때 신문의 일람성에는 영상 미디어의 추종을 허용치 않는 에디터십(Editor-ship ; 편집상의 지시나 편집기능을 총괄하는 권능 – 옮긴이 주)과 정보의 검토기능이 자연스럽게 내포되어 있다. 그 기능은 페이지 단위의 지면에서만 발휘되는 것이 아니라 페이지와 페이지에 걸쳐 지면의 복합적인 관계에까지 폭넓게 작용한다.

'꿈의 신문'이 본 것

지면의 편리성 추구와 관련해 미국 나이트 리더 사의 정보 디자인 연구소가 개발한 미래형 전자신문에 대해 얘기해 보자. '타블렛 전자신문'이라고도 불리는 이것은 지금의 신문처럼 어느 곳이든 가지고 다닐 수 있는 휴대성을 지녔고, 세로쓰기가 아닌 가로쓰기에도 편리하며, 조작이 쉽고 비용이 적게 든다는 특성을 갖고 있다.

연구소는 신문을 인간의 사고를 보존하거나 교환하기 위한 미디어로서 추상적이면서도 분석적인 사고를 자극하는, 멀티미디어 시대의 주도적인 매체가 될 수 있는 응용성 높은 것으로 인식했다. 신문은 문자 텍스트이며 표제를 대충 훑어보면서 본문을 볼 것인지 다른 기사를 읽을 것인지를 결정하는 과정이나 광고를 보고 만화를 보는데 일일이 조작을 하지 않아도 되며, 활자크기와 명암, 사진의 위치, 기사의 길이 등으로 뉴스의 중요성을 한눈에 알 수 있고, 표제의 논조나 지면배치에 관해 무의식적인 흥미를 느끼고 기사를 읽게 되거나, 작은 글씨로 한쪽 구석에서 조용히 기다리고 있는 칼럼과 우화를 읽고 놀랄 만한 사실을 알게 되는 데서 오는 즐거움이나 비애를 전달하는 다각적인 미디어이기 때문이다. 이와 같은 발상은 인류와 밀접하게 연관된 문서형태를 중시하여 이를 문서 모델형 전자신문으로 개발하는 데 활용하려는 시도에서 비롯되었으며, 그 연구는 현재 신문의 더욱 치밀한 분석과 해명의 필요성을 일깨워 준다.

신문은 일정한 면수를 가지고 있으면서 동시에 각 면의 유기적인 결합에 의해 독특한 정보공간을 갖는다. 미리 약속된 40면 가량의 정보공간은 잡지와는 다른, 보다 명확한 이미지를 독자와 공유한다. 그 이미지는 거의 고정된 장르별 정보처리 능력을 갖고 있는데, 이 같은 면 단위 및 면별 신문편집은 신문본체가 남아 있는 한 결코 사라지지 않을 것이다. 요컨대 신문편집의 특성을 최대한 살리기 위해서는 조간/석간, 본지/섹션, 종이 신문/신매체와 발행시간 및 지역, 그리고 목적 등과 관련해 폭넓은 지면구성을 지향해야 한다.

파악하기 어려운 독자의 니즈

참신한 지면구성 계획을 위해서는 우선 독자들의 니즈를 제대로 파악해야 한다. 그러나 이를 파악하는 것은 여간 어려운 일이 아니다. 현재로서는 조사환경은 물론이거니와 그 조사방법도 체계적으로 마련되지 못하고 있기 때문이다. 이른바 정보사회 특유의 복합적인 환경으로 인해 미디어에 대한 사람들의 의식이 경계가 없는 미분화 상태로 빠지기 쉽고, 때문에 정보에 대한 사람들의 인식도 특정 미디어에 국한시키기 어려운 것이다. 뿐만 아니라 신문에 대해 정식으로 의견을 묻거나 기능과 관련된 어떤 평가를 들어보아도 독자들의 실태를 정확하게 파악해내기가 결코 쉽지 않다.

고전적인 의미에서의 제공자와 수요자의 관계는 불분명해졌으며, 신문은 이제 미래의 새로운 독자를 파악할 수 있는 조사방법을 설계해야 될 때다. 그러나 그것을 위한 결정적인 방법을 찾는 것은 매우 어려운 일이다. 우선 신문협회연구소가 1991년에 실시한 '전국신문신뢰도종합조사'를 참고해서 지면제작에 관한 일반 독자의 니즈를 말하자면 다음과 같다.

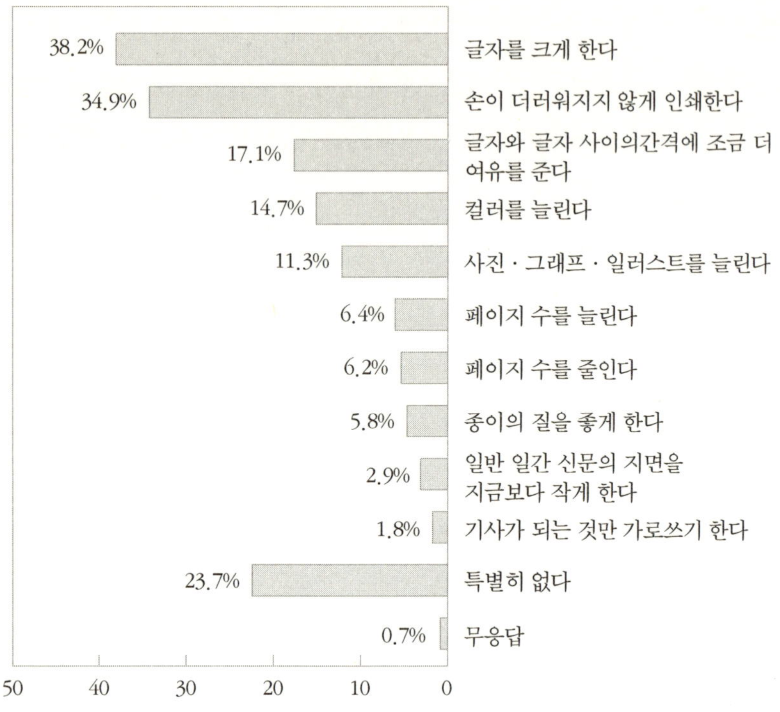

위의 표는 수년 전의 조사이며, 글자확대의 요구는 행당 12자가 주류로 되기 시작한 당시의 인상적인 움직임에 대한 반응으로 이해되지만, 대체로 컬러나 사진이나 그래프의 증가를 바라는 소리는 그다지 높은 것이 아니었다. 이것은 독자의 니즈를 알아보는 것만으로는 지면제작 방향을 결정할 수 없다는 당면문제에 대한 예시이기도 하다. 독자들은 오히려 신문측이 지면제작 기획을 과감하게 추진해 주기를 바라고 있는 것으로 보인다.

섹션 편집의 가능성

뉴스를 어떻게 다룰 것인가의 문제가 중요시되는 것을 볼 때, 앞으로의 지면제작은 조직의 변화와 데이터베이스에 의한 기사 서비스, 뉴미디어 까지도 염두에 둔 것이 될 것이다. 또 기획면이 더욱 중요시되는 주말과 주초의 편집방향이 달라지는 경향은 점점 두드러지고 있으며, 아울러 종합지도 조간과 석간에 따라 차별성을 두고 있다. 이들 움직임은 그 동안 추진된 이종정보혼합형의 종합면화라든가 와이드면화, 혹은 그와는 반대로 면수가 허용되는 범위 내에서의 전문화나 세그먼트화가 일체로 된 편집의 연장선상에 있다고 할 수 있겠다.

면별 정보 장르를 떠나 신문 전체를 크게 서너 가지로 분리하는 것을 섹션 편집이라고 하는데, 이러한 편집은 현재 널리 보편화되어 있다. 특집을 따로 인쇄하는, 즉 발췌인쇄 방식이라든가 세그먼트화를 확대시킨 것과 같은 섹션 편집은 메인이 되는 뉴스와 스포츠, 비즈니스, 생활과 같은 각 분야에 의해 결합된다. 이 섹션 편집의 장점은 지면효과와 광고효과가 큰 1면이나 최종 면을 많이 출현시킴으로써, 한 가족이 각각의 기호에 따라 나누어 읽을 수 있고, 여러 가지의 주제를 선택해서 구독할 수 있다는 데 있다. 즉 독자는 물론이거니와 광고주까지도 충분히 만족할 만한 편집방식인 것이다. 영어지면이나 주문형 신문 등의 발상도 바로 여기서 비롯된 것인데, 이 발상이 다다르는 곳에 '전자신문'이 있다는, 단순한 과정의 하나로 섹션 편집이 자리 잡은 것은 아니다. 독자를 충분히 배려하면서 적극적으로 지면을 바꿔가는 것도 중요하지만 재고해야 할 문제가 있다. 예컨대 프론트 면에서 가운데 면으로 밀려난 사설처럼 신문 미디어에만 있는 매우 특징적인 기사임에도 불구하고 잘 읽히지 않는다는 이유로 그 게재 위치가 바뀌는 것은 있을 수 없는 일이다. 참고로 신문협회연구소의 1991 년 '전국신문신뢰도종합조사' 결과를 보면 26.2%의 독자가 사설을 읽고 있었다. 이는 사설이 많이 읽히지 않는다는 선입견을 가진다고 해도 결코 소홀히 다루어져서는 안 되는 것임을 시사하고 있다.

최종 면이 TV 프로 안내여서 거꾸로 뒷면부터 시작해서 앞으로 읽어가는 독자가 20.2%나 되는 경우도 있다. 이에 비해 1면부터 차례대로 읽어가는 독자는 28.3%로 많지 않았고, 대신 특정 페이지를 먼저 읽는 사람이 36.5%로 가장 많았다. 즉 독자들은 섹션 판을 선호하는 듯한 신문읽기를 하고 있는 것이다.

1면과 최종 면

당장 1면이나 최종 면이 크게 달라지는 일은 없다 하더라도, 최근에는 1면에 광고를 일절 싣지 않는다거나 TV 프로 안내를 중간에 넣고 최종 면은 지역적인 특색을 통합한 뉴스 면으로 바꾸는 경우가 더러 있다.

1면의 큰 특징은 세 가지 요소인 가장 중요한 뉴스와 차례, 인덱스 등의 표시부분, 표제부분에서 찾아 볼 수 있을 것이다. 이 밖에 주요 뉴스의 간략한 정보를 싣는 시도도 생각해 볼 수 있으나, 이는 시시각각 변하는 정보와 그 변화의 속도에 맞춰 한정된 시간 내에 적절히 대응하기 어렵다는 문제가 뒤따르게 된다. 따라서 이것은 지역지 등 한정된 면에서 주로 시도하게 된다.

절제돼 있는 시각화를 위해

스포츠 신문의 1면이나 최종 면의 시각화는 이미 정점에 다다랐다는 느낌이 든다. 인쇄 직전에 직접 기사를 넣을 수 있는 인쇄기술도 개발되었고, 때로는 지면배치 담당자의 이름을 실어 편집자의 책임감과 의욕을 고취시키려는 시도도 보였다. 요컨대 스포츠 신문은 가판이 절대적인 승부수로 작용한다. 따라서 기발한 지면구성과 편집 작업에 좀더 심혈을 기울이지 않을 수 없다.

그러나 스포츠 신문과는 다른 뉴스 영역이 공공역할을 담당하는 일반지에는 그 나름의 절제가 요구된다. 독일의 고급지 〈프랑크푸르트 알게마이네 *Frankfurter Allgemeine*〉의 1면에는 사진이 전혀 게재되지 않는 것을 본다면, 영상 미디어 시대와의 지나친 영합은 오히려 일반지의 개성을 무너뜨릴 우려가 있다. 컬러화든 시각화든 모두 지면의 일람성을 더욱 효과적으로 하기 위한 것이라는 본래의 목표를 염두에 두고 있어야 한다. 일람성은 읽기 쉽고 보기에도 산뜻해야 된다는 요건을 내포하고 있으며, 동시에 독자들의 눈높이에도 주의를 기울인다.

알기 쉬운 지면을 위해 나이트 리더 사에서 고안한 방법이 있다. 각 기사의 머리에 국명, 지명 등 발생지역이나 건강, 교육과 같은 뉴스 분야를 알리는 꼬리표를 달았고, 뉴스면 중앙에는 세계지도나 지역지도를 안배해서 기사가 전하는 정보발생지를 지도상의 위치로 알 수 있게 한 것이다. 독자의 항의나 진정을 통해 거론된 유명인사들의 얼굴사진과 이름, 연락처 등을 사설 중앙에 싣는 방법도 고안해 냈다. 이 같은 시도는 안내광고에서도 찾아볼 수 있다. 상품에 대한 상세한 정보와 매장 위치를 알리는 지도를 넣어 독자의 편의를 도모한 것이다. 이것들은 모두 철저하게 독자 측에 선 발상이 아니고는 실현 불가능한 것들임을 알 수 있다.

바람직한 기사란 어떤 것이냐는'물음에 한마디로 대답할 수 없다. 그러나 일반적으로 지적되고 있는 것은 첫째, 독자의 입장이 되어 알기 쉽게 써야 한다는 것. 둘째, 써야 할 논제를 끝까지 추구하여 핵심을 정확하게 전달해야 한다는 것. 셋째, 사실에 입각한 객관적인 구체성을 전달해야 한다는 것이다.

재차 강조하고 싶은 것은 신문지면의 가장 큰 특성으로 꼽히는 일람성을 연마하기 위해서는, 읽게 하는 것과 보이게 하기 위한 노력에서 이제 매력을 느끼게 하는 쪽으로 옮겨야 한다는 점이다. 물론 이 매력은 무엇보다도 신문이 신뢰할 만한 상품으로 불릴 수 있을 만한 정보내용을 갖춤으로써만 가능해질 것이다.

기술혁신과 지면

기술혁신의 흐름

신문은 18세기 후반부터 시작된 산업혁명과 20세기 초부터 시작된 조직적인 생산라인, 그리고 1960년대부터 시작된 컴퓨터화 같은 시대의 격변에 보조를 맞추어 발달해 왔다. 그런데 이와 같은 기술의 발달은 사물을 보는 시각과 사고방식을 근본적으로 바꾸어 놓았다. 신문에 대한 평가가 다시 논의되고 있는 것도 바로 그 때문이다. 이 같은 외부의 도전을 극복하기 위해서라도 우리는 한번쯤 기술적인 발전, 특히 컴퓨터 제작의 발자취를 더듬어 볼 필요가 있다.

컴퓨터 제작의 출발

신문이 처음 컴퓨터로 제작된 것은 1963년 봄, 미국의 신문발행인협회 및 신문편집자협회에서 '10년 후의 신문제작 비전'이라는 안건이 나왔을 무렵부터 시작되었다. 크리스마스를 앞두고 뉴욕에서 시작된 신문사들의 파업으로 여느 때보다 신문제작 기술에 대한 관심이 무척 높아져 있던 때이기도 했다. 그 후 1년 동안 신문사의 제작공정을 지켜본 컴퓨터 전문가 존 디볼트*John Devault*는 신문사 간부들 앞에서 "신문만큼 자동화에 뒤쳐진 산업이 없다. 10년 후에는 본격적인 컴퓨터의 도입으로 그 제작형태가 크게 변화될 것이다."라고 예측하면서 확실한 의식변화를 요구했다.

그 당시까지 약 100년 동안의 신문제작 기술의 역사를 보면 고속화나 고성능을 목표로 한 기계화의 움직임이 있기는 했으나 기본적으로 그것을 다룰 만한 숙련공이 거의 없었으며, 제작형태를 전면적으로 바꾸는 등의 움직임은 항상 조합 측이 엄격하게 경계하고 있었다. 1930년대로 접어들면서 천공 테이프에 문자정보를 기록하는 방법을 개발하는 등 식자작업의 효율화가 촉진되기는 하였으나 숙련공의 직무영역은 여전히 노동협약에 의해 그대로 묶여 있었다.

그러나 1962년에 통신사에서 보낸 주식시황의 텔레타이프에서 조합을 위협하는 기술혁신이 시도되었다. 그때까지의 천공 테이프로는 활자만 쳐서 보는 것이 가능했기 때문에 신문으로 찍어내기 위해서는 숙련공이 스페이스를 조정하고 하이픈을 넣는 등 정돈된 자스피타이드 테이프를 따로 만들어야 했다. 특히 주식란은 미세한 부분이 많아 최고의 숙련공이나 손댈 수 있는 작업이었다.

그런데 통신사에서 컴퓨터를 활용하여 자스티파이드 테이프 자체를 곧바로 송신하기에 이르렀던 것이다. 인간의 두뇌가 해야 할 작업을 컴퓨터가 대신한다는 건 커다란 변화의 상징이었다. 오죽하면 이 기술의 도입을 놓고 노사가 서로 양보하지 않는 바람에 뉴욕의 신문들이 장기간 발행을 정지하는 사태에 빠졌겠는가.

파업의 여운이 채 가시기도 전인 4월, 디볼트는 시카고에서 신문편집 작업을 분석한 끝에 "컴퓨터의 잠재력을 신문제작에 응용하면 현행 편집 제작 방법을 완전히 일신시킬 수 있을 뿐더러 보다 빠르고 유연성 있는 편집이 가능하며 나아가 새로운 정보산업의 전개도 가능하다."라고 말했다. 컴퓨터가 갖고 있는 잠재력을 통찰하여 만들어 낸 신문제작의 비전이 약 30년 후인 오늘의 모습을 거의 정확하게 예언하고 있었다는 것은 그만큼 컴퓨터의 특징인 작업의 분석과 시스템화의 위력을 잘 반증하는 것이라고 할 수 있다.

선진 역할을 한 일본의 신문들

디볼트의 구상에 매료되어 이의 실현을 위해 심혈을 쏟은 쪽은 미국의 신문사가 아닌 〈아사히신문〉과 〈니혼게이자이신문〉이었다. 물론 이 같은 거대 시스템을 만들어내는 데는 IBM의 능력과 조직력이 필수불가결했던 것이 사실이다. 1964년 4월, IBM 시스템 360이 탄생했는데 이 기종은 처음으로 집적회로를 채택한 것으로 IBM의 도약에 기초가 되었다. 그러나 이 기종으로 일본신문을 제작한다는 것은 기술적으로 무모한 시도였다. 따라서 이를 성공으로 이끌어낸 배경은 기술개발사의 중요한 측면으로 부각될 만하다. 이것은 1960년에 발족된 〈아사히신문〉의 종합기술연구실이 보인 대담성이라고 말할 수도 있었다. 한편 상승기류를 탄 IBM은 모든 산업에 컴퓨터 활용분야를 개척할 수 있다는 자신감을 얻었다고 한다.

양자가 합동으로 연구회를 열기 시작한 것은 1965년 11월이었다. 이 때는 각 방면에 컴퓨터를 내장한 기계에 의한 고성능화, 자동화가 시도되기 시작한 때이기도 했다. 세계 각국을 대상으로 사업을 전개하기 시작한 IBM은 그 후로 20여 년간 각국의 VIP 초대계획을 실시하고 있는데, 1965년 제1회 때 초대된 〈마이니치신문〉의 하세가와長谷川 勝三郎 인쇄국장은 로스앤젤레스와 마이애미 신문사들의 컴퓨터 활용실태를 시찰하고는 일본에서의 도입 가능성을 검토한 바 있었다고 한다. 그는 문자체계가 서로 다르기 때문에 미국의 기술을 그대로 이전한다는 것은 실현 불가능했다고 술회하면서 "만일 전자동 사진식자기가 실용화되면 신문제작 공정에 혁명적인 변화가 일어날 것"이라며 기술자로서의 진지함을 가지고 변화의 가능성에 대해 토로했다.

한편 〈아사히신문〉은 어느 정도 가능성은 있으나 실현성이 없다는 미국 전문가들의 견해에도 불구하고, 표시장치나 출력장치 등 신문제작에 있어 반드시 필요한 장치들에 대해 매우 큰 기대를 걸고 있었다. IBM 연구회는 1967년에 공동연구회로 격상되었으며, 이듬해 5월에 세 사람의 기술자가 일본으로 건너와 한 달 동안 일본의 신문제작 공정을 상세히 분석한 후 돌아간 사실이 있었다. 같은 해 11월, 연구실은 기술개발본부로 개편되었고, 회사에 컴퓨터가 도입된 1971년 2월까지 21명의 프로젝트 담당 구성원들은 넬슨(NELSON ; new editing and layout system of newspaper) 개발에 관여하고 있는 사실을 사내에서조차 극비로 해달라고 요구받았다. 같은 시기에 개발 작업을 진행중이던 〈니혼게이자이신문〉의 아넥스(ANNEACS ; automate newspaper editing and composing system) 개발팀의 경우도 상황은 마찬가지였다. 이렇게 넬슨이나 아넥스의 프로토타입이 완성된 1971년 말까지 양 팀의 암중모색은 계속되었다.

1970년 봄, IBM으로부터 'JPS기능 시스템설계서'가 〈아사히신문〉과

〈니혼게이자이신문〉양사에 도착했다. JPS는 Japan Publishing System의 약자로 〈아사히신문〉과 〈니혼게이자이신문〉의 의도를 무시한 채 IBM이 일본의 범용 기본 소프트로 개발한 것이었다. 그 기본 위에 각사의 독자적인 프로그램을 구축해가는 시스템이 구성되어 있었다. 이를 알게 된 양사가 신의를 저버린 것이라고 항의했으나 그 때문에 상황을 바꿀 수는 없었다.

JPS기능 시스템설계는 일본어 신문을 짜기 위한 기본을 해석한 것으로 디볼트 씨의 아이디어를 시스템으로 설계한 최초의 작품이었다. 이것의 전면적인 실용화는 약 10년 동안의 고투와 더불어 그간에 있었던 반도체의 경이적인 발전이 있었기에 가능했다.

컴퓨터와 표시장치가 서로 정보를 주고받으면서 처리하는 기술은 항공관제 시스템으로부터 비롯된 것으로서 그 근본은 군사기술을 응용한 것이었다. 그리고 이를 위한 표시장치로 디지털 텔레비전이 이용되었으며 나아가 고성능 LDT(Layout Display Terminal) 개발도 추진되었다.

그러나 화면에 표시된 지면은 어디까지나 모형에 지나지 않았으며, 실제 지면으로 출력된다 하더라도 쓸 만한 품질은 못 되었다. 어떤 형태로든 컴퓨터 본체를 통해 고정밀도로 빼내야 했다. 신문제작 공정의 최종단계라고 할 수 있는 출력공정은 시간과의 경쟁을 요하는 것으로 지면의 인쇄 정밀도에 직접적인 영향을 주는 부분이다. 일찍이 이 개발을 지상명제로 삼은 〈아사히신문〉은 IBM과 공동으로 풀페이지 사식기 개발에 전력을 쏟았다. 그러나 범용성이 없는 장치는 심각한 비용문제를 안겨다 줄 것이 자명했다.

1973년에 이르러 〈아사히신문〉은 〈니혼게이자이신문〉과 공동 개발을 결정하였으며, 마침내 3년 후에 그 사식기를 완성시켰다. 넬슨이나 아넥스는 이로써 작업이 완결된 것이라 여겼다. 그러나 〈아사히신문〉의 기술진들은 이에 만족하지 않았다. 그래서 연구를 거듭한 끝에 컴퓨터 내부에서 완성된 지면의 이미지 정보를 출력시키지 않고 그대로 주사走査시켜 전자적 이미지 정보로 발신하는 획기적인 시스템을 1980년에 가동하게 되었다. 이 전자정보는 원격지의 팩시밀리 수신기로도 받아볼 수 있다는 점에서 공정단계의 생략과 시간단축을 동시에 실현시켰다. 이 같은 20년 동안의 움직임은 컴퓨터의 가능성을 어떻게 끌어내느냐 하는 문제와 관련해 최첨단 기술 개발사를 장식했다.

일본어 워드프로세서의 등장

신문제작에 컴퓨터를 활용한다는 발상은 가능했으나 기자의 업무에 직접 영향을 미치는 기술을 개발한다는 것은 우수한 신문사의 기술진도 감히 상상할 수 없는 일이었다. 기자는 원고를 쓰는 일이 업무이며 기술의 도움을 받는다는 건 절대 불가능한 일로 생각되어 왔다. 컴퓨터는 전문가만이 다루었으며, 1980년 당시만 해도 이 직종이 없어질 것이라고는 아무도 예측하지 못했다. 해외에서 텔레타이프로 보내오는 로마자 원고를 한자와 일본어로 변환시키는 시스템이 공동통신사에 의해 고안된 바가 있기는 했지만, 이 방대한 프로그램이 실제로 일본어 워드프로세서로 발전되리라고는 상상할 수 없었던 것이다.

1978년 가을, 일본어 워드프로세서가 처음으로 등장했을 때의 가격은 6백 30만 엔이었다. 그것이 1980년에 3백 40만 엔으로 내려가기는 했지만, 이 또한 보통사람으로서는 쉽게 구입할 수 있는 가격이 아니었다. 그래서 이것이 신문제작 현장에서 본격적으로 활용되기 시작한 것은 1983년부터였으며, 그 후로 폭넓게 보급되자 신문기자들의 의식도 차츰 바뀌었고 편집국에도 영향을 주었다.

디지털 시대와 기술 혁신의 문제점

80년대에 그 성능이 비약적으로 향상된 컴퓨터는 미국과 일본 양국이 앞다투어 보급함으로써 저가격화가 촉진되었다. 일본어 문자를 표시하는 데 도형 화상처리 기술을 응용한 것과 컴퓨터를 메인 프레임이 아닌 개인 도구화한다는 발상은 미국에서부터 비롯되었다. 타의 추종을 불허한다고 자부하고 있던 IBM에 대항하는 놀랄 만한 집적도의 LSI가 등장하여 퍼스널 컴퓨터의 고도화를 추진, 우수한 소프트웨어를 개발해 새로운 정보환경을 만들어 냈던 것이다. 단순히 문자를 표시하는 것뿐만이 아니라 그래픽도 그려 넣을 수 있는 소프트웨어의 개발이 이루어졌다. 그 대표적인 예로 애플*Apple* 사의 매킨토시*Macintosh*를 들 수가 있는데, 이 같은 기술혁신을 한발 앞서 채택해 최초로 지면의 시각화를 추진한 신문이 바로 1982년에 창간된 〈USA 투데이〉다.

미국의 대대적인 컴퓨터 보급은 통신회선의 자유로운 이용이라는 정책적인 뒷받침 아래 거대한 데이터베이스 네트워크가 구축됨으로써 가능했다. 데이터를 주고받는 데 특히 중요한 것은 퍼스널 컴퓨터를 움직이는 기초적인 방식의 규격통일이며, 동일방식의 프로토콜*protocol*을 채택하기만 하면 상호통신은 매우 쉽고도 신속하게 이루어진다. 컴퓨터로 작성한 전자화된 문자 및 이미지를 순식간에 전송할 수 있게 되었다는 사실이 지금까지 개괄한 기술사를 통틀어 얼마만큼의 의미를 가지고 있는지 이해할 수 있을 것이다. 이처럼 지면의 시각화가 진행된 배경에는 끊임없는 기술혁신이 있었다는 사실을 잊지 말아야 할 것이다.

신문지면과 관련된 이미지 정보 중 가장 영향력이 큰 것은 역시 사진이다. 사진기술의 역사는 그 유래가 매우 깊어 이미 1880년에 미국의 신문에서 활용되었다. 사진을 스캔하여 컴퓨터에 입력하는 것의 경우도 화면

의 불량화를 최소한으로 줄여서 시각적으로 아름답게 보일 만큼 실용화
시키는 데까지는 꽤 오랜 시간이 소요되었다.

여기서 컴퓨터와 사진의 친화성에 대해 말하기 전에 화제를 잠시 다른
데로 돌려보겠다.

기자가 현장을 뒤늦게 취재할 수는 있으나 카메라맨은 미리 현장에 도착
해 사진을 찍는 것이 필수적이다. 따라서 이렇게 얻어진 사진이 통상적인
화질에는 못 미친다 해도 입수 가능한 최선의 것이라면 신문은 서슴없이
그것을 게재한다. 1984년 LA 올림픽에서 처음으로 전자 카메라 시스템에
의한 취재경쟁이 벌어졌는데, 이 최신기술은 신문의 강판시간 직전의 경기
에서 그 위력을 발휘했다. 〈아사히신문〉은 모노크롬용 소니 마비카를, 〈
요미우리신문〉은 컬러용 캐논 스틸 비디오 카메라를, 그리고 〈교토신문〉
은 TV 화상을 이용한 비디오 듀프 장치와 필름 다이렉트 전송기를 활용했
다. 이처럼 4년마다 열리는 올림픽은 신기술의 실용성 여부를 시험하는 좋
은 기회가 되었다.

1963년에는 총 중량이 14킬로그램인 혼자서도 운반이 가능한 사진전송
기가 등장했다. 화상처리기술 개발은 그 후로도 착실히 진전을 거듭했으
나, 이는 각 신문사에서 독자적으로 개발한 것이기 때문에 기기의 시방이
각각 달라 비효율적이면서도 가격이 높다는 지적을 받았다. 그러나 멀티
미디어를 고려한 신기술 구축 부문에 있어서는 그 양상이 달랐다. 컬러 사
진을 디지털로 전송한다는 새로운 포맷을 개발하는 데 있어 퍼스널 컴퓨
터 통신이나 다른 미디어와의 호환 등을 고려해 표준화와 개방화를 지향
하려 했고, 신문사들뿐만이 아니라 생산자까지도 포함한 협조체제를 만
들어 더 높은 기술적 발전을 꾀했던 것이다.

지금까지 신문사의 컴퓨터 도입 현황과 관련해 언어와 이미지에 관계되는 중요한 기술적 전환점들을 살펴보았다.

기술혁신이 진전되는 가운데 신문은 이제 좀더 적극적인 자세로 아이덴티티를 재확인해 보아야 할 것이다. 아름답고 매력 있는 지면을 만들기 위한 기술이 큰 폭으로 발전되었으나 그 노력은 어디까지나 전통적인 지면형태를 전제로 한 것이며, 이것이 끝없이 유지·발전되는 방향으로 나아가고 있었다. 그러나 멀티미디어 시대를 맞이하여 신문이 이뤄온 취재력과 보도의 영향력을 재인식함과 동시에 사회의 전반적인 정보화와 기술혁신에 대해 충분한 대응태세를 갖추지 않으면 안 될 것이다.

인간성 회복과 지면구성의 유연성

편집국은 기술혁신이라는 급격한 변화에 맞서 새로운 대책을 강구하지 않으면 안 되었다. 이를테면 기자 집단내부의 취재의 효율화를 극대화시킨다거나, 테크놀로지에의 순응의식을 양성하거나, 노동 집약도를 높여야 하는 것이다. 그러나 이것은 결과적으로 조직에서 인간적 커뮤니케이션의 상실을 야기할 수도 있다. 또 한편, 전자화된 문자의 유통이 촉진된 결과 유기적이던 편집국이 무기력해지는 것은 아닌가 하는 우려도 생길 수 있다. 컴퓨터를 중심으로 한 정보수집, 가공처리, 축적, 유통의 시스템화 된 업무에서, 기자로 채용되어 사회적인 역할을 다하고자 하는 사람이 자신을 정보생산 공장에서 일하는 하나의 부속품으로 인식하도록 만드는 환경은 만들어지지 않아야 할 것이다.

신문은 본래 인해전술을 이용하여 손으로 만드는, 인간적인 맛이 나는 미디어다. 편집국에 전자기기가 도입되면서부터 결국 컬러 사진을 크게 싣고 활자도 보기 좋게 배열한 아름다운 지면이 만들어지기는 했다. 그러나 이처럼 시각화 시대에 맞춰 적절한 대응을 했어도 이 때문에 상실되어 가는 기사의 양과 질에 대해서는 재고해 봐야 할 시점에 와 있는 것이다.

그 중 하나로 신문은 독자가 투자하는 시간만큼 독자를 철저히 만족시 키고 있는가를 생각해 볼 수 있을 것이다. 이를테면 해외에서 보내온 뉴스 가 게재단계에서 이를 쓴 기자의 불만을 살 정도로 짧게 편집되어버리는 경우가 적지 않다고 한다. 뉴스 배경에 설명을 곁들여 함축성 있는 내용으 로 만드는 데는 적어도 1백 20행 정도의 기사가 필요하다. 그러나 근래의 기사들은 정보의 세분화에 너무 많은 비중을 둠으로써 함축성 있는 내용 이 거의 없어지고 대부분이 짧게 잘려나와 결과적으로 정보량을 줄여간 다는 의혹을 배제할 수 없게 된 것이다. 또한 "기사는 짧게" 쓰라는 지시 가 잦아져 막상 중요한 장문의 기사가 요구되었을 때 이에 적절히 대응하 지 못하는 기자가 많아지는 것도 사실이다.

미국의 고급지에 게재된 기사가 일본 월간지에 번역·게재되는 일이 더러 있다. 이 또한 위와 비슷한 경우의 지면이 종종 요청되기는 하지만 사실상 이것은 한정된 지면에서 거의 불가능한 일이다. 신뢰할 수 있는 미 디어라는 기대를 짊어지고 있는 신문이 그 역할을 다하기 위해서는 우선 지면구성에서 충분한 공간을 할당받는 것이 중요하다. 또 "우수한 논문은 월간지나 주간지에서" 하는 식의 미디어의 역할분담론을 고집할 필요도 없다. 더구나 어디에 게재되었던 것이든 그것이 우수한 기사라면 솔선해 서 게재할 수 있는 신문이 출현해야 할 것이다.

기술혁신이 신문제작에 미치고 있는 영향은 단순히 지면과의 관계 혹 은 편집국이나 제작국 등 신문사 내부의 관점에서만 볼 성질의 것은 아니 다. 새로운 미디어 환경을 염두하고 문제를 보다 폭넓게 바라보면서 더 나 아가 일본 민주제도의 발전까지도 고려해 봐야 할 것이다. 이 같은 관점에서 일본보다 한발 앞서 달리고 있는 미국의 동향을 살펴보는 것은 도움이 될 것이다.

신매체를 상정한 기술론에서 배운다

신기술의 발전에 따른 새로운 미디어 환경에 저널리스트는 어떻게 대처해야 하는가. 고어 부통령이 1993년에 '정보고속도로 구상'을 발표하고, 이은 1994년 5월 19일부터 3일 동안 하버드 대학의 니먼 재단이 주최한 회의에서 "신기술이 저널리즘에 커다란 영향을 주고 있으며, 저널리스트는 이 문제를 스스로의 안건으로 적극 취급해야 한다"는 열띤 논의가 전개되면서 미국의 언론은 본격적인 디지털 시대를 맞게 되었다. 여기서 주목할 점은 이 문제에 대한 그들이 매우 폭넓은 접근방법을 취했다는 점이다.

위원회는 우선 장기적인 목표를 세워 우선 편집자나 기자들이 이 문제를 어떻게 보고 있는가를 회의를 통해 파악한 다음 전문가나 관계자들과 인터뷰도 하고, 저널리즘의 가치관을 독자가 어떻게 인식하고 있는지 등을 포괄적으로 조사한다는 계획을 수립했다. 이 같은 계획은 신기술이 전통적인 가치관에 어떤 영향을 미치는가를 밝히고, 이에 대처하기 위한 도구상자를 저널리스트 자신이 개발하는 데 그 목표를 두고 있었다. 신문 미디어의 범주를 약간 벗어나기는 했지만 니먼 재단이 주최한 회의에서는 이후 신기술을 채용하는 데 참고가 된 몇몇 과제들을 도출했다.

여기서는 그 중 첫째, 미디어가 미국사회의 변화를 요구하고 있는 시대, 그것을 어떻게 의식적인 저널리즘의 문제로 취급할 것인가. 둘째, 미디어

변화에 깊이 관여돼 있는 경제적인 요인에 대해 저널리스트는 어떤 역할을 해낼 수 있는가. 그리고 셋째, 신매체의 업무체험을 통해 가장 먼저 떠오른 과제는 무엇인가에 초점을 맞춰보기로 한다.

미국사회의 변화와 저널리즘에 관한 논의

당시 미국에는 비디오카메라가 2천 4백만 내지 3천만 대 정도가 보급되어 있었으며 계속해서 매년 1백만 대씩 늘어나고 있는 추세였다. 백인 경관이 흑인 로드니 킹 *Rodney King*을 구타하는 장면도 시민이 홈 비디오카메라로 촬영한 것으로 이것이 반복되어 방영되는 바람에 로스앤젤레스 폭동을 일으키게 되었던 것이다. PBS텔레비전 공영방송은 전국의 연간 5백 개 정도의 자체제작 프로그램을 방영하는데, 그 가운데는 나름대로 주관적인 이야기로 구성된 프로그램도 있어 새로운 저널리즘을 예고하고 있었다. 주관과 객관을 넘어선 매우 의식적인 과정을 거치는 이야기 속에서는 가족, 성, 의료제도, 이민 등 다양한 사회문제를 개인적인 구술방법으로 그려가는 저널리즘도 숱하게 등장했다.

미국사회의 변화는 기술에 의해서만 비롯된 것이 아니었다. 독자나 시청자는 자신들이 일상적으로 접하는 뉴스 패턴에 불만을 갖기 시작해 결국 대통령 선거에서 '병든 냉소주의'를 낳기도 했지만, 이를 통해 그 표현이 꼭 들어맞는 사회적 변화가 관찰된 것이다.

프랑스의 사회학자 토크비르 *Toch Bir*가 1831년에 미국을 여행할 때 느꼈던, 신문이 사람과의 관계를 낳고 그 관계가 신문을 만든다는 상황은 현재의 미국에서 사라지고 없다. 시민생활이 완전히 쇠퇴해 버린 것이다. 따라서 신문은 시민이 주체가 되어 다시 한 번 광장으로 들어설 수 있도록 하루빨리 저널리즘의 전통적인 역할과 가치관을 복원해야 한다.

민주주의의 활성화를 위해서는 첨단기술을 지나치게 구사하지 않는 것이 대중 저널리즘을 보다 정확하게 실천할 수 있는 옳은 길일 것이다. 위스콘신 주의 텔레비전을 통한 시민대회는 종래의 유형을 탈피하기 위해 각 주에서 선임한 몇몇 구성원들이 어떤 주제에 관해 논의한 후 대표를 선출하면 그 대표들이 모여 대회를 개최하는 것으로, 상당 수준의 정보와 지식을 얻은 시민이 참가하게 되어 있었다. 당시 주 예산을 논제로 했을 때 지사의 표정은 매우 긴장되어 있었다. 이것은 종래의 TV 프로그램에서는 볼 수 없었던 장면이었다.

신문이 TV의 모사품으로 전락해 버리는 경향이 엿보인다 해도 결코 포기해서는 안 된다. 미디어의 최첨단 전자화가 진행되더라도 질 높은 저널리즘은 반드시 필요하다. 예를 들면 전자적인 민주제도가 탄생할 경우, 그것이 고성능 컴퓨터와 통신이 가능한 엘리트만의 전유물이 되어 버리는 것은 아닌지, 포스트가 준비 중인 온라인 벤처 비즈니스를 재정적으로 어떻게 뒷받침할 것인지, 혹은 주당 25센트라는 저소득으로 과연 언제까지나 버틸 수 있을 것인지에 대한 고민이 필요한 것이다.

경제적 요인과 저널리스트의 역할

우리는 커뮤니케이션 기술의 역사에서 교훈을 얻어야 한다. 발전된 기술이 처음에는 어떻게 받아들여졌으며 또 그것이 실제로는 어떻게 사용되었는가를 살펴야 하는 것이다.

대영제국이 식민지 확장을 통해 절정기에 도달했을 때, 전신요금을 한 단어에 1페니라는 균일가로 설정한 것은 세계관마저 자기중심으로 만들기 위한 제국주의 행태였다. 한마디를 하는 데에도 돈이 필요했기 때문에, 당연히 저널리스트들은 깊은 의미를 배제시킨 짧고 자극적인 뉴스만을 전달하는 데 급급했다. 또한 교육·문화의 보급에 크게 이바지할 것으로 기대되었던 전화의 발명은 독점기업들이 증거를 남기지 않기 위해 각지의 사업자들에게 지령을 내리는 등의 상업적인 목적으로 활용될 뿐이었다.

처음 라디오가 등장했을 때, 그것이 사회의 바람직한 자치활동에 활용될 수 있을 것이라는 기대와 더불어 대학이나 노동조합, 교회 등이 서둘러 방송을 시작했다. 그러나 상업적인 선전수법이 개발되면서부터 라디오는 도피나 오락의 매체로 변질되어 갔다. TV도 라디오와 똑같은 길을 걷게 되었다. 우리가 여기서 주목해야 할 점은 저널리스트가 매체를 어떤 것으로 만들어야 하는가의 논의가 아닌 신기술이 정부의 지원을 받는 경제단체에 의해 추진되면, 그것이 수단이나 가치관으로 굳어져버리게 된다는 점이다.

새로운 전자 미디어는 독자나 기자에게 커다란 가능성을 안겨주겠지만, 결국 신기술을 추진하는 원동력은 경제이므로 저널리스트는 이것을 지배하려는 갖가지 움직임 속에서 다음 세 가지 사항에 특히 주의를 기울여야 할 것이다.

첫째, 규제 : 이미 연방이나 주에서 규제 움직임을 보이고 있지만 이것이 보도의 내용에 커다란 영향을 미치지 못하도록 항상 경계를 늦추지 말아야 한다.

둘째, 상업화 : 편집과 광고를 명확하게 분리한다. 상호작용의 매체로 메시지를 매수할 교묘한 수법이 개발되고 있으나 저널리스트는 이처럼 강력한 상업적 압박을 견뎌내기 위한 보호막을 만들어야 한다.

셋째, 독립 : 독자가 신문에서 느끼는 가치는 저널리스트의 독립성에 있다. 거대자본의 위력 앞에서 어떻게 버텨낼 것이며, 급변하는 신기술 앞에서 기사회생하기 위해서는 어떻게 해야 하는가 등의 걱정은 점점 늘고 있다.

신매체의 경험과 과제

새로운 미디어 속으로 뛰어들어 각자의 개성적인 가치관이나 문화를 갖지 못한다면 신규참가자들의 의욕적인 신 분야 개척활동에 압도당하지 않을 수 없을 것이다. 〈뉴스위크 인터렉티브 *News week Interactive*〉는 1993년 분기마다 책 한 권 분량의 정보를 담은 CD-ROM 드라이브 패키지를 발매했다. 연간 구독료는 99달러, 소매가격은 개당 20~25달러로 거의 장정본 한 권과 맞먹는 가격이다. 1995년부터는 맥킨토시나 윈도우즈 패키지도 판매했으며 이와 관련된 〈뉴스위크〉 본지에 소속된 기자의 체험을 통해 우리는 신문기자에게 주어진 다음과 같은 과제를 생각해 볼 수 있다.

첫째, 실험적인 요소는 어디까지 가능한가와 관련된 시행착오를 통해 기사의 형태가 수시로 변하고 있다. 갖가지 시점으로 쓰인 장문의 기사를 수용할 수 있기 때문에 필연적으로 편집자의 역할도 변할 수밖에 없다. 둘째, 각 미디어에는 저마다 특유의 활동분야가 있으며 그것은 조기에 발견해 개발하지 않으면 아무런 쓸모가 없게 된다. 셋째, 패키지로 제작하게 된 이유 중 하나는 만일 온라인으로 운용할 경우 독자에게 응답하기 위해 필자를 항상 단말기 곁에 붙여놓아야 한다는 문제가 발생하기 때문이다. 넷째, 저널리스트의 자부심은 많은 독자들의 호응에서 비롯되지만 반면에 새로운 미디어가 출현할 때마다 까다로운 독자가 많아져 자연히 저널리스트의 어깨는 한층 무거워질 수밖에 없다. 즉 훌륭한 저널리스트를 얼마나 확보하고 있는가의 문제가 발생하는 것이다.

니먼 재단이 주최한 회의는 기술혁신의 문제점을 고찰하는 계기가 되었다. 획기적인 정보고속도로의 구상이 연일 발표되고, 기술적인 가능성이 엿보인다 하더라도 사회적으로 그 가능성을 어떻게 실현시켜 나가야 하는가는 저널리스트들이 앞장서서 의식해야 된다는 의견이 높아져 갔던 것이다. 또한 신문이 매일 행하고 있는 작업, 즉 무질서한 정보의 홍수 속에서 저널리즘 정신에 입각해 뉴스를 선택하는 행위와 사람들 간의 대화를 취급하는 상호소통적인 행위들이 신문을 매우 귀중한 것으로 만든다.

지금까지 일본이 미국으로부터 배운 것은 많으나 사회구조를 근본적으로 바꿔야 할 기술적인 큰 도전을 앞에 두고 이에 어떻게 대처할 것인가에 대한 회답은 지극히 회의적이다. 그러므로 일본의 사회구조를 어떻게 바꿀 것인가도 한번쯤 진지하게 생각해 봐야 할 것이며, 이와 관련해 기술과 지면의 관계에 대해서도 새로운 논의가 필요하다고 볼 수 있다.

신문보도의 이념과 현실

Chapter 14

역사 속 제4의 권력

신문기자라는 신분의 획득

신문이란 무엇인가. 이 질문에 대해서는 예전부터 다양한 정의가 있었다. 민중의 호민관, 시민자유의 수호신, 제4계급 등등. 이것들은 모두 서구의 근대화 과정의 소산인데 그 중 제4계급이라는 정의의 유래는 다음과 같다.

17세기 유럽의 3계급이라고 하면 국왕·귀족·평민이었으며 이것은 후에 귀족 상원의원(제1신분), 승려 상원의원(제2신분), 하원의원(제3신분으로서의 시민)을 지칭하는 용어로 바뀌었다. 그러다가 18세기에 들어서면부터는 군인이 제4계급으로 지칭되었으며, 간혹 폭도들도 그같이 불렸다.

그러다 신문을 제4계급으로 표현하기 시작한 것은 1803년 영국 의회의 방청석에 기자석이 설치된 이래, 1834년에 그 자리가 일반 방청석과 구분되어 신문기자석으로 독립된 후였다. 최초의 명명자는 정치가이자 철학가였던 애드먼드 버크 *Edmund Burke* 였다. 그러나 혹자는 역사학자 마커레이 *Marker Ray* 가 의회에서 신문기자들이 앉은 자리를 가리켜 제4계급이라고 불렀다는 의견도 제시한다. 마커 레이는 18세기 후반부터 19세기 전반에 걸쳐 영국 의회보도의 자유를 위한 투쟁을 통해 신문이 정치에 영향을 미치는 제4의 세력으로 간주했다. 여기에는 신문의 역사를 국가권력에 대한 저항의 역사로 보는 그의 신문사관이 내포되어 있을 것이다. 그리고 그의 신문사관은 구미의 저널리즘 연구자들 사이에서 끊임없이 답습되어 왔다. 《세계의 신문》(1979년)을 저술한 안소니 스미스 *Anthony Smith*, 《가난한 자들의 감시인》(1974년)이라는 제목으로 18~20세기의 영국 신문사를 쓴 스탠리 해리슨 *Stanley Harrison*, 《영국에서의 정치 저널리즘의 발흥과 몰락》(전3권, 1984-86년)을 내놓은 스티븐 코스 *Steven Cos* 등이 그 예다.

그들은 언론의 자유를 억압한 악명 높은 황실청에 맞선 시민혁명 초기의 저널리즘, 명예혁명 때 검열법 철폐를 위해 일어선 저널리스트들을 예로 들면서 인간의 평등과 존엄을 침범당한 채 살아가는 민중들의 삶을 투쟁의 커뮤니케이션, 연대의 커뮤니케이션으로 규정했다. 또한 신문사업의 과세조치를 위해 공표된 인지세법이나 용지법, 광고세 등에 대해 언론보도의 자유시장에 국가권력이 개입하는 것이라면서 그 악법의 철폐를 강력히 요구하고 나선 신문사들의 발자취를 드라마틱하게 그려내기도 했다. 그리고 한때 〈타임스〉의 최고편집장으로 지칭되었던 존 디렌 *John Diren* 의 다음과 같은 말도 인용하고 있다.

"신문은 정치세력이 꾀하기 쉬운 이익을 대변해 편의를 도모해서는 안된다. 만약 신문이 특정 개인이나 집단의 의도나 이익을 따라 움직이기 시작한다면 이것은 곧 신문 자체의 사멸로 연결될 것이다."

위와 같이 존 디렌이 신문의 자유와 독립의 필요성에 대해 그토록 강조하고 있는 와중에도 정계의 유력자와 결탁하여 사사로운 이익을 취하는 동료들이 있었다. 특히 의회보도의 자유가 허락되지 않는 상황에서는 그 경향이 더욱 심했다. 그 시대의 기자들은 의회 안에서 무엇이 논의되며 어떤 정책이 논의되고 있는가를 알기 위해서 특정 정치가들을 상대로 주연을 베풀면서 접근하지 않으면 안 되었던 것이다.

그때 의회 내의 동향을 고발하는 언론인이 나타났다. 〈노스 브리튼 *North Britain*〉의 발행인 존 윌크스였다. 그는 결국 체포, 투옥되었으나 이 사건을 계기로 영국 전역에서 의회보도의 자유를 요구하는 투쟁이 시작되었으며, 그 결과 앞에서 언급한 제4계급이라는 자리를 확보하기에 이르렀다.

영향력에 의한 제4의 권력

20세기에 들어서면서 신문을 제4계급으로 보는 경향은 더욱 강했다. 이것은 신문에 대한 각종 과세조치가 완전 철폐된 19세기 후반 이후에 출현한 신흥신문인 대중지와 고급지의 양대 산맥 속에서 제4계급으로서의 신문의 존재가 논의의 대상이 된 것과 무관하지 않다.

40년대 영국의 신문연구 제일선에서 활약한 프랜시스 윌리엄즈*Francis Williams*는 신문 본래의 사명은, 제4계급으로서 전제적인 경향을 갖는 모든 정치에 대해 어디까지나 위협적인 존재가 되지 않으면 안 된다고 강조하면서 신문은 자기의 정치적 신념을 달성하고 국민의 이익을 지키기 위해 모든 세력의 압력에 대항하고 이들의 정책을 엄중히 비판하고 시정시켜야 된다고 말했다. 윌리엄즈가 이 같은 발언을 한 배경에는 그만한 이유가 있었다.

매스 커뮤니케이션 시대로 들어서면서 발행부수를 늘려온 신문은 유사 환경 형성능력을 발휘하게 되었고 권력 작용을 일으켰다. 즉 정치와 미디어 사이에 위험한 관계가 형성된 것이다. 예를 들면 미국의 대중 저널리즘 수법을 따라해 일약 영국 대중신문의 으뜸이 된 〈노스크리프〉는 제1차 세계대전 중 대적 선전물로서의 뛰어난 수완을 보여준 한편 〈타임스〉를 매수하여 독일에 대해 호의적이던 편집장 제프리 도슨을 해고하고 자사의 신문을 반 독일을 위한 환경형성 매체로 만들었다.

제프리 도슨은 그 후 여러 신문의 편집장을 전전하다가 결국 경영자가 바뀐 〈타임스〉로 다시 돌아와 챔벌린Chamberlain 수상과 손을 잡고 대독 對獨 융화정책을 펴나갔다. 특히 도슨은 나치와의 회담을 위해 개최된 뮌헨회담에서 히틀러의 뜻에 따르는 것이 영국의 국익을 도모하는 일이라고 공표한 챔벌린을 금세기 최고의 평화주의자로 추켜올리며 일대 캠페인을 벌이기도 했다. 이것은 그 시대의 신문이 안건설정 기능을 갖는 환경형성 매체로서 한몫 단단히 했음을 극명하게 보여주는 사례라고 할 수 있다.

그 같은 경향은 미국도 마찬가지였다. 제1차 세계대전 중 미국에서는 미디어의 특성을 고려한 정책과학으로서의 매스 커뮤니케이션 연구가 시작되었다. 이것은 전파 미디어 시대에 있을 정보전쟁을 고려한 전시 선전 활동연구의 성격이 짙었다.

20세기 초 미국의 〈허스트Hearst〉와 〈퓰리처Pulitzer〉의 부수 확대경쟁에서 비롯된 선정주의 저널리즘은 신문의 존재가치를 위협하는 요소로 작용하기도 했다. 당시의 신문 경영자들은 신문을 황금열매가 열리는 나무로 인식하고 있었다. 또한 더 나아가 막대한 부가가치를 누리는 매스미디어로서의 신문이 신문체인이라는 기업 합동체를 만들면서 커다란 영향력을 과시하기도 했다. 다만 그 영향력은 토크비르가《아메리칸 데모크라시》를 통해 칭찬했던 독립혁명 시대의 고매한 이상주의에 불타는 저널리즘이 아니었다. 월터 리프맨*Walter Lippman*이 지적한 대로 신문에 의해 전달되는 사회현상의 폭은 매우 좁으며, 분석의 도구로도 매우 부족한 것이 사실이기는 하나, 위와 같은 영향력 때문이었는지 신문은 입법·행정·사법에 이어 제4권력으로 쉽게 자리매김하게 되었다.

시장 지향의 저널리즘

권력을 누가 어떻게 행사하는가, 내일의 신문은 어떻게 될 것인가의 위기의식이 최근 20~30년 사이에 미디어 선진국의 저널리즘계를 휩쓸고 있다. 영국을 예로 들면, 오스트레일리아 출신 루퍼트 머독*Rupert Murdoch*이 출현한 70년대 이래 저널리즘의 위기가 거세게 몰아닥쳤다. 그 위기의 첫번째 이유는 미디어 전략을 축으로 매스 미디어 소유의 집중화 현상이 전개되어 가고 있다는 사실이며, 두번째는 그의 미디어 사업이 대처 수상의 규제완화 경제정책과 보조를 맞춰 한없이 확대되어 간 것, 그리고 세번째는 그런 가운데서 정보활동의 일원화, 정보내용의 편향성이 나타나기 시작했던 것이다. 머독은 이렇게 말했다.

"아무튼 대중이 능히 지불할 수 있을 만큼의 정보와 서비스를 공급하는 신문이 훌륭한 신문이다." (1987년에 개최된 에든버러 TV 축제에서의 연설)

"오늘날의 독자들은 현실의 뉴스나 골치 아픈 문제 따위에는 관심이 없다. 독자들은 그저 풍문에 흥미를 느끼며 TV의 비위 맞추기 프로나 팝 뮤직에 관심을 가질 뿐이다." (〈뉴 스테이츠 맨*New States Man*〉 1991년 12월 13일호)

머독은 독자를 고객(시장)으로 보았으며 개개의 신문기사는 제품이라고

했다. 그리고 이 같은 신문관에 따른 저널리즘, 즉 시장지향 저널리즘의 경향은 미국 내에서도 현저했다.

다케시다竹下俊郎가 발표한 논문 〈미국-시장지향형 저널리즘의 대두〉(《종합 저널리즘 연구》 1994년 가을호)에 의하면 미국의 신문경영자들이 시장지향형 저널리즘을 추구하게 된 첫번째 요인은 독자 감소이며, 그 다음이 TV 등 경쟁 미디어의 증가 때문이라는 것이다. 이런 저널리즘의 경향은 신문의 내용면에 있어 다음과 같은 변화를 가져왔다.

첫째, 바쁜 독자를 위해 기사는 될 수 있는 한 짧게 하고 인덱스를 많이 붙인다.

둘째, 그림이나 사진을 늘인다.

셋째, 컬러 인쇄도 늘인다.

넷째, 어두운 화제와의 조화를 위해 밝은 화제를 늘인다.

다섯째, 하드 뉴스와 소프트 뉴스의 비중을 같게 하며 지난날 소프트 뉴스로 간주했던 화제도 1면에 싣는다.

여섯째, 유복한 젊은이, 교외거주자, 히스패닉Hispanic계 등 특정층(이는 광고 타겟과도 중복된다)에 어필할 수 있는 특집기사나 정보를 제공한다.

이 같은 시장지향형 저널리즘을 예견이나 한 듯, 1972년 《제4의 권력-깊어지는 저널리즘의 위기》를 쓴 프랑스 언론계의 중심인물 장 루이 세르반 슈레벨은 자본의 논리, 시장의 원리가 우선시되는 매스 미디어 상황에서는 경영의 힘이 보도현장의 자율성을 제한한다고 말했다. 그에 의하면 고전적 언론의 자유관은 이미 신화가 되어버린 것이었다.

슘페터Joseph Alois Schumpeter가 예상했던 대로 현재의 미디어는 사회현상과 각 사상의 조류를 증폭·가속시키는 도구로서의 권력을 지니고 있으므로 이것을 자각하고 스스로 규제하는 윤리를 확립하지 않으면 안

될 것이다. 이 윤리는 저널리스트 개개의 양심에 호소해야 할 뿐만 아니라, 각 기업들도 사회적 책임을 다한다는 점에 있어 한번쯤은 짚고 넘어가야 할 문제라 할 수 있다.

일본신문의 발달

일본의 상황은 어떤가. 현대의 일본신문이 안고 있는 문제는 구미 선진국 문제와 별반 다를 게 없지만 신문의 역사적인 발자취에는 큰 차이가 있다. 무엇보다 구미 신문의 발전이 시민계급의 출현과 자본주의의 발달에 따른 정보수요의 증가로부터 비롯되었던 것에 반해, 일본 신문은 정부의 커뮤니케이션 정책에 의해 좌지우지되곤 했던 것이다.

메이지 정부는 법령시달 방식에서의 커뮤니케이션 정책을 취함과 동시에 유신 이래 혼란을 거듭해왔던 커뮤니케이션 채널 정비에 착수했다. 이 과정에서 신문은 지식을 개발하고 문명화에 이바지하기 위한 것이라는 관점 아래 신문보호 · 육성에 적극적으로 힘을 쏟는 한편, 새로운 중앙집권국가 건설에 참여하지 않는 신문은 혹독하게 탄압했다.

물론 그 배경에는 근대 일본의 후진성이 있었으나, 이 후진성이야말로 오히려 일본의 매스 커뮤니케이션 상황을 만드는 데 있어 구미에서 전혀 볼 수 없었던 신문발달상의 특이성으로 간주될 만한 것이었다. 즉 고급지로서의 대중신문과 대중지로서의 고급신문이라는 일본 특유의 신문이 출현하게 된 것이다. 그러나 이 신문은 언론보도 면에 있어서는 중립과 불편부당을 내세우면서도 다른 한쪽으로는 전국적인 상업신문으로 변질되어 정부초기에 그 판매부수가 이미 100만 부를 돌파했다. 그 이유를 대략적으로 살펴보면 먼저 정치적으로 일본제국헌법 공포의 시기를 거쳐 일 · 청, 일 · 러 전쟁 당시까지 정부가 모든 언론기관을 국가체제 속에 가두어

놓고 있었다는 것이고, 경제적으로는 국가정책으로 추진된 자본주의 경제체제가 영리본위의 상업신문 출현을 가능케 했다는 점, 문화적으로는 교육의 급속한 보급으로 인해 국민의 지적수준이 향상됨과 동시에 능력위주의 사회제도가 정착됨으로써 민중의 지적호기심과 교육열이 높아져 사회계층의 평준화 내지는 대중문화 현상이 빚어졌다는 데 있다.

일본신문은 정치권력과 타협하는 통제된 자유 속에서 매스 커뮤니케이션 시대를 맞이했다. 그렇지만 일본의 신문사史에도 한때는 이상주의에 불타던 시절이 있었다. 예컨대 메이지 전반기의 자유민권운동시대, 다이쇼大正 데모크라시 시대, 제2차 세계대전 직후의 민주화운동시대 등이 그것이다. 민권운동시대에는 정부의 탄압도 있었지만 그보다도 전파 미디어 동업자들끼리의 극심한 대립이 언론 폐쇄 상태를 만들어 결과적으로 대중과 신문이 서로 거리를 두게 되었다. 다이쇼 데모크라시 시대는 오사까 아사히의 백홍사건白紅事件이 말해주듯 기업의 논리가 저항의 논리에 우선하던 시절이었다. 전후의 민주화운동 시대에도 미·소의 냉전격화를 반영한 GHQ의 정책전환 때문에 신문이 조직으로서의 저항방법을 찾아내기란 여간 힘든 게 아니었다. 언론의 내면적 깊이와 생산성을 높이는 문제에 있어 GHQ는 너무 버거운 상대였던 것이다.

물론 그 같은 역사적 틈새를 비집고 일본 저널리즘의 취약성을 극복하려는 몇몇 저널리스트들의 노력은 계속되었다. 그리고 이것은 구미 저널리즘의 실상을 먼저 깨우쳐야 한다는 일본 내의 계몽주의 저널리스트들의 노력으로 좀더 구체화될 수 있었다. 그들은 제4계급이라는 평가를 받아온 구미의 신문 사정을 소개하고 이것을 일본 저널리즘 정신의 새로운 기반으로 삼고자 했다.

50년대 후반부터는 일본에서도 신문을 제4계급으로 부르게 되었다. 이것은 슘페터나 매크르헌이 이미 예견했던 것처럼 미디어라는 그릇 자체가 권력작용을 갖는 환경형성 매체로 기능한다는 사실이 일본에서도 서서히 인식되기 시작했기 때문이다. 그리고 정보기술 자체에는 사상성이 없지만 정보기술의 발전과 매스 미디어 산업의 거대화가 일본의 신문 환경을 구미형으로 만든 원인으로 작용하기도 했다. 영국의 현대사가 A.J.P 테일러는 "신문은 생활의 일부여야 한다. 또 신문은 시대의 개혁운동에 충실히 종사하지 않으면 안 된다. 이것이야말로 신문이 존재해야 할 최대의 이유다."라고 말했다. 국제적인 신문으로 명성을 얻고 있는 〈인터내셔널 헤럴드 트리뷴*International Herald Tribune*〉의 사장 W. 휴브너도 1988년 런던에서 개최된 세계 신문사주 회의석상에서 다음과 같이 말했다.

"때때로 뉴스란 이상한 것이라고 정의되었던 것 같다. 그러나 지금은 뉴스를 생산구조가 대전환할 때 발생하는 것이라고 생각한다. 국제적인 신문은 세계의 지도자적 입장에 서 있는 집단을 목표로 함과 동시에 적극적이고도 과감한 행동력을 지닌 사람들을 위한 독자적인 이익을 추구해야 한다."

오늘날의 신문에 내재한 문제는 세계 어디든 거의 비슷한 양상을 드러내고 있다. 선행 미디어로서의 신문의 위상도 기업의 책임, 언론보도의 책임이라는 양 방향에서 촉구되고 있다. 또한 신문이 갖는 경험축적 능력이 TV를 포함한 현대 매스 미디어 전체의 체질개선에 좋은 영향을 미치고 있다는 인상이 지금 국경을 넘어 미디어 선진국들 사이에 널리 퍼져 있다.

Chapter 15

정보 테크놀로지의 진전과 신문

미디어 환경의 변화

기술혁신에 의해 신문 미디어가 지난날 전혀 경험하지 못했던 변화과
정에 있다고 보는 관점은 이제 일반화되어 있다. 지금 진행 중인 기술혁신
의 기점을 어디에 둘 것인가에 대해서는 논의의 여지가 있겠으나, 적어도
80년대 이후의 신문과 정보 테크놀로지와의 관계는 그때그때의 기술혁신
내용을 상징하는 키워드 활용법에 따라 다양하게 풀이되어 왔다. 뉴 미디
어와 신문, 미디어의 다양화와 신문, 다 미디어—다 채널화와 신문, 이를
총칭한 (고도)정보화와 신문으로, 그리고 90년대에 와서는 기술혁신의 새
로운 방향을 시사하는 멀티미디어라는 단어가 채택되어 멀티미디어와 신

문으로 논의되기도 한다.

앞에서 말한 일반화된 정보 테크놀로지의 진전은 기술혁신이 신문의 변화를 촉진한 결정적인 요인이었다는 뜻이지, 변화한 신문 미디어로서의 종합적인 모습, 그 존립의 양상을 뚜렷하게 그릴 수 있게 되었다는 것은 아니다. 또 한 가지 명확해진 것은 정보 테크놀로지와 신문 사이의 관계에서 항상 다른 두 개의 시점이 교차하는 국면을 상정해 놓지 않으면 안 된다는 것이다. 그 하나는 신문 미디어를 둘러싼 미디어 환경, 보다 정확하게 말해서 정보환경에 있어서의 테크놀로지의 진전이 신문에 어떻게 관여하고 있는가의 시점이며, 또 하나는 신문 내부의 기술혁신이 어떤 변화를 초래하는가의 시점이다. 신문과 정보 테크놀로지와의 관계, 다시 말해 신문 미디어의 변화는 그 두 가지 시각을 공유함으로써만 이해된다는 사실이 이제는 너무도 자명해졌다. 당연한 일이지만 현재 논의되고 있는 멀티미디어와 신문이라는 논제도 그 같은 시각에 따라 풀이하지 않으면 안 될 것이다. 오늘날 보여지고 있는 정보 테크놀로지의 진전은 디지털 이노베이션이라고 불리는 매우 폭넓은 개념을 내포하고 있으므로 위의 두 가지 시각을 합친 논의는 한층 더 중요해질 것이다.

그러나 본 장의 목적은 멀티미디어 사회에서 신문 미디어가 변화하는 양상이나 선행 미디어로서의 신문 저널리즘의 실태에 대해 정면으로 맞서는 것이 아니다. 다만 오늘날의 신문 미디어와 그 활동이 정보 테크놀로지에 의해 어디까지 어떻게 규정되며, 또 어떤 문제에 직면하고 있는가를 역사적으로 고찰해 보면서 그 대강을 검증하려는 것일 뿐이다.

미디어 환경에서 사회정보 환경으로

신문 미디어의 기술혁신 전개과정과 이에 따르는 저널리즘 활동의 변화를 점검하기에 앞서 우선 신문을 둘러싼 환경변화에 대해 짚고 넘어가야 할 몇 가지 문제가 있다.

다소 기이하게 들릴지는 몰라도 정보 테크놀로지의 진보 중 신문 미디어에 가장 큰 영향을 준 것은 다름 아닌 TV였다. 정보화라는 상징 언어를 분수령으로 정보 테크놀로지의 발전사를 양분했을 때, 신문에 있어 최대의 환경변화는 TV라는 테크놀로지의 출현이었다. 이것이 미디어 테크놀로지로 산업화되고 영상 미디어로 일상화되는 발전과정을 거듭할 때 신문은 매스 미디어 산업으로서의 존속가능성에 대해 커다란 위협을 느끼지 않을 수 없었다. 저널리즘 활동을 전개해 나가는 데 있어서 TV만큼 강력한 저항세력은 없다는 것을 인식하게 된 것이다. 결국 신문은 TV의 등장으로 좋든 싫든, 의식적이든 아니든 간에 미디어로서의 자기변화를 강요당하게 되었던 것이다.

이를테면 산업조직체로서의 신문은 종합정보산업화에 연계되는 경영 다각화정책이나 광고부문의 육성·강화를 위한 광고정책을 서두르게 된다. 이것은 시장 성숙에 따른 정책 전개 이상으로 TV가 광고정보 미디어로 비대해지는 상황에 대응하기 위한 자기변화이며 자기규정이었다. 또 뉴스 미디어인 신문이 TV에 속보기능을 빼앗긴 점에 있어서도 새로운 기능 – 상보성·해설성 – 이 요청됨과 동시에 지면정보 표출형태의 변화 – 시각화·가시화 – 도 불가피해졌다. TV라는 정보 테크놀로지의 출현에 의해 형성된 미디어 환경은 영상을 중심으로 하는 가치체계를 문화의 주류로 만드는 데 크게 기여했으며, 동시에 상대적으로 문자정보에 대한 의존도와 신뢰도를 저하시켜 왔던 것이다.

미디어 환경에 대한 이 같은 관찰은 70년대 후반 이후부터 현저히 나타난 텔레커뮤니케이션 기술과 컴퓨터 기술의 비약적인 발전 및 그에 수반하는 정보처리·가공·전달의 혁신—고속화·대량화—이 진행되기 전부터 이미 성립된 것이다. 알려진 바와 같이 정보화는 산업이나 생활부문에서부터 급속도로 진행되어 제도와 공적규제의 틀, 혹은 노동이나 유희의 형태까지 변화시켰다. 동시에 이 기술혁신이 많은 새로운 정보 미디어를 배출해냈다는 것은 말할 것도 없다. 이를테면 정보 테크놀로지와 신문의 관계를 표상하는 예로 앞에서 이야기한 '미디어의 다양화와 신문'이라는 표현은 정보를 생산·발행하는 많은 뉴미디어가 급변하는 주변 환경에 위협을 느끼고 그 고유의 기능과 역할의 재검토 작업을 통해 계속 존속할 수 있는가를 확인하는 의사표시였다고 볼 수 있다.

그러나 80년대 이후부터 급속히 진행되어 온 정보화—정보 테크놀로지의 혁신을 단순한 정보 미디어의 탄생과 발달의 국면으로 보는 것은 바람직하지 못하다. 설령 이 같은 견해가 성립된다고 하더라도 현재의 미디어 환경은 TV와 신문의 미디어 환경이 서로 비슷했던 시대와 큰 차이가 없다고 할 수 있지 않을까. 왜냐하면 현재의 시점에서 볼 때 새로운 정보 미디어가 갖는 신문에 대한 규제력은 TV에 비해 훨씬 약하며, 미디어의 다양화 이전부터 이미 정립되어 있던 신문과 TV 간의 존재양식에 관한 상호규정성을 크게 흔들어 놓았다고는 볼 수 없기 때문이다.

현재 정보를 생산·발행하는 주체는 미디어뿐만이 아니다. 텔레커뮤니케이션과 컴퓨터 기술의 최신 성과를 활용하는 사회의 모든 구성체가 정보를 생산·발행하며 소비하고 있다. 관청이나 기업은 물론이고 학교와 시민단체 등도 고도로 성장한 정보 테크놀로지에 기초한 커뮤니케이션 활동에 적극적으로 임하고 있다. 본격적인 멀티미디어 시대를 맞이한 일본사회의 그 같은 실태는 이를테면《통신백서》를 들여다보는 것만으로도 충분히 파악할 수가 있을 것이다.

여기서 한 가지 짚고 넘어가야 할 문제는 일본사회에서 불특정다수 혹은 특정다수를 상대로 정보를 발행하고 생산하는 주체는 신·구 정보 미디어만이 아니라는 것이다. 다시 말해서 매스 미디어가 발행하는 정보는 사회의 정보 회로 상에 유통되는 것 중 극히 일부에 지나지 않으며, 그 정보와 다른 주체가 생산하는 정보를 식별하는 일은 점차 곤란해지고 있는 것이다. 이 같은 관점에서 보면 최근의 정보기술 발전에 의해 초래된 결과는 미디어 환경보다는 사회정보 환경으로 보는 쪽이 더 현실적일 것이다. 그러나 이 때의 환경은 TV라는 미디어로 상징되어 온 환경과는 질적으로 크게 다르다. 즉 신문의 존립 의의나 저널리즘 활동의 현황, 행동양식, 정보표출방식을 스스로에게 묻지 않으면 안 될 환경이다. 그렇다면 문자, 음성, 화상, 기호 등을 디지털(수치) 정보로 환원하는 미디어 융합 테크놀로지 시대를 맞이하여 저널리즘은 과연 어떻게 대응해야 하는가.

신문 미디어 내부에서의 정보 테크놀로지의 진전

신문 내부의 정보 테크놀로지 혁신과정을 간단히 살펴보자. 컴퓨터 기술의 발전도 신문의 다른 산업과 마찬가지로 60년대 전반에 등장한 계산업무기기로부터 비롯되었다. 그 뒤 컴퓨터 기술이 지면제작 공정에 도입되어 전자편집 시스템이 완성된 것은 70년대부터 80년대 초였다는 것을 생각해 보면, 컴퓨터 기술이 얼마나 눈부시게 발전했는가를 실감할 수 있을 것이다. 취재현장에서 보편적으로 워드프로세서를 사용하게 된 것은 그로부터 10년이 채 지나지 않아서였다.

컴퓨터화를 포함한 신문제작공정의 기계화·합리화의 관점에서 볼 때, 이에 기여한 기술혁신을 살펴보면 당연히 60년대에 등장한 전자동 모노타이프와 한자 텔레타이프, 팩시밀리에 의한 지면전송기술의 개발 등을 꼽지 않을 수 없다. 60년대 후반, 지방지에 의해 불붙기 시작한 CTS(Computerize Typesetting System)도 기계화·합리화의 중요한 도정이었다. 이것을 제1차 CTS라 부르고, 컴퓨터 기술에 의한 전자편집 시스템의 개발·도입을 제2차 CTS라고 부르는 것은 역사적인 맥락에 따른 고찰이며, 사진식자기에 의한 탈연(脫鉛 ; 납으로 주조한 인쇄판을 윤전 인쇄기에 탈·부착하는 방식 – 옮긴이 주)제작 시스템은 신문제작의 혁명적인 변화였다.

CTS의 획기성은 이미 정설로 인정되고 있다시피 신문의 제작·편집에 관계되는 전 공정을 컴퓨터에 의해 처리하는 놀라운 능력을 지니고 있었다. 방대한 기사정보를 축적·가공 처리하는 테크놀로지가 신문사라는 조직체를 정보생산 사업체로 변화시키는 주체가 되었던 것이다.

신문의 저널리즘 활동에 초점을 맞춰 볼 때, 전자편집 시스템은 편집부문과 제작부문을 조직·업무상으로 분류하기 어렵게 만들어 놨으며, 편집/교정/교열 기자의 직능에도 많은 변화를 가져다주었다. 한편 기사입력을 위한 기자용 워드프로세서의 도입은 컴퓨터 편집 시스템의 고도화를 한층 더 촉진시킴과 동시에 취재기자의 일상적인 작업반경에도 적잖은 영향을 끼쳤다. 바꿔 말하면, 저널리즘 활동을 좌우하는 직무공간이 정보 테크놀로지에 의해 끊임없이 변화되어 온 것이다. 그렇다면 이 같은 환경변화는 저널리즘 활동에 어떤 영향을 주었는가와 기술혁신에 따라 스스로를 정보생산 사업체로 전환한 신문사들의 저널리즘 활동 뒤에는 과연 어떤 자리가 확보되고 있는가를 살펴보기로 하자.

정보 테크놀로지의 진보가 초래한 변화

사회의 정보화와 신문 내부의 정보화를 총체적으로 바라보았을 때, 저널리즘이 그로인해 질적으로 변화되는 것은 어쩔 수 없는 결과인 듯싶다.

그러므로 현실인식의 차원에서, 더 나아가서는 미래예측의 차원에서 변화의 실태, 혹은 변화의 기미를 드러내는 구체적인 현상을 확인해 둘 필요가 있다. 우선 저널리즘 활동의 기반이 되는 직무공간을 살펴보면 전자편집 시스템이 지면제작에 소요되는 시간을 몇 배나 앞당겨 놓은 점에 주목해야 할 것 같다. 기사입력, 원고발송, 열람, 교열·교정, 지면배열 등 편집 작업을 중심으로 하는 일련의 변혁은 결국 보도활동에서의 시간단축을 의미하는 것이다. 물론 지면제작 공정의 여유시간은 취재·정리 등에 관련된 업무를 수행함에 있어서 심적·내적 시간 압박의 증대, 혹은 심적·내적 여유시간의 상실을 가리키는 것인지도 모른다.

그러나 정보 테크놀로지는 신문 저널리즘에서의 시간의 질과 양을 어느 시대보다도 가시화했다. 다시 말해 저널리스트의 업무형태를 크게 바꿔 놓은 것이다. 정보수집―취재활동은 불변적이면서도 보편적인 기술이 관여할 수 없는 노동이지만 그 후의 집필(입력), 원고 발송, 지면 만들기 등은 거의 새로운 정보 테크놀로지와 함께, 혹은 새로운 정보 테크놀로지에 의존함으로써 가능한 업무형태로 바뀌고 있다. 테크놀로지의 고도화·평준화·표준화에 의해 같은 직장 안에서도 노동의 형태가 다르게 이루어진다. 예를 들어 편집 작업에서도 고도의 조작기술을 필요로 하는 전문성과 다양성이 요구되는 것이 있는가 하면, 누구나 쉽게 지면을 만들 수 있는 것도 있다. 전자는 인공지능 기술을 이용해 혼자서 지면을 제작하는 수준에 이른 테크놀로지를 가리키는 것이고, 후자는 취재나 사진담당 기자가 수작업으로 정리하는 것을 말한다. 이 같은 현상은 이미 지적한 대로 지금까지 편집국의 취재/사진, 편집/교열/교정, 정판/제작 부문이라는 각기 다른 직무를 맡고 있던 조직체가 고도의 테크놀로지에 의해 서로 융합되었음을 보여준다. 다시·말하면 정보 테크놀로지의 배후에 있는 경영의식이 경직화된 분업체제를 유연한 협동작업체제로 전환시키고 있는 것이다.

저널리즘의 모태에 대한 이 같은 환경변화는 저널리즘의 기능과 형태에 커다란 영향을 미친다. 그러나 그 흔적을 저널리즘의 활동형태(표현형태) 속에서 확인하는 일은 매우 어렵다. 정보 테크놀로지의 진보상황을 고찰하는 데 있어 그 영역을 편집국뿐이 아닌 신문사 전체로 확대시켜 보더라도 사정은 마찬가지일 것이다.

신문사의 정보화에서는 통상 종합정보산업기관화라는 표현이 부여된다. 이 표현에 따른 방향성은 신문사가 선택해야 할 필연적인 경영전략이다. 그리고 그 같은 경영과정에서 주로 논의되는 문제는 정보산업화가 신문의 저널리즘 활동에 어떤 영향을 주고 있으며, 그것이 신문을 변질시키는 것은 아닌가와 관련된 문제이다.

그러나 사실 신문사들이 진행시키고 있는 정보화정책과 저널리즘의 밀접한 관계를 확인하기란 쉬운 일이 아니다. 그것은 비록 양자 간에 적잖은 연관성이 있다고는 해도 그 결과가 짧은 기간 안에 명확하게 드러나지 않기 때문이다. 이 같은 문제는 정보의 고도화가 저널리즘 활동에 심각한 영향을 미치고 있다는 현실인식에서 비롯된다. 그리고 그 현실인식이 저널리즘의 역할에 대한 회의와 불신을 조성하고 있는 것도 인정하지 않으면 안 될 것이다.

그러나 여기서 짚고 넘어가야 할 것은, 신문 저널리즘의 역할감소는 피할 수 없는 문제라고 보는 견해와 신문사 내의 정보화가 저널리즘의 기능을 방해한다고 보는 견해는 논리적인 상관관계가 없다는 점이다. 이것은 정보 테크놀로지의 혁신과 그를 기반으로 하는 사회적·경제적·문화적 요인이 저널리즘의 존재의의와 신문사 내의 존립기반을 흔들고 있다고 보는 관찰결과에 불과할 뿐이다.

멀티미디어 사회와 신문 저널리즘

문자, 음성, 영상 등 모든 정보(미디어)를 종합하는 디지털 기술의 고도화와 그 기반이 되는 정보통신체제의 정비는 신문사가 지배적·장기적 경영전략 ─ 종합정보산업기관화 ─ 을 새로운 각도에서 바라보는 계기가 되었다. 미디어의 한 매체로서 신문의 존재양식을 뿌리 깊은 데서부터 뒤흔든 획기적인 멀티미디어 신문(전자신문)이 정보생산 시스템에 맞는 새로운 경영사상을 강력히 요구하고 나섰던 것이다. 멀티미디어 신문은 아직 진행 단계에 있지만 이것이 신문 변화의 연장선상에서 출현하는 것이 아니라는 사실은 확실하다. 또한 앞으로도 존재양식이나 기능 역할 면에 있어 양 미디어의 융합을 촉진하는 시도는 계속될 것이다. 여기에는 멀티미디어 신문이 일반 신문과 동격으로 취급할 만한 정보 미디어냐 아니면 신문의 미디어 기능을 모두 포함하고 있는 것이냐의 문제가 내재해 있다. 전자의 경우에는 거의 모든 신문사가 부담 없이 선택하겠지만 후자의 경우라면 상황이 조금 다르다. 즉 멀티미디어 신문에는 일반 신문과 다른 존립근거와 기능을 새롭게 부여하지 않으면 안 되며, 신문이 내포하고 있는 존재 의의나 역할을 계승, 또는 대체할 새로운 논의와 이념을 구축해 나가지 않으면 안 되는 것이다.

멀티미디어와 신문 저널리즘의 문제를 논의하는 데 있어 이 같은 관계를 고려하기를 다시 한 번 강조하고 싶다. 그리고 멀티미디어 사회는 진심으로 신문 저널리즘을 추구하고 있는가(그 필요성은 인식되어 있지만), 신문 저널리즘이 해 낼 수 있는 구체적인 역할은 어디서 찾을 것인가(그 같은 역할이 있기는 하지만), 신문 저널리즘은 구체적으로 어떤 기능을 발휘할 수 있는가, 멀티미디어 신문에도 저널리즘의 기능이 내재하는가(내제한다고 보았을 때), 그 기능은 구체적으로 어떻게 발휘될 수 있는가 등의 문제는 더욱 세밀하게 논의할 필요가 있을 것이다.

사회를 비롯한 신문 미디어 내부의 고도정보화를 배경으로 신문 저널리즘의 기능이 저하되고 있을 때 그 처방전으로 저널리즘 기능의 강화와 언론정보 기능의 강화를 지적하는 것은 동어반복에 지나지 않을 것이다. 요컨대 지금으로서는 급변하는 사회에 적합한 새로운 개념의 저널리즘을 창조하는 일이 가장 시급하다고 할 수 있다.

신문기자의 근무환경 변화

지금까지는 정보 테크놀로지의 혁신이라는 관점에서 그것이 신문 저널리즘과 어떠한 연관성을 가지고 있는지를 검토했다. 그 중 하나가 저널리스트의 직무공간이 변하고 있다는 사실이었고, 이에 관해 앞에서는 그 현상만을 지적하는 데 그쳤기 때문에 여기서 그 변화의 양상을 좀더 구체적으로 살펴보겠다.

편집국의 환경변화

신문사의 기술혁신은 이미 설명한 대로 컴퓨터 테크놀로지에 의한 전자편집 시스템이 개발되면서부터 새로운 단계에 이르렀다. 그런데 여기서 말하는 새로움이란 기술혁신의 여파가 신문제작 현장에서부터 신문편집 부분에까지 미친다는 데 있다. 바꿔 말하면 본격적인 정보 테크놀로지가 공존하는 환경을 신문기자 – 편집자가 받아들일 수밖에 없었다는 것이다.

신문제작 공정의 합리화·효율화를 제일의 목표로 하는 전자편집 시스템에 의해 편집/교정/교열 기자의 편집 작업이 지난날과는 확실히 다른 효율성을 올리게 되었다. 처음 도입될 때와는 달리 점차적으로 시스템에 익숙해짐에 따라 지면배치, 교열·교정, 정정 등의 작업이 신속정확하게 수행된 것이다. 이 시스템이 편집 작업의 핵심인 정보의 가치평가에도 영향을 주는지의 여부는 일단 유보해 두기로 하고, 여기서는 편집/교정/교열 부서를 중심으로 하는 편집국의 환경변화에 대해 중점적으로 살펴보기로 하자.

첫째, 상징적인 표현을 쓰자면 맨 머신 시스템*man machine system*이 도입됐다. 컴퓨터 기술을 고전적인 기계개념에 포함시켰을 때 현재의 편집국은 사람과 기계의 협동화가 고도로 달성된 환경이라고 해도 좋을 것이며, 그 수준 또한 자동화가 진행되고 있는 일반기업의 사무 능력을 훨씬 능가한 것이다. 앞에서 설명한 정보생산 산업화라는 조직변화는 편집국의 공장화라는 공간적 현상으로 명확하게 나타났다.

둘째, 편집국이 정보생산 현장으로 탈바꿈하는 것은 당연한 결과이며 편집국과 신문제작국 사이에 공간적으로나 조직, 그리고 기자와 기술자의 심리 차원에서도 동화와 융합이 진행되어 왔다는 점을 들 수 있다. 이것을 컴퓨터 차원화에 의한 노동행태의 균일화로 볼 수도 있을 것이다.

셋째, 편집국이나 제작국 할 것 없이 이제는 정보의 공유화가 완벽하게 가능해졌다는 점에 주목해야 할 것이다. 전자편집 시스템은 편집/교정/교열 담당기자는 물론이고 단말기를 조작할 수 있는 구성원이라면 누구든 그 목적에 따라 데이터베이스화된 정보를 검색·이용할 수 있는 시스템이다. 취재/사진 부문의 기자가 스크랩한 자료 대신 데이터베이스를 활용하여 원고를 집필하는 풍경은 이미 일상화되어 있다.

넷째, 많은 신문사에서 조직체제의 변화로 교열기능의 분산화, 즉 교열부의 폐지를 적극 추진하고 있다. 워드프로세서에 의한 기사입력이 일상화된 지금, 완전 원고화 원칙이 추진되면서부터 전자정보로 변환된 원고의 검토는 취재부와 편집부의 책임자나 기자가 분담해야 하는 몫이라고 인식되어 있다. 아직 폐지가 안 된 신문사에서도 현재의 교열조직을 재검토하는 곳이 적지 않다.

신문기자의 대응

직무환경의 변화에 신문기자는 어떻게 대응하고 있는가. 많은 관찰과 증언에 의하면 편집/교정/교열 담당기자는 고도화된 CTS에 거의 숙달되어 있으며, 취재/사진 담당부 기자도 컴퓨터의 사용으로 기사 집필에 보다 편리함을 얻고 있는 것으로 알려진다. 편집/교정/교열 담당기자는 시스템과 공생하며, 취재/사진 담당부 기자 역시 시스템과 공존한다는 사실을 긍정적으로 받아들이고 있는 것이다.

그러나 조직의 전자화가 신문기자의 업무나 편집국의 관습·관행에 영향을 전혀 미치지 않고 있다는 뜻은 아니다. 편집/교정/교열 담당기자가 고도로 전문화된 기능을 요구받음과 동시에 극히 다기능화된 직무를 강요받고 있다는 것은 분명한 사실이다. 경우에 따라서는 취재기자가 조직의 요청에 따라 기사 집필 이외에 전자 미디어 서비스 분야에도 관여하지 않으면 안 되는 곳도 있다. 또 취재와 집필과정에서 조직 내외의 데이터베이스를 이용하는 경우도 흔한 일이다. 무엇보다도 컴퓨터로 기사를 입력한다는 것에 주목해야 할 것이다. 노동의 디지털화라고도 할 수 있는 이 같은 변화는 기술이 축적됨에 따라 편집국의 지면 제작에도 커다란 영향을 미치게 된다. 그리고 이것은 CTS화 이전의 긴 세월에 걸쳐 응집된 조직 내 구성원들의 관습 및 가치관으로 인해 자연적으로 형성된 것이라고도 할 수 있을 것이다.

그러나 전자편집 시스템이 취재과정에 도입된 이후나 전자신문(멀티미디어 신문)이 가시화된 후에도 그 전통이 변화되지 않고 계속 유지되었다고 보기는 어렵다. 편집국이라는 조직공간이 정보화를 통해 일으키는 변화는 컴퓨터 테크놀로지가 주는 가시적인 시스템화보다는, 장기적인 안목에서 지면 만들기의 관습이나 보도양식의 독자적인 전통이라는 숨은 영역에 보다 크게 나타날 것이다.

신문기자의 직업의식 변화

정보 테크놀로지의 혁신을 신문기자들은 어떻게 받아들이고 있을까. 오늘날 밝혀진 증언이나 조사결과를 보면, 저널리스트들 대개가 테크놀로지를 호의적으로 평가하지는 않지만, 그렇다고 해서 특별한 불만이나 불안을 느끼는 것도 아닌 것 같다. 편집 담당기자는 고도화된 전자편집 시스템을 책임지고, 취재기자는 펜 대신 컴퓨터를 사용하고, 내외의 데이터베이스에 접근 가능하면서 테크놀로지와 취재·집필활동이 일체감을 이루고 있는 게 현실이기 때문이다.

지금의 신문 미디어는 산업, 성숙도, 사람들의 생활문화에서 차지하고 있는 텍스트 미디어의 비중저하, 그리고 이미 살펴본 정보 테크놀로지의 도입과 혁신이라는 면에서 역사적으로 커다란 전환기를 맞이하고 있다. 그러나 그 현실을 정작 신문기자는 어떻게 보고 있는가에 대해서는 지금까지 충분히 논의되지 못했다. 이러한 관점에서 기자 설문조사를 주목해 보면 몇 가지 특징을 읽을 수가 있다. 이를 토대로 신문기자들의 의식동향을 살펴보기로 하자.

냉정하게 현실을 인식하는 신문기자

독자가 신문을 어떻게 보고 있는지에 대한 질문에 신문기자의 65.5%가 신문은 여러 가지 미디어 가운데 하나에 지나지 않는다고 생각하고 있었다. 신문을 포함해 많은 미디어가 있지만 그 중에서도 신문이 가장 중요하다고 생각하는 사람은 24.7%, 신문도 중요하지만 다른 미디어의 필요성이 더 높다는 데 동의한 사람은 9.2%, 수많은 미디어가 있기는 하지만 신문 이외의 다른 것은 필요 없음에 동의한 사람은 하나도 없었다.

이것은 1990년대 일본 신문협회연구소가 실시한 2000년대 신문 미디어에 대한 종합 앙케이트의 질문내용과 같다. 그 때의 조사결과는 신문이 가장 중요하다가 전체의 56.4%를 차지했으며, 신문은 수많은 미디어 중 하나에 불과하다가 35%, 다른 여러 가지 미디어의 필요성이 신문을 상회한다가 5.5%, 신문이 있으면 다른 것은 필요 없다고 생각한다가 0.7%의 비중을 차지했다.

오랜 시간이 지난 지금 기자들 스스로도 독자의 신문관이 많이 달라졌음을 냉정하게 파악하고 있다. 신문의 중요성에 대한 인식도 하락했다. 이것과 관련된 신문의 영향력에 대한 다음과 같은 조사 결과가 있다.

신문, 미디어 환경 등의 변화에 따라 신문의 영향력이 상대적으로 저하된다고 보는가라는 질문에 저하된다와 약간 저하된다가 각각 29.9%와 32%의 높은 비율을 차지한데 반해, 저하되지 않는다와 거의 저하되지 않는다는 겨우 3.9%와 18.6%밖에 안 됐다. 이것은 신문의 영향력에 대해 객관적으로 생각하는 사람이 훨씬 많다는 뜻이다. 자신들의 업무영역인 신문 미디어에 대해 비관적이라기보다는 냉엄한 현실인식 태도를 가지고 있음을 보여주는 결과인 것이다.

신문기자들이 신문의 역할이나 영향력을 어떻게 평가하고 있는가에 대한 또 다른 조사도 흥미로운 시사점을 던져주고 있다. 1991년 성혜成蹊대학 아시아 태평양 연구센터에서 실시한 한국·일본 공동조사가 바로 그것이다. 이것은 매스 미디어와 한일관계의 보도에 관한 양국 저널리스트들의 의식을 비교·고찰하는 것을 목적으로 행해진 것인데, 여기서는 이 조사에 의해 얻어진 일본 저널리스트들의 의식동향을 소개하기 위해 잠깐 언급하기로 한다.

신문과 여론과의 관계에서 신문의 역할은 여론을 지도하는 일이다라는 의견을 지지한 사람은 16.3%, 여론을 반영하는 일로 보는 사람은 58.8%, 여론형성을 돕고 있다고 생각하는 사람은 가장 많은 76.5%였다. 다음으로 역할 수행상의 평가에서는 여론형성을 돕고 있다 혹은 상당히 돕고 있다고 생각한 사람이 81.9%, 여론을 반영하고 있다는 의견이 64.6%, 그리고 여론을 지도하고 있다는 54.4%였다.

또한 뉴스의 객관성에 대한 인식·평가에서 뉴스는 객관적이어야 한다고 생각하는 기자가 70.7%로 나타났으나, 현실적으로 일본신문이 객관성을 가지고 있는가에 대한 질문에 대해서는 객관적이다, 상당히 객관적이다가 60.6%의 지지에 그치고 있다. 한편 일본 TV에 대한 평가에서는 과반수이상이 부정적인 시각을 가지고 있었으며, 한국의 신문은 객관적이 아니다라고 보는 한국인 저널리스트가 66.2%에 달해 3분의 2가 부정적인 평가를 하고 있는 것으로 드러났다.

매스 미디어와 권력(정부)의 관계에 대한 인식·평가에서는 매스 미디어는 정부에 대해 비판적이어야 한다고 생각하는 사람이 69.7%, 어느 쪽이라고도 말할 수 없다며 판단을 유보하는 기자가 28.9%였다. 또 그 현상에 대해서는 비판적이다가 20.7%, 협력적이다가 16.7%, 어느 쪽이라고도 말할 수 없다가 61.1%였다.

신문의 영향력에 대한 평가에서 현재의 일본신문은 외교문제나 국제문제에 관한 여론에 대해 영향력을 가지고 있는가, 혹은 정부의 정책결정에 대해 영향력을 가지고 있는가의 질문에 전자는 84%가 그리고 후자는 62.9%가 긍정적인 평가를 했다. 이 같은 조사단체의 분석보고서는 일본 저널리스트의 의식 속에 저널리즘의 성숙관과 자부심이 들어 있으며 신문기자가 신문의 현실을 높이 평가하고 있다는 점, 자기긍정적인 경향을 보여주고 있다.

자신감을 갖는 기자도 많다

지금까지 소개한 신문기자의 미디어관과 신문보도의 역할평가의 데이터를 통해 우리가 알 수 있는 것은 무엇인가. 한 가지 말할 수 있는 것은 미디어화가 진행되는 환경 속에서 신문 미디어를 객관적으로 바라볼 경우 그 평가는 당연히 냉정할 수밖에 없다는 점이다.

일단 자신의 일상적인 업무에 대한 평가나 보도 미디어로서의 역할에 대한 인식에 의문을 갖게 되면 보통의 자부심으로는 답변하기 힘들 것이다. 그 자부심 혹은 스스로의 업무나 역할에 대한 자기긍정적인 경향, 다시 말해 현실추종주의적인 경향은 업무상의 보람이나 사회에 대한 공헌의식과 무관하지 않다.

다시 신문협회연구소의 기자 앙케이트로 돌아가 보면 위와 같은 점에서 여전히 많은 기자가 긍정적인 평가를 내리고 있다. 예컨대 자신의 업무가 세상에 도움을 주고 있는가의 질문에 도움을 주고 있다가 24.3%, 약간 도움을 주고 있다가 51.8%를 차지했으며, 현재의 업무에 보람을 느끼고 있다와 약간 느끼고 있다의 긍정적인 반응도 70%를 웃도는 등 저널리스트들은 업무를 통해 나름대로 만족감을 느끼고 있음이 드러난 것이다. 또

이 조사의 목적인 신문의 기능 수행에 관한 질문에서도 복잡한 문제에 대한 분석과 해설의 제공이 69.6%, 독자의 흥미를 끈다고 생각되는 뉴스의 중점적인 보도가 69.2%로 각각 70%에 가까운 긍정적 평가가 나타난 데서 알 수 있듯이, 신문의 보도·평론기능에 대해 자신감을 갖는 기자가 많음을 시사하고 있다.

반면에 어느 쪽이라고도 말할 수 없다고 한 유보의견을 포함해 업무상 보람이나 사회에 대한 공헌도를 적극적으로 느낄 수 없다고 답변한 30%에 가까운 기자는 어떻게 생각할 것인가. 업무에 대한 불만과 회사에 대한 불만에 이어 전직의향 등 서로 관계가 될 만한 문제를 포함한 그 같은 의식이 젊은 세대의 기자들에게 비교적 많은 것으로 나타났다면, 그 요인과 배경을 주의 깊게 살펴볼 필요가 있을 것이다. 그러나 복잡하고 미묘한 현실을 도외시한 회답경향을 감안하면, 그러한 요인이 끼어드는 기자의 일상의식을 바르게 이끌어낸다는 일은 거의 불가능하다. 혹시 그 불만이 업무에 대해서는 일에 쫓겨 여유가 없다(51.9%)는 것이며 회사에 대해서는 노동환경이 좋지 않다(45.7%), 전직을 생각하는 이유는 능력이나 개성을 제대로 발휘할 수 없기 때문이다(39.4%)라는 것으로 나타나도, 우리는 그 이상의 의식구조를 명확하게 할 수단을 갖고 있지 못하다.

여기서 말할 수 있는 것은 일부 기자의 마음속에 담겨 있는 업무에 대한 충실감의 상실, 혹은 희박화, 다시 말하면 그 같은 물음에 대해 무관심하거나 의도적으로 거부하는 기자의 태도는 조직 내의 직장환경이나 전문직으로서의 직능, 언론보도 미디어로서의 기능 등에 대한 현실인식이 분명히 존재하고 있다는 사실이다. 이것은 기자의 노동과 일상생활에 밀착하여 관찰과 대화를 지속하는 작업이 있어야만 비로소 찾아낼 수 있는 영역이다.

Chapter 16

신문기자 교육의 현황과 문제점

일본의 신문기자 교육, 기자 연수현황

신입기자의 교육연수

이 항목에서는 일본의 신문사들이 기자교육을 어떻게 이해하고 있으며 또 어떻게 실천하고 있는가에 대해 간단히 언급하고자 한다. 알려진 바와 같이 보통 일본의 기자 지망생들은 대학졸업 무렵에 입사시험을 거쳐 저널리스트로서의 길을 걷기 시작한다. 이 때 그들의 신분은 한 사람의 저널리스트이기 전에 고유의 역사와 전통을 가진 각 신문사의 사원 기자일 뿐이다. 당연한 일이지만 기업 내의 기자교육은 주로 신입기자의 연수를 중심으로 전개된다.

신문기자 앙케이트 조사결과에 의하면 응답자의 60%가 직업을 선택할 당시 이미 신문기자가 되려고 희망하고 있었으며, 그 동기는 다른 직업에서는 맛볼 수 없는 체험을 할 수 있기 때문이거나 호기심을 추구할 수 있어서, 혹은 개성이나 능력을 마음껏 발휘할 수 있기 때문이었다.

위와 같은 동기로 입사한 신입기자를 상대로 신문사는 어떤 내용의 교육 프로그램을 준비하고 있을까. 예외가 있기는 하겠지만 보통 입사 전이나 입사 후 2~3주, 혹은 1개월 정도가 회사 차원의 대대적인 신입사원 연수기간으로 정해지며 이때 자사의 역사, 경영방침, 업태, 경영에 관한 교육이 실시된다. 그 밖에 취재의 기본적인 룰이나 윤리 등 실무적인 내용을 강의하는가 하면 실습과 견학도 함께 이루어진다.

그러나 이는 집단적으로 이루어지는 교육으로 주입식에 불과하다는 비난과 함께 겉핥기 식으로 끝난다는 단점이 뒤따른다. 따라서 많은 회사들이 실시하는 실질적인 교육은 배속된 조직 내 말단부문(지국)에서의 실무를 통하여 이루어지는 경우가 많았다. 그 이후의 연수는 각 신문사마다 방침이 모두 다를 뿐만 아니라, 시대와 회사 사정에 따라 변해서 3개월 혹은 6개월 후에 다시 본사로 불러들여 연수시키는 회사가 있는가 하면 1년 정도 경험을 쌓게 한 후 새로 교육을 시키는 신문사도 있다. 그러나 이미 일정 단계의 경험을 쌓은 기자의 교육-연수제도를 보면, 재교육의 필요성이나 중요성에 대해서 충분히 인식하고 있으면서도 구체적인 커리큘럼을 제시하는 회사는 거의 없는 실정이다.

물론 중견기자교육, 감독자 연수, 데스크 연수 등의 명분을 내세워 기자 경험에 따른 연수를 실시하는 회사도 있다. 그리고 더욱 세밀하게 입사 3년, 5년, 10년, 15년으로 구분하여 그에 따른 연수 프로그램을 마련해 놓고 있는 회사도 있다. 그러나 도대체 그것이 어떤 내용의 어떤 시스템으로 실시되고 있는지에 대한 자료는 공개된 바가 없다. 간단히 말해 일본의 신문사들은 현장의 기자활동을 통한 교육훈련만이 전부이며 최고라는 'On the job Training' 사상에 깊이 젖어 있는 것이다. 이 경험주의는 저널리스트가 교육에 의해 육성되는 것이 아니라 태어날 때부터 가지고 있는 자질과 개성이 일을 통해 자연스럽게 개발된다는 고전주의적인 사고방식에 입각한 것이다. 그러한 사고방식은 오늘날에도 여전히 많은 지지를 받고 있다.

공동연수기관의 필요성

근래의 기자교육은 기업 내에서만 실시되는 것이 아니라 외국연수 등을 통해서도 폭넓게 시행되고 있다. 이제는 기자교육을 신문사만의 힘으로, 혹은 자기 회사만을 위한 교육으로 여기는 단계는 지났다. 고도정보화 사회에 적절히 대응하기 위해 신문사들은 서로의 벽을 허물고 공동연수 시스템을 구축해 볼 필요가 있다. 더 나아가 신문계 전체가 진솔한 자세로 전문적인 연수기회를 만들어 보는 것도 좋을 것이다. 일본신문협회가 추진했던 신문박물관 설립 계획에는 각 신문사의 일선 기자들을 위한 연수센터도 포함되어 있는데, 이 같은 시설이 주체가 된 공동연수 시스템과 구체적인 교육 커리큘럼의 구축으로 조직을 초월한 교육연수제도가 확립된 것은 참으로 뜻 깊은 일이다.

하지만 기자교육은 신문사 내의 신입교육, 일선기자의 재교육, 실천 시스템화라는 문제만 가지고 있는 것이 아니다. 그러므로 대학에서의 기자교육은 어떻게 이루어지는가에 대해서도 심각하게 생각해 봐야 할 것이다. 뒤에서 다시 이야기하겠지만, 구미의 각 대학들은 저널리즘에 관한 이론 · 윤리 · 역사교육과 함께 매우 실천적인 저널리스트 양성교육을 주축으로 한 커리큘럼을 갖추고 있다. 이에 반해 일본의 대학교육은 다분히 윤리·이론 지향적이다. 또한 저널리즘에 대한 체계적인 지식을 습득한 사람 모두가 저널리스트를 지망하는 것은 아니며 저널리스트를 지망해도 그것의 실현 가능성이 다른 분야의 지식을 습득한 사람에 비해 높은 것도 결코 아니다. 그런가 하면 저널리즘 교육을 받은 기자 지망생을 특별히 우대하거나 적극적으로 채용하는 회사도 거의 없다. 실제적으로는 대학교육과 신문기업 간에 저널리즘 교육을 매개로 한 커뮤니케이션 통로가 전혀 없으며, 커뮤니케이션을 가지려는 능동적인 의사도 없는 것이다.

이 같은 실정 아래 기자교육의 미래를 전망해 본다면 과연 어떤 모습을 떠올릴 수 있을까.

우선은 현재 대학교육의 강의에 현역기자의 경험을 반영하는 방안을 적극 검토해 볼 필요가 있다. 이론, 역사, 윤리에 관한 전문적인 강의 외에도 실제로 기자활동을 하고 있는 저널리스트의 식견과 지식을 충분히 활용하는 것이다. 실제로 특별강의 형식으로 몇몇 저널리스트들이 1년간의 강의를 분담하여 지도를 하는 대학도 있는데, 가르치는 쪽이나 배우는 쪽 모두가 대단히 만족스런 성과를 올리고 있다고 한다. 큰 부담이 되지 않는 한 현역기자가 대학교단에 선다는 건 기자 자신에게도 매우 바람직한 재교육의 기회가 된다.

또한 더 직접적으로 대학원에 사회인을 입학시키는 제도를 확대하여 중견 저널리스트에게 연수기회를 제공하는 경우도 있다. 이것은 기자에게 지금까지의 경험을 되돌아보게 하고 저널리즘, 혹은 그 동안 관심을 가지고 있었던 현실적인 여러 문제에 대해 진지하게 연구해 볼 수 있는 시스템이다. 그러나 이러한 것들은 대학과 신문사 간의 이해와 협력 없이는 결코 실현될 수 없는 것이다. 조직체로서의 재정적인 여유, 나아가서는 신문 저널리즘의 사회적인 역할과 책임에 관한 합의가 성립된 다음에야 비로소 생각해 볼 수 있는 계획인 것이다.

영국의 기자교육현황

런던대학 학생정보센터는 매년 취직희망자를 대상으로 촉망받는 직업을 소개하는 팸플릿을 발행하고 있다. 1988년판 저널리스트 지망자를 위한 팸플릿에는 다음과 같은 조건이 기술되어 있었다.

- 저널리스트는 무엇보다도 인간적인 사건에 흥미를 가지고 있어야 한다.
- 저널리스트의 근무시간은 정해져 있지 않다.
- 만약 8시까지 5백 자의 기사를 써야 하는데 8시 5분까지 6백 단어의 기사를 썼다면, 아무도 그를 우수한 저널리스트라고 부르지 않을 것이다.
- 저널리스트는 어떠한 상황에서도 침착하고 냉정한 판단력을 가져야 한다.
- 저널리스트는 전광석화와 같은 번뜩임과 강렬한 의사결정 능력을 소유하고 있어야 한다.
- 저널리스트는 항상 도덕적인 딜레마에 빠지며 때로는 사람에게 상처를 입히는 경우도 있으므로 늘 사회적인 책임의식을 지니고 있어야 한다.

저널리즘 교육의 필요성

막스 베버 *Max Weber*는 저널리스트를 위험한 직업으로 규정했는데, 이러한 관점은 영국에서도 똑같이 발견된다. 이를테면 1949년 언론 왕립위

원회는 '신문소유주의 사회적 책임' 이라는 주제를 통해 기자교육의 필요
성을 강조하면서 전쟁중에 사라져버린 저널리즘의 신뢰를 다시 회복시켜
야 한다고 주장했다. 제2차 세계대전 직후 《신문과 대중》이라는 책을 저
술한 킹슬리 마틴 *Kingsler Martin*은 다음과 같이 기록하고 있다.

'신문 소유주들이 생각하는 신문기자란 만들어지는 것이 아니라 태어
나는 것이었으며, 그런 이유로 그들은 학위에는 거의 신경도 쓰지 않았다.
그러나 시대가 변하고 폭넓은 지식과 전문적인 저널리즘이 요구됨에 따
라 소유주는 자기들이 고용하고 있는 기자 대부분이 충분히 훈련되어 있
지 않다는 것을 깨닫게 되었다. 그때부터 중역을 구할 때에는 전문적인 자
격을 충분히 갖춘 관록 있는 사람을 뽑기 시작했다.'

그러나 사실 상위 경영진이 고용한 사람들의 대부분은 촌각을 다투는
일간신문의 업무에 적합한 기술을 가지고 있지 못했으며, 뉴스 감각도 없
어 신문사 입장에서 보면 아래쪽에서 훈련받아 올라온 무능한 사람들과
별반 다르지 않았다.

언론에 관한 왕립위원회가 저널리스트 교육의 필요성을 강조한 것은
이 같은 사정도 감안된 것이다. 위원회는 다음과 같이 권고했다.

"대학이든 다른 교육기관이든 우수한 인재를 저널리즘의 세계로 모집
하여 그들을 일정수준에 이르게 하고, 그 수준을 유지시키는 일은 중요한
것이다. 저널리스트 개개의 수준은 저널리즘 전체의 수준을 결정할 뿐만
아니라 사회가 신문계에 요구하는 것과 신문계가 실제로 사회에 부여하
고 있는 것, 이 양자의 거리를 잇는 가교역할을 해내는 것이다. 저널리스
트를 교육시키는 일은 신문소유주의 사회적 책임임과 동시에 영국사회의
이익과도 합치된다."

이 권고가 하나의 계기가 되어 영국의 신문계는 일제히 신문기자 양성

문제를 검토하기 시작했다. 먼저 각 신문사의 개별적인 노력, 다시 말해 개별신문사의 사내교육이라는 형태에서 벗어나 신문 산업 전체가 해결하지 않으면 안 될 문제들을 다루기 위해 1952년 신입기자훈련과 교육을 위한 전국협의회를 조직했다. 그리고 이 기관은 1955년 기자훈련을 위한 영국 국립저널리즘교육원(NCTJ ; National Council for Training of Journalist – 옮긴이 주)로 개칭되어 본격적인 활동을 개시했다.

NCTJ의 초기 운영은 지방신문협회, 영국편집자협회, 국제기자기구, 영국기자노동조합 등 4개 기관의 대표자들에 의해 이루어졌으나 현재는 모든 신문 산업기관의 대표들이 운영하고 있다. NCTJ는 전국 각지에 기자훈련센터를 개설하여 지방신문기자를 양성하고 있는데 저널리즘 세계에 입문하기 위해서는 지방에서의 기자경험을 갖지 않으면 안 된다는 영국의 전통적인 의식이 숨어 있었다. 그렇기 때문에 전국지나 텔레비전, 라디오도 기본적으로는 지방 신문사에서 훈련을 받은 사람을 채용한다. 처음부터 엘리트 미디어에 취직하는 일은 결코 없다고 해도 과언이 아닐 것이다.

영국의 실천교육

영국에서는 3년 미만의 경험을 가진 저널리스트를 가리켜 리포터라고 한다. 그리고 그 이상의 저널리스트는 캐주얼 저널리스트(Casual Journalist ; 일반기자 – 옮긴이 주)와 퀄리파이드 저널리스트(Qualified Journalist ; 전문기자 – 옮긴이 주)로 구분한다.

신문기자를 양성하는 강좌는 리포터나 캐주얼 저널리스트를 대상으로 행해진다. 특히 24세 이상 30세 이하의 리포터와 캐주얼 저널리스트 중 신문기자가 되기 전에 대학이나 고등전문학교 등의 병설 저널리즘 학교(연구교육기관은 아니다)에서 3년 동안 매스컴 교육을 받지 않은 사람에 한

해 각지의 훈련센터에서 20주간의 신문기자 양성을 위한 강좌를 받도록 의무화하고 있다. 이 때 수강생은 야간 코스나 주말 코스 중 하나를 선택해야 하며 4주간의 집중강의도 있다. 필요에 따라서는 휴직할 수도 있으나 만일 수강을 거부했을 경우, 회사가 이를 전국 저널리스트 조합에 제소할 수 있다. 이만큼 엄격한 조치가 가해지는 데에는 영국 저널리스트들의 학력과 밀접한 관련이 있다.

상당히 오래된 기록이긴 하지만 NCTJ의 1977년도 조사에 따르면 저널리스트의 학력은 대졸 22%, 고등전문학교 졸업자 61%, 고졸 13%, 중졸 1%로 되어 있었다. 그 후 고학력화 현상을 보였다고는 하지만 1990년도의 대졸비율이 40%를 약간 웃도는 정도(런던대학 저널리즘 연구소 조사)에 불과했으니, 신문기자를 위한 기초교육은 매우 시급한 것이었다.

NCTJ의 기자 재교육 커리큘럼은 다음의 5개로 나뉘어져 있다.

① 영국 영어와 관련된 과목

② 매스컴 관련법규에 관한 과목

③ 취재 · 편집에 관한 과목

④ 행정 · 입법 · 사법 등 행정학 관련 과목

⑤ 저널리즘 윤리에 관한 과목

이를 좀더 자세히 살펴보면 ①군에서는 다민족, 다인종으로 인한 언어소통의 혼란을 막기 위해 정확한 영문법에 입각해 문장 쓰는 법을 배우도록 하고 있다. 이에는 유명한 문학가의 문장을 발췌하여 그것이 문법적으로 옳은지 그른지를 묻는 방법 등이 활용된다. ②군에서는 영국 법제도의 구조와 기능, 저작권법, 선거제도, 국가기밀법, 범죄자의 사회복귀에 관한 법률, 명예 훼손법, 형사소송법, 미디어법, 마케팅법 등을 다룬다. ③군에서는 기사 쓰는 법, 평가가 따르는 기사를 쓰는 법, 정정기사 쓰는 법, 레이아웃, 카피라이팅과 디자인, 인터뷰 리포팅, 뉴스 리포팅, 픽처 라이팅 취재·편집실습 등을, ④군은 지방 정부기관의 구조와 기능, 중앙 정부기관의 구조와 기능, 형사재판소의 구조, 로컬 서비스, 내셔널 헬스 서비스의 관리와 재정, 사회복지, 통상 산업정책에 대한 정부의 역할, 유럽공동체 등을 다룬다. 그리고 ⑤군은 광고주와 광고의 이해관계로부터의 탈피, 편견, 권력의 남용, 사회적 갈등, 프라이버시의 침해, 인종·종교·섹스, 정보원의 은닉 등을 다루고 있다.

이들 과목은 NCTJ가 독자적으로 개강하고 있는 과목이며 각각의 담당자는 현장경험이 풍부한 실무자들로 구성되어 있다. 이 기관에서는 실무자들을 강사로 확보하고 있는 2개 대학의 저널리즘 연구소와 13개 고등전문학교에도 교육을 위탁하고 있다.

그 중 카디프*Cardiff*대학의 저널리즘 연구소는 1970년 영국에서 처음으로 개설된 대학 수준의 저널리즘 교육기관으로 정원은 35명이며 1990년도의 지원자는 약 6백 명이었다. 아카데미즘의 연구기관으로는 공인받지 못하고 있지만 박사학위나 석사학위가 하나의 자격증으로 간주되는 영국에서 학위부여 기능을 가지고 있다는 것만으로도 그 권위를 충분히 짐작할 수 있을 것이다.

런던대학의 저널리즘 연구소는 병설 미술전문학교의 후신으로서 1983년에 로이터 통신, 〈이코노미스트*Economist*〉, 〈가디언〉의 자금원조와 대학 내 아카데미 부문의 구성원들의 후원으로 개설되었다. 정원은 1백 명 안팎이며 매년 5백 명 정도의 응모자가 있다고 한다. 카디프 대학과 마찬가지로 학위부여 기능도 가지고 있다.

양 대학 모두 저널리즘에 관한 실무교육을 실시하는 한편, 학위부여 기관으로서의 체제를 유지하기 위해 매스 미디어의 역사, 사회조사의 이론과 방법, 매스 미디어의 구조, 국제관계론, 사회의식론, 정치학, 산업관계론, 사회정책 등의 기초학습에도 열을 올리고 있다.

그 밖에 NCTJ와는 별도로 독자적인 교육기관을 가지고 있는 단체가 있다. 전쟁 전에는 노스클리프가 창설한 런던 저널리즘 학교가 있었으며, 지금은 유명한 톰슨 그룹이 만든 톰슨 신문재단이나 전국 저널리스트 조합(NUJ)이 있다. 또한 공영방송 BBC나 민간방송의 면허부여 기관인 ITC도 방송 저널리스트 양성기관을 가지고 있다. 이들 기관은 현직기자들의 재교육 장소라기보다는 저널리스트 양성기관으로 보는 것이 옳다. 물론 NCTJ도 그 같은 측면을 가지고는 있으나 설립목적과 경위는 앞에서 전술한 바와 같다.

여기서 한 가지 부언해 둘 것은 NCTJ의 탄생이 1946년 프랑스에서 창설된 국립 저널리즘 연구소(CFJ ; Centre de formation du journalisme de Paris)의 활동에 지대한 영향을 받았을 것이라는 점이다. CFJ는 저널리스트가 되기 전의 교육도 중요하지만 저널리스트가 된 후의 교육도 반드시 필요하다고 주장한다. 일례로 프랑스에서는 저널리스트 양성이 평생과업의 일환으로 인식되고 있는 형편이다.

1990년 유럽 공동체(EC ; European Community)의 요청을 받아 유럽 저널리즘 교육의 현황을 조사한 런던대학 저널리즘 연구소장 휴 스티븐슨 *Hugh Stevenson*은 보고서를 통해 "그동안 현장에서의 느낌과 경험이 중요시되어 저널리즘 교육이 경시되는 경향이 있었다. 그러나 매스 미디어가 국제화되어 가고 있는 지금은 전문직으로서의 저널리즘 교육에 대한 필요성이 갈수록 높아지고 있다."라고 강조했다. 글로벌 저널리즘 시대가 제창되고 신문자본의 국제화가 진행되고 있는 현시점에서 신문기자 재교육은 절실한 시대적 요청이라고 할 수 있겠다.

한편 1966년 영국의 레스터*Leicester*대학에는 매스 커뮤니케이션 연구소가 창설되었고, 그 후 리즈*Leeds*, 글래스고*Glasgow*, 버밍험*Birming-ham*, 맨체스터*Manchester* 등의 대학들이 응용사회학으로서의 매스 커뮤니케이션 연구나 매스 미디어 연구 등의 관련과목을 설치했으나, 이는 실무교육을 목적으로 한 것이 아니라 어디까지나 과학으로서의 매스 커뮤니케이션 연구를 지향하고 있다. 이 같은 경향은 구미에서 이미 일반화되어 있으며 최근에는 한국도 같은 방향으로 나가고 있다.

Chapter 17

신문의 공공성과 논리

신문의 공공성

공공 서비스 미디어의 유래

신문의 자유는 단순히 개인이 신문을 창간할 수 있는 권리만을 말하는 것이 아니다. 신문기자들이 자기가 알고 있는 사실을 대중에게 알릴 수 있는 권리와 대중이 성실한 뉴스 제공을 추구할 권리도 포함하는 것이다.

공공 서비스 미디어인 신문의 공공성이 소리 높여 주창된 것은 불과 수십 년 전의 일이다. 이 같은 논의가 서유럽에서 시작된 계기는 제2차 세계대전 후 신문기업의 독점화·집중화 현상 때문이었다. 그리고 이것은 군소신문의 흡수 통폐합이라는 형태로 나타났다. 이를테면 스위스에서는 전쟁 전의 4백 6개에 이르던 신문이 전후에 2백 90개로 통폐합되었다. 독일에서는 나치 체제 하에서 거의 모든 신문이 폐간될 위협을 받았으며 전후에는 슈프링거 콘체른*Springer Conzern*이 대두하여 1968년까지 독일신문계의 38%의 시장을 독점했다. 스웨덴에서는 전후에 80개 지가 소멸했다. 덴마크에서도 전전의 1백 50개 지가 전후에는 1백 개로 줄었다. 프랑스나 영국도 같은 양상을 보임으로써 오랫동안 계속되어 왔던 신문의 자유와 책임론이 다시 부상했다.

그 시대 영국의 저널리즘 연구가 킹슬리 마틴은 신문을 시민사회발전을 위한 공공 서비스 미디어로 해석하고, 이 같은 매체로 기능하려면 나름대로의 제도가 필요하다고 주장했다. 이를테면 독점화 경향을 저지하기 위해 반 트러스트 법(Antitrust laws ; 시장을 지배하는 독점행위나 거래의 제한을 목적으로 하는 기업합동을 금지 또는 제한하는 법률의 총칭 – 옮긴이 주)을 제정하고 신문판매에 있어서는 경품 등의 사용을 금지하며 북유럽 제국에서 볼 수 있는 군소신문에 대한 보조금 지급제도 또한 다시 생각해 봐야 한다고 했던 것이다. 그는 또 경영권과 편집권의 분리와 전문직으로서의 저널리스트라는 지위향상과 신문의 윤리기준 제정 등에 대해서도 강력하게 호소했는데, 이러한 제안은 80년대 이후 루퍼트 머독이나 로버트 맥스웰*Robert Maxwell*의 자본논리에 입각한 미디어 사업이 전개되는 가운데 다시 한 번 논의의 대상이 되기도 했다.

또한 대처정권의 산업우선 미디어 정책에서 미디어 사업이 투자의 대상이 됨에 따라 정보의 거대기업화 양상이 두드러지는 가운데 기업의 자유냐 미디어의 사회적 책임이냐의 문제와 함께 공공 서비스 미디어라는 용어가 부상하기 시작했다. 즉 민주주의 사회에 있어서의 매스 미디어의 역할이 중요한 문제로 대두된 것이다.

전통적인 사고방식으로 볼 때 민주주의 사회에서 미디어의 첫번째 역할은 국가를 감시하는 파수꾼의 기능을 하는 것이다. 그러나 이 때 사사로운 이익을 앞세우다 보면 부패한 방향으로 흘러갈 우려도 배제할 수 없다. 스스로가 소속되어 있는 거대기업의 활동을 비판하거나 산업우선 미디어 정책을 추진하는 정부를 감시하는 등의 일에서 일찌감치 손을 떼버릴 수도 있는 것이다. 이를 막고 현대의 매스 미디어를 재생시키려면 신문이나 텔레비전을 공공 미디어로 자리매김하고, 미디어의 공공성에 대해 적극적으로 논해야 한다고 연구자와 미디어 관계자들은 주장한다. 이를테면 데니스 맥웰*Dennis Mcwell*이 그 중 한 명인데, 맥웰은 민주주의 사회에서의 독자적인 미디어 이론을 구축하기 위해 〈공공성의 관점에서 본 매스미디어〉라는 논문을 내놓았다. 이 논문은 J. 카란*J. Karan*과 M. 그레비츠*M. Grabitz*가 펴낸 《매스 미디어와 사회》에 수록되어 있는데, 여기에서 그는 미디어의 민주주의적 규범설정에 관한 필요성에 대해 다음과 같이 언급하고 있다.

미디어의 규범설정에 대한 제안의 기초는 의도적이든 우발적이든 간에 미디어가 공공성 또는 일반복지에 봉사하고 있다는 전제하에서 성립된다. 이것은 매스 미디어가 다른 비즈니스나 서비스와는 달리 그를 실천하는 데 있어 문화적·정치적 활동과 관련된 사회의 이익을 위해 필요불가결한 역할을 떠맡고 있다는 사실을 의미한다. 따라서 미디어는 무엇을 하고 하지 않을 것인지에 대해 스스로 법적인 책임을 묻지 않으면 안 된다. 그리고 수시로 가해지는 외부의 압력에 대해서도 법적인 의무를 다해야 한다. 이것이야말로 미디어가 지니고 있는 의미 있는 공공의 역할이다.

자유 · 평등 · 질서

　공공성의 개념은 쉽게 파악하기 어려우며, 논의의 대상으로 자주 떠오르는 문제이다. 이를 전제로 정의를 내려보면, 공공성은 사회의 일부분이 아니라 전체의 목적을 위해 봉사하는 공공의 노력이라는 데서 의미를 찾을 수 있다. 맥웰은 이러한 전제 아래 미디어의 공공 임무의 지표가 되는 몇 개의 규범적 원칙을 도출해 냈다. 사회적 커뮤니케이션의 기본가치를 자유 · 평등 · 질서에 두고 미디어의 공공성은 자유 · 평등 · 질서의 현대적 의미를 커뮤니케이션 활동에서 어떻게 해석하느냐에 따라 달라진다고 했다.

　현대 커뮤니케이션의 자유는 광범위한 목소리를 제공하는 일과 광범위한 요구에 대답하는 두 가지 측면을 내포하고 있다. 자유가 목표로 하는 것은 미디어가 제공한 내용의 독립성이 창조성 · 독창성 · 다양성 등으로 이어져 나가는 것이다. 이를 위해서는 공개에 대한 법적자유(자유의 구조적 조건)나 정치 · 경제적 압력으로부터의 독립과 미디어 조직 내에서의 저널리스트나 기타 커뮤니케이터의 상대적 자립성(자유를 위한 활동적 조건)이 보장되어야 한다. 또 사회의 목소리가 커뮤니케이션의 채널로 적극 활용될 수 있도록 이끌지 않으면 안 된다. 왜냐하면 공공 커뮤니케이션의 자유는 제공받는 쪽에 대한 정보내용의 질이 얼마나 보장되어 있는가에 따라 그 평가의 향방이 결정되기 때문이다.

　평등의 가치는 공정의 개념인 권리의 평등, 법 앞에서의 평등, 사회제도의 평등과 대응하고 있는데 그 목적은 권력보유자에게 특별한 편의가 주어지는 것을 방지하는 것이다. 공적지위를 노리는 경합자들에게 항상 평등할 수 없겠지만, 미디어의 접근기회는 가능한 한 공평한 기준에 따라 주어져야 할 것이다. 그리고 대립적 · 일탈적인 의견이나 주장 등에 대해서도 평등해야 한다. 이에 대해 맥웰은 공공 커뮤니케이션에서의 평등은 차별이나 편견이 없는 상태라고 말하며, 이를 위해서는 커뮤니케이션의 내용이 다양성과 객관성의 원칙을 유지해야 한다고 본다.

여기서 말하는 다양성이란 평등한 입장에서의 다양성을 가리키는 말인데, 모든 사람이 접근기회에 관해서는 동일규정에 따라야 한다는 것을 원칙으로 삼고 있다. 예컨대 선거를 앞둔 상황에서는 모든 당파에게 평등한 지면과 시간이 주어져야 하며, 의회에서 의결직전에 있는 문제나 쟁점은 찬성과 반대의견을 폭넓게 수용하고 이를 평등하게 다뤄 주어야 한다는 것이다. 다양한 의견을 공평하게 반영시킨다는 점에서 보면 다양성의 원칙은 공평성의 원칙과 연동하는 것이라고 할 수 있을 것이다.

객관성이란 실천 미디어의 특정형태이며 정보수집, 처리, 보급 등 업무에 있어서의 태도를 말하는 것으로 그 특징으로는 보고하는 대상물로부터 항상 일정거리를 유지하는 것과 정확성이나 진실을 추구하는 것, 그리고 제삼자에 대해 숨기는 사실이 전혀 없다는 것 등이 있다. 정보원이나 뉴스보도의 대상에 대해 공평·공정한 태도를 요구한다는 점에서 볼 때 객관성의 원칙은 앞에서 언급한 다양성의 원칙과 중복되는 부분이 많다.

이 같은 객관성의 원칙은 미디어가 제공하는 정보나 의견의 신뢰도를 높여주는 역할을 하며, 미디어 자신도 이 원칙이 보도내용에 보다 높고 광범위한 시장가치를 부여하고 있다는 것을 잘 알고 있다. 그래서 미디어의 공공성을 논할 경우 객관성의 원칙이 자주 인용되는 것이다.

공공 커뮤니케이션의 질서 문제는 사회적인 조화나 질서를 유지하는데 필요불가결하다는 인식으로부터 비롯된다. 이것은 일반적으로 공정한 시민생활을 유지하기 위한 전제조건이며, 동시에 커뮤니케이션 가치의 중심이기도 하다.

  상호의존성이나 집단생활은 커뮤니케이션을 통해 발생된 것이며, 여전히 이에 의존하고 있다. 모든 사회의 구성원들은 각자의 아이덴티티와 소속감을 표현하고 전달할 필요가 있다. 그러나 공공 커뮤니케이션을 통해서만 일정기간 유지될 수 있는 질서의 개념은 종종 지배나 복종과 같은 분위기를 자아냄으로써 거부감을 유발시키기도 한다.

  질서는 상호의존성이나 협력, 자발성, 균형 등을 유지하는 데 매우 중요하며, 아이들이나 약소집단을 도덕적 · 문화적 위해로부터 지키기 위한 필수적인 요소이다. 전자의 질서는 사회적 연대와 단결을 촉진시키며 후자는 사회적인 통제개념으로서 기능한다. 한편 문화적 질서는 습관이나 전통, 교육에 의해 배양된 문화에 따르는 것인데, 이 때 따른다는 것은 복종이 아닌 동조의 의미이다. 그리고 동조는 어디까지나 자발적이며 자기선택적이다.

  맥웰은 사회적 질서든 문화적 질서이든 간에 미디어는 그것을 확고하게 인지하여 사람들에게 공감을 주는 방향으로 나아가야 한다고 말한다. 그가 목표로 하는 것은 사회적 가치의 공유와 동시에 문화적 가치의 질을 높이는 것이다. 이러한 관점에서 그는 미디어가 공공성을 획득하기 위한 여러 가지 전제조건을 추출해냈다. 그에 의하면 커뮤니케이션의 제도는 무엇보다도 자유사상이 확립되어 있어야 하며 이것은 미디어의 독립, 정보 채널에의 접근가능성, 정보공급의 다양성을 보증하는 것으로써 구체화된다.

  커뮤니케이션 활동에서는 평등의 원칙이 관철되지 않으면 안 된다. 이것은 의견이나 견해의 다양한 제시, 보도내용의 공평, 공정, 객관성, 그리고 진실추구의 자세를 통해 발휘된다. 또 커뮤니케이션의 이념으로서는 사회적 가치의 공유, 문화적 질의 고양 등이 있으며, 이들은 모두 미디어가 공공적이기 위한 제조건 제요소라고 할 수 있다.

공공권의 사상

현대 산업사회에서 신문의 존재와 본질이 독자에 의해 결정된다는 해석은 미디어의 소유자가 성공을 원한다면 소비자들이 원하는 것을 제공해야 된다는 뜻을 내포하고 있다. 일반적으로 미디어는 소비자의 가치관이나 사고방식을 반영하는, 그들의 대변자로서 기능하는 존재이다. 따라서 그 사고방식은 소비자의 주권사상과 맞물려 있다고도 할 수 있다.

머독은 "대중이 지불할 수 있을 만큼의 서비스를 제공하는 것이 공공 서비스 미디어다."라고 말했다. 이 견해는 소비자 주권사상의 연장선상에 위치해 있는 것 같은 인상을 주지만, 이에 대해 웨스트 민스터 대학 *Westminster University* 내 정보통신 연구센터의 존 킨*John Kin*은 다음과 같이 정면으로 반박하고 있다.

> "그 같은 사고방식은 시장상인들을 이롭게 해 줄 뿐이다. 왜냐하면 시장상인들은 뉴스의 가치판단 기준을 많은 소비자가 즐겁게 사들이는 상품으로 여기기 때문이다. 그러나 공공 서비스 미디어가 시장논리로 논의되어서는 안 된다. 커뮤니케이션 활동의 공공성이라는 관점에서만 파악되어야 한다. 공공 서비스 미디어는 시민의 생활양식이나 취미, 기호, 의견 등을 시민국가를 형성하는 데 유익하면서도 시장의 힘에 지배받지 않는 방향으로 이끌어 나가야 한다. 또한 미디어는 시민에게 책임의식을 심어 줌으로써 그들이 다층으로 이루어진 법치국가의 조직 내에서 민주적인 생활을 영위해 나갈 수 있도록 인도해 주는 역할을 맡고 있다. 미디어의 영향 안에서 살고 있는 시민은 스스로의 책임에 따라 일하고 소비하고 생활하며, 토론과 타협도 해 나간다. 즉 모든 커뮤니케이션 미디어는 시민의 공공적 이용과 지식획득을 위해 존재하는 것이지, 정치·경제의 지배자가 뜻하는 바나 그들의 사사로운 이익을 위해 존재하는 것이 아닌 것이

다. 공공 서비스 미디어는 사람들의 경험을 정당하게 취급함으로써 그들
의 삶의 질을 높여간다. 인간생활의 복잡함을 반영하여 토론을 필요로 하
는 문제나 쟁점을 취급할 때는 다양한 의견이나 견해를 제시하기도 한다.
높은 수준을 갖춘 인간생활이란 공동사회에서의 정치·사회적 의미를 명
확하게 판단하여 적극적으로 관계를 맺어가는 활동적인 시민생활을 말한
다. 따라서 신문은 시민에게 사회의 구조나 타인의 경험을 널리 전달하는
정보의 공유 매체뿐만 아니라, 공공의 토론장을 제공하여 민주주의 의회
로서의 역할도 담당하고 있다."

존 킨의 이 같은 견해는 독일의 철학자 위르겐 하버마스 *Jurgen Harbermas*
의 영향을 받은 것이다. 하버마스는 초기 근대자본주의의 발전이 대중토
론의 장을 독립적인 영역으로 발전시켰다고 했다. 사유재산에 의해 주어
진 경제적 자립, 편지나 소설에 의해 형성된 비판적 의견, 커피하우스나
살롱에서 이루어지는 토론, 그리고 무엇보다 시장논리에 기초를 둔 신문
의 출현이 정치적인 문제들을 비판적으로 논하는 새로운 대중을 만들어
냈고, 여기서 국가가 나아가야 할 방향을 결정하는 이성 중심의 합의과
정이 성립되었다는 것이다. 또한 이 합의의 세계를 그는 공공권이라고
불렀다.

공공권이란 여론이 형성되고 시민이 정부를 감독할 수 있는 경제력을
갖춘 것과 그 국가 사이의 공약공간이 생성됨을 의미한다. 하버마스는 이
러한 공공권의 발전을 17~19세기 전반에 이루어진 것으로 보고 있다. 그
러나 이후의 공공권은 확장된 국가와 조직화된 이해관계에 의해 지배되
었다. 그 결과 대중은 철저히 배제되었고, 미디어마저 사람들에게 활기를
부여하는 역할을 포기한 채 대중에게 침묵만을 강요하는 권력의 도구로
전락해 버렸다. 이성적이면서도 비판적인 토론을 위한 장을 제공하는 대

신 대중의 의견을 조작하기에 이르렀으며, 급기야는 정치를 하나의 구경
거리로 정의한 채 미리 짜놓은 기분 좋은 발상만을 제공함으로써 대중을
수동적인 소비자로 만들어 버린 것이다.

서구의 논의를 살펴보면 공공성 논란의 배경에는 신문 산업에 대한 불
만이 신문 자체에 대한 불신감으로 번져 결국 민주주의 사회의 후퇴요인
으로 작용할 수도 있다는 위기의식이 있음을 알 수가 있다. 이와 동시에
모든 사회적 커뮤니케이션 활동을 공공 커뮤니케이션으로 간주하여, 그
전제로 신문에 공공적 가치를 부여하는 것이 민주주의 발전과 직결된다
고 보는 사상도 추측할 수 있다. 그러나 어느 쪽이든 신문의 공공성이 강
력하게 요구되는 이유는 4백 년 역사 속에서 신문이 항상 독자와 세계를
잇는 가교로서, 혹은 사회의 열린 창이 되도록 기대되어 왔기 때문이다.

열린 창이란 신문이 진실로 독자에게 개방된 미디어로서 기능하는 것
을 의미한다. 그러나 그 같은 신문의 역할이 많은 신문인들에게 제대로 이
해되지 못했던 것이 그 존재기반을 취약하게 만든 원인이라고도 생각할
수 있을 것이다.

1993년 가을, 이른바 츠바키椿發 발언 사건이 발생했을 때 각 방송사는
구미의 예에 따라 별다른 거부감 없이 프로그램 제작의 가이드라인을 작
성했는데, 사실 이에는 심각한 문제가 있었다. 가이드라인이 프로그램 내
용의 품질관리에까지 영향을 미치자, 이것이 자신들의 손발을 묶어버리
지나 않을까 하는 의구심이 생겨났던 것이다. 그 사건의 연장선상에서 일
어난 증인소환 사태도 상당히 큰 충격을 주었다. 이 사건은 텔레비전의 공
공성에 대해 논하는 것을 가능한 한 피하려는 방향으로 수렴되어 결국은
흐지부지되고 말았지만 다른 때 같았으면 각국의 가이드라인을 기반으로
TV의 공공성에 대해 열띤 토론을 벌였을 것이다. 프로그램 제작의 가이드

라인은 품질관리의 차원에서가 아닌 TV의 자유와 책임을 확립하기 위한 것이기 때문이다. 방송관계자들이 인식하지 못하고 있다면 그 대가는 결국 대중에게 돌아온다. 때문에 TV의 공공성은 반드시 논의되어야만 할 것이다.

비슷한 일이 선행 미디어인 신문에서도 충분히 있을 수 있다. 물론 신문사업은 공공기관 사업이 아닌 사적인 사업으로서의 상품생산 활동을 하는 것이다. 그럼에도 불구하고 신문에 공공성이 요구되는 것은 사회적 가치의 창조매체로서 공익성이 매우 높다고 판단되기 때문이다. 그렇다면 당연히 신문사업은 공공의 이익과 책임을 요구받게 되는데, 이 요구를 어떻게 수용하느냐에 따라 공공 서비스 미디어로서의 자격을 가늠할 수가 있는 것이다.

민주주의적 시민사회에서 신문은 미디어로서의 주체성을 어떻게 발휘할 것이며, 공공적 가치실현에 어떻게 기여할 것인가 하는 점이 관건이다. 해묵은 것 같으면서도 늘 새로운 문제인 신문의 자유와 책임문제는 신문의 공공성과 연결지어 생각하지 않으면 안 된다. 근대혁명 당시의 투쟁의 커뮤니케이션으로 등장한 저널리즘론에 입각해서 미디어의 올바른 방향을 단순히 권력과의 대항관계로만 논하는 것은 시대에 한참 뒤떨어진 생각이라고 밖에 할 수 없을 것이다.

윤리적인 룰

직업윤리와 기업윤리

윤리란 행위의 규범이다. 어떤 행위가 선이며 악인가, 도덕적으로 옳은가 그렇지 않은가. 이 같은 문제를 생각할 때 떠오르는 것이 바로 윤리인 것이다.

아리스토텔레스*Aristoteles*는 선을 행위의 도달점인 결과에서 구했으며 칸트*Kant*는 행위의 출발점인 동기에서 구했다. 그래서 전자의 윤리는 결과주의로, 후자는 동기주의로 불린다. 막스 베버*Max Weber*의 심정윤리와 책임윤리는 그 두 가지의 윤리관을 정치영역에 적용한 것이다. 동기의 순수함을 윤리적 기준으로 하는 것을 심정윤리라고 하고, 행위가 초래한 현실적 결과에 대해 책임을 지지 않으면 안 된다는 것은 책임윤리에서 비롯되는 생각이다. 막스 베버는 바이마르 체제 하에서 그의 마지막 저서라고 할 수 있는 《직업으로서의 정치》에서 저널리스트를 위험한 직업이라고 단언했다. 그는 저널리스트를 정치적 교육자로 여겼지만, 사실 정치적 교육자로서의 저널리스트라면 정치적인 직무에 이용되는 등 갖가지 유혹이 뒤따르게 마련이다. 그러므로 저널리스트에게는 전문직으로서의 사명을 다하기 위해 현실행위에 대한 막중한 책임윤리가 부과된다.

한편 킹슬리 마틴은 자신의 저서 《신문과 대중》을 통해서 이렇게 말했다. "신문의 자유란 단순히 한 개인이 신문을 창간할 수 있는 권리만을 말하는 것이 아니며, 소유주가 뉴스나 논평을 자유롭게 게재할 수 있는 권리만을 말하는 것도 아니다. 신문기자는 자신이 알아낸 것을 대중에게 알릴 수 있는 권리와 동시에 권력입안자들 및 대중에게 정보를 성실하게 제공해 줄 것을 요구할 수 있는 권리도 가지고 있다. 이것들은 모두 신문의 자유라는 원칙에 포함되어 있으며, 올바른 조직체는 이 같은 권리를 확보하기 위해 존재한다."

신문의 윤리문제는 시대에 따라 각각 그 내용이 다르다. 막스 베버가 주시한 것은 저널리스트로서의 직업윤리였으며, 마틴은 기업윤리를 문제시했다. 최근에는 저널리즘의 질적인 면에서 신문윤리에 관한 논의가 새롭게 대두되고 있다. 신문이 만들어내는 기사내용을 제품으로 여기고 독자를 시장으로 보는 신문관이 저널리즘의 존재 자체를 변질시키고 있기 때문이다. 영국의 철학자 존 메이험*John Maharm*은 다음과 같이 언급했다.

> "저널리즘의 질이란 전달된 내용이 진실인가 아닌가로 평가되는 것이 아니라, 그것이 진실을 전달하려는 윤리에 의해 지배되고 있는가의 여부로 판단된다. 진실을 전달하기 위해서는 명확한 어휘, 탁월한 지적감각으로부터 나오는 고매한 정신, 사물을 제대로 식별할 수 있는 능력, 창조력과 왕성한 호기심 등이 요구되며, 이것들이야말로 진실을 전달하기 위한 윤리적인 룰을 구성하는 핵심요소이다. 겉으로만 내보이는 싸구려 성실성이나 인간의 창조력을 조작하는 오만한 의도는 윤리성을 철저히 배신하는 것이다. 다시 말해 저널리즘은 항상 진실을 전해야 한다는 윤리적 룰에 예속되어 있지 않으면 안 되며, 저널리즘 문화는 이 룰이 확립됨으로써, 비로소 풍족하게 구축되는 것이다."

메이험은 풍요로운 저널리즘 문화란 제공받는 쪽에 풍족한 창조력을 부여하는 문화라고 했다. 그리고 이 같은 문화를 형성하는 룰로써 저널리즘 윤리를 내세웠다. 바로 이 때 문제가 되는 것이 저널리즘의 공평·공정성이다. 신문은 사람들이 공평·공정하게 사물을 바라볼 수 있도록 적절한 자료를 제공해 주어야 한다. 따라서 사실보도에서는 진실을 구성하는 여러 가지 요소가 균형 잡힌 형태로 배치되어 있는가의 문제가 중요하다.

메이험에 의하면 저널리즘의 질적 문제는 수량화될 수 없으며 더욱이 산술적 사고방식으로는 절대로 논할 수 없는 것이다. 개개인의 해석과 가치관에 의해 일시적으로 결정될 문제이기는 하지만, 그 배후에는 무엇보다 받는 쪽의 커다란 기대가 있는 것이다. 따라서 저널리즘의 윤리문제는 저널리즘에 대한 기대의 문제와도 서로 맞물려 있다고 할 수 있을 것이다.

신문에 대한 기대와 평가

〈요미우리신문〉이 1994년 9월에 실시한 신문에 대한 전국여론조사 설문내용을 통해서도 메이험의 주장을 떠올릴 수 있다. "신문기사에 대해 불만스럽게 생각하는 것이 있으면 어떤 것이든 좋으니 자유롭게 하나만 지적해 주십시오. 그리고 앞으로 신문이 어떤 역할을 해 주기를 기대하십니까. 무엇이든 좋으니 한 가지만 말씀해 주십시오."

위와 같은 설문의 형식으로 보아 전자는 평가의 측면, 후자는 기대의 측면을 조사하려는 것으로 풀이된다. 메이험의 견해에 의하면 그 같은 설문은 현대 신문의 윤리성을 묻는 지표가 된다. 그렇다면 전자의 결과를 살펴보자.

(괄호 안의 숫자는 유효응답자 총 2천 33명 중 해당항목을 선택한 사람의 숫자)

① 형평성이 결여됐다. 일방적인 견해로 객관적이지가 못하다(37명).

② 취급방법이 편파적이다. 내용이 편파적이다(30명).

③ 글자가 작다(17명).

④ 지방기사가 적다. 지방정보가 적다(25명).

⑤ 내용이 빈약하다. 자세하지가 못하다. 정보가 부족하다(23명).

⑥ 내용이 어렵다. 너무 어려운 낱말들을 사용했다. 이해하기 힘들다(23명).

⑦ 읽기 어렵다. 제목이 부적절하다. 컬러 면이 적다(22명).

⑧ 정확하지 못하다. 진실을 제대로 전달하지 않고 있다(21명).

⑨ 표현에 과장이 많다. 대부분이 흥미 위주의 내용이다(17명).

⑩ 속보가 없다. 문제뿐이며 결과가 없다(15명).

⑪ 사생활 침해가 있다(15명).

메이험에 의하면 ①, ②, ⑤, ⑧은 신문윤리를 구성하는 요소이다. 회답자 수는 255명, 그 중 윤리를 구성하는 요소에 대한 불만회답은 134명이므로 이것을 비율로 따지면 52.5%에 해당한다.

이에 비해 기대의 측면은 다음과 같다.

① 정확하게 보도해야 한다(130명).

② 공정·공평하게 보도해야한다. 객관적이어야 한다(89명).

③ 폭넓고 정확한 정보를 제공해야 한다(54명).

④ 진실과 사실을 구별해서 보도해야 한다(49명).

⑤ 알기 쉬운 기사 및 배경의 해설을 늘려야 한다(47명).

⑥ 생활정보(복지·의료 등)를 제공해야 한다(38명).

⑦ 국민을 이끄는 역할, 대변하는 역할을 담당해야 한다(35명).

⑧ 언론의 자유와 민주주의를 수호하고 사회에 공헌해야 한다(27명).

⑨ 지역정보를 제공해야 한다(26명).

⑩ 빠르고 신속하게 보도해야 한다(25명).

이 중 윤리를 구성하는 요소인 ①, ②, ③, ④, ⑧에 해당하는 인원은 349명, 전체의 67.1%였다.

이 같은 결과를 통해 독자들이 윤리를 구성하는 사항에서 의외로 많은 불만을 가지고 있었으며, 이는 곧 신문윤리에 대한 기대감의 크기를 대변해 주는 것과 같다는 것을 알 수 있다.

그러나 이 같은 독자의 인식에 대해 현대의 신문계는 의외로 무감각하다. 1994년도에 신문주간을 맞아 윤리문제를 다루었던 것은 〈니시니혼西日本신문〉의 연재기사 조사보도 사건과, 산케이의 소극적인 사설 작성에 불과했다. 이것은 다른 미디어와의 비교를 통해 신문의 활성화를 호소하고 멀티미디어 사회에서의 신문의 위치를 논한 것이었다. 이들 보도에서 의외인 점은 21세기 신문 산업의 생존결의 표명의 성격을 내포하고 있다는 것이다. 신문이 살아갈 방법을 질적인 면에서 논하고 있지 않다는 사실에서 메이험이 말하는 신문윤리에 대한 문제의식이 매우 얕으며, 또 독자의 평가와 기대에 대해서도 무감각하다고 할 수 있을 것이다.

윤리강령의 정착

일본신문협회는 1946년 7월, 신문윤리강령을 작성했다. 그 전문은 다음과 같다.

> '일본을 민주적 평화국가로 재건하는 데 신문에 부과된 사명은 매우 중대하다. 이를 보다 신속하고 효과적으로 달성하기 위해서는 신문이 높은 윤리수준을 유지하고 직업의 권위를 지켜 그 기능을 완벽하게 발휘하지 않으면 안 된다. 이러한 자각을 토대로 각지의 민주주의적 일간 신문사는 경영의 대소에 상관없이 서로 합심해 일본신문협회를 설립했으며, 그 지도정신으로서 신문윤리강령을 제정하여 최선의 노력을 다할 것을 서약했다. 그리고 본 강령에 나타난 정신, 즉 자유·책임·공정·기품 등은 기자의 언동을 조율하는 기준이 될 뿐만 아니라 모든 신문관계자들에게도 똑같이 주장되어야 하는 것으로 믿는다.'

신문협회의 윤리강령은 다음으로 신문의 자유, 보도평론의 한계, 논평의 태도, 공정, 관용, 지도, 책임, 명예, 품격 등에 대해 구체적으로 기술했는데 그 성격은 칸트의 동기주의나 막스 베버의 책임윤리와 흡사한 것으로 구성되어 있다. 즉 동기는 민주주의적 평화국가 재건에 있으며, 나머지는 이를 위한 저널리즘 활동에 있어서의 책임으로 구성되어 있는 것이다.

한편 미국의 신문편집자협회(ASNE)의 원칙성명 전문은 '어떤 법률로부터도 침해를 받지 않는 헌법수정 제1조는 언론을 통하여 사람들에게 헌법상의 권리를 보장하고, 그럼으로써 신문관계자에게 특별한 책임을 부과하는 것이다.'라고 알리고 있다. 따라서 저널리즘은 이를 실천하는 사람들의 부단한 정진과 지식뿐만이 아니라 저널리스트 특유의 의무와 걸맞은 청렴을 요구해야 한다고 밝힌 후 책임, 언론의 자유, 독립, 진실과 정확함, 편파적이지 않을 것, 공정보도 등을 윤리기준으로 들고 있다. 특히 공정보도 부문에서는 저널리스트는 뉴스에 나오는 사람들의 권리를 존중하고 일반적인 예절의 표준을 지키며, 뉴스보도의 공정성과 정확성, 그리고 대중에 대하여 모든 책임을 다해야 한다고 밝히고 있다.

이처럼 미국의 신문편집자협회가 위와 같은 내용을 언급한 배경에는 다음과 같은 인식이 있었을 것이라고 추정된다. 독자는 우선 개인적인 즐거움을 추구하는 소비자로서, 배우자나 동거자의 행복과 건강을 책임지는 가족으로서, 시민 혹은 국가적인 전통이나 문화의 계승자로서 존재하므로 저널리즘의 질은 공공 서비스 개념의 질과 동일한 것이어야 한다는 인식이다. 따라서 즐길 수 있는 신문, 유용한 화제를 제공하는 신문, 개인의 삶과 사회를 영위하는 데 공존공영을 도모할 수 있는 신문, 그리고 무엇보다도 진실을 전하는 데 충실한 신문이 절실하다는 사고방식이 공정보도의 윤리기준을 설정하는 근거가 되었을 것이다.

미국의 경우도 그 동기는 언론의 자유를 지키기 위한 것이며, 이를 위해 책임을 부과한다는 것으로써 개개의 내용이 명시되었다. 어쨌든 일본과 미국 모두 윤리강령제정에는 매스 미디어 환경에 대한 나름대로의 자기개발이라는 사고방식이 깃들어 있는 것이다.

전술한 바와 같이 이른바 츠바키 발언 사건을 계기로 민방 각사는 방송에 있어서의 가이드라인이나 행동강령작성에 착수했다. 이 때 논의된 것 중 하나는 행동강령작성 문제가 프로그램 제작의 품질관리로 이어진다는 점이었다. 행동강령의 명문화는 저널리즘의 질을 높이는 목적을 가지고 있다. 그 목적을 향하여 발상의 전환을 해 나가지 않는 한 저널리즘의 행동강령은 기업 활동이나 저널리스트들의 손발을 묶어 버릴 수도 있다.

문제가 되는 것은 공공 미디어로서의 저널리즘 윤리사상을 어떻게 확립할 것인가 하는 점이다. 산업체와 기업, 그리고 개개인의 저널리스트들이 모여 신문윤리에 대하여 활발한 토론을 벌여 나가야 한다. 바로 거기에 미디어 관계자들의 사회적 책임이 있는 것이다. 월버 슈람 W. Schramm은 이렇게 말한다.

"매스 커뮤니케이션의 질을 책임져야 하는 사람은 과연 누구인가."

PCC 행동강령으로 보는 신문윤리강령의 현상

언론협회에 대한 불신

1989년 11월, 영국의 주요 일간지들은 다음과 같은 행동강령을 발표했다.

- 사생활을 존중한다.
- 반론기회를 마련한다.

- 신속한 정정, 오보는 눈에 띄는 즉시 정정한다.
- 기자활동은 가장 중요한 공공의 이익에만 따르며, 보도를 위한 정보는 올바른 수단으로 입수하지 않으면 안 되고, 신문은 범죄자나 그 가족에 대해 범죄사실을 이용한 금전수수 행위를 금해야 한다.
- 인종, 피부색, 종교 등에 대해서는 부적절한 언동은 피한다.

행동강령의 기초자는 〈인디펜던트〉의 주필 겸 사장인 안드레아스 윗텀 스미스*Andreas Witerm Smith*였다. 그 내용을 자세히 살펴보면 80년대 영국 신문계에 나름의 사정이 있었던 것으로 보이는데, 저널리스트 존 필거 *John Pilger*는 〈뉴 스테이츠 맨〉 1991년 11월 15일 호에서 다음과 같이 회고하고 있다.

> "독자들은 이미 현실의 뉴스나 골치 아픈 문제에 대해서는 흥미를 갖지 않는다. 독자들은 오히려 거리의 조그만 사건들에 흥미를 느끼며 TV의 비위 맞추기 프로나 팝 뮤직에 관심을 가질 뿐이다. 대중 저널리즘이 머독에 의해 이같이 정의된 후 영국의 저널리스트들은 스스로 가져야 할 이상주의나 왕성한 호기심의 표현을 포기하기에 이르렀고 결국 남은 것은 값싼 풍자뿐이었다. 이런 상황은 저널리스트에게 기교나 품위 없는 견해만을 요구했다. 그러나 이러한 저널리즘의 현실에 대해 당시의 영국 언론협회는 아무런 역할도 하지 못했다."

필거는 대중 저널리즘과 언론협회에 대해 커다란 절망과 불신을 느끼게 되었으며 결국은 그러한 것들이 신문과 방송의 자유를 지키려는 시민운동단체(CPBF)를 움직이기 시작했다. CPBF는 1987년 미디어 선언을 발표하면서부터 신문정화운동을 추진했다. 그러나 의회는 이 같은 시민의 움직임을 무시했다. 게다가 보수파 의원들은 공공의 이익을 위해 사생활 및 반론권을 입법화함과 동시에 법적제재를 강요할 수 있는 법정 언론평의회를 설치해야 한다고 주장하면서 사생활 보호와 반론권에 관한 법안을 하원위원회 심의에 회부했다.

앞에서 소개한 영국의 주요 일간지의 행동강령은 의회의 움직임에 위기감을 느낀 전국 각지의 편집장들이 자율규제의 일환으로 채택한 것이다. 그들의 생각은 이렇다.

"우리들은 의회 및 대중의 비판을 충분히 고려한 결과, 자율규제의 방법을 개선할 필요가 있음을 인정한다. 따라서 오늘 만장일치로 공동의 행동강령을 제정하여 관권지배의 위험으로부터 언론의 독립을 관철해 나갈 것을 선언하는 바이다."

사태가 이렇게 되고 보니 비판의 대상이 되었던 언론협회도 무엇인가 움직임을 보이지 않을 수 없었다. 그 결과물이 1989년 12월에 발표된 다음의 행동강령이었다.

- 신문은 부정확한 내용이나 발언을 고의로, 또는 무작정 게재해서는 안 된다. 필요한 경우 사과문과 함께 정정기사를 발표해야 한다.
- 개인이나 단체가 부당하게 공격을 받았을 경우 공정한 반론의 기회를 부여하는 것은 신문의 기본의무이다.
- 사생활 권리를 상회하는 공공의 이익이 없는 한 개인의 사생활 관련 정보를 게재해서는 안 된다.
- 신문은 코멘트나 추측을 사실로 표명해서는 안 되며, 그것들과 사실을 분명히 구별하지 않으면 안 된다.
- 신문 및 기자는 정보나 사진을 정당한 방법으로 입수하지 않으면 안

된다. 다만 예외적으로 그것이 공공의 이익을 위해 꼭 필요한 경우 다른 방법으로는 도저히 입수 불가능할 때만 비로소 정당화된다.

- 기사나 사진, 정보를 입수하기 위해 현재 진행 중인 형사사건의 증인 또는 잠재적 증인 및 범죄인과 그 협력자들에게 금전을 지불하거나 지불약속을 해서는 안 된다.
- 저널리스트는 정보원을 보호해야 할 직업적 의무를 갖는다.
- 신문은 유죄를 선고받았거나 범죄혐의를 받고 있는 인물의 친족과는 일체 접촉해서는 안 된다.
- 저널리스트는 부모 또는 책임을 질 만한 보호자의 승낙 없이는 유아 와 인터뷰를 해서는 안 된다.
- 공공의 이익이 되는 경우를 제외하고 신문은 성적범죄와 관련이 있는 피해자, 목격자, 용의자로서의 어린이의 이름을 명시해서는 안 된다.
- 신문은 강간 피해자를 공표하거나 피해자로 추정될 만한 자료를 게 재해서는 안 된다.
- 공공의 이익이 아닌 한 신문은 사람들의 비난을 야기할 만한 사진을 게재해서는 안 된다.
- 신문은 인종이나 피부색 때문에 차별을 조장하는 자료를 게재해서는 안 되며, 또한 편견을 유발할 만한 내용을 언급해서도 안 된다.
- 저널리스트는 암거래를 해서는 안 된다.
- 저널리스트는 병원 또는 비슷한 장소에 들어갈 때 변장을 해서는 안 된다.

언론협회가 이 같은 행동강령을 발표하면서 자신들의 입장을 정리하고 있었는데도 정부는 기존협회의 구조와 기능만을 개편하는 쪽으로 일을 추진했다. 그 결과 데이비드 칼커트*David Kalkert*를 의장으로 하는 전문 위원회가 의회 안에 설치되었고 그 위임사항은 다음과 같았다.

일부 언론의 개인 사생활 침범에 대한 대중의 관심이 최근 고조되고 있는 것과 관련하여 명예훼손 및 비밀누설에 관한 법률을 포함한 현행 구제방법을 고려함과 동시에 언론활동에서 개인의 사생활을 보다 더 완벽하게 보호하고 시민의 사생활에 대한 보상청구권을 개선하는 데 필요한 수단(법제정이냐 아니면 다른 방법이냐)을 검토·권고한다.

칼커트 위원회는 1990년 6월, 의회에 제출한 보고서를 통해 재정기관으로서의 역할을 다하지 못하고 있는 기존의 언론협회 대신 언론불만처리위원회(PCC)의 설치를 권고했다. 이 권고에 따라 영국에서는 1991년부터 PCC가 새롭게 발족되어 활동을 개시하게 되었다. 그렇다면 이렇게 되기까지 어떤 과정을 거쳤을까. 이에 대해 서술하기 전에 먼저 영국 신문윤리의 변천과정을 대략 살펴보겠다.

행동강령의 유래

영국의 신문윤리와 관련된 최초의 문헌은 1732년에 발행된《신문의 자유실천과 신문인의 교리》(저자 불명)다. 1799년에는 〈제너럴 이브닝 포스트*General Evening Post*〉의 편집장인 스티븐 존스의 《신문의 정신》이 간행되었다. 그리고 1835년에는 〈먼스리 리포지토리〉의 편집장 윌리엄 존슨 폭스에 의해 〈신문 도덕론〉이 발표되었다. 이 같은 문헌은 19세기 후반부터 20세기에 걸쳐 수없이 출판되었지만 행동강령이라는 형태로 신문윤리가 논의된 것은 1936년 전국 저널리스트 조합(NUJ—1907년 영국 노동조합회의의 지부로 발족하여 현재는 독립된 전국 저널리스트 조합이 되어 있다)이 발표한 〈전문직 행동규약〉에 의해서이다. 그 내용은 다음과 같다.

- 저널리스트는 최고의 직업적·윤리적 기준을 유지해야 할 의무를 갖는다.
- 저널리스트는 정보수집, 논평, 비판의 표현에 관해 언론과 기타 미디어의 자유원칙을 옹호해야 한다.
- 저널리스트는 자신이 보도하는 정보가 공정한 것이라는 사실을 확실시 하도록 노력해야 하며, 코멘트나 억측을 사실로 표현한다거나 기존 사실을 왜곡하는 일은 피해야 한다.
- 저널리스트는 해를 끼칠 만한 부정확한 기사를 신속하게 정정하며, 그 정정기사와 사과문이 눈에 띄는 형태로 행해지는 것을 확인해야 하고, 중요한 문제일 경우에는 지탄을 받은 사람들에게 반론할 기회를 주어야 한다.
- 저널리스트는 정보, 사진, 삽화 등을 정당한 방법으로 획득해야 한다. 기타 수단으로 사용할 때는 대중의 이익이 최우선 될 경우에만 정당화된다. 저널리스트는 이 같은 수단을 사용함에 있어 개인적인 양심에 따라 반대를 주장할 권리를 갖는다.
- 저널리스트는 대중의 이익을 최우선시 함으로써 정당성을 획득하게 되더라도 개인적인 괴로움이나 슬픔에는 관여하면 안 된다.
- 저널리스트는 정보원의 비밀을 지켜야 한다.
- 저널리스트는 자신의 직업적인 의무를 수행하는 데 영향을 미칠 만한 뇌물이나 사례금을 받아서는 안 된다.
- 저널리스트는 선전이나 기타의 사유로 인해 자신의 의견을 굽히거나 진실을 왜곡해서는 안 된다.
- 저널리스트는 인종, 피부색, 사상, 신념, 성에 대한 차별을 조장할 수 있는 자료를 가공하거나 조작해서는 안 된다.

- 저널리스트는 업무중에 얻은 정보를 대중에게 알리기 전에 개인적인 이익을 위해 사용해서는 안 된다.
- 저널리스트는 자신의 업무나 자신이 고용되어 있는 미디어의 발전을 위한 것이 아니면 어떠한 상품과 서비스에 대해서도 광고 형태를 띤 칭찬을 해서는 안 된다.
- 저널리스트는 사실 왜곡, 뉴스의 억압, 검열을 제거하는 데 노력해야 한다.

NUJ의 행동강령은 80년대 말의 신문인들의 행동강령이나 언론협회의 그것과 거의 비슷한 내용이다. 바꿔 말한다면 현대 영국의 신문계가 당면한 저널리즘 문제는 전쟁 전부터 계속되어 온 것이라는 점이다. 이 같은 사실은 언론협회의 창설경위에서도 찾아 볼 수 있다.

영국에서는 전쟁의 전후에 걸쳐 신문기업의 거대화가 진행되었으며 이에 따라 신문소유권의 집중화 현상이 일어났으며 그것은 곧 언론보도의 과점화·독점화로 이어졌다. 이것을 신문의 위기로 본 애틀리*Clement Attle* 노동당 내각은 1947년 신문을 통한 자유로운 발표를 촉진시키고 뉴스의 정확함을 기하기 위해 신문, 정기간행물, 신문통신사의 경영관리소유조항, 재정적 기구, 경영의 독점적 경향에 대해 철저히 조사하고 그 결과에 따라 권고할 수 있도록 한다는 명목을 내세워 언론관련 왕립위원회를 설립했다. 그리고 이 위원회의 권고에 따라 1949년 신문윤리의 자주적 재정기관으로서 언론협회가 조직화된 것이다.

당시의 언론협회에 기대했던 바는 사생활 침해방지와 정정기사 및 사과문을 위한 지면제공, 직업수준에 따른 행동강령제정, 그리고 신문기자의 직업훈련 등이 있었다. 그러나 1962년 제2차 왕립위원회는 언론협회가 그 기능을 충분히 발휘하지 못한다고 보고 조직개편을 촉구했는데, 협회 측은 이를 받아들여 협회의 역할을 다음과 같이 재확인했다.

- 영국신문의 확립된 자유를 유지한다.
- 최고의 직업적·상업적 기준에 따라 영국신문의 명맥을 유지한다.
- 독자가 품고 있는 신문에 대한 불만이나, 개인·단체의 행동에 대해 신문이 가지고 있는 불만을 심사하고 협회가 어떤 행동을 취했나를 기록한다.
- 대중이 흥미를 느끼고 있는 중요한 정보 제공을 제한하는 여러 가지 상황을 끊임없이 관찰한다.
- 신문소유를 집중화·독점화로 이끄는 것들을 공표하고 이에 관한 통계적인 정보를 발표한다.
- 정부 및 국제연합에 소속된 기관, 해외 여러 단체에 제안을 행한다.
- 정기적인 보고서를 발행함과 동시에 신문에 미치는 새로운 사실과 그것에 영향을 주는 요인을 비판한다.

이 같은 확인에도 불구하고 언론협회의 기능은 제대로 발휘되지 않았다. 그리하여 제3차 왕립위원회는 1977년 보고서를 통해 언론협회에 대한 사회적인 평가는 매우 심각하며, 대중이나 잠재적 불만 토로자의 입장에서서 그 존재를 살리기 위한 노력의 요구가 높아가고 있다고 밝혔다.

그러나 개선의 조짐은 보이지 않았다. 언론협회에 불만을 호소해도 이를 취급하는 경우는 매우 적었으며 결론이 나오기까지는 매우 긴 시간이 소요됐다. 앞에서 언급한 시민단체(CPBF)는 지금의 언론협회는 이빠진 호랑이와 비슷하다고 풍자하면서 공공의 이익을 위해 매스 미디어에 접근하고, 신문평의회의 존재가치를 재검토하여 반론권확립운동을 일으키자는 방침을 내세우기도 했다. 결국 언론협회는 정부, 의회, 시민들의 강한 불신감 속에서 언론불만처리위원회(PCC)로 개편되고 말았다.

PCC를 발족할 즈음 의회는 활동기능을 충분히 발휘할 수 있도록 일단 18개월간의 유예기간을 주는 대신 18개월이 지난 후에 운영상황을 점검해 봤을 때도 여전히 실효를 거두지 못하고 있다고 판단되면 더 이상 신문계의 자율규제에 맡기지 않고 새로운 법을 제정하여 불만처리심판소를 설치, 보도규제를 실시하겠다는 단서를 붙였다.

1995년 3월까지도 불만처리중재소가 설치되었다는 소식은 없었다. 그러나 근래 발생한 대중 저널리즘의 상식을 초월하는 수많은 사생활침해 사건으로 인해 다시금 자율규제 기관의 기능에 대한 의문이 제기되고 있다. 그러나 역사적 경과를 거쳐 성립된 PCC는 그 불만처리의 순서나 방법, 그리고 행동강령에 따른 언론내부 및 독자에 대한 침투, 제3기관으로서의 조직의 유연함 등 주목할 만한 선례를 많이 만들어 왔다. 행동강령은 신문이나 잡지가 사회에 약속한 것을 명백히 함과 동시에 그 약속을 깨뜨리고 있지는 않은가를 점검하도록 되어 있다. 불만처리는 우선 해당 신문이나 잡지의 편집장 책임 하에 신속히 행하되, 문제발생시 처리 및 판단은 전적으로 PCC가 책임을 지며 언론은 그 권위를 지키는 것이다.

국민문화성이 의회에 제출한 언론을 규제하는 사생활보호법안은 1993년에 그 내용이 공표되어 각계의 의견을 수렴한 바 있었고 영국의 신문윤리 문제는 정부, 의회, 미디어, 시민들 간의 긴장관계를 조성함으로써 예측 불허의 상황이 되었다. 어느 시대를 불문하고 신문의 윤리문제는 시민의 불신감을 배경으로 한 권력의 개입이라는 사태를 초래하게 되는 것이다.

신문의 윤리·책임 시스템과 과제

미디어 윤리가 논의되는 이유

제2차 세계대전 후의 일본신문은 영미의 민주주의와 언론자유의 이념에 입각하여 50년 동안 꾸준한 언론보도 활동을 해왔다. 그 기간을 거치면서 언론자유의 원칙에는 사회에 대한 큰 책임도 함께 포함되어 있다는 인식이 차츰 확실해졌다. 자신의 자유를 자의로 행사하는 것이 아니라, 사회의 다양한 의견과 정보를 공정하게 받아들여 전달하고 국가권력을 감시하며 사람들의 권리와 이익을 옹호하는 일이 바로 신문의 책무라는 사실을 인식하고 공유하는 것이다. 이 같은 이념이 뿌리내리게 된 배경에는 1949년 언론자유위원회가 제출한 〈언론의 사회적 책임론〉이 있다는 것을 잊어서는 안 된다. 위원회측은 신문이 사회적 책임을 다하기 위해 법적으로 보장되어 있는 언론의 자유와 윤리적인 보장 및 규제를 스스로에게 부과해야 한다고 주장했다.

1946년에 제정된 〈신문윤리강령〉은 허친스 위원회의 보고서가 발표되기 이전부터 작성되어 있었으며, 신문의 책임과 사명을 구체적으로 사회에 천명한 것으로서 아직까지도 정신적 지주의 역할을 한다. 반세기도 넘은 세월이 흐른 지금, 윤리규정의 일부 혹은 전부가 공문화된 인식, 혹은 시대상황에 적합하지 못하다는 견해를 내세우고자 한다면 그것은 매우 표면적인 관찰결과에 불과한 것이다.

그렇다면 오늘날 왜 신문 미디어의 윤리에 대한 논의가 일고 있는 것일까. 이것은 장기적 관점에서 보면 신문을 둘러싼 사회 환경과 미디어 환경의 변화 및 그에 수반되는 신문기능의 변화 때문이며, 단기적 상황에서 본다면 80년대 이후의 신문보도 시스템과 스타일이 독자의 거센 비판과 불신을 초래할 정도로 많은 문제점을 노출시켰기 때문이다.

이를테면 80년대에는 신문의 사건·사고·범죄보도가 사람들의 명예, 사생활, 인권 등을 위협하거나 침해함으로써 비판의 대상이 되었었다. 또 90년대로 들어서면서부터는 제1장에서 서술한 대로 1955년 체제붕괴 전후부터 정치보도 시스템이 동향을 정확하게 포착할 수 없게 되어 버렸다는 이유로 책임추궁을 받게 되었다. 그 와중에 전국의 유력지들이 잇달아 오보와 허위보도를 일삼아 독자들의 불신은 더욱 가중된 것이다.

1989년 신문협회연구소가 실시한 신문기자 설문조사를 보면 독자들이 품고 있는 신문비판을 기자들이 어떻게 받아들이고 있는지를 알 수가 있다. 여기 설정되어 있는 신문비판과 각각의 항목에 동의한 기자의 비율은 다음과 같다.

① 중요한 사실을 쓰지 않을 때가 있다(36.1%).

② 사실보도와 주관적인 의견이 혼재한다(22.9%).

③ 발표기사가 너무 많다(69.7%).

④ 보도가 대체적으로 일회성이다(66.8%).

⑤ 건설적인 제안이 없다(30.5%).

⑥ 문제를 파고 들어간 기사가 적고 표면적이다(48.7%).

⑦ 출처가 명확하지 않은 기사가 많다(17.6%).

⑧ 취재원과의 유착이 눈에 띈다(32.9%).

⑨ 인권을 무시한 기사가 적지 않다(19.1%).

⑩ 획일적이면서도 나열식의 기사가 많다(68.5%).

⑪ 비판정신이 약하다(40.6%).

또한 신문협회연구소의 연구원이 각 신문의 비평란을 분석한 결과를 보면, 1992년 1월~1994년 2월 중의 정치보도에 대한 비판을 첫째, 사태나 사건의 윤곽만을 제시했다는 점에서, 둘째 배후의 파악이나 정확성이 부족하다는 점에서, 셋째 기사구성이나 기사의 색깔에 대해서, 넷째 독자와 국민에 대한 폭넓은 시각이 결여되었다는 점에서 언급했다.

이 같은 지적 및 비판이 시사하는 상황을 단적으로 표현한다면, 독자가 신문의 취재보도 시스템과 스타일의 유효성에 의구심을 품기 시작했으며, 그 자체를 비판함과 동시에 그를 성립시키는 미디어의 윤리성을 문제삼는 것이라고 할 수 있다.

물론 독자의 보도비판이나 불만에 대해 신문이 마냥 속수무책이었던 것만은 아니다. 지금까지의 전국지와 지방지 중 〈취재보도기준〉이라는 룰 북을 새로 작성하거나 개정한 회사가 적지 않다. 또 80년대에는 사건·범죄보도의 수법이 현저하게 개선되었다. 사건에 관계된 사람들의 이름을 공표하면서 피의자든 피해자든 익명을 쓰는 경우가 늘어난 것이다. 피의자의 실명을 공개하는 경우에도 용의자라는 편의상의 호칭을 붙이는 일이 공통의 룰이 되었다. 주소나 귀속집단도 간략히 표기되고 생략되는 경향이 주를 이루게 되었다. 실증적인 데이터는 많지 않지만 과거의 범죄·사건·사고가 기사로서 가치가 없을 경우에는 취급하지 않는 비율도 높아졌다. 또한 보도를 잘못했거나 과실이 발생한 문제에 대해 윤리적인 대책을 강구하는 미디어도 늘어나고 있다. 잘못된 기사를 신속하게 정정한다거나 독자의 불만에 귀를 기울이는 조직을 설치하는 것 등이 그 대표적인 사례이다.

미디어 윤리에 내포된 다면적인 관념

　미디어 윤리는 구체적으로 어떤 관념과 문제를 내포하고 있을까. 이미 예시한 바와 같은 대책이나 조치는 미디어가 자주적으로 규정한 윤리규제이다. 또한 취재보도의 룰 북도 자율규제체제 중의 하나이다. 그렇다면 각 신문사가 협의 끝에 일시적으로, 혹은 제도화하여 맺은 보도협정에도 미디어의 윤리범주에 넣을 수 있는 것이 존재할 것이다.

　한편 저널리스트에게 강력하게 요구되어 온 정보원의 비밀유지는 직업윤리 중에서도 더욱 중요한 윤리규범으로 자리 잡았다. 그리고 신문기자가 반드시 지켜야 할 윤리는 이뿐만이 아니다. 정보원과의 유착행위-정보원에게서 선물을 받거나 초대를 받는 등, 이권행위에 관련된-를 거부하는 것 또한 당연히 신문기자의 직업윤리에 포함된다. 미국의 저널리즘에서 말하는 이익의 접촉과 관련된 윤리는 일본 뉴스 미디어의 경우에는 규정도 없고 윤리적으로 성숙되어 있지도 않다. 그러나 기자활동을 통해 스스로 몸에 붙인 관행, 혹은 지혜로써 이미 규범화되어 있다.

　각 신문사의 편집강령 및 편집방침에서 윤리적 규범을 찾아 낼 수는 없을까. 진실을 보도하는 일, 공정한 태도를 유지하는 일, 품위와 책임을 중요시 여기는 일 등은 신문윤리의 기본에 속하는 규범과도 같다. 더 이상 장황하게 거론할 필요도 없이 신문윤리는 조직체의 윤리와 저널리스트의 윤리, 취재의 윤리와 보도의 윤리, 그리고 자율규제의 윤리라는 다면적인 관념으로 이해하지 않으면 안 된다. 정보원으로부터의 뇌물은 일절 받지 말아야 한다는 것은 취재과정에서의 직업윤리임과 동시에 정보원을 제3자에게 노출시켜서는 안 된다는 보도과정에서의 기자의 권리를 윤리적인 측면에서 보장하는 것이다. 그리고 인명존중을 위해서 취재를 자숙한다는 협정은 취재과정에서의 조직의 윤리며 범죄 피의자의 성명을 실명으로 보도하지 않는다는 것은 보도에 있어서의 조직의 윤리다.

미디어 윤리란 때로는 보장으로, 때로는 규제의 형태로 그 기준이 된다. 좀더 구체적으로 살펴보자면, 보도가 될 것으로 기대했는데 보도가 되지 않은 경우, 잘못이 없다고 확신했는데 결국은 오보로 드러난 경우, 작위적으로 스스로가 정한 윤리규범을 깨뜨리고 보도해 버린 경우 등, 그 결과에 대한 책임소재를 명백히 하기 위해 취하는 대응조치, 제도, 시스템도 당연히 미디어의 윤리범주에 속하는 기능이다.

진실을 밝혀야 한다는 확신으로 보도한 정보가 많은 사람들을 정치 · 경제 · 사회적으로 불리한 입장에 빠뜨려 버리는 것은 명예훼손과 인권침해에 해당하는 사례로서 실제로 벌어질 수도 있는 일이다. 이 같은 상황에서 과연 미디어는 어떻게 대응할 것이며 또 어떻게 책임을 질 것인가의 문제 또한 윤리적인 과제가 아닐 수 없다.

미디어 혹은 저널리스트 개개인의 윤리를 판단하는 기준은 무엇일까. 이것은 보도내용이 얼마나 독자의 신뢰와 지지를 받았는지에 달려 있다고 하지 않을 수 없다. 다시 말해 신문윤리의 중심에 위치하고 있는 것은 어떻게 보도하면 독자의 신뢰를 얻을 수 있는가라는 물음에서부터 비롯되는 것이다.

명시되어야 할 저널리스트의 직업윤리

지금까지 살펴본 바와 같이 미디어 윤리는 다면적인 내용을 포함하는 것과 동시에 이와 관련된 윤리문제가 무한정으로 발생한다. 명예나 사생활이라는 인권의 이익과 권리를 존중하는 사건 · 범죄보도에 있어서 윤리를 실현하는 것만이 중심 과제가 아님은 명백하다. 즉 신문 활동의 총체가 사회(독자−대중)와의 관계성 속에서 다양한 윤리적 문제를 야기하고 있다고 보아야 할 것이다.

　미디어가 윤리문제의 대응을 지금까지 어떻게 논의해 왔는가를 돌이켜 보면, 저널리스트 개개인의 직업윤리에 갖가지 사고방식이 나타나고 있음을 알 수 있다. 그 중 하나는 취재·보도과정에서 생각할 수 있는 윤리문제를 구체화시킨 다음 행동기준을 설정하는 과정을 통해 기자윤리의 정착을 도모한다는 방식이다. 이것은 지금도 미디어 내부에서 발언권을 가지고 계속해서 부상하고 있으며 그 행동기준은 모든 뉴스 미디어의 기자가 규범으로 삼을 만한 기준으로서, 개별 신문사 내의 룰이나 취업규칙까지 포함하는 것은 아니다. 그러나 위의 문제에 대해서는 각 신문사가 취재활동 지침을 설정해 놓고 그를 기준으로 바람직한 행동·태도와 그렇지 않은 것을 분명히 구분해 둔 채 모든 업무를 그 기준에만 맞추려고 한다는 비판이 있다. 더불어 표준적인 행동기준을 설정해 놓아도 취급해야 할 사회문제와 사건의 양상은 상황에 따라 제각각 다르기 때문에 실제로는 아무 소용이 없다는 견해도 있다. 무엇보다도 신문기자의 행동기준이 정해지면 미디어 이외의 사회세력이 그것을 이용하거나 방패로 삼아 기자의 취재활동을 규제할 우려가 있다는 지적도 쉽게 지나칠 수 없다. 따라서 이 같은 비판이나 의혹은 앞으로도 상당한 문제를 불러일으킬 것으로 생각된다.

　기자윤리는 자신의 기사를 읽는 독자에 대하여 책임을 다하는 것에 의의가 있는 것이다. 따라서 행동기준의 책정이 독자를 향한 확실한 진전이라는 인식에서의 노력과 논의라면 얼마든지 전개되어도 좋을 것이다. 적어도 기자의 윤리의식이 강하게 요청되고 있다는 것을 자성한다면 그 자성의 결과를 어떤 형태로든 사회에 제시해야 할 것이다.

　저널리스트의 직업윤리를 천명하는 일이 곤란해졌다거나 그 윤리기준의 실효성에 대해 강한 의문이 제기된다면 신문은 뉴스 미디어의 윤리기준을 다시금 정비해야 한다. 실제로 신문사들은 윤리기준을 명시하든 그렇지 않든 간에 그와 비슷한 강령·기준·룰을 체계적으로 작성하거나 명문화하고 있는 것이 사실이다. 따라서 그 윤리기준을 기자들의 취재에 적용하고 동시에 독자에 대한 미디어의 책임을 명시한 윤리강령을 제정하는 것은 불가능한 일이 아닐 것이다. 또 신문윤리강령의 유효성이 아직 상실되지는 않았다 해도 시대에 적합한 새로운 윤리로 개정하는 것은 충분히 논의의 대상이 될 수 있지 않겠는가.

개정 시비를 벌이는 것, 개정작업에 착수하면 가능한 그 작업과정을 독자에게 공개하는 것의 과정은 신문이 사회에 대한 미디어 책임을 명확히 하는 절호의 기회가 될 것이다. 다시 말해 미디어의 활동을 미디어 스스로가 독자와 함께 조직윤리의 관점에서 점검하는 시스템이 필요한 것이다. 이것은 이미 많은 신문사에서 개별적으로 행하고 있는 지면심사 시스템이나 모니터 제도, 그리고 독자를 참여시키는 지면심의제도를 통상적·유기적으로 연관시키는 것과 같다.

시스템화·일체화의 필요성

일본의 각 신문사의 기사심사 실태를 살펴보면, 심사기구를 갖고 있는 협회가맹신문사는 총 50개 이상이나 된다. 여기서는 주로 기사내용의 정확도나 가치판단의 적부, 인권지면의 품위 등에 대한 배려, 다른 신문과 비교한 보도 속도와 내용, 정리가 잘 되어 있는지와 내용이 적절한지의 여부, 용어나 숫자의 정확도, 문장표현의 수준, 기획기사나 사진의 적부, 인쇄의 선명도 등을 다루고 있다. 심사결과는 구두와 문서를 병행하여 전달하는 회사가 대부분이며, 구두의 경우는 편집국 부장회의의 석상에서 전달된다. 또한 각사의 지면심사 담당자들이 업무의 효과를 높이기 위한 방안으로 전문 심사기관이나 책임자의 배치하거나 현장을 철저히 파악하기 위한 심사보 발행 등을 기획하기도 한다.

그러나 사실 지면심사를 전담하는 직원을 한 명 이상 두는 회사는 매우 적으며, 대부분의 지방지는 편집국의 편집/교정/교열 직원이 겸임하고 있는 실정이다. 물론 독자의 신뢰를 획득하기 위한 지면심사라는 윤리의식을 가지고 있는 미디어가 아주 없는 것은 아니다. 그러나 현행의 심사체제나 내용으로 추측해 보건대 기사심사를 독자에게 맡기는 것이 윤리적인 대응의 방편이라고만 보기에는 무리가 있다. 자사의 지면을 경쟁사의 지면과 비교·검토하여 우열을 판정하거나 지면의 수준을 유지 관리하기 위한 조언기능을 위주로 하고 있는 것이 사실이기 때문이다. 한마디로 독자와의 관계를 소홀히 생각하는 발상인 것이다.

그러나 지금까지 살펴본 바와 같이 신문사가 조직 내에 윤리책임을 다할 수 있는 제도나 기구를 아예 가지고 있지 않다는 것은 아니다. 다만 그들이 개별적으로 적용하거나 기능을 충분히 발휘하지 못하고 있는 등, 신문기자의 의식과 행동에 적절히 대응하지 못하고 있다는 오점이 큰 것이다. 그리고 미디어 윤리를 추진하는 가장 손쉬운 방법은 현존하는 제도나 기준 등을 되새겨 보면서 궁극적으로 시스템화 즉 일체화를 도모하는 데 있을 것이다.

자율규제 시스템을 위한 조건정비

한편 미디어 내부에서 신문윤리를 실현하기 위해 실천적 대안을 제시하기에는 한계가 있다고 보는 견해도 적지 않다. 이것은 뉴스 미디어 조직의 자기완결성과 비공개성이 내부적인 각종 윤리책임 시스템에 의한 윤리의 실현, 윤리문제의 해결을 저해하고 있다는 인식에서 비롯된 것이다. 알려진 바와 같이 그러한 견해는 기자 자신은 물론이거니와 미디어에 적극적으로 관여하려는 독자, 미디어와 어쩔 수 없이 관계를 맺게 된 독자 사이에서 점차 그 비중이 높아지고 있다. 이것이 독자(제3자)를 포함한 자율규제기관의 설치를 요구하는 목소리와 직결되어 있음은 두말할 필요도 없다.

언론협회 혹은 프레스 옴부즈맨이라는 윤리규제 제도가 바로 그것이다. 여기서 이들의 자율규제 시스템 내용을 일일이 열거할 필요는 없을 것이다. 왜냐하면 간단히 언론협회라고 해도 그 운영형태나 문제처리 방법은 가지각색이며 또한 일원적으로 파악하기도 힘들기 때문이다. 다만 미디어의 윤리문제―미디어에 의한 인권침해의 구제문제―를 법적인 절차에 의지하지 않고 해결하는 것이 목적인 자율규제 제도를 만들기 위해 실현성이 논의되고 있다는 것만으로도 설명은 충분할 것이다. 유의해야 할 것은 어떤 형태의 처리 시스템을 운용하더라도 언론협회는 윤리문제를 판단·처리하기 위한 지침으로서의 윤리기준이 없이는 기능하지 못한다는 사실이다. 그리고 미디어 스스로가 적극적으로 설치를 원하지 않는 한 이것은 결코 이루어 질 수 없다는 것도 확실하다.

이 같은 제도를 일부 독자―대중들은 강렬하게 소망하고 있다. 그러나 널리 알려진 바와 같이 미디어 내부에서는 이것에 대한 소극적인 의견과 짙은 경계심을 가지고 있다. 이를테면 신문 옴부즈맨제도에 대한 사고방식은 구미적인 것이며 시기상조인 것으로 생각한다. 우선 각사가 충실한 사내체제를 확립하는 것이 선결과제이다. 구미에서는 한 사람 내지 소수의 옴부즈맨이 커다란 권한을 갖는 경우가 많은데 반해 일본에서는 문제에 따라 법무사, 편집간부, 기사심사담당자 등이 조직적(합의적)으로 대응하는 것이 더 적합하지 않은가라고 생각하고 있다. 옴부즈맨의 권한과 편집부 사이에는 복잡한 문제가 얽혀 있다. 하지만 이를 어떻게 조정할 것인가에 대한 구체적인 연구 단계조차 구상되고 있지는 않다. 적임자만 있으면 도입을 적극 검토하겠지만 아직 사람이 없다는 소극적인 의견이 지배적이다.

매스컴의 감시가 엄격해지는 가운데 이에 대한 저널리즘의 대응 차원에서 옴부즈맨을 환영하고 싶다. 이에 대해서는 바람직한 일이며 언젠가 도입을 검토해야 하는 것이라는 찬성론도 있었다. 이 같은 의견을 놓고 다시 한 번 언론협회와 프레스 옴부즈맨제도에 대한 논의를 점검해 보면, 제시된 논점이나 지적된 문제에 대해서는 변화가 거의 없음을 알 수가 있다. 그러나 사실 미디어 내부에서는 이 문제에 대한 의견조차 자유롭게 교환된 일이 없었다. 미디어의 자율규제 시스템을 알고 있으면서도 한편으로는 그것이 미디어의 자유를 위협하는 시스템으로 작용하게 되는 것은 아닌가라는 의구심 때문에 공개적인 논의를 거부해 왔던 것이다.

자율규제 제도를 바라는 독자－대중과 그것이 스스로의 자유를 규제하는 제도로 작용하는 것을 두려워하는 미디어, 이 같은 구도는 앞으로 언제까지 계속될 것인가. 논의를 보다 심화시키기 위해 미디어와 독자가 미디어 윤리에 대한 공통된 의견을 모아 대화해 나갈 수 있는 상황은 도래하지 않을 것인가.

아마도 멀지 않은 장래에 그 같은 환경은 조성될 것이다. 비록 신문이 현상유지를 강력하게 희망하더라도 갈수록 사회는 윤리의 실현을 기대하게 될 것이다. 따라서 언론협회, 프레스 옴부즈맨에게는 단순히 인권침해 구제기능 뿐만이 아니라 오보나 허위보도를 일삼는 미디어 조직의 내부 요인 조사나 신문기사의 정확성, 공평성에 대한 불만 등 저널리즘 활동 전반에 걸친 감시기능이 요청된다.

앞으로의 사회는 언론협회 등에게 전적인 책임이 부여되는 것까지는 바라지 않더라도, 최소한 신문만큼은 좀더 가까이 접근하여 감시하고, 가능하면 이의신청까지 할 수 있을 만한 타당한 회로를 갖출 수 있기를 바라고 있다. 독자-대중의 요구를 알아내 거기에 적절히 대응할 수 있는 체제를 정비하는 것이 미디어의 윤리적 책무인 것이다.

프랑스의 커뮤니케이션 연구가 벨트랑 *J.C Beltran*은 언론협회와 같이 미디어의 질을 높이기 위한 독자-대중의 운동체를 구상하여 이것을 MAS(Media Accountability System)라고 이름 붙였다. 언론협회 역시 아직 제도화되지는 않았지만 사회적으로 작동하고 있는 네트워크 시스템 중에 하나다. 벨트랑의 MAS는 독자-대중이 미디어를 발전시키기 위해 무엇을 할 수 있는지를 생각한 끝에 구상된 것이지만, 일본의 독자-대중 쪽에서도 그 같은 발상이 이루어지지 말란 법은 없다.

미디어는 차츰 독자와의 관계를 중요시하는 자세를 보이고 있다. 이를 다시 한 번 강조하면서 당면과제로 짚고 넘어가야 할 부분을 간추려 본다면, 독자의 접근의식을 세세하게 포착하여 독자 정책을 재정립해야 한다는 것이다. 또한 사회가 미디어에 대한 감시 시스템을 구축하려 할 경우, 미디어는 이와 호응할 수 있는 체제를 갖추어 놓아야 한다. 이것은 분명 미디어의 윤리를 실현시킬 만한 확실한 자세가 될 것이며, 동시에 21세기의 신문이 살아남을 수 있는 발판이 될 것이다.

변화의 시대, 신문은 어떻게 살아남을 것인가

신문구독률과 열독률이 날이 갈수록 곤두박질치고 있다, 신문이 가지는 매체로서의 변별력이 줄어들고 있다, 신문 컨텐츠의 질에 대한 독자의 신뢰에 금이 가고 있다, 아니 신문 자체의 존폐가 위협 받고 있다….

지금 신문을 둘러싼 온갖 우려들이 봇물처럼 쏟아지고 있는 실정이다. 지금 이 시점에서 우리가 다시 돌아봐야 할 것은 '가장 권위 있고 신뢰성 있는 속보성 인쇄매체로서 독보적인 위치를 점하고 있던 신문이 오늘날 겪고 있는 이 급격한 변화의 본질은 무엇인가', 그리고 '우리 신문은 이 변화를 어떻게 돌파할 것인가?' 하는 문제이다.

이 책은 21세기 벽두에 일본신문협회 연구소가 일본신문이 처해 있는 현실과 21세기의 변화대응 전략을 모아 출간한 심층보고서다. 우리나라에 번역·

소개되기까지는 수년의 격차가 생기고 말았지만, 우리 신문이 바로 이 책에 집필될 당시 일본신문이 고뇌하던 동일한 문제에 직면해 있다는 것은, 책을 집은 독자라면 누구나 공감할 것이다.

출입기자실을 중심으로 관행처럼 이루어지고 있는 정치보도의 구태, 새로운 경제변화에 발맞추지 못하고 트렌드를 리드하기보다 독자를 우왕좌왕하게 하는 경제기사의 부실, 센세이셔널리즘에 천착해 인권과 진실을 호도하기 쉬운 사건보도의 한계, 뉴미디어의 속도와 발랄함을 무조건 모방할 수만은 없는 신문매체의 태생적 딜레마, 신문 제작과정의 디지털화에 따른 업무의 압박감과 역할분담의 혼란…. '오늘 우리 신문이 겪고 있는 변화와 어쩌면 이토록 일치할 수 있을까? 책장을 넘길수록 감탄이 솟아나온다. 특히 현장에서 이루어지고 있는 취재와 편집, 제작 전반에 대한 풍부한 이해를 통해 나온 다양한 사례들은 마치 신문사에 들어와 있기라도 한듯 생생하다.

이 책은 그러나, 신문이라는 매체가 이 위기이자 기회인 변화를 맞이하여 스스로를 되돌아보고 하드웨어와 소프트웨어를 일신한다면, 기술혁신과 정보의 빠른 유통이라는 광풍 속에서도 '독특하고 수준 높은 매체'로 영속할 수 있다고 단언한다.

그리고 그 방법을 하나하나 설득력 있게 제시하고 있다. 역자 역시 오랫동안 신문업계에 종사하면서 희망과 절망을 동시에 맛보았던 입장에서 신문 내부에서 이루어지는 취재와 보도, 네트워크와 윤리, 인력 육성과 무게감 있으면서도 새로운 변화를 제시하는 컨텐츠 개척 등의 현실과 전략들이 생생하고 농밀하게 펼쳐지는 한줄 한줄을 다루면서, 마치 현장을 보는 듯 일희일비하는 즐거움을 맛볼 수 있었다.

위기에 대해서는 누구나 공감하지만, 문제의 핵심이 무엇이며 또 그것을 어떻게 해결할 수 있을지에 대한 명확한 의견이 부재한 이 시점에서 그야말로 시의적절하게 출간된 책이라 하지 않을 수 없다.

사주社主, 언론 경영층, 논설위원, 취재와 편집 기자 등 일선 언론 종사자뿐 아니라, 신문언론의 향방에 촉각을 곤두세우고 있는 유관 전문가들 모두 오랜만에 이론의 향연이 아닌 '현장의 고민이 담긴 책'을 만나게 된 데 반가움을 표하리라 내심 기대하며, 이 책이 한국 언론발전에 작으나마 기여할 수 있기를 바란다.

옮긴이 김욱

지은이 소개

● **일본신문협회 연구소 편**

일본의 매스미디어에 대한 자발적으로 독립적인 활동을 전개해온 일본신문협회(이하 협회)는 일본의 신문 발행인과 편집인, 제작 관련 업체와 에이전시나 방송사까지 포괄하는 광범위한 연합체로서 1946년 7월 설립되었다. 설립 이래로 뉴스 취재와 편집 전반에 대한 제언뿐 아니라 기술적인 변화에서도 새로운 변화를 꾀하기 위한 여러 노력을 기울여온 협회는 윤리규정의 제정, 신문업계 공통 관심사에 대한 조정과 협력, 연구와 세미나, 홍보, 대외관계 등 급격한 변화의 국면에서 신문의 자리매김을 위해 다양한 활동을 펴고 있다.

특히 협회 연구소는 신문의 제작과 배포, 인프라시스템, 인력구성 등 다양한 실태에 대한 설문조사와 지표조사, 연구활동을 통해 정기적인 연구자료를 발간하고 있어, 한국의 신문산업에서도 중요한 레퍼런스로 활용되고 있다.

홈페이지 http://www.pressnet.or.jp

옮긴이 소개

● **김 욱**

서울에서 태어났으며, 서울대학교 신문대학원을 졸업했다. 〈경향신문〉, 〈조선일보〉, 〈중앙일보〉 기자를 거쳐 삼성물산(주) 홍보팀, 한국생산성본부 편집위원 등으로 일했으며, 현재는 칼럼니스트로 집필과 번역작업에 전념하고 있다.

번역서로는 《고독의 발명》, 《이런 간부가 회사를 망친다》, 《위대한 지식인들에 관한 끔찍한 보고서》 등 다수가 있다.

Our Mission

─. 우리는 새로운 지식을 창출, 전파하여 전 인류가 이를 공유케 함
　　으로써 인류문화의 발전과 행복에 이바지한다.

─. 우리는 끊임없이 학습하는 조직으로서 자신과 조직의 발전을 위
　　해 쉼없이 노력하며, 궁극적으로는 세계적 컨텐츠 그룹을 지향
　　한다.

─. 우리는 정신적, 물질적으로 최고 수준의 복지를 실현하기 위해 노
　　력하며, 명실공히 초일류 사원들의 집합체로서 부끄럼없이 행동
　　한다.

Our Vision　　한언은 컨텐츠 기업의 선도적 성공모델이 된다.

저희 한언인들은 위와 같은 사명을 항상 가슴 속에 간직하고
좋은 책을 만들기 위해 최선을 다하고 있습니다.
독자 여러분의 아낌없는 충고와 격려를 부탁드립니다.

\- 한언가족 -

HanEon's Mission statement

Our Mission

─. We create and broadcast new knowledge for the advancement and
　　happiness of the whole human race.

─. We do our best to improve ourselves and the organization, with the
　　ultimate goal of striving to be the best content group in the world.

─. We try to realize the highest quality of welfare system in both
　　mental and physical ways and we behave in a manner that reflects
　　our mission as proud members of HanEon Community.

Our Vision
HanEon will be the leading Success Model of the content group.